청소년기 자녀교육

가정과 학교에서 청소년의 감정 표현과 대화의 측면을 강조

김 성 일 편저

도서출판 원미사

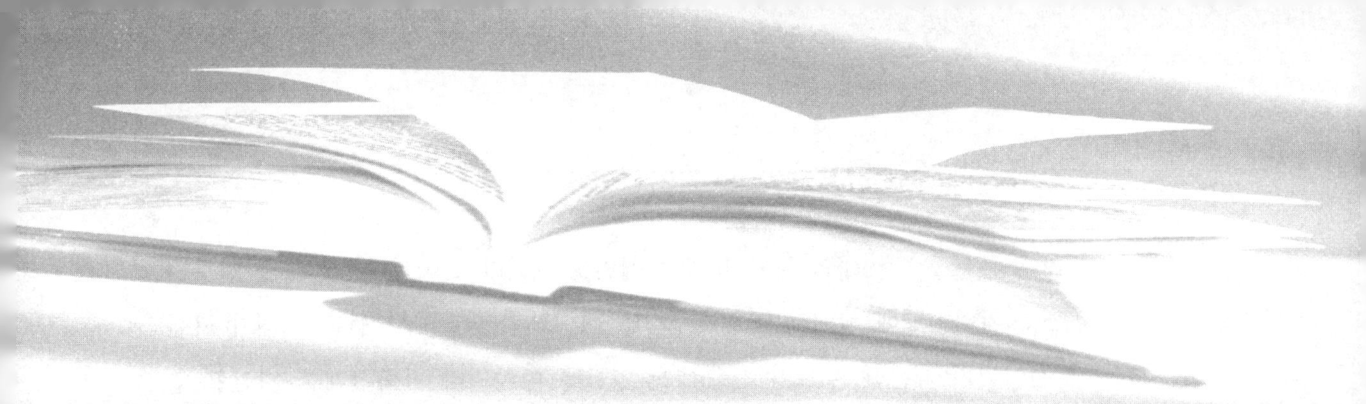

머 / 리 / 말

Preface

자녀교육은 동서고금을 막론하고 부모들에게 가장 중요한 관심사 중의 하나이다. 그러나 급속한 사회 변화로 인하여 현대의 부모는 그 어느 때 보다도 자녀지도에 어려움을 겪고 있다. 물론 여기에는 부모나 성인들이 현대 청소년의 특성과 문화를 충분히 이해하지 못하고 그들과 대화를 제대로 이끌어 가는 방법을 모르기 때문이라는 이유가 강하게 내포되어 있다. 그러므로 현대의 부모는 자녀, 특히 10대들의 심리적 특성과 감정뿐만 아니라 부모 자신의 태도까지도 잘 이해하고 갈등이 생길 때 이를 원만히 해결할 수 있는 능력이 절실히 요구된다.

10대 자녀를 지도하는 부모가 된다는 것은 신나고 도전적이며 보람 있는 일이다. 아동을 지도하다가 청소년을 대하면 우리의 아들이나 딸이 아동기를 벗어나 서운한 느낌이 들 수도 있다. 어쩌면 성, 약물, 폭력, 식습관, 성적, 친구 등에 관해 걱정되기도 하고, 10대 자녀의 가치관 변화를 보면서 경악할 지도 모른다. 그리고 10대가 성숙하는 모습을 지켜보면서 흐뭇해 할 수도 있다.

10대 자녀를 지도하는 보람은 도전을 훨씬 능가할 수 있다. 기술과 이해심으로 부모는 10대를 책임 있고 협조적이며 독립적인 사람이 되도록 지도할 수 있다. 이 과정에서 부모는 10대 자녀와 강하고 긍정적인 관계를 형성한다. 자녀와 심각한 문제에 당면한 부모도 자녀와 잘 지내며 도움을 줄 수 있는 효과적인 방법을 모색할 수 있다.

많은 부모들은 10대의 시기가 가장 어려운 때이라고 여긴다. 부모 중 일부는 스스로 자녀지도에 실패한 것으로 생각하며, 그 중 많은 부모들은 10대가 사실상 성인이기 때문에 부모가 그들에게 영향을 미치거나 가족관계를 개선할 수 없는 것으로 믿는다. 그러나 부모는 자녀와 만족스러운 관계를 발전시킬 수 있으며 자녀가 보다 협조적이고 가정에 기여할 수 있는 가족원이 되게 할 수 있다.

지금까지 부모교육에 관한 저서나 역서는 매우 많이 간행되었지만 대개 이론적이거나 유아 또는 아동 지도를 위한 것들이다. 날로 심각해지는 청소년 문제의 주요 원인은 가정에서 부모와의 대화가 부족한 데에 있다고 볼 수 있다. 자녀지도를 위한 부모교육의 필요성은 현대에 이르러 더욱 절실해지고 있으나 핵가족화와 주부취업의 증가 등으로 특히 청소년 지도를 위한 시간이 부족할 뿐만 아니라 실질적인 도움을 받을 수 있는 곳도 거의 없는 실정이다. 이 책은 이와 같은 취지에서 가정과 학교에서 청소년의 갈등의 대부분을 차지한다고 볼 수 있는 감정 표현과 대화의 측면을 중점적으로 취급한 것이다.

이 책의 1-4장에서는 청소년 시기가 그 특성상 지도에 어려움이 있음을 강조하면서 청소년 자녀와의 관계에서 정의적 측면과 사회적 현실을 고려한 기본적인 지도 원리를 제시하였으며, 5장에서는 이 원리에 입각하여 청소년의 책임감과 자존심의 배양, 감정 표현과 대화의 기법, 경청의 자세 등을 중심으로 부모가 민주적인 가정분위기를 조성하는 방법을 실제 활동에 응용하는데 역점을 두었다. 4장까지의 내용은 편저자가 한국청소년개발원의 연구과제(2000-R 24)로 수행한 **청소년 문제행동의 예방을 위한 자녀지도의 기본원리**(청소년 생활실태 연구 9)를 전재한 것이며, 5장의 내용은 미국에서 가족 상담과 청소년 지도를 위한 체계적 프로그램을 다년 간 실시해온 Dinkmeyer와 McKay(1998)의 저서, **10대 자녀를 위한 부모역할: 10대 자녀의 효율적 부모역할을 위한 체계적 훈련교재** (*Parenting Teenagers: Systematic Training for Effective Parenting of Teens*)를 대부분 번역한 것이다. 그리고 나머지 6장과 7장은 저자가 교육관련 잡지에 지금까지 발표한 글 중에서 적절한 것들을 발췌한 것이다.

이 책은 부모만이 아니라 청소년 문제와 교육에 관심 있는 교사와 관계자들을 위한 자기연수나 집단연수 자료로 활용될 수 있으며, 대학에서 청소년 지도나 부모교육을 위한 교재로 이용될 수도 있을 것이다.

끝으로, 이 책의 출판을 위해 애쓴 원미사 박준식 사장님과 직원 여러분께 감사를 드린다.

2007년 7월

편저자 김 성 일

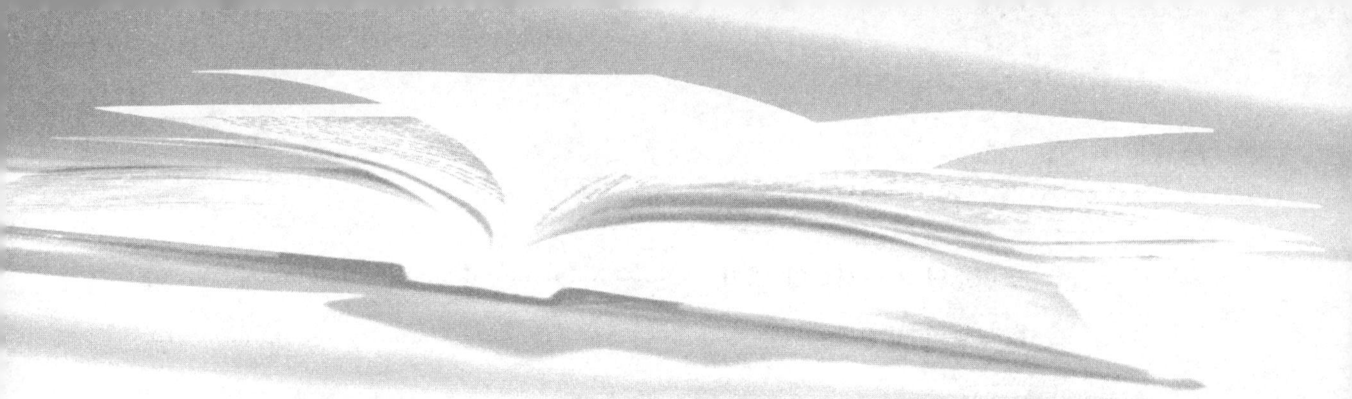

차 / 례

Contents

01

청소년의 특성과 지도 방향

01 청소년의 특성과 지도 방향

> 신이 내게 부여한 것은
> 내가 변화시킬 수 있는 것들을 변화시키는 용기와
> 내가 변화시킬 수 없는 것들을 그대로 인정하는 담담한 마음과
> 이 둘의 차이를 깨닫는 지혜이다.

신학자인 라인홀트 니이버(Reinhold Niebuhr)의 유명한 이 기도문은 자녀들과 문제를 안고 있는 모든 부모들이 당면한 곤경을 잘 묘사하고 있다. 부모는 바람직하지 못한 상황을 인정해야 하는가? 또는 그 상황을 변화시키려고 무슨 조치를 취해야 하는가? 수용하거나 변화시켜야 할 상황을 부모는 어떻게 알 수 있는가?

요즘 청소년들은 버릇없고 이기적이며, 쉽고 편한 것만 바라고 인내가 부족하고, 유행과 폭력과 선정적인 것에 탐닉하는 것으로 혹평을 받을 때가 많다. 어른들이 청소년들을 보는 시각은 예나 이제나 비슷하다. 청소년기는 성인과 본인 모두에게 어려운 시기이다. 이 시기에 부모와 자녀의 관계는 최대의 시련을 겪는다. 청소년은 그 시기적 특성 자체로 인하여 성인의 지도를 어렵게 한다. 청소년기는 아동기와 성인기의 과도기에 있기 때문에 갈등과 혼란, 사회적 경험과 책임감 부족으로 양면적 감정을 느끼는 시기이다. 급격한 신체적, 생리적 변화를 스스로도 감당하기가 어렵고 혼란스러우며 그 때문에 충동적이며 변덕스럽고, 감정이 격하며, 감수성이 풍부하다. 청소년은 부모의 통제로부터 자유를 추구하고 이 독립요구가 부모의 허용 범위를 넘어설 때 갈등이 일어난다. 청소년의 행동은 성인 초기로 이행되는 성격의 토대를 형성하기

때문에 그의 문제행동은 장래생활에 부정적 영향을 미칠 수 있다.

청소년의 문제행동은 어느 시대에나 있었지만 근래에 급속한 사회변화와 가정교육의 기능약화로 그 심각성이 증대되고 있다. 음주·흡연·가출·약물남용·음란물 탐닉 등의 일탈행동과 각종 범죄행위는 증가일로에 있으며, 그 원인의 하나로 부모의 자녀에 대한 몰이해·무관심·대화단절·억압적 또는 과잉보호적 태도 등이 자주 지적되고 있다(구본용, 1997; 김의철·박영신, 1999; 김준호·김선애, 1997; 박진생, 2000; 이규미, 2000; 이상형, 1997; 이시형 외, 1997; 이재창, 1981, 1997; 이춘화 외, 1999; 한상철, 1998; 홍성열, 2000; Glueck & Glueck, 1950; Shaffer, 2005; Snyder & Patterson, 1987). 예를 들면, 최근에 자주 논의 되고 있는 "왕따"의 경우도 부모의 권위주의적 훈육방식과 같은 가정문제가 중요한 것으로 알려져 있다(강진령·유형근, 2000; 구본용, 1997). 물론 학교환경에서 비롯되는 문제도 많기 때문에 교우관계·학교폭력·흡연·직업·사춘기·스트레스 등과 관련된 바람직한 학교생활을 위한 각종 프로그램도 개발되고 있지만(사회정신건강연구소, 2000) 이와 같은 문제의 기저에는 언제나 가정환경의 영향이 잠재되어 있다. 청소년의 79%도 비행의 원인을 부모의 무관심과 가정교육의 부족으로 인식하고 있다(최충옥, 1993).

흔히 청소년기에는 부모의 영향력보다 교우관계의 영향력이 훨씬 큰 것으로 인식되고 있으나 부모는 여전히 청소년 자녀에게 직접적 또는 간접적으로 강력한 힘을 발휘한다. 교우관계는 일상생활에서의 의사결정에 영향을 미치는데 비해 부모는 인생에 관련된 중요한 결정과 그 지속성에서 보다 큰 영향을 미친다(김희진·김경호, 1999; Collins & Laursen, 2004). 현대 가정이 핵가족화 되어 가족간 유대가 약화되고 이혼이나 별거로 인한 결손가정이 증가하여 바람직한 가정생활을 영위하기가 어려워지고 있으나 부모자녀 관계는 다른 어떤 인간관계보다 언제나 지속적이고 애정적이다. 김문조 등(1994)의 전국 10대 청소년 4천명에 대한 조사에 의하면, 청소년들은 자신의 인격형성에 영향을 미친 대상으로 친구(24%)보다는 부모(51%)를 중시하는 것으로 나타났다. 부모·자녀 관계는 가장 친밀하고 의미 있는 인간관계이며, 자녀의 장래와 생존에 영향을 미치고 부모의 개인적 성장기회를 제공한다. 그러나 많은 청소년들은 부모의 지나친 간섭(61%)과 대화(48%) 또는 이해부족(56%)을 호소함으로써(김문조 외, 1994, 1995; 이영숙·고성혜, 1994) 자녀의 욕구에 대한 부모의 무지를 드러내고 있다.

부모의 역할은 성인의 다른 역할과는 달리 언제나 자발적인 것은 아니며, 일단 부모가 되면 돌이킬 수도 없지만 지금까지 그에 대한 대비와 교육은 빈약한 실정이었다. 우리 사회에서는 기업체 · 군대 · 운전 등을 위해서는 집중적인 교육이 필요한 것으로 가정하면서도 부모교육에 관해서는 무관심할 뿐만 아니라 오랫동안 비현실적인 생각을 갖고 있다. 대부분의 부모들은 효율적인 역할수행 방법을 학습함으로써 득을 볼 수 있다고 믿지만 어떤 특성과 행동이 효과적인지 그 지침이 애매하다. 다행히 근래에는 부모교육에 대한 필요성과 관심이 고조되어 각종 프로그램이 사회교육기관이나 단체 및 대학의 교양과정에서 활발히 이루어지고 있다. 부모의 역할에 관해서는 완전한 합의가 이루어지기 어려울지라도 자녀관계에서 부모를 지원할 수 있는 방법에 대한 노력은 계속되고 있다. 그러나 부모교육에 관련된 국내 문헌이나 자료는 학술적인 이론에 입각한 전문적인 내용(김숙자, 1989; 김세희 외, 1992; 남상인 외, 1995; 성영혜 외, 1994; 유안진 · 김연진, 1992; 이연섭 · 강문희, 1998; 이재연 · 김경희, 1989; 정문자, 1990; 한국부모교육학회, 1997)이거나 극히 일반적이고 광범위한 활동이 요구되어(김명희, 1994; 문미옥 · 이혜상, 1995; 이시형 외, 1997; 오영희, 1986; 이옥 외, 1995; 장대운, 1992; 정원식 외, 1996; 최윤진 외, 1993; 편영자 · 이형득, 1986; 한승희 외, 1993; 홍성윤 · 김유미, 1995) 부모들이 용이하게 이해하거나 실천하는 데 큰 부담이 되는 것으로 보인다.

청소년의 문제행동에 효과적으로 대처하기 위해서는 사후 해결책보다는 사전 예방이 언제나 중요하기 때문에 문제의 징후를 조기 발견하여 확대 또는 습관화되는 것을 방지해야 한다. 청소년은 자신의 문제에 대한 해답을 찾고 자신과 주변세계에 적응하는데 도움을 주는 이해심 있는 부모를 필요로 한다. 부모 · 자녀관계에서 부모의 수용은 청소년에게 자기 존중감을 고취시킬 뿐만 아니라 동기유발의 힘을 지니고 있어 부모의 훈육과 통제를 기꺼이 받아들이는 분위기를 조성한다. 부모의 수용은 언행을 통하여 청소년에게 가르치는 것을 더 잘 배우게 하는 분위기를 형성한다. 즉 부모의 수용은 청소년을 부모와 긍정적 방향으로 결속시킴으로써 부모의 지도를 기꺼이 받아들이게 한다. 수용은 자녀로 하여금 마음의 문을 열게 하여 그들의 감정과 문제를 자유롭게 털어놓게 한다.

건전한 인간관계를 위해서 상대방이 우리 자신과 다를지라도 있는 그대로 수용하는 법을 배워야 한다. 우리와 다르다고 해서 상대방이 틀린 것은 아니다. 다른 사람의 생각이나 판단이 자신과 다르다고 해서 자신에 대하여 죄책감을 느끼거나 상대방을 단죄할 필요도 없다. 자기 자신과 같거나 다르거나 관계없이 상대방의 생각이나 견해를 있는 그대로 받아주는 것은 상대방에 대한 존중의 표현이다.

대부분의 어른들은 청소년들을 수용해주면 그 상태대로 남게 되어 더 이상 발전하지 않기 때문에 보다 나은 인간이 되게 하기 위해서는 현재의 모습을 받아들일 수 없다는 것을 그대로 지적하는 것이 최선이라고 믿는다. 그리고 이 뜻을 설교, 판단, 평가, 훈계, 명령 등의 형식으로 전달한다. 어떤 청소년에게 그가 얼마나 나쁜가를 자주 이야기하게 되면 그는 거의 틀림없이 나쁘게 된다. 청소년들은 교사나 부모가 그들에게 매일 그렇다고 말하는 그대로 되어버리는 수가 많다. 타인의 변화를 유도하는 조건은 비판이나 훈계가 아니라 그를 수용해주는 것이다. 많은 부모들은 자녀와의 일상적인 대화에서 비판적인 내용을 얼마나 자주 사용하고 있는지 의식하지 못한다. 전형적으로 사용하는 비난, 조롱, 지시, 위협 등은 청소년들에게 부정적인 영향을 미친다. 그들은 말하는 것을 멈추고 방어적이 되며, 불안해하거나 죄의식을 갖게 되고, 화를 내며 이해받지 못하고 있다고 느낀다. 우리는 우리에게 "의미 있는 타인"(significant others)이 우리를 보는 방식으로 우리 자신을 보는 경향이 있다. 만일 부모가 청소년 자녀를 거부한다면 그들은 자신을 사랑받을 가치가 없는 쓸모없는 인간으로 받아들이기 쉽다. 이처럼 거부당한 청소년들은 성장한 후 부모가 되면 그들의 자녀를 다시 거부하게 되는 경향이 있다. 악순환이 계속되는 것이다.

그러므로 청소년 문제행동의 예방을 위한 부모의 역할은 청소년기의 특성에 관한 이해를 토대로 자녀의 욕구를 인정하고 어느 정도 충족시키는 수용적 자세에서 지도하는 것이다. 청소년 자녀의 지도는 이와 같은 인간적인 방법과 부모가 흔히 당연시하는 상식적인 방법으로 이루어져야 이해와 실천이 용이하고 효과도 거둘 수 있을 것이다.

또한 청소년 문제가 그 유형은 달라도 반복되는 것은 성인의 모범이 어렵기 때문이고, 특히 사회가 복잡해지고 급속히 변화하는 시점에서는 성인이 바람직한 모형을 보이기가 매우 어렵다. 특정한 면에서는 청소년이 성인을 능가하는 면도 있다. 성인은 청소년에게 자신의 과오를 반복시키지 않으려고 여러 가지 충고를 하지만 청소년은 실감을 못해 결국 같은 잘못을 반복하게 된다. 청소년들은 위선과 이중기준을 쉽게 파악한다. 부모가 취해서 귀가할 때 자녀의 음주에 대해 훈계할 기반이 약할 것은 분명하다. 성인, 특히 부모나 교사의 책임 중 하나는 모범이다. 청소년들에게 약속을 지키지 않거나 부정직한 행동을 하면 거의 그대로 그들에게 전달된다. 청소년이 부모의 장점뿐만 아니라 단점까지 취하는 이유는 그것이 보다 효과적이라고 여기기 때문이다. 만일 성인이 원하는 것을 얻기 위해 화를 내고 청소년이 그 효과를 보게 되면 청소년은 당연히 같은 식의 행동을 택할 것이다. 부모나 교사는 자신이 무심코 보이는 언행을 예민하게 인식해야 한다. 청소년의 약물남용과 폭력도 가정에서 부부싸움과 자녀학대와 같은 부모의 본의아닌 솔선수범이나 묵인에 의해서 학습되고 강화되는 면이 있다.

효율적인 청소년 지도를 위해서는 무엇보다도 교사나 부모의 언행일치와 솔선수범이 요구되며 때때로 솟구치는 자신의 감정을 성숙하게 조절하고 부단히 인내하는 자기수련도 필요하다. 부모는 청소년의 거울이며 청소년은 대체로 부모를 닮게 마련이다. 부모가 바람직한 모습을 보이지 않는 한 청소년은 그것을 배울 기회를 갖지 못한다. 부모는 인간적인 약점과 여러 가지 어려움 때문에 언제나 모범적인 행동만 할 수는 없을지라도 자신의 모든 언행이 청소년에게 본보기가 된다는 것을 잊지 말아야 할 것이다. 특히 교사는 아동 및 청소년을 바람직한 방향으로 지도하는 위치에 있으므로 모범을 보여야 할 의무가 있다.

이와 더불어, 청소년의 행동 변화를 유도하기 위해서는 성인의 부단한 인내가 요구된다. 행동은 쉽게 변하지 않기 때문이다. 이론적으로만 본다면, 10년 동안 형성된 습관은 단기간에 변화될 수는 없으며 10년이 지나서야 바뀔 수 있지 않겠는가? 부모는 청소년의 행동을 억지로 바꾸려고 애쓰기보다는 자신의 행동을 바람직하게 바꿔야 한다. 성인이 반응을 달리 하면 청소년은 그 동안의 행동이 통하지 않음을 깨닫고 변하게 될 것이다.

02

청소년의 심리적 특성과 문제의 징조

02 청소년의 심리적 특성과 문제의 징조

1. 부모 · 자녀 관계의 특성

부모와 자녀의 관계는 일방적인 사회화 모형으로 기술되어 부모가 교사의 역할을, 자녀는 학습자의 역할을 하는 것으로 간주하기 쉽지만 자녀도 부모의 행동에 영향을 미칠 수 있는 역동적 관계이다. 부모의 역할은 성인과 아동의 발달에 따라 영향을 받는다.

그러나 부모역할은 성인의 다른 사회적 역할과는 크게 다르다. 부모역할은 언제나 자발적인 것은 아니다. 직업선택은 성인기의 어느 시점에서나 가능하지만 부모가 되는 것은 갑자기 닥치며 선택의 여지가 없다. 일단 부모가 되면 돌이킬 수가 없다. 직업은 그만 둘 수 있으나 부모는 그 상황에서 물러날 수 없다. 그 뿐만 아니라 부모역할에 대한 대비는 다른 사회적 역할에 비해 빈약하다. 부모가 되는 것은 갑자기 이루어지며 이에 대한 특별한 교육이나 경험이 제공되지 않는다.

자녀양육의 목표나 기대도 분명히 않을 수 있다. 가정과 사회는 서로 영향을 미치기 때문에 어느 한 편의 변화가 다른 편에 작용을 한다. 급속한 사회변화를 겪고 있는 현대생활에 부모는 적응하기 힘들고 부모역할에 관해서 과거처럼 안정감을 지니지 못하여 자녀양육에 대해 모호한 느낌을 갖고 있다. 자녀의 사회화가 언제나 이 관계의 주기능이었으나 현대 부모가 당면한 문제는 급속히 변화하는 문화와 미래에 경험할 다른 문화에 적응하는데 필요한 기능을 자녀에게 가르치는 것이다.

부모가 되는 데에는 여러 가지 이유가 있다. 과거에는 결혼하면 누구나 자녀를 갖는 것을 당연시했으나 현대에는 인구폭발 · 식량부족 등의 미래에 대한 불안과 자기 발전을 중요시하기 때문에 선택의 문제가 되어가고 있다. 자기 탐색과 생의 목표를 결정하는 시기로서의 청소년기도 과거의 성인 초기까지 연장되어 부모가 되려는 결정에 선택적 영향을 미치고 있다. 특히 청소년기에는 자녀의 변화로 인하여 부모가 이전의 태도와 방식을 바꿔야할 때이고 부모 자신도 중년기의 위기로 인하여 변화하는 시기이므로 부모와 자녀 모두가 힘든 시기이다.

2. 청소년의 정상적인 특정과 문제행동의 차이

청소년은 조급하고 충동적이며, 변덕스럽고 감정이 격하며, 자의식이 강하고 감수성이 풍부하다. 외면적으로 그들은 많은 것을 상당히 알고 있는 듯한 인상을 주지만 내면적으로는 불안정하다. 그들은 아동처럼 대우받는 것에 싫증이 나서 자신이 성인처럼 거의 모든 것을 할 수 있다는 것을 모두에게 보여주려고 한다. 이를 입증하기 위하여 그들은 흡연과 음주를 하고 성적매력을 개발한다. 부모의 통제를 거부할 수 있음을 모두에게 과시하기 위하여 부모에게 도전하며, 나약하지 않음을 증명하기 위하여 약물을 복용하기도 한다. 이러한 청소년은 그들이 모면할 수 있다는 것을 증명하려고 해서는 안되는 줄 알면서도 이를 행한다.

한편, 부모들은 청소년이 점차 성인으로 성숙해가는 것을 보면서 만족해한다. 그들은 자녀가 성장하고 있다는 증거를 찾으려고 하지는 않으며, 갑자기 성인처럼 행동할 때에도 마음이 편치 않다. 대부분의 부모들은 자녀들의 자립욕구를 어느 정도 인식하고 있으며 자녀가 남용하지 않는다면 보다 많은 자유를 허용하려고 한다. 성급한 자녀가 부모가 용인하기 전에 자유를 누리려고 하면 통제에 대한 갈등이 생긴다. 청소년 자녀가 있는 부모도 자신의 정체감 위기를 경험하는 중년기에 처하게 되어 자녀와는 대조적으로 체력저하・제한된 미래와 변화 가능성으로 부모・자녀간의 갈등이 증가되기도 한다(장휘숙, 2004).

이와 같은 통제의 문제를 보는 시각은 부모와 자녀가 준비가 되어 있다고 생각하는 기준의 차이에 있다. 부모는 그 기준을 나이로 생각하며, 자녀는 스스로 느끼는 자신감을 더 중시한다. 청소년 자녀는 귀가시간을 고수해야 하는 것을 매우 부당하게 생각할 수 있다. 그는 자신을 스스로 돌볼 수 있는 자신감이 있기 때문에 나이는 크게 문제되지 않는다고 느낀다. 그러나 부모는 자녀의 자신감을 믿을 수가 없고 미숙한 증거로 간주한다. 부모는 자녀를 보호하기 위한 의도로 귀가시간을 정한 것이다. 청소년들이 자신의 규칙을 정하려고 하는 것은 정상적이다. 그러나 그들이 규칙을 무시하고 인정하기를 거부한다면 그것은 문제의 징조가 된다.

청소년들은 자신이 부적합한 것으로 느껴서 친구들과 쉽게 비교하는 경향이 있다. 그들은 자신과 타인에게 비판적이며 친구들의 장점을 모방하려고 한다(장휘숙, 2004). 때로는 그들에게 인정과 지위를 부여해 주는 좋지 못한 특성을 모방하게 되기도 한다. 그들은 친구들의 인정을 받을 때 가장 안정감을 느끼기 때문에 친구들처럼 복장을 하고 말하며 행동한다. 특정 음악에 대한 선호, 복장이나 부모와의 싸움에 대한 유사한 태도 등은 일부 청소년들이 동료집단의 승인을 받을 수 있는 상징이다. 또한 일부 청소년들에게는 성(sex)도 제 마음대로 할 수 있음을 모두에게 알리는 표시이다. 청소년이 동료집단과 동일시하려는 것은 정상적이다. 청소년기에는 또래지향이 강하나 특히 부모가 거부적이고 자녀를 무시할 때 또래의 가치에 의존하는 경향이 있다. "왕따"의 경우도 가해자는 스스로 원해서라기보다는 친구의 행동을 따라하여 또래집단에 소속되고 싶기 때문인 경우가 더 많다(강진령 · 유형근, 2000; 김혜원 · 이해경, 2000). 그러나 동료집단의 영향이 해가 되고, 집단 구성원이 되기 위하여 청소년들이 반사회적이거나 해로운 행동을 하려고 할 때 이는 문제의 징조가 된다.

현대 청소년들은 부모와는 다른 가치관에 기초한 생활양식을 소유하고 사회 · 문화적 환경에 순응하기보다는 정보통신이나 유행과 같은 일부 형태를 변화시키고 있다. N세대로 불리는 신세대 청소년들은 휴대전화 · PC · MP3와 같은 기본 장비를 구비하고 가상공간의 세계에서 생활한다(박경숙, 2000). 부모세대는 절제와 대인관계를 중시하고 독선적인 경향이 있지만 자녀들은 개인주의 · 요령주의 · 물질주의가 강하고 세대차를 드러낸다. 청소년은 성인의 제안과 조언에 부정적이다. 이는 개인으로서 자신을 주장하려는 욕구에서 부분적으로 기인한다. 그들은 자기주장이 강해 부모가 원하는 방식이 아닌 자신만의 방식으로 미래보다는 현재 생활의 만족에 더 많은 의미를 부여하고, 부모의 권위주의적 태도로 억압된 분노와 좌절감을 경험하며, 남의 눈을 의식하지 않고 자신의 욕구와 개성을 과감히 표현하여 부모와 마찰을 빚기도 한다. 일부 청소년은 기성세대와의 갈등을 불사하고 자신의 가치관을 고수하거나 자신의 이익과 쾌락추구에 전념하는 반면에, 다른 일부는 자신의 소신과 함께 기성세대의 가치관과 타협을 모색하기도 한다. 그러므로 다양한 청소년의 모습에 즉각적인 가치

판단을 하기 보다는 대화의 노력과 이해하는 자세가 선행되어야 한다(김희진・김경호, 1999). 청소년의 부정적 태도는 일종의 반항, 지시를 받을 나이가 아님을 부모에게 알리는 수단, 부모에 대한 징벌의 방법, 또는 비난이나 관여를 회피하고 부인하려는 책략일 수 있다. 이와 같은 태도에 당황한 부모가 자녀에게 문제가 있는 것으로 말하면 청소년은 자신이 아니라 부모에게 문제가 있는 것으로 부정적인 반응을 보인다. 자립욕구의 표현으로서 부정적 태도는 정상적이다. 그러나 부모 자녀관계의 파괴를 가져오는 도전・적대감・공격성으로서의 부정적 태도는 문제의 징조가 된다.

청소년의 기분은 쉽게 변하며 그의 목표나 야망도 그렇다. 외견상 사소한 일에 의해서도 청소년은 기분이 좋거나 불안 또는 우울에 휩싸일 수 있다. 급격한 신체적 변화와 성적 충동은 청소년의 심리적 긴장과 불안을 유발하고, 자신에 대해 매우 민감하여 타인과 비교하면서 열등감과 무력감을 느끼며, 작은 일에도 쉽게 흥분한다. 또한 정서의 격렬함과 동요는 비행과 관련될 수 있고, 억제된 정서는 다른 대상이나 방향으로 표출되어 문제를 유발하기도 한다(김혜원, 2000). 직업적인 목표에서도 갈피를 못 잡고 의사가 되기를 원하다가 대학에 갈 수 있을지 의구심을 갖기도 한다. 그는 자신의 마음이 잘 변하는 것을 알기 때문에 어떤 결정을 내리기를 망설인다. 그는 만일 수능성적이 낮으면 어떻게 할 것인지, 어떤 분야를 택할 경우 그것을 좋아하게 될 것인지와 같이 자신의 장래가 많은 가정을 내포하고 있음을 알고 있다. 이러한 가정은 청소년의 불안정을 증가시킨다. 예를 들면, 청소년은 수학성적이 낮아도 놀라지 말라고 부모에게 미리 말할지도 모른다. 이 말은 부모를 대비시키기 위해서일 뿐만 아니라 낮은 성적을 수용할 마음의 준비를 스스로 하는 것이기도 하다. 장래에 대한 불확실과 우유부단은 청소년에게 정상적이지만 장래에 무관심한 것은 문제의 징조이다.

반항은 청소년의 공통적인 특성이다(장휘숙, 2004). 청소년은 독자적인 행동을 하기 위해서 순응에 대한 압력에 저항한다. 부모는 흔히 이 저항을 "선별적인 나태"(selective laziness)로 간주한다. 왜냐하면 청소년은 자신이 하고 싶어 하는 일을 할 시간은 있기 때문이다. 그들은 우선순위가 낮은 일에는 관심을 두지 않거나 하기 싫어한다. 반항은 일종의 부정적 태도이지만 청소년이 느끼기에는 압력에 대응할 힘이 있고 자신의 운명을 스스로 결정하려는 독립심의 표시이기도 한다. 순응하는데 느리거나 잘 달래야 순응하는 반항적 태도는 정상적이지만 부모를 패배시켜서 얻는 개인적 만족감에 입각한 것이라면 문제의 징조이다.

청소년은 자의식이 강하고 자기중심적이다(윤진 · 김인경, 1994; 한국청소년정책연구원, 2007; Elkind, 1998). 그들은 인지발달로 형식적 조작이 가능해 타인의 감정과 의도를 추론할 수 있으나 초기에는 타인도 자신과 동일한 관심을 갖는다는 자아중심성을 나타낸다(김혜원, 2000). 그리하여 자신이 무대의 주인공인양 타인의 관심 대상이 된다고 믿고 자신을 매우 중요한 존재로 지각하는 "상상의 청중"(invisible audience)과 "개인적 우화"(personal fable)를 만들어 내기도 한다. 이 시기에 외모와 복장에 신경을 많이 쓰는 것은 신체적 변화로 인하여 자신의 외면에 자연히 관심을 갖게 되고 주변 사람들도 자신에게 시선을 집중하는 것으로 착각하기 때문이다. 또한 형식적 사고는 인과관계의 탐색을 통하여 미래에 대한 생각을 함으로써 그에 대한 기대와 불안을 갖게 하고, 이상주의를 추구하여 세상의 결정과 모순을 발견하지만 현실적 문제를 고려하지 못해 부모나 사회에 반항하게 만든다. 이러한 자아중심성은 때론 사고 · 임신 · 약물중독과 같은 무모한 행동을 감행하게 만들기도 한다. 청소년은 타인의 평가에 민감한 반응을 보이기도 한다. 그들의 70% 정도는 주위 사람들의 반응에 신경을 많이 쓰고 있다(김문조 외, 1994, 1995). 그것은 자신의 고유성을 찾으려는 자아정체감의 형성과정에서 겪게 되는 시행착오라고 볼 수 있다. 그들은 친구를 모방이나 동일시 대상으로 삼아 집단에 소속되고 싶어 하면서도 때로는 개성을 나타내려고 한다(김희진 · 김경호, 1999). 또한 그들은 이성에게 매력적으로 보이길 원하며 신체적 흠이 있으면 난처해한다. 그러므로 신장 · 비만 · 치열교정 · 가슴 등에 관한 신체적 고민이 많다(김명희, 1998). 그들은 타인의 감정을 무시하고 모든 것을 자신과 연관시키는 경향이 있다. 그들은 아동에게 부과된 많은 제한에서 벗어났지만 성인이 감당해야 하는 책임에 대해서는 걱정하지 않는다. 그들은 쾌락을 추구하며 모험적이고 다른 사람들에게 인상을 남길 수 있는 일을 하려고 하면서도 일정한 흥미를 갖지 못한다. 그들은 시험을 하려고 하지만 결과에 항상 관심을 두지는 않는다. 이와 같은 태도와 행동은 모두 정상적이다. 그러나 반사회적 감정, 자기 파괴적 행동, 지속적인 우울증, 현실부정, 비생산성 등은 문제의 증후를 뜻한다.

3. 문제행동의 조기 증후

성장하는 자녀의 행동 특성은 단계에 따라 다르게 나타난다. 취학 전 아동은 어머니에게 매달리고 7-8세 아동은 공정성에 관심이 있으며, 10대는 비밀을 간직하려고 한다. 이것은 성장이 예정된 순서대로 이루어짐을 의미하는 정상적인 상황이며, 지나치지 않는 한 문제는 아니다. 예를 들면, 어느 정도의 부정적 태도는 예상되지만 완전한 부정이나 통제의 거부는 위험한 표시이다.

문제의 조기발견이 중요하다. 왜냐하면 오래된 습관보다 새로운 것을 교정하기가 쉽기 때문이다. 문제가 발생하고 부모가 너무 늦게 개입하면 일이 잘못될 수 있다. 부모는 문제의 초기 증세를 알아채지 못하거나 문제가 저절로 사라질 것이라고 생각할 지도 모른다. 많은 경우에 성숙만으로도 문제가 해소되지만, 안전한 규칙은 의심이 날 때 문의하는 것이다. 행동은 학습되고 습관은 강화된다. 대개 부모의 행동양식이 자녀의 행동을 설명해준다. 자녀의 행동은 주로 학습되고 강화된 결과이기 때문이다. 부모의 행동은 자녀의 성장단계에 따라 달리 영향을 미친다.

청소년기에서 문제를 예고하는 행동들은 아동기보다 심각하고 자녀의 복지를 위태롭게 만드는 경향이 있다. 청소년은 스스로 원하는 성인과 같은 인상을 남기기 위하여 실험을 하고 모험과 자극을 추구할 태세가 되어있다. 청소년은 아동의 유치한 행동을 전적으로 거부하고 과거 행동의 흔적에서 벗어나려고 한다. 청소년들은 성인의 세계를 개인적 자유가 충만한 것으로 간주한다. 그들은 자유의 의미를 쉽게 왜곡하여 무책임이 용납되는 것으로 생각한다. 그들은 불만을 명백히 드러내는 행동방식을 택하는 경향이 있다. 아동의 적대적 행동은 발각되지 않고 지나갈 수 있으나 청소년은 언제나 문제를 얼버무리려고 하지는 않는다. 그들의 행동은 보통 고의적이고 즉각적인 긴장해소를 바란다.

다음에 열거하는 문제행동은 사회적으로 바람직하지 않은 것으로 인정되는 행동으로서(김진숙·송수미·이명우, 1999; 김형태, 1993; Greeberg, 1974) 두 가지 면에서 유의해야 한다. 즉 문제행동을 문제시하려면 문제의 정도가 중요하며, 문제의 청소년은 대체로 여러 증후를 동시에 나타낸다는 것이다.

• 부모의 통제나 가치관의 거부

- 부모와의 대화 상실
- 가출 위협이나 가출 행위
- 권위자에 대한 존경심 결여
- 자유의 오용
- 성적 방종
- 심한 방어적 태도
- 부모의 제안에 대한 도전적이고 부정적인 태도
- 미래에 대한 비현실적 관심이나 태도
- 학교에 대한 불만에서 기인하는 성적불량, 무관심, 중퇴
- 절도 · 폭력과 같은 심각한 반사회적 행위
- 가족과의 관계 단절
- 적절한 결정을 내리지 못하고 결과에 관계없이 즉각적인 만족을 위해 결정을 내리는 경향
- 자제력의 빈번한 상실
- 부모에 대한 야비한 언행
- 알코올 · 약물의 남용
- 생명을 위태롭게 하는 부주의한 충동적 행위
- 부모에게 반항함으로써 만족을 취함
- 자실 위협이나 시도
- 위법행위
- 스스로 책임을 지려고 하지 않거나 과오를 시인하지 않음
- 타인의 감정에 무관심
- 사회적 고립과 부적절한 느낌
- 잦은 우울증
- 스트레스와 일상적인 긴장에 대처하지 못함
- 극히 변덕스러움
- 경쟁이나 성취의욕 결여
- 타인의 요구에 무작정 따르는 경향
- 물질적인 욕구에 대한 지나친 강조

- 부적절하고 무력한 느낌
- 방향이나 목표의 결여
- 잘못을 통해 배우지 못하는 점
- 지나친 자기 연민

이와 같은 문제행동의 이면에는 많은 경우에 청소년이 의도하는 목적이 있다. 연문희(1996), 이연섭과 강문희(1998), Dinkmeyer와 McKay(1998)는 문제행동의 목적을 관심 끌기 · 세력과시 · 보복 · 부적절함의 표시 · 자극추구 · 동료의 인정으로 구분하였다. 청소년은 긍정적 방법으로 하지 못하면 부정적 방법으로 주목을 끌려고 하며, 권위에 도전해 영향력을 끼칠 때 자신을 중요한 존재로 생각한다. 또한 그들은 사랑받지 못한다고 느끼면 보복을 시도하고, 일을 잘 할 수 있는 능력이 없다고 믿을 때 포기하고 부정적으로 행동한다. 이러한 목적을 확인하기 위해서는 부모 자신의 감정과 문제행동의 교정시도에 대한 자녀의 반응을 관찰하는 것이다.

청소년의 문제행동은 지나치거나 타인의 권리를 침해하지 않고 자신의 자존심 · 책임감 · 협동심을 육성하는 것이라면 긍정적일 수 있으므로 문제행동을 긍정적인 방향으로 유도해야 한다. 자녀의 협력을 촉진하기 위해서는 자신과 타인의 복지에도 관심을 갖도록 격려해야 하며, 이러한 격려는 자녀의 자존심을 조장하여 부모나 타인과 협조하게 되고 자신의 행동에도 책임감을 갖게 되어 자녀는 신중한 결정을 내리게 된다.

문제행동의 변화에는 부모의 인내가 요구된다. 행동은 쉽게 변하지 않기 때문이다. 부모는 자녀의 행동을 바꿀 수 있는 것이 아니고 자신의 행동을 바꿔야 한다. 부모가 반응을 달리하면 자녀는 그동안의 행동이 통하지 않음을 조만간 깨닫고 변하게 된다. 부모는 자녀가 원하는 반응을 하지 않도록 하는 것이 최선책이다. 자녀의 문제행동의 목적이 관심추구라면 그 요구에 관심을 보이지 말고 기대하지 않는 상황에서 관심을 보이는 게 좋으며, 세력과시가 목적일 때 같이 대응하여 힘으로 제압하는 것은 힘의 위력을 실감시켜 갈등을 더 심화시킬 수 있으므로 자녀의 의견이나 제안을 요구하여 협조를 구해야 한다. 보복이 목적일 때는 같은 식으로 대응하면 보복의 새로운 이유만 제공하게 되므로 마음에 상처를 받는 것을 피하면서 친절과 인내로 지녀와 신뢰관계를 형성하기 위해 노력해야 한다.

03

문제의 소지와 행동변화에 대한 장애

03 문제의 소지와 행동변화에 대한 장애

1. 문제의 소지가 있는 부모와 청소년

현대 가정이 핵가족화 되어 가족간 유대가 약화되고 이혼이나 별거로 인한 결손가정이 증가하여 바람직한 가정생활을 영위하기가 어려워지고 있으나 부모자녀 관계는 다른 어떤 인간관계보다 애정적이고 지속적이다. 그러나 자녀의 발달단계에 따라 부모・자녀관계도 변화한다. 청소년기는 독립적인 자아탐색의 시기이므로 부모는 자녀의 심리적 이유(psychological weaning)를 인식하고 이에 대한 충분한 마음의 준비를 하여 새로운 상황에 재적응할 필요가 있다.

청소년이 학교를 중퇴하거나 무책임한 행동을 한다면 그의 결정은 장래 생활에 부정적 영향을 미칠 수 있다. 청소년기의 잘못은 성인으로서의 기회를 놓칠 수도 있다. 왜냐하면 많은 판단착오가 돌이킬 수 없기 때문이다. 청소년은 자신이 누구이며 무엇을 할 수 있는지 궁금해 한다. 그들은 자신의 문제에 대한 해답을 찾고 자신과 주변세계에 적응하는데 도움을 주는 이해심 있는 부모를 필요로 한다(장휘숙, 2004).

비록 원만한 부모자녀 관계가 가능하지만 많은 관계들은 너무 악화되어 개선의 여지가 없을 수 있다. 어떤 부모들은 그들이 위기의 순간에 있는 것으로 느끼고 문제가 악화되지 않기를 바라며, 또 다른 부모들은 좋지 않은 관계를 인식하고 도움을 청하기도 한다.

부모와 청소년 자녀의 문제는 흔히 부모 자녀관계에서 초기의 문제가 확대된 것이다. 자신과 부모에게서 통제되지 않은 아동이 다루기 힘들고 불행한 청소년으로 성장한다. 초기에 통제할 수 있는 문제를 청소년 시기로 연장시킨 부모는 자녀가 청소년기에 이르면 부모의 통제를 수용하거나 기대에 부응하기가 매우 어려움을 알게 된다.

부모는 자녀행동의 의미를 확대 해석하여 문제를 야기 시킬 수 있다. 예를 들면, 16세 자녀의 이성교제 욕망을 부모가 이상하게 해석하는 경우이다. 이성교제는 이상한 방향으로 흐를 수는 있지만 반드시 그렇지만은 않다. 부모가 자녀행동의 의미를 이해하지 못하거나 왜곡할 때 문제가 생긴다. 자녀는 친구들과 어울리지 않고 혼자 지낼 수도 있다. 이는 자녀가 자신과 흥미가 같은 친구를 만나지 못했음을 의미할 수 있다. 그러나 부모가 자녀에게 사교적이 되도록 요구하면서 친구가 없음을 자녀의 반사회적 태도나 인기가 없기 때문이라고 해석한다면 부모 자녀간의 문제로 변화될 수 있다.

의존과 독립, 순종과 반항, 이기심과 이타심, 이상추구와 현실타협 등 청소년의 감정의 양극성은 정서적 불안정을 나타내며, 이러한 심리적 특성은 발달과정의 과도기적 현상이다. 부모는 이러한 특성을 이해하고 부정적인 감정표현을 합리적인 방향으로 표출하도록 도와주는 과정에서 부단한 인내가 필요하다. 그러나 청소년의 이러한 특성을 무시하고 일방적・권위주의적 태도로 대하면 청소년의 정서적 불안정과 분노는 문제행동으로 표현될 수 있다.

청소년은 생리적・심리적 변화를 겪는다. 이 변화에 둔감한 부모는 자녀에게 조바심을 갖고 너무 많은 것을 기대하기 쉽다. 이것은 청소년에게 압력을 추가하여 부모로부터 소원하게 만드는 부정적 반응을 유발할 수 있다. 청소년을 당황하게 만드는 일들을 이해하지 못하는 부모는 자녀와의 관계에서 문제를 갖게 된다. 청소년들에게는 동료집단의 인정을 받고 그에 소속감을 갖는 것이 중요하다. 청소년의 자아개념은 주로 부모・친구와 같은 중요한 타인의 평가와 기대에 의해서 형성됨으로 부모의 과잉 또는 과소 기대는 부정적 영향을 미친다(김희진・김경호, 1999).

일반적으로 청소년 자녀와 문제를 일으키기 쉬운 부모의 행동특성은 다음과 같다(김명희, 1998; 김희진・김경호, 1999; 김형태, 1993; 김혜숙, 1998; 연문희, 1996; Greeberg, 1974).

- 상황에 과잉 반응하여 사소한 문제를 위기로 만든다.
- 자녀에게 성인처럼 생각하고 반응하기를 기대한다.
- 자녀에게 적당한 자유를 허용하지 않는다.

- 자녀에게 너무 많은 자유를 부여한다.
- 절대 복종을 요구한다.
- 자녀의 입장에서 생각하지 못한다.
- 자녀에게 지나치게 비관적이다.
- 자녀를 아동처럼 취급한다.
- 자녀에게 모욕적으로 또는 비꼬아 얘기한다.
- 부모 자신이 자녀에게 모범이 되고 있음을 망각한다.

청소년은 자신의 판단력을 믿고 싶어 하기 때문에 자신이 판단착오를 했을 때 그것을 인정하려고 하지 않으며 문제가 있음을 자인하기를 꺼린다. 그는 부모가 걱정하는 문제를 부인하고 간과하는 경향이 있다, 부모는 약물복용과 학교에 대한 부정적 태도를 염려하고, 청소년은 이것을 쓸데없는 걱정이라고 얘기한다. 부모는 이러한 무관심에 좌절감을 느끼고 절망에 싸여 청소년의 태도를 변화시키려고 위협하거나 처벌하거나 회유하려고 한다.

문제 부모의 청소년은 부모가 허용한 이상의 자유를 흔히 추구하며 "체제를 타도"(beat the system) 하려고 한다. 즉, 금지사항을 시도하려고 한다. 학교에서 체제를 타도한다는 것은 발각되지 않고 수업을 빠지는 것이며, 가정에서는 귀가시간이 늦은 이유를 변명하며 처벌을 피하는 것일 수 있다.

부모 자녀간의 문제는 흔히 청소년이 스트레스에 비효과적으로 대응하기 때문이기도 하다. 청소년이 문제를 갖게 되는 가장 보편적인 이유 중 하나는 부모가 그를 신뢰하지 않는 것이다. 자신의 모습을 보호하거나 비난을 회피하거나 체제를 타도하기 위하여 청소년은 부모에게 거짓말을 할 수 있다. 그 거짓말이 탄로나면 청소년은 방어적이 되거나 화를 내거나 거짓말을 한 이유를 정당화하려고 하며, 부모와의 관계는 대개 상호불신의 양상을 보이게 된다. 부모는 자녀가 다시 거짓말하기를 기다리며 청소년은 부모가 자신에게 적대적이라고 느끼기 시작한다. 그는 방어적이 되어 부모가 자신을 믿지 않으면 자신도 부모를 믿지 않겠다고 얘기하게 된다. 부정직하고 지나치게 방어적인 청소년은 부모뿐만 아니라 친구들 간에도 문제를 일으키게 된다.

부모와 문제를 일으키는 청소년의 행동 특성은 대체로 다음과 같다(곽덕영 · 김미화, 1994; Greeberg, 1974).

- 부모의 권위에 반항하거나 통제를 거부한다.
- 부모의 제안에 부정적이다.
- 부모에게 불신의 이유를 제공한다.
- 허용 범위 이상의 자유를 취하려고 한다.
- 가족단위의 개념을 부정한다.
- 친구들의 영향을 받아 부모에 대한 책임을 도외시 한다.
- 자신과 타인에 대한 책임보다 쾌락을 우위에 둔다.
- 부모의 가치관에 반대한다.
- 부모가 더 이상 필요치 않다고 생각한다.
- 부모에게 너무 의존적이다.
- 부모에게서 움츠려들거나 무시하거나 욕을 함으로써 사이가 나빠진다.
- 욕구불만을 그 원인이 아닌 부모에게 발산한다.
- 부모를 벌하려고 저항이나 부정적 행동을 보인다.
- 개인적 문제에 효과적으로 대처하는 방법을 모른다.

2. 변화에 대한 장애

부모는 자녀가 불행하거나 문제에 봉착해 있음을 알면 그들을 도와주려고 조언을 하거나 안심시키려고 한다. 그러나 청소년은 자신의 문제를 스스로 해결해야 한다는 것을 알고 있다. 들은 것을 실천하기 보다는 무엇을 하라고 지시받는 것이 더 쉬운 일이다. 변화에 대한 갈망은 언제나 강한 것은 아니며, 변화에 대한 장애요인을 인식하는 것이 중요하다

변화를 촉진시키는 것은 자기희생을 감수하려는 의욕과 끈기있게 참아내는 자기훈련의 동기이다. 개선 의욕이 생기지 않는 데에는 여러 가지 이유가 있다. 그 중 중요한 것들은 다음과 같다(Greeberg, 1974, p.180).

- 무력감이나 성급함
- 결정적인 조치를 취하지 못하는 자기 불신감
- 어떤 노력도 시간낭비일 것 같은 느낌

- 어디서 어떻게 시작해야 할지 모르는 무능력감
- 실패나 실수에 대한 두려움
- 자신이나 타인에 대한 강한 적대감
- 불성실한 노력
- 누군가 시작해주기를 기대하는 마음
- 현재와 미래에 관심을 두기보다는 과거에 집착하는 경향
- 반복된 실패로 인한 낙담
- 어색한 행동을 한 것에 대한 죄책감

이와 같은 장애요소를 제거하는 가장 효과적인 방법은 목표 중에서 중요 부분을 변화시키는 것이다. 장애요소는 관심을 집중하여 적극적 행동과 성취하려는 결심으로 극복될 수 있다. 동기를 유발시키는 요인 중 하나는 성숙 정도이다. 왜냐하면 성숙한 사람일수록 자기희생을 감수하기 때문이다. 청소년은 아직 미숙하기 때문에 개인적 희생을 요하는 경우에 변화하려는 동기가 강하게 유발되지 않을 수 있다.

3. 부모의 통제가 어려운 청소년

많은 부모들에게는 문제의 예방을 논의하기에 너무 늦은 경우도 있다. 그들의 자녀는 비이성적이고, 지나친 요구가 많으며 존경심이 없고 무관심하다. 그와 같은 부모가 가장 좌절감을 느끼는 것은 참을 수 없는 상황에서 자녀는 만족한 듯 보이는 때이다. 많은 부모는 자녀의 위협을 두려워하기 때문에 자녀와의 관계가 계속 악화되도록 방치한다. 그들은 현재 전개되는 상황은 걱정스럽고 미래에 예상되는 상황은 불안스럽기 때문에 어떤 면에서는 부모로서 실패한 것으로 느낀다. 그들은 자신과 자녀, 외부 요인을 비난한다.

어떤 한 요인이 자녀가 부모에게 반항하게 만들지는 않으며 부모도 자녀의 비행에 전적으로 책임이 있는 것이 아니다. 비록 부모의 양육방식이 청소년의 문제를 발전시켰는지는 모르지만 동료집단의 압력과 사회적 조건이 반항적 태도를 조장하는데 일익을 담당하였으며, 가정・학교・사회의 방심이 현대의 청소년에게 존경할만한 점을 남기지 않았고 모방할 수 있는 모델을 제공하지도 않았다.

일부 청소년들은 이미 회복하기 어려운 손상을 자신에게 입히고 있다. 그들은 부모의 통제를 완전히 거부하고 도전적인 행동에 의해서 부모를 경멸한다. 그들은 처벌이나 위협에 의해 동요되지 않으며 가정환경을 개선하기 위한 부모의 제안과 시도에 부정적이다. 그들은 자신의 힘을 과시하기 위하여 부모의 한계를 계속 시험해본다.

그들의 부모는 그들을 좋아하지는 않을지라도 해를 끼치려고는 하지 않는다. 부모는 자녀가 태도를 바꿀 것으로 기대하며 자녀를 변화시키기 위하여 압력을 가하지만, 자녀는 변화에 저항하면서 부모의 시도를 좌절시킨다. 많은 청소년들은 부모가 말로만 얘기하고 압력을 받으면 물러선다는 것도 알고 있다. 그들은 부모가 자신을 포기하지 않을 것을 믿고 있으며 비상시에는 부모를 조종할 수 있다고 생각한다. 그들은 자신의 과오에 대한 대가를 치러야 할 때 부모가 도와줄 것으로 믿고 있다.

다행히 이러한 청소년들이 많지는 않지만 그 부모들에게는 아무런 위안이 못된다. 그러나 이러한 부모들은 다른 자녀에게 비슷한 문제가 생기지 않도록 하려는 의욕이 아주 높다. 흔히 이들은 문제를 예방하는데 극단적 방법도 사용한다. 만일 그들이 허용적이었다면 이제는 아주 엄격해지려는 경향이 있고, 그 반대로 엄격했었다면 허용적으로 되어간다. 극단은 문제를 자초하는 것이며 중도적인 입장이 최선책이다.

04

수용적 태도에 입각한 자녀지도의 원리

04 수용적 태도에 입각한 자녀지도의 원리

1. 수용의 의미

부모의 자녀에 대한 태도와 행동은 흔히 수용과 통제의 차원으로 구분되어 왔다(송길연 외, 2005; Shaffer, 2005). 그러나 Rothbaum(1986)은 자녀양육에 관한 요인분석 연구를 토대로 수용 또는 온정의 차원이 부모의 행동에서 최대의 변량을 설명한다는 것을 발견하였고, Thomas와 Weigert 그리고 Winston(1984)도 부모의 수용차원이 청소년의 여러 가지 특성을 보다 잘 예언해 주는 요인이라고 강조하였다.

수용은 지지 · 사랑 · 온정 등 여러 가지 이름으로 불리우고 있으나 그에 내포된 의미는 거의 같다. Rohner(1986, 2006)에 의하면, 수용적인 부모는 자녀에게 신체적 또는 언어적으로 사랑과 애정을 표현하며, 거부적인 부모는 자녀를 싫어하고 불인정하며 부담스럽게 여기는 경향이 있다. Schaefer(1965)는 수용을 애정과 지지를 표하며 긍정적 평가를 의미하는 것으로 시사했고, Rothbaum(1986)도 수용도가 높은 부모는 자녀를 도우려는 입장을 취한다고 강조하였다. 그러므로 부모의 수용은 자녀를 돕는데 중점을 둔 정의적인 관계라고 볼 수 있다.

부모 · 자녀관계에서 수용의 핵심적 효과는 자신이 가치 있는 인간이라는 정보제공의 측면과 동기유발의 측면에서 찾아볼 수 있다(김성일, 1994, 1998, 2003; Shaffer, 2007). 수용적인 부모가 자녀의 내면적 가치에 관해 언급한다면 여러 형태의 순응적 행동뿐만 아니라 자아조직의 여러 차원에도 영향을 미친다. 수용적인 부모는 환경에 영향을 미치려는 자녀의 노력을 인정하며 자녀가 필요로 할 때 옆에 있다는 것을 인식시킨다. 부모의 온정과 수용은 자녀가 자신을 갖게 하며 자신의 행동에 대한 부정적 결과의 가능성에 집착하지 않게 한다.

훈육이 효과를 발휘하기 위해서는 자녀에게 이미 구비되어 있는 정서적·동기적 성향을 가동시켜야 하며, 이는 부모·자녀관계의 일반적인 정의적 상태에 따라 좌우된다. 부모의 수용은 가정에서 부모가 언행을 통해서 자녀에게 가르치는 것을 더 잘 배우게 하는 분위기를 형성한다. 자녀의 순종은 부모의 수용과 정서적 유대 및 신뢰감의 구축과 관계되는 것으로 알려져 있다(Bugental & Grusec, 2006; Maccoby & Martin, 1983). 수용적인 부모가 필요할 때마다 합리적인 설명을 하면 자녀는 사회적 규칙을 내면화하고 적합한 행동장면을 구별하게 된다(Hetherington & Parke, 2006). 환언하면, 가장 효과적인 훈육방식은 수용과 설득을 강조하는 것이다(Spock, 1988). Gordon(1970, 1989)의 부모의 효율성 증진법(Parent Effectiveness Training), Dinkmeyer와 McKay(1998)의 효율적인 부모역할을 위한 체계적 교육(Systematic Training for Effective Parenting), Ginott(1969)의 인간주의적 접근법(Humanistic Approach), 한국청소년상담원(1993)의 바람직한 자녀지도를 위한 부모교육, 홍경자(1996)의 10대의 적극적 부모역할 훈련 등의 대표적인 국내외 부모교육 프로그램에서도 자녀에 대한 부모의 권한이나 통제보다 자녀의 욕구에 대한 이해와 배려를 공통적으로 강조하고 있다.

Moore와 Eisenberg(1984)가 시사한 바와 같이, 수용은 자녀에게 부모에 대한 긍정적 태도를 갖게 하며, 부모의 유도와 도덕적 가치를 포함한 영향력을 받아들이게 하는 배경 또는 상황적 요인으로 작용한다. 즉 부모의 수용은 자녀를 부모와 긍정적 방향으로 결속시킴으로써 자녀는 반응을 하고 부모의 지도를 기꺼이 받아들이게 된다. 부모·자녀관계가 친밀하고 온정적이면 부모는 자녀에게 압력을 가함이 없이 필요한 통제력을 행사할 수 있다. 다시 말하면, 수용적인 부모는 자녀가 보다 용이하게 사회화되고 바른 행동을 배울 수 있는 안전하고 갈등 없는 환경을 조성하는 경향이 있다. Santrock(2007)은 청소년기에 부모와의 지속적인 돈독한 관계가 환경의 건전한 탐색을 촉진시킨다고 주장하였다. 그리고 Parish(1987)는 부모가 자녀에게 적대적이거나 무관심하고 가정이 즐거운 곳으로 지각되지 않는다면 이러한 상황이 오래 계속될수록 청소년의 고통은 더욱 만성화된다고 하였다.

가정교육에서 결정적인 영향을 미치는 것은 가정을 지배하는 심리적·정서적 분위기이다. Bettelheim(1987)은 "자녀교육을 잘 시킨 부모들은 그들 자신이 책임 있고, 자율적이며, 자신이 믿는 가치관을 행동으로 보여주는 산 표본들"(p.103)이라고 말했다. Spock(1988)도 그의 의견에 동조하면서 "부모가 자녀를 사랑할 때 자녀는 이에 상응하는 사랑을 부모에게 보내며, 부모와 같은 사람이 되려고 하고 부모를 기쁘게 하려고 한다"(p.133)고 주장하였다. 이어서 Spock(1990)는 21세기의 가정을 위한 조언으로 가족간의 유대가 가장 보람 있는 것이며 부모는 자녀를 무시함이 없이 애정과 같은 가치를 자녀에게 심어줘야 한다고 강조하였다. 수용은 일반적으로 부모와 청소년간의 유사성을 최대한 증진시키는 것으로 알려져 있다. 미국・독일・스페인・멕시코・푸에토리코의 중류층 고교생 집단에서 Thomas 등(1984)은 온정과 수용이 높을수록 자녀의 부모에 대한 동일시가 강하다는 것을 발견하였고, Eisenberg와 Fabes(1998), Saarni 등(1998)과 김성일(1994, 1998, 2003)도 부모의 수용이 자녀의 공감발달과 정의적 특성에도 긍정적 영향을 미친다는 것을 확인하였다. 또한 Rohner(2006)는 부모・자녀관계에 관한 800여종의 연구를 분석하여 부모의 수용 부족이나 거부가 청소년 자녀의 낮은 자존심・비행・공격성・대인관계 장애 등과 같이 성격발달에 심각한 손상을 초래한다고 결론지었다.

다른 사람을 있는 그대로 수용한다는 것은 그가 건설적인 방향을 성장하고 심리적 건강을 지향하며 자신의 잠재력을 최대한 실현할 수 있는 관계를 육성하는데 중요한 요인이다. 다른 사람에 의해서 진정으로 인정받고 있다고 느낄 때 사람은 자유롭게 행동할 수 있으며 자신의 성장과 변화 및 능력의 신장에 대하여 생각하게 된다. 이것이 단순하면서도 아름다운 인생의 역설적인 면이다. Gordon(1974)은 "다른 사람을 있는 그대로 받아들이는 것이야말로 사랑의 행위이며, 인정받고 있다는 느낌은 사랑받고 있다는 느낌과 같다."(p.58)고 하였다.

반대로, 수용의 결핍이나 거부는 사람을 폐쇄적으로 만들며 방어적이 되게 하고, 이야기하기를 꺼리게 하거나 자신을 돌아보지 못하게 한다. 이와 같은 부모의 거부와 무관심은 자녀의 내부에서 적대감을 싹트게 하는 결과를 낳는다.

2. 청소년 자녀지도의 원리

부모와 청소년간의 문제는 흔히 초기의 문제가 확대・연장된 것이다. 처음부터 통제가 부족했거나 자녀의 행동을 오해 또는 과대평가하는 수도 많고 그들의 심리적 변화와 욕구에 둔감한 경우도 있다. 청소년은 자신의 판단력을 믿으려고 하기 때문에 자신의 잘못이나 문제를 인정하려고 하지 않는다. 그들은 부모의 걱정이나 근심이 사실무근한 것이라고 믿고, 부모는 그들의 무신경에 더욱 자극되어 상호불신과 갈등이 심화된다.

청소년은 충동적이고 자의식이 강하며 많이 알고 있다는 인상을 주려고 하지만 내면적으로는 불안정하다. 그들은 친구와 비교하길 원하고 친구의 인정을 받을 때 가장 적합한 느낌을 갖게 되기 때문에 친구와 같은 언행・복장・기호 등을 모방한다. 그러나 그들이 부모가 정한 규칙을 무시하거나 동료집단의 해로운 영향을 받아들이려고 할 때, 미래에 대해서 대처하려고 하지 않거나 현실을 부정하고 자기 파괴적인 행동을 할 때 위험신호로 간주해야 한다.

그들이 행동을 개선하지 못하는 데에는 무력감・자기불신・방법에 대한 무지・실패에 대한 두려움・분노・당혹감・낙심・과거에 안주하려는 경향 등, 여러 가지 원인이 있을 수 있다. 그들의 행동을 유발시킬 수 있는 것 중의 하나는 성숙을 기대하는 것이지만 그들은 아직 미숙하기 때문에 개인적인 희생이 수반되는 변화를 위해서 쉽게 행동하려고 하지 않는다.

모든 부모가 청소년 자녀와 갈등을 빚는 것은 아니다. 많은 부모들은 자녀가 아동기에서 성인기로 변화되어 가는 것을 즐겁게 지켜볼 수 있다. 부모는 자녀에게 미친 영향을 가늠해 볼 수 있으며 자녀의 사회적 역할을 준비하는데 기여할 수 있다. 이와 같은 부모의 노력은 그들의 만족감으로 보상을 받는다.

이와 같은 취지에 따라서 이 장에서는 청소년 문제행동의 예방을 위한 자녀지도의 원리 중에서 가장 기초적인 것들을 탐색하여 부모가 쉽게 이해하고 실행할 수 있는 지침을 제시하려는 것이다.

다음에 제시하는 자녀지도의 원리는 부모교육과 역할에 관한 각종 자료와 문헌(김희진・김경호, 1999; 남상인 외, 1995; 이기돈, 1991; 이영숙・고성혜, 1994; 정원식・김재은・박성수, 1996; 최윤진 외, 1993; 한국부모교육학회, 1997; 한국청소년상담원, 1993; 한승희 외, 1993; Bigner, 2006; Elkind, 1998; Ginott, 1969; Gordon, 1970, 1989; Greeberg, 1974; Greydames, 1991; Hamner & Turner, 2001; Maccoby, 1992; Parke & Buriel, 1998; Rohner, 1986, 2006)에서 부모의 수용적 태도와 관련하여 공통

적으로 강조되고 있는 사항을 종합 정리한 것이다. 기본적으로 이 제안들은 자녀에게 이해심을 보여주는 것들이며, 부모가 흔히 당연시하는 상식적이고 인간적인 방법들이다. 이 원리들은 부모 자녀간의 갈등과 청소년 자녀의 심각한 문제를 예방하기 위한 것이지만 사소한 문제의 경우에도 적용될 수 있다.

1) 청소년기에 관한 지식이 필요하다

이해는 지식에 의해 증진된다. 청소년기는 시험하고 이상을 꿈꾸며 좌절을 겪기도 하는 불안정한 시기이다. 그리고 주변인(marginal man)으로서 아동기와 성인기의 과도기에 있기 때문에 갈등과 혼란, 사회적 경험과 책임감 부족으로 양면적 감정을 느끼며 자아의식을 형성하는 시기이기도 하다(남상인 외, 1994). 부모가 청소년기에 관해 많이 알수록 자녀의 행동을 더 잘 이해할 수 있다. 현대의 청소년기는 부모가 경험했던 시기와는 같지 않다. 현대 사회가 20여년 전과 다르기 때문이다.

청소년의 특성은 발달과정에서의 전적인 지적・정의적・신체적 변화뿐만 아니라 사회・문화적 영향을 반영하는 면도 있다. 근래의 신세대들은 유행에 민감하고 영상문화에 익숙해 있으며 개방적이고 물질을 추구하는 경향이 있다(정용교, 1999). 그러나 그들은 동료집단의 영향을 크게 받지만 부모에 대한 애착과 함께 부모를 중요시하고 가치관도 대체로 부모와 유사하다(장휘숙, 2004).

문화관광부의 조사(1998)에 의하면, 42%의 부모들은 자녀지도의 어려움이 자녀에 대한 이해와 자녀교육에 관한 지식이 부족하기 때문이라고 인식하고 있고, 62%는 부모교육을 받은 경험이 없는 것으로 나타났다. 한승희 등(1991)이 중고생 자녀를 둔 학부모 1400명을 조사한 결과에서도 90%이상의 부모가 자녀양육의 어려움을 호소하여 세대차의 단면을 드러냈다. 부모는 전통적 가치규범을 고수하고 청소년은 이를 벗어나려 하며 현대 사회에서는 이러한 갈등이 심화되고 있다. 그러므로 많은 부모는 청소년을 제대로 이해하지 못해 자녀들에게 불필요한 어려움을 가져다주기도 한다. 10대는 급격한 신체변화에 고민이 많고 새로운 사고방식에도 익숙하지 못해서 거침없는 비판과 이상적 논리 또는 격렬한 감정을 표현하게 된다. 부모가 청소년 자녀를 보다 잘 이해하기 위해서는 청소년기에 이루어야 할 새로운 인간관계・경제적 자립심・지적 성숙・정서적 성숙・직업선택・여가선용・인생관 확립 등(권두승・조아미, 1998)의 발달과제와 여러 가지 문제행동에 대한 정보가 필요하고 대인관계

기술도 습득해야 한다. 자녀에게 필요한 부모는 자녀가 자신의 자녀만이 아니라 사회의 청소년으로서 잘 적응할 수 있도록 양육하는 사람이며, 이를 위해서는 우선 자녀를 부모의 소유물이 아니라 독립된 인격체로서 존중하고 그들의 특성과 기대를 이해해야 한다(이기돈, 1991).

2) 부모는 10대 자녀들에게 여전히 행동의 모델이다

청소년은 이전에 할 수 있었던 것보다 더 많은 것들을 시도할 수 있다. 그들은 위선과 이중기준을 쉽게 파악한다. 부모가 취해서 귀가할 때 자녀의 음주에 대해 훈계할 기반이 약할 것은 자명하다. 부모의 책임 중 하나는 모범이다. 자녀에게 약속을 지키지 않거나 부정직한 행동을 하면 거의 그대로 자녀에게 전달된다(정원식 외, 1996). 자녀는 부모의 행동을 보고 성인의 역할에 대한 생각을 갖게 된다. 자녀가 부모의 장점보다 단점을 취하는 이유는 그것이 보다 효과적이라고 여기기 때문이다(Dinkmeyer & McKay, 1998). 만일 부모가 원하는 것을 얻기 위해 화를 내고 자녀가 그 효과를 보게 되면 자녀는 당연히 같은 식의 행동을 택할 것이다. 부모는 자신이 무심코 보이는 언행을 예민하게 인식해야 한다.

근래에 문제되고 있는 청소년의 약물남용과 폭력행동도 가정에서 부모의 솔선수범이나 묵인에 의해서 학습되고 강화된 면이 있다. 학교폭력은 청소년의 40~60% 가량이 경험하고 있고(김준호 · 김선애, 2000; 임영식, 1998), 부모에게 폭력을 행사하는 중고등학생도 5%나 되는 것으로 조사되었다(김영희, 1999). 청소년의 신체적 · 언어적 폭력은 부모의 간섭이나 거부 또는 자극추구의 동기도 작용하지만(박윤창 외, 1995; 박준희, 1984; 이미리 · 이주경, 1999) 부모의 폭력행동을 관찰하거나 경험하기 때문에 발생하는 경우도 많다(권이종 외, 1998; 전희정 · 지영숙, 1999; 장휘숙, 2004; Rice, 2002). 민수홍(1998)의 조사에 의하면, 가정에서 부부간 욕설은 45%, 가물파손은 26%, 아내구타는 22%, 고교생 자녀에 대한 욕설은 32%, 구타는 26%로 나타났다. 이와 같은 빈번한 체벌이나 욕설은 자녀에게 자신과 타인에 대한 부정적 견해를 초래하고 타인을 적대적으로 인식하여 자기방어의 일환으로 공격성을 유발한다(Staub, 1996). 실제로 중학생 827명의 조사결과를 보면, 부모의 폭력이나 폭언이 자녀의 집단 괴롭힘과 상관(r = .39)이 있었고(이해경 · 김혜원, 2000), 이는 초중등학생 854명을 대상으로 한 다른 조사에서도 확인되었다(박영신 · 김의철, 2000). 폭력은 악순환을 일으켜 세대간에 전이된다. 학생들의 71%가 경험하는 음주와 28%가 행하는 흡연 등의 약물남용(김문섭, 1999; 오치선 등, 1999)도 부모의 행동에 의해서 큰 영향을 받는다(이윤로, 1997). 자녀는 듣는 것보다 직접 관찰하거나 경험한 것을 더 믿으려하며 부모의 행동을 어른들의 행동으로 해석하여 시도해 보고 싶어 한다. 이와 같은 부모의 폭력이나 약물사용은 점차 연소화 추세를 보이고 있는 청소년 비행과 밀접히 관련되기도 한다(김준호 · 김순형, 1995; 옥정 · 오윤희 · 정현옥, 2000; 이상현, 1997; 이춘재 외, 2004). 또한 가정폭력이나 불화는 해마다 1,000여명의 10대가 사망하는 자살이나 가출의 주요 원인으로 알려져 있다(권이종 · 권병진, 1999; 심우엽, 2000). 자녀는 일관된 원칙을 준수하고 언행을 일치시키며 좋은 모범을 보이는 부모를 원한다. 청소년의 60%는 기성세대의 언행이 불일치한 것으로 판단하고 있으며(김문조 외, 1994, 1995), 부모의 $\frac{2}{3}$도 자녀에게 모범적인 행동을 보이지 못하는 것으로 느끼고 있다(한승희 외, 1991). 부모가 바람직한 역할수행을 못하면 자녀는 실망하여 부모의 조언을 무시하게 된다.

3) 청소년은 여전히 부모의 지도를 필요로 한다

아동기에는 부모의 지도가 사회적으로 용인되는 가치를 가르치는 형식으로 이루어지지만 청소년기에는 장래의 결정에 대한 생각과 행동에 반응을 보이는 것이다. 부모는 자녀에게 관심 분야를 탐색하고 단기목표를 수립하도록 격려해야 한다. 이것은 최종결정을 내리도록 압력을 가하지 않고 여러 가지 직업분야에 관한 논의에 의해서 이루어질 수 있다. 요즘은 직업과 학문의 다양성으로 선택과 결정이 과거에 비해 더욱 어려운 상황이다. 청소년이 가장 많이 고민하는 내용은 학업과 진로문제이다(구본용 외, 1993; 오치선 외, 1999). 자녀의 능력과 희망을 무시하고 공부만 강요하거나 지나친 기대를 하면 자녀는 심리적 부담으로 오히려 학업이나 진로계획에 무관심하게 될 수 있다. 대부분의 경우, 부모의 자녀에 대한 관심은 상급학교 진학에만 집중되어, 거의 모든 학부모가 자녀의 성적은 매우 잘 알고 있으나, 취미 · 오락 · 적성 등의 일상생활에 관련된 측면에도 관심을 두는 경우는 $\frac{1}{3}$에 불과하다(한승희 외, 1991). 그러나 대학정원 · 경제적 여건 · 자녀의 성적 등에 따라 대학진학이 불가능한 고교생도 많이 있기 때문에 청소년에 대한 진로지도는 폭넓게 이루어져야 한다. 직업정보에 관해 청소년의 40%는 전혀 모르고 충분히 알고 있는 경우는 4%에 불과하며, 부모 자신도 16%는 전혀 모르고 충분히 알고 있는 경우가 5% 정도인 것으로 판명되었다(최윤진 외, 1993). 자녀의 진로지도를 위해서 부모는 관련 서적이나 신문 등을 통하여 사회·경제·기술 환경을 잘 알고 있어야 하며 일시적 유행이나 인기에 편승함이 없이 자녀의 특성과 희망을 고려한 합리적 결정이 이루어지도록 배려해야 한다(박성희, 1994). 진로지도의 구체적 내용으로는 다양한 직업의 역할·일의 세계·일에 대한 긍정적 태도·직업의 경제적 측면·교육과 직업의 관계·인간관계 능력·의사결정 능력 등을 열거할 수 있다(김충기, 1988; 오치선 외, 1999).

또한 청소년기에는 급속한 신체적 변화와 성적 성숙으로 성에 관한 호기심과 충동이 강렬한 때이며, 성 개방 풍조와 접근이 용이한 각종 성관련 내용으로 인하여 잘못된 성지식과 태도를 갖게 될 수도 있다. 청소년들은 성에 관련된 정보를 주로 친구나 대중매체를 통하여 접하고 있으므로(권두승·조아미, 1998) 정확한 지식을 얻지 못하는 수가 많다. 실제로 성경험이 있는 중등학생도 6-7%가 된다(김문조·권이종·김선업, 1994; 권두승·조아미, 1998; 문용린 외, 1996). 학교에서 이루어지는 성교육은 매우 추상적이거나 내용이 빈약하여 청소년에게 실질적인 도움이 되지 못하고 부모로부터 성교육을 받은 경험이 있는 청소년도 과반수에 미치지 못하고 있다(최윤진 외, 1993). 부모가 자녀에게 성교육을 하지 못하는 데에는 거북하게 느낄 뿐만 아니라 성지식이 부족하기 때문이기도 하다. 청소년 자녀에게는 단순한 신체구조의 차이나 생리현상만이 아니라 성병·임신·피임·성충동·성역할·성 피해방지·건전한 이성교제와 같은 다양하고 실제적인 정보를 정확히 전달할 필요가 있다.

부모가 자신의 심리적 결손이나 주변문제 때문에 자녀의 일상생활과 행동을 적절히 지도·관리하지 못하면 자녀는 처지가 비슷한 또래들과 어울리게 되고 그 과정에서 거짓말·비행·자살·집단 괴롭힘 등의 문제행동을 일으킬 수 있다(김석진, 2000; 김진숙·송수민·이명우, 1999; 심우엽, 2000; 이춘재 외, 2004). 나아가서 문제행동이 심해지면 처음부터 약한 부모의 지도력은 더 힘을 상실하게 되고 궁극적으로는 통제하려는 노력조차 포기하기에 이를 수 있다. 부모의 지도 소홀은 자녀에게 거부와 무관심으로 인식될 수 있으며 실제로 사실인 경우도 많다.

4) 부모는 한계를 설정해야 한다

한계 설정은 자녀에게 준수하길 기대하는 규칙을 알리는 것이며, 그들의 특성과 과거행동을 토대로 결정하거나 최소한으로 정할 수 있다. 용돈・학업・가사분담・귀가시간・TV시청・이성교제 등에 관한 규칙과 한계는 자녀의 행동범위를 설정하는 데 필요하다. 부모가 언제나 일정한 통제력을 행사하는 청소년은 비록 그것을 달가워하지 않더라도 부모와의 관계가 좋으며, 규칙이 공정한 것이라면 부모의 통제를 존중할 것이다. 특히 중요한 가치를 가르칠 때는 엄격한 제한이 필요하며, 금지사항은 단호하게 전달해야 한다(곽덕영・김미화, 1994).

부모는 한계 설정을 자녀의 발달을 저해하는 것으로 우려할지 모르지만 대부분의 10대들은 부모의 관심표시로 간주한다(Dinkmeyer & McKay, 1998). 지나친 허용이나 익애 또는 비일관성은 부모역할에 대한 분명한 인식이 부족한 것이며(김명희, 1998) 자녀에게 부모가 약하고 문제행동을 허용하는 것으로 보인다. 부모의 통제력이 약해 낙담과 무력감을 느끼게 되면 자녀는 자신이 버림받거나 부담스러운 존재라는 기분으로 자존심이 약화되어 반항을 하게 된다. 그리고 부모의 통제부족과 비일관성은 부모에 대한 동일시를 약화시키고 사회적 가치의 내면화를 방해하여 자녀의 책임감이나 자기 통제력의 약화와 공격성 유발 및 문제행동을 조장한다(김준호・김순형, 1995; Staub, 1996). Patterson(1986)의 강압적 순화론(coercive cycles)에 의하면, 부모의 통제 약화에 기인한 자녀의 반사회적 행동은 부모의 회피반응을 유발하여 자녀의 공격행동이 증가한다. 게다가 부모와 자녀의 유대감 부족이 자녀의 일탈된 또래집단에 소속될 가능성을 증대시키고, 이는 자녀의 부정적 정체감을 형성하여 부모에게 정서적인 거부감을 일으킨다. 부모는 자녀의 일탈행동에 대한 인내수준을 높여서 통제시도를 감소함으로써 자녀의 공격적 행동은 더욱 증가하게 된다.

김준호와 김순형(1995)의 조사에 따르면, 중등학생의 35%는 가정에서 규칙이 거의 없는 것으로 반응하였다. 문제행동은 "안 돼"라고 분명히 말하지 않거나 일관된 처벌을 하지 않을 때 발생하는 경향이 있으며 한계 없이 방치하면 문제행동이 증가한다. 부모가 야단치지 않으면 해도 된다고 오인할 수 있고, 평소 마음대로 내버려 두다가 기분에 따라 사소한 행동에도 심한 처벌을 하면 자녀의 문제행동에 대한 원인을 제공하는 결과를 초래한다. 문제가정은 거의 공통적으로 규칙이 없다. 부모의 통제 부족은 청소년 자녀의 약물사용이나 외현적 행동과 상관을 보이며(Stice & Barrera, 1995), 소년원생들의 경우에는 대부분 부모가 규칙이나 생활지침을 제공한 경우가 없고 자녀의 일상생활에 무관심한 것으로 드러났다(조현진・박성수, 1991). 초・중등학생의

25% 정도가 경험하는 "왕따"(집단 따돌림)의 경우에도(박경숙 외, 1998; 정용교, 1999) 가해 학생의 가정환경 특성은 부모의 공격성 묵인 또는 권위주의적인 태도만이 아니라 자녀에 대한 관심과 관리 부족으로 밝혀졌다(강진령 · 유형근, 2000; 박진행, 2000; 이춘재 · 곽금주, 2000; Olweus, 1994). 청소년의 77%가 충동을 느끼고 14%가 실제로 시도하는 가출도 그 원인이 개인적 · 사회적 요인과 가정의 구조적 결손 및 불화뿐만 아니라 부모의 이해부족 · 무관심 · 방임 때문으로 나타났다(권이종 · 김용구, 2007; 김지자 외, 1992; 김향초, 1998; 한국청소년개발원, 2006).

5) 청소년의 반항적인 행동을 예상해야 한다

만일 자녀가 부모의 기대나 요구에 때때로 반항하지 않는다면 이상하고 불건전할 수 있다. 청소년이 자신을 한 개인으로 존중한다면 환경에 대해 자신의 능력을 시험해 봐야 한다. 이것은 부모를 거부하는 것이 아니라 옳다고 느끼는 바를 위해 투쟁하는 것이다. 건전한 반항에서 청소년은 부모의 압력으로부터 어느 정도의 해방감을 갖게 되고 긴장을 해소할 수 있다. 불건전한 반항은 부모의 감정을 전적으로 무시하고 부모를 경멸하는 것이다.

대부분의 부모는 가부장적이고 권위주의적 사고방식에 따라 자녀의 복종을 요구하고 이를 당연시 한다(한승희 외, 1991). 무조건적인 순종은 발전적이지 못하고, 반항과 도전이 생활을 발전시키는 연습이 될 수 있다. 반항은 청소년의 특권이며, 인류 발전에는 기존 질서에 반항하는 도전적 자세도 필요하다(운운성 · 가경신, 1996). 반항의 수용이 개방적 정신이며 의사표현을 격려하는 자세이기도 하다. 반항은 공격심을 승화시키는 긍정적 기능이 있으며 자신을 극복하고 난관을 돌파하는 원동력이 될 수 있다(이기돈, 1991). 즉, 반항은 안정된 정체감 형성의 필요조건인 자율성과 연결되며 자기주장에 대한 건강한 욕구로 간주될 수 있다. 따라서 자율적인 행동이 반항으로 나타날 수 있으며, 이로 인해 부모와 마찰과 갈등이 빚어질 수 있지만 이를 너무 억제하거나 부정적으로 대하면 청소년은 더 난폭하게 된다. 논쟁 · 무시 · 분노 · 거절 등으로 표현되는 반항이 심할 경우에는 반사회적 품행장애로 변화될 수도 있다(이춘재 외, 2004). 부모와의 갈등과 힘의 경쟁은 자율을 요구하는 청소년에게 불가피한 결과이다(송길연 외, 2005). 자녀는 자신의 정체감 형성에 대한 노력이 존중되기를 원하며, 여의치 않으면 반항이나 문제행동으로 인정받으려고 한다.

감수성이 예민하고 급격한 감정변화를 보이는 청소년기에는 현실에 대한 저항의식과 더불어 외부로부터의 자신에 대한 침해나 자신의 의사와 행동에 상치되는 요구에 반항하게 된다. 반항은 자신보다 우위에 있는 사람이나 집단의 권위 · 지배적 제도에 대한 저항으로서 의존의 역표현 또는 독립에 대한 욕구를 반영하는 것이며, 흡연과 같은 허세적 유형, 부모나 교사에 대한 반발 등의 영웅적 유형, 제도나 이념에 대한 논리적 반박의 유형으로 나타난다(남상인 외, 1994; 정영윤, 1992). 또한 반항은 경제적 역할의 혼란 · 성적 표현의 제한 · 학업문제 · 진로선택의 어려움 · 부모의 불화 · 허용적 양육방식에서도 기인한다(이기돈, 1991).

청소년은 자주성을 강하게 주장하며 타인의 지시 · 명령 · 간섭 · 훈계에 민감하고 분노를 나타낸다. 부모의 지나친 또는 일방적인 충고나 조언은 자녀에게 자신을 믿지 못하는 것으로 지각되어 반항을 유발할 수 있다(김희진 · 김경호, 1999; 정원식 외, 1996). 그러므로 비판이나 설교는 대화단절의 지름길이며, 청소년의 예민한 감수성도 많은 반항과 상관이 있다. 반항은 내적인 무언의 반항도 있으며 이것이 축적되어 돌발적인 문제행동으로 나타나기도 한다. 반항은 부모에게 지배당한다고 느낄 때 시작된다. 부모가 부정적이고 비판적 태도를 취하거나 잔소리를 하거나 화를 내거나 지시가 모호하고 순종할 수 있는 시간적 기회를 주지 않기 때문에 자녀의 반항을 유발할 수 있다. Forehand(1977)는 세부적이고 분명한 알파(α)지시에 비해서 모호하고 순종할 기회를 주지 않은 채 새로운 지시를 또 내리는 베타(β)지시가 순종을 어렵게 만든다고 하였다. 부모는 자녀에게 순종할 기회를 부여하여 순종적 행동은 칭찬하고 어느 정도의 반항은 용인하거나 무시할 수 있어야 한다.

6) 자녀의 위협에 굴복하지 말아야 한다

청소년은 원하는 것을 얻기 위하여 무슨 수단이든 가리지 않는다. 흔히 이것은 부모에게 위협이 되지만 처음에 굴복하면 자녀는 부모에 대해 힘을 가지고 있다고 믿게 된다. 부모는 자신의 결정에 영향을 미치는 어떤 압력이나 위협도 허용하지 않겠다는 의지를 자녀에게 보여야 한다. 그 후에는 그 입장을 약화시키거나 물러서지 않아야 하며, 이때 부모의 단합된 태도가 필요한 경우도 있다.

부모는 자신도 모르는 새에 강화의 덫(reinforcement trap)에 걸려 자녀의 위협이나 공격에 굴복하게 되기도 한다. 부모와 자녀간의 불유쾌한 상호작용이 중단되면 부적

강화의 과정을 통하여 부모와 자녀간의 공격이나 반격의 강도가 증가한다(Patterson, 1986). 예를 들면, 청소년이 자신이 원하는 것을 못하게 될 때 분노 폭발을 함으로써 결국 성취하는 경우이다. 이와 같은 부정적 행동에 대한 부모의 회유・양보・항복은 오히려 자녀의 성장을 저지하게 된다. 부모가 자녀의 행동을 부정할 때에는 단호하게 거부하고 타당한 이유를 알려줘야 하며(이기돈, 1991; 임영식・한상철, 2000), 자유는 적절한 판단과 책임 있는 행동을 할 수 있을 때 비로소 얻을 수 있음을 얘기해야 한다. 그리고 이 과정에서 부모 자신과 자녀의 스트레스도 견디어 내어야 한다. 자녀는 싫어하는 책임이나 규율도 필요시 준수해야 한다는 교훈을 배울 필요가 있다.

7) 자녀에게 자신의 행동에 책임을 지도록 한다

10대들이 가장 원하는 것 중의 하나는 스스로 결정하는 것이다(이기돈, 1991). 선택의 기회를 제공하는 것이 자녀의 갈등을 해소하고 의사결정력과 자기 존중감을 향상시킬 수 있다(곽덕영・김미화, 1994). 그러나 그들은 선택의 책임은 지려고 하지 않는다. 이때 부모가 자녀의 결정을 대신하면 자주성의 발달을 저해한다. 자녀에게 선택과정에서 잘못을 할 수 있는 기회도 허용해야 실수를 통해서 배울 수 있다. 지나치게 잘 해 주는 것은 부모의 욕심이며, 자녀에게 의타심・무기력・열등감을 조장할 뿐이다(장대운, 1992). 청소년은 충동적인 경향이 있으므로 사태의 결과에 대해 언제나 예상하는 것은 아니다. 자녀가 모험을 기꺼이 감수하겠다고 할 때 그 모험이 무엇이고 그에 대한 책임도 져야 한다는 것을 깨닫게 해야 한다. 자녀와의 논의를 통하여 가능한 결과를 인식하게 하고 부정적 결과를 초래할 수 있는 행동을 자제토록 해야 한다.

위협보다는 합리적 설명이 효과적이며, 긍정적 상호작용을 가져오는 토의가 자녀에게 자신의 생각을 검토하고 대안을 탐색하게 한다. 행동에 대한 책임을 가르칠 때 부모는 자녀에게 그들의 잘못에 대한 대가를 대신 치르지 않겠다는 의사를 전해야 한다. 부모의 관여가 잘못된 행동의 재발을 항상 방지하는 것은 아니며 ,자녀에게 규칙을 위반해도 안전하다는 것을 대신 가르치는 결과를 낳을 수 있다. 부모는 자녀를 후원해야 하지만 자녀의 행동은 자녀 자신이 책임지도록 해야 한다. 부모가 이러한 입장을 견지하며 자녀에게 이것을 사전에 알리는 것이 자녀가 행동하기 전에 다시 생각해보게 할 수 있다. 모든 잘못은 돌이킬 수가 없고 일부 판단 착오는 장래 인생에 심각한 영향을 미친다는 것을 자녀는 깨달아야 한다. 청소년의 문제행동은 결국 자신의 문제로 남게 된다(최윤진 외, 1993). 청소년기의 발달과업을 성취하지 못하면 성인이 되어서도 계속 문제로 남기 때문에 결국 자신이 책임을 질 수 밖에 없다. 그러므로 자녀의 문제행동은 자신의 문제임을 인식시켜야 한다.

8) 자녀가 자신의 결정과 판단에 대해 얘기하도록 조장한다

정상적인 청소년은 신중히 생각하지 않고 많은 결정을 내리기 때문에 때때로 판단착오를 한다. 부모는 자녀의 모든 실수에 대해 비판적이어서는 안되며, 자녀가 자신의 결정에 대해 자유롭게 얘기할 수 있어야 그로부터 배우게 된다. 잘못된 결정이 내려질 때 부모는 자녀에게 실천하기 전에 얘기할 수 있는 기회를 갖거나 이미 잘못된 결정을 한 후에는 일이 왜 그렇게 되었는지 같이 생각하는 기회를 갖는 것이 좋다.

그러나 좋은 대화는 자녀의 자존심과 자율성에 큰 위협을 주지 않을 때 가능하다. 만일 부모가 "그것 봐, 전에 내가 말했지?" 또는 "내 말을 들었더라면…" 등과 같이 얘기한다면 자녀는 방어적 · 부정적 태도를 취하게 된다. 사람들은 자신의 실수에 의해서 배우는 것이 최선일 때가 있다. 또한 자녀에게 자신의 실수에 대한 조롱이나 모욕을 당할 두려움을 갖지 않도록 해주는 것도 중요하다. 그렇지 않으면 자녀는 자기가 저지른 실수에 대해 위축되거나 방어적이 될 수 있다. 청소년은 자신이 처음 한 얘기에 부모가 집착할 것이라는 느낌이 없어야 자신의 견해를 마음 놓고 바꿀 수 있다. "이제야 마음을 돌려 내 말대로 하는 구나"와 같은 얘기는 청소년에게 앞으로도 쉽게 마음을 바꾸지 못하게 한다.

이규미(2000)와 정원식 등(1996)은 청소년 문제의 가정배경 요인으로 자녀와의 대화 부족과 단절을 대단히 중시하였다. 자녀와의 대부분의 문제는 부모의 대화방식에 의해서 확대된다고 해도 과언이 아니다. 청소년들은 부모와의 대화를 원하고 있지만, 하루 중 아버지와의 대화시간은 31%가 30분 이하이고 전혀 없는 경우도 18%이며 어머니와의 1-2시간의 대화시간도 53%에 불과하고(문용린 외, 1996), 49%가 평소의 가정 분위기가 부담스러워 대화가 어렵다고 느끼고 있다(안귀덕 외, 1992). 그러므로 청소년의 15%만이 부모를 의논 상대로 생각하며 46%는 부모가 억압적으로 대할 때 가장 원망스럽게 여기고 있다(김지자 외, 1992). 게다가 청소년의 85%는 기성세대를 권위적으로 지각하며(김문조 외, 1994), 58%는 부모가 이해하려 하기보다는 자기 얘기만 하는 것으로 판단하고 있다(구본용 외, 1993). 부모와의 대화부족이나 단절의 이유는 그밖에도 핵가족화・부모의 분주한 생활・지나친 교육열・가정불화나 구조적 결손・TV나 비디오 시청 등이 있겠지만(김문조・권이종・김선업, 1994; 김지자 외 1992), 무엇보다도 부모가 자녀의 얘기에 귀를 기울이지 않고 자녀의 감정을 이해하지 못하기 때문이라고 볼 수 있다. 부모가 자녀의 감정에 둔감하여 그들의 사고와 감정을 헤아리지 못하고 일방적인 얘기를 하게 되면 자녀도 부모처럼 성장하여 타인의 감정을 고려하지 못하게 된다(Rice, 2002). 자녀는 부모가 그들의 의견을 존중하면서 때로는 친구처럼 같이 얘기하기를 원하고 일방적으로 얘기하는 것을 싫어한다(이기돈, 1991). 대화는 친밀감(rapport)이 우선 조성되어야 진실하게 진행되며 부모・자녀 관계의 조화도 이룰 수 있다. 자녀가 감정, 특히 부정적 감정을 자유롭게 털어놓고 이를 부모가 인정해 주어야 긍정적 감정이 나타나게 되고 자기이해와 긍정적 행동도 수반된다. 즉, 대화를 잘 진전시키기 위해서는 부모가 상담자의 기본태도인 상대방의 입장에서 생각하는 공감적 이해와 타인을 그대로 인정하는 무조건적 존중 및 개방적이고 정직한 자세를 갖춰야 한다(장대운, 1992).

개방적 의사소통은 자발적 문제해결・공감적 이해・가족 간의 평등을 촉진하는 반면에, 방어적이고 역기능적인 의사소통은 갈등과 문제를 심화시킨다. 따라서 부모는 비판・설교・협박・추궁・명령과 같은 역기능적 대화의 형태를 시정하려면 자신이 어떤 종류의 대화를 하고 있는지 이해할 수 있어야 한다(김진숙・송수민・이명우, 1999). 대화부족이나 역기능적 의사소통은 가족의 응집력을 저하시키고 갈등을 유발하여 자녀로 하여금 비행친구와 접촉하게 만든다(김선남, 1994; 김준호・김순형, 1995; 최태산・홍경자, 1997; Barnes & Olson, 1985). 청소년을 대상으로 한 김인경(1993)과 최태산 등(2000)의 조사결과를 보면, 부모와의 비효율적인 의사소통이 자녀의 우울증이나 문제행동과 상관이 있으며, 소년원생의 경우에는(조현진・박성수, 1991) 부모와 대화가 거의 없는 것으로 나타났다. 그리고 아직도 많은 부모는 특히 연령이 적을수록, 자녀교육에서 대화보다는 체벌을 우선하고 있다(한승희 외, 1991).

Ginott(1969)은 부모가 자녀의 단점이나 과거를 들추며 훈계・설교・비난하면 대화 분위기가 조성될 수 없다고 하였다. 청소년을 이해하고 수용하기 전에 부모의 기준에 맞추어 자녀의 생각과 행동을 비난하거나 지시한다면 자녀는 부모에 대한 반감과 분노를 느끼게 된다. 이와 같은 폐쇄적인 의사소통은 부모와 자녀 모두에게 상처를 준다. 대화 실패의 주된 이유는 청소년 자녀를 아동으로 인식하여 통제 또는 지배하려고 하기 때문이며, 부모는 자녀를 존중하고 그들의 비판적 태도와 불안정 및 민감성을 이해해야 한다. 그러므로 주요 부모교육 프로그램(김인자, 1989; 홍경자, 1996; 한국청소년상담원, 1993; Gordon, 1970; Dinkmeyer & McKay, 1998)에서는 자녀와의 대화 방법을 많이 취급하고 있다.

명령·설교·위협·경고 등은 해결책을 일방적으로 제시하는 것이고, 평가·비교·조롱 등은 상대방을 비하시키고 잘못에 초점을 맞추어 상처를 입히는(김인자, 1997) 심리적 좌절감을 일으키는 말투이며, 상대방에게 자신감 저하·적대감·의타심·열등감·불신·수치심·반발 등을 가져온다(연문희, 1996; 유효순 외, 1980). 대화의 기본태도는 한 개인으로서 자녀를 존중·수용하고 공감적으로 이해하는 것이다. 효과적인 대화는 자신의 생각과 감정을 표현하는 것이며, 상대방에 대한 평가적 표현이 아닌 구체적 행동에 대한 표현이다. 상대방을 방어적으로 만들지 않고 자신의 생각을 솔직히 표현하는 방법으로는 "나 전달법"(I-message)을 사용하는 것이다(김인자, 1989; Gordon, 1970). 이것은 상대방의 행동을 객관적으로 묘사하고 그 행동이 내게 미친 영향과 그에 대한 나의 느낌 그리고 그에 따라 상대방이 해주기를 바라는 사항을 전달함으로써 상대방의 성장을 돕고 행동의 책임을 부여하는 것이다. 이와 같은 개방적 의사소통은 자녀의 문제행동을 감소시키고 가족의 응집성도 높일 수 있다. 이에 비해 "너 전달법"(you- message)은 자녀를 무시하고 판단하며 지시하는 것으로 자녀에게 불공정·거부감·저항감을 유발하고 자존심을 손상시킨다. 구체적으로 말하면, "너, 왜, 만일"과 같은 표현은 흔히 공격이나 위협 또는 비난을 의미함으로써(곽덕영·김미화, 1994) 효율적인 의사소통을 어렵게 만든다. 이와 비슷한 맥락에서 김애순(2005)도 문제가 되는 행동을 평가나 비판 없이 구체적으로 지적하는 do 언어(예를 들면, 자주 지각하는 자녀에게 "너, 자주 늦는 구나"와 같은 표현)가 어떤 행동의 잘못을 인식하고 변화시키는데 효과적이며, 문제행동을 전반적인 성격 특성이나 인격으로 확대시켜 표현하는 be언어("너, 왜 게으르니?")는 구체적인 문제행동이 무엇인지 불분명하고 감정만 손상시키게 된다고 하였다.

한편, 부모와 자녀 간에 이루어지는 대화의 내용은 주로 학업·장래계획·친구·복장관계이며(김영모·원석조·최현숙, 1985), 성에 관련된 면은 여전히 거의 없는 것으로 알려져 있다(이춘재 외, 2004). 성개방 풍조에 따라 매우 자유로운 사고를 가진 자녀에게 성에 대한 올바른 인식과 성행위에 대한 책임도 강조해야 한다.

9) 자녀의 얘기를 잘 경청해야 한다

청소년은 하고 싶은 얘기가 많고 청중을 기대한다. 그들은 자신의 경험을 얘기하길 원하지만 설교나 비판을 받으려고 하지는 않는다. 자녀는 자신의 얘기가 부모의 설교로 이어질 것으로 생각하지 않는 한 많은 화제에 대하여 자신의 의견을 얘기한다. 부모는 그들의 의견에 모두 동의할 필요는 없으나 그들이 방해받지 않고 자유롭게 얘기할 수 있도록 허용해야 한다.

상대방을 판단하지 않고 우선 경청하는 것이 중요하며, 이러한 태도는 자녀에게 부모가 충분한 관심을 기울이고 있음을 느끼게 할 수 있다. 부모가 자녀와 마주앉아 그들에게 관심을 집중한다는 것은 자녀에게 큰 의미가 있다. 부모가 자녀의 얘기에 관심을 보인다는 것은 물론이고 그들을 중요한 사람으로 존중한다는 의미를 전달하는 것이다. 모든 것을 제쳐두고 자녀와 긴 얘기를 하는 것이 언제나 가능한 것은 아니지만 기회를 봐서 그렇게 할 때 자녀는 부모의 관심을 고마워할 것이다. 부모와 자녀가 관계를 맺는 것이 중요하기 때문에 부모는 대화를 격려하고 자녀의 얘기에 귀를 기울여야 한다.

자녀의 얘기를 수용하는 것은 자녀의 감정이나 의견에 동의하는 것이 아니라 이해한다는 것이다. 그러나 자녀의 감정을 이해한다고 말할 때 신중을 기해야 한다. 실제로 자녀의 감정을 알 수는 없고 추측할 수 있을 뿐이다. 자녀는 감정을 표현할 때 보통은 감정적 언어를 사용하지 않는다. 부정적 감정을 직접 표현하지 않도록 훈련받아 왔고 흥분하면 명확한 사고가 어렵기 때문이다. 그러므로 자녀에게는 생각과 감정을 표현할 수 있는 기회가 제공되어야 한다. 그러기 위해서는 자녀의 얘기를 비판 없이 수용하고 감정을 진심으로 이해하려는 태도가 선행되어야 한다. 자녀와 감정이 다르더라도 감정은 일시적임을 인식하여 이를 수용하는 것이 필요하다(남상인 외, 1994). 자녀의 얘기에 관심을 표현하는 태도는 하던 일을 멈추고 얼굴과 눈을 응시하며, 거리를 가까이 하고, 듣는 말에 반응을 보이는 것이다(전경숙, 1997).

자녀의 감정 · 느낌 · 생각을 같이 이해한다는 것은 공감적 이해(empathy)를 의미하며, "제 3의 귀"로 마음의 소리를 듣는 것이다(김애순, 2005). 자녀의 얘기를 경청할 때는 말의 이면에 있는 감정까지도 들을 수 있어야 한다. 무엇보다도 대화를 방해하지 않고 주의 깊게 들어야 한다. 이와 같은 방법을 적극적 또는 반영적 경청(reflective listening)이라고 한다. 반영적 경청은 자녀의 말을 충분히 이해한다는 것을 보이는 것이며, 자녀가 자신의 모습과 감정을 더 분명히 볼 수 있도록 부모가 거울과 같은 역할을 하는 것이다. 반영적 경청은 상대방의 감정을 정확히 표현하도록 돕고 친밀한 감정을 유도하며 상대방도 경청하게 만들고 스스로 해결책을 찾도록 할 뿐만 아니라 (김인자, 1997) 문제를 합리적 시각으로 볼 수 있게 한다. 그리고 부정적 감정을 두려워하지 않게 하고 정화작용(catharsis)을 촉진시키며 온정적 관계를 증진하게 된다 (Gordon, 1970). 이를 위해서는 우선 반응하기 전에 잠시 생각할 시간을 가져야 하며, 자녀의 행동에 대한 부모 자신의 감정과 자녀의 비언어적 표현(body language)을 파악한 수 단정적이 아닌 잠정적인 반응을 한다. 자녀의 마음을 정확히 알 수 없기 때문에 부모의 추측을 전하는 것이다. 그러면 자녀는 부모의 추측이 맞는지 자유롭게 반응할 것이다. 청소년의 유・무언의 반항도 그들을 개인으로서 인정하고 의견을 경청・존중해주면 상당히 감소될 것이다.

10) 자녀와의 언쟁은 최소한으로 줄여야 한다

많은 가정에서 언쟁은 일상적이지만 언쟁을 피하는 최선의 길은 시작을 하지 않는 것이다. 특히 누군가 항상 시비를 걸 때 언쟁은 피하기 어렵지만 일상적이라기보다는 간혹 발생되는 정도로 감소시킬 수는 있다.

청소년의 입장에서 본다면 자신이 원하는 바를 얻기 위한 논쟁에서 손해 볼 것은 없다. 손해 보는 측은 언제나 부모이다. 왜냐하면 자녀와 언쟁을 벌이는 부모는 자제력의 부족을 노출시키는 것 이외에도 자녀를 부모의 수준으로 격상시키거나 자녀가 부모를 그들의 수준으로 격하시키는 결과를 가져오기 때문이다. 부모와 언쟁을 벌이는 청소년은 부모의 인내심을 시험해 보는 것이기도 하다. 부모가 자녀에게 이미 얘기한 것을 반복할 필요가 없다고 생각할 때 논쟁은 회피되거나 크게 감소될 수 있다. 부모의 논리가 이치에 맞는 것이라면 방어할 필요가 없지만 그렇지 않다면 자신의 잘못을 인정하고 입장을 바꿀 수 있어야 한다. 이것은 부모도 말하기 전에 숙고할 필요가 있음을 뜻하는 것이다. 자녀보다 성숙한 수준에 있는 부모가 언쟁에 휘말려 들지 않기로 결심할 때 언쟁의 빈도는 크게 감소될 수 있다.

중고등학생의 10% 정도는 부모와의 의견대립이나 갈등을 겪고 있으며(한국청소년개발원, 1994), 대학생은 35% 정도가 된다(한국갤럽조사연구소, 1990). 자녀는 흔히 부모의 태도나 신념에 대해 도전한다. 논쟁은 타인의 견해를 바꾸기 보다는 각자의 태도만 강화시킨다. 견해차를 인정하고 반영적 경청 방법을 사용하거나 화제를 바꾸어 감정 손상을 피하는 것도 고려해야 한다.

11) 타협도 가끔은 문제의 발생을 피하는 방법이다

많은 문제가 사소한 것, 예를 들면 침구정리 · 귀가시간 준수 · 가사협력 등에서 시작된다는 것을 부모는 알고 있다. 어떤 결정이 가치관이나 정당성의 문제를 내포할 때 부모는 자신의 확신을 견지해야 하지만, 타협이 부모나 자녀의 입장을 약화시키지 않는다면 용인될 수 있는 일치점을 찾는 것이 자녀에게 귀중한 교훈을 줄 수 있다. 즉 차이도 상호 양보로 해결될 수 있다는 것이다.

예를 들면, 복장이나 두발의 모양이 이상하게 보여도 자신의 개성을 드러내거나 유행을 추구하는 행동인 경우가 대부분이므로 무조건 거부하기보다는 일부 안목은 칭찬하고 거슬리는 부분은 변형요령을 알려주며 타협을 시도하는 것이 자녀의 호응을 얻을 가능성도 높다. 실제로 청소년들은 복장이 부모의 마음에 들지 않을 때 부모와 타협 후 그 결과에 따라 행동하는 경우(52%)가 개성대로 입는 경우(20%)보다 많은 것으로 나타났다(문용린 외, 1996). 자녀와의 갈등을 감소시키기 위해서는 의사결정에 자녀를 참여시켜 각자의 견해를 설명하거나 협의함으로써 자신을 표현할 수 있는 기회를 가져야 한다(임영식 · 한상철, 2000). 어떤 현상이나 사건을 사람에 따라 그리고 위치와 상황에 따라 달리 평가할 수 있다는 것을 자녀에게 인식시키는 것이 중요하다. Steinberg와 Levine(1990)은 부모와 자녀 모두가 만족할 수 있는 갈등해소를 위한 협동적 해결방안으로 6단계를 제시하였다. 우선 성호존중과 같은 기본원칙을 설정하고 상호입장을 이해하려는 노력을 하면서 일정한 시간동안 비판 없이 각자의 견해를 피력한 후, 해결방법을 합의하여 그 사항을 문서화하고, 이행여부를 점검하는 시간까지 설정하는 것이다.

타협은 상대방의 의견을 적당히 수용하고 자신의 의도도 적당히 관철할 수 있으며, 자녀의 자존심 향상과 관계개선에도 도움이 된다(윤운성 · 가경신, 1996). 타협으로 절충점을 찾는 것이 자녀에게도 유리함을 깨닫게 할 수 있고 자신이 존중받은 만큼 부모의 의견도 존중하게 되며, 협상하는 중에 자신의 감정을 조절하고 필요한 것을 조리 있게 말할 수 있는 훈련도 된다. 즉, 타협은 비판이나 평가가 아닌 창의적 아이디어를 제시하는 것이며 이를 통해 서로의 욕구를 충족시킬 수 있다(김인자, 1997).

12) 자녀에게 부모의 기대를 알려야 한다

자녀는 밤늦게 귀가하거나 학교 성적이 좋지 않을 때 흔히 경험적으로 부모의 반응을 알고 있지만 그들이 미처 알지 못하는 사항에 대해서는 부모의 기대를 알아야 한다. 이 기대는 부모가 미리 알리기 전에는 자녀는 알 수 없다. 만일 부모가 자녀의 약물복용이나 성 또는 다른 문제행동을 우려한다면 이에 대한 입장을 분명히 표시해야 한다. 자녀가 부모의 진의를 파악한다면 이에 도전하려는 허세는 부리지 않을 것이다. 그러나 위협 또는 강요하지는 말고 자녀의 가치관에 대해서도 신중히 논의해야 하며, 충동적이거나 어리석은 행위를 방지할 수 있는 정보도 제공해야 한다. 부모가 자신의 입장을 천명하는 것은 곧 자신의 가치관을 보강하는 것이다.

특히 자녀의 진로에 대한 기대를 표현할 때에는 강요함이 없이 원하는 방향과 이유를 설명하되 결정은 자신이 하도록 해야 한다. 그리고 부모의 기대가 진실로 자녀를 위한 것인지 또는 부모의 대리만족을 위한 것인지 성찰할 필요가 있다.

무조건 음주를 못하게 하면 자녀는 음주에 더 매력을 느낄 수 있다. 그 대신 음주가 좋지 않은 이유를 자녀에게 얘기한다. 비록 자녀가 음주행위를 바꾸지 않더라도 자녀의 마음에 부모의 얘기가 남아 있어 음주 시에 영향을 미치게 된다. 모든 경우에 자녀를 믿고 책임 있는 행동을 기대한다는 것을 얘기한다. 물론 부모는 말한 바를 실천할 태세가 되어 있어야 한다. 왜냐하면 일관성 있게 행동하는 것이 언제나 중요하기 때문이다.

부모의 기대는 행동을 예측하고 자녀 자신의 행동에 대해 적절히 조절하는 것을 가능하게 한다. 즉, 부모의 기대는 자녀의 능력을 제한 또는 신장시키는 자기 충족적 예언(self-fulfilling prophecy)의 작용을 한다(박분희, 1999; 윤운성 · 가경신, 1996). 자녀는 부모가 기대한대로 성장한다. 윤운성(1999)이 중등학생 566명을 조사한 결과에 의하면, 부모의 자녀 성적 · 학교교육 · 교사 존경에 대한 기대가 자녀의 자기 효능감에 긍정적 영향을 미치는 것으로 나타났다. 그러나 부모의 기대가 자녀의 능력에 비해 너무 높으면 부정적 영향을 미치며, 자녀의 단편적 행동만으로 판단해도 부정적 결과를 초래할 수 있다(이기돈, 1991). 또한 기대에 어긋나게 행동하는 자녀에게도 장래성이나 장점을 발견하여 인정해줄 수 있어야 한다.

13) 가족의 모임이나 활동에 자녀를 참여시키되 강요하지는 않아야 한다

청소년은 가족과 행동을 함께 하자는 요구를 거절할지 모르지만, 그러한 요구는 청소년도 가족 단위에서 제외되지 않음을 의미한다. 청소년 자녀에게 항상 가족과 함께 있기를 강요하거나 압력을 가하는 것은 현명하지 않지만 가끔 그와 같은 요구를 하는 것이 나쁘지는 않다. 청소년이 가족과 함께 행동하기를 원치 않는 이유를 부모가 이해하려고 애쓸 때 자녀의 욕구에 대한 통찰력을 얻게 될 것이다. 청소년 자녀는 가족과 함께 있는 것이 부모로부터 독립해 있다는 인상을 손상케 된다고 느낀다면 그렇게 하기를 주저할 수 있다. 청소년은 친구와 같이 있기를 더 좋아하기 때문에 부모는 자녀의 이와 같은 감정에 민감해야 하며, 동료집단의 압력을 피하려는 것을 가족을 거부하는 것으로 해석해서는 안된다. 청소년은 가족과 함께 있기를 강요받지 않는다고 느낄 때 중요한 가정 일에는 기꺼이 참여하는 경향이 있다.

물론 많은 청소년들은 학업이나 취업으로 인하여 가족과 함께 보낼 시간이 그다지 많지 않을 뿐만 아니라 부모도 그것을 기대하거나 시도조차 하지 않는 경우도 적지 않다. 한국갤럽조사연구소(1983)에서 조사한 바에 의하면, 우리나라의 부모는 가정교육이 중요하다고 판단하면서도 외국에 비해 자녀와 함께하는 활동이 현저하게 낮다. 가족의 유대를 공고히 하고 상호이해를 촉진하기 위해서는 활동을 함께 하는 기회를 갖는 것이 중요하다. 여행이나 구경만이 아니라 일상적인 이야기를 함께 나누는 것부터 가족회의 · 놀이 · 운동 · 이웃돕기 등에 이르기까지 자녀와 함께 할 수 있는 활동은 많다.

14) 자녀가 친구를 집에 데려오도록 격려한다

자녀는 부모가 어떤 유형의 친구를 좋아하는지 알고 있으며, 부모와의 관계가 좋다면 부모에게서 용인 받지 못할 친구를 사귀려고 하지 않을 것이다. 부모 중 64%는 자녀와 친구에 대한 얘기를 함께 나누고 격려하고 있지만(김지자 외, 1992), 친구를 부모에게 소개하도록 자녀에게 권해야 하며, 친구를 부모가 존중하고 난처하게 하지 않을 것이라는 점도 인식시켜야 한다. 또한 자녀는 친구와의 사적인 관계를 가족으로

부터 방해받지 않아야 한다. 자녀는 부모를 자랑스럽게 여기려고 하며 친구도 자기 부모를 좋은 사람으로 생각하게 되기를 바란다. 부모는 자녀의 친구를 자신의 자녀가 친구의 집에서 대접받기를 원하는 식으로 대해야 한다.

그러나 부모는 청소년 자녀보다 친구의 영향을 더 부정적으로 평가하여(최윤진 외, 1993) 부모의 26%가 자녀의 친구에 관해 사전에 알아본 후 교제여부를 결정한다. 좋은 친구에 대한 부모의 기준이 자녀에게 꼭 도움이 되는 것은 아니며, 친구의 선택권은 자녀에게 일임해야 한다. 자녀의 친구에게 관심을 두려면 집으로 초대해야 할 것이다. 특히 중등학생의 30%이상이 교제하고 있는(김문조 · 권이종 · 김선업, 1994; 김용태 · 임은미 · 김인규, 1996) 이성친구는 부모에게 소개하게 함으로써 건전한 관계를 유도할 수 있다. 청소년은 자신의 친구관계를 부모로부터 인정받기를 원하며 부모가 이를 인정할 때 부모와의 관계는 더욱 발전되고 청소년 자신에 대한 긍정적 가치를 확인하고 즐거움도 누릴 수 있는 기회가 된다(구본영, 1999). 또한 친구는 성인기의 자기 가치감의 중요한 예언 요인이 된다.

김택호와 김인규(1999)가 청소년 2800명을 조사한 바에 의하면, 65%가 교우관계를 매우 중시하고 필요시 서로 도울 뿐만 아니라 마음을 터놓고 얘기하는 관계로 인식하고 있으며, 이해심과 지도력이 있는 친구를 가장 선호하고 이기적이고 눈치 없는 친구를 싫어하는 것으로 나타났다. 이와 같은 교우관계는 청소년의 자존심과 자아개념의 향상에 도움이 된다(백경임 · 서동인, 1993; 이은해 · 고윤주, 1999; Hartup, 1983). 그들의 대화 내용은 주로 학업 · 친구 · 이성 · TV · 가정문제 등이고, 어울리는 장소는 길거리나 음식점 · 유흥업소이며 집에서 만나는 경우는 그다지 많지 않다(김문조 · 권이종 · 김선업, 1994).

교우관계 형성의 곤란은 사회적 능력을 학습할 기회가 적어 정서 불안정 · 부정적 성격형성 · 문제행동 유발의 가능성을 증대시킨다(서동인, 1992). 이연경과 권정혜(2000) 및 최선화(1996)는 청소년의 3% 이상이 행하고 있는 것으로 파악된 약물남용의 원인이 부정적인 가정 분위기와 정체감 혼란으로 인한 문제회피 외에도 친구들의 영향 때문이라고 분석하였으며, 구본용(1997)도 집단 따돌림의 원인을 청소년의 정체감 형성과정에서 좌절감과 가족간의 갈등 및 타인 수용능력의 부족만이 아니라 동료집단의 압력에 동조하기 때문이라고 주장하였다. 따라서 이연섭(2000)과 이춘화 등(1999)은 청소년의 집단 따돌림의 예방을 위해서 부모가 생일초대와 같은 친구와 어울릴 수 있는 기회를 제공하고 자녀의 근황을 파악하며 바람직한 교우관계 조성에 협력해야 한다고 제안하였다. 동료집단은 부모를 대신한 지원과 안정감·자신감·연대감 및 사회적 지위를 구성원에게 제공하며, 성숙한 인간관계의 기회를 부여하고, 행동의 기준이 되며, 자존심과 정체감 형성에 기여하는 기능을 한다(권두승·조아미, 1998; 김계현 외, 1998; 서동인, 1992; 유성경, 1998; 장휘숙, 2004; 정옥분, 2005).

청소년의 40% 정도가 혼자 있거나 아무것도 하지 않을 때 좌절감을 가장 많이 느낀다고(김용태·임은미·김인규, 1996) 하는 것은 친구와 어울리는 기회가 필요함을 의미하는 것이다. 외부와의 관계가 비교적 적은 핵가족의 자녀는 다양한 사람들의 특징을 경험할 필요가 있으며 이를 통해 개방적 인간관계를 발전시킬 수 있다.

15) 자녀에게 가족의 일원으로서 책임이 있음을 알려야 한다

만일 자녀가 가족의 일원임을 느낀다면 가정의 일을 분담해야 한다. 분담해야 할 가사가 심부름을 가는 것이든, 집을 보는 것이든, 동생을 돌보는 것이든, 자기 방을 정리하는 것이든, 쓰레기를 버리는 것이든, 청소년은 가정의 협동정신에서 일익을 담당해야 한다. 많은 부모들은 청소년 자녀들이 가정의 시설을 이용하면서 아무것도 하려들지 않는 하숙생처럼 생활하도록 묵인하고 있다. 그와 같은 자녀들은 책임감에 관해서 배우는 바가 없으며, 가정은 바로 그것을 배워야 하는 곳이다. 그들은 자신뿐만 아니라 다른 가족들에 대해서도 책임이 있다는 것을 깨달아야 한다. 공부를 위해서 가족으로서 당연히 해야 할 일을 유보시키는 것은 근시안적이고 과잉 보호적인 태도이다(최윤진 외, 1993). 자녀의 장래를 위해서는 자신의 지위와 처지에 적합한 역할을 부여하고 이를 수행하도록 지도할 필요가 있다. 부모가 대신해주면 자녀의 역할습득은 이루어지기 어려울 것이다.

16) 자녀에게 자신의 여가활동을 택하게 한다

어떤 부모들은 자녀의 직업 선택을 대신하려 들며 여가시간을 보내는 방식까지 간섭한다. 부모는 자녀가 시간을 낭비한다고 비난하며 많은 경우에 이는 사실이기도 하다. 그러나 자녀는 할일을 다하고 시간이 남으면 자신이 만족할 수 있는 방법으로 여가를 보낼 수 있다는 느낌을 가져야 한다. 언제나 바쁜 생활을 하는 부모가 자녀도 무엇엔가 바쁘게 보내야 한다고 주장하거나 여가시간에 텔레비전을 보는 것은 안되고 독서는 괜찮다고 한다면 문제가 생기기 마련이다. 자녀가 시간을 허비한다고 느낀다면 부모는 우려하는 이유를 자녀와 함께 논의하고 대안을 제시할 수 있어야 한다. 여가는 기본적으로 자녀 마음대로 사용해야 한다. 구체적인 방법까지 지시한다면 여가는 일이 될 수도 있다. 실제 계획은 자녀가 수립하되 여가활동이 생산적인 일을 하기 위한 시간임을 강조하고 유익한 활동에 대한 권유는 자녀에게 참고로 제공되어야 한다(최윤진 외, 1993).

청소년의 하루 평균 여가시간은 8-9시간 정도이지만 자습이나 학원수강과 같은 학습에 관련된 활동을 제외하면 실제로는 2시간 내외에 지나지 않는다(도종수 · 정문성, 1993; 최윤진 외, 1993). 여가의 형태로는 친구를 만나거나 노래방을 가는 것과 같은 사교행동, 독서를 하거나 TV · 영화 · 스포츠 관람 등의 대체적 행동, 규칙이 있는 운동을 하거나 PC게임을 하는 것과 같은 경쟁적 행동, 종교단체나 동아리에 가입하는 조직적 행동, 등산 · 야영 · 낚시와 같은 탐험적 행동, 수영 · 체조 · 스키 · 줄넘기 · 자전거 타기와 같은 신체적 행동, 그림 · 음악 · 공예 등의 창작 행동, 음악 · 미술 감상과 같은 심미적 행동, 산책 · 부업 · 봉사활동 · 쇼핑 등의 일상생활에서 탈피하기 위한 변화추구 행동으로 다양하게 구분할 수 있다(이연숙 외, 1996). 그러나 청소년들은 주로 컴퓨터 게임과 비디오나 텔레비전 시청 · 친구와 얘기 · 영화나 만화보기 · 노래방 가기 · 음악 감상 · 독서 등과 같은 단조로운 활동으로 시간을 보내고 있는 것으로 나타나(안귀덕 외, 1992; 오치선 외, 1999; 이연숙 외, 1996; 한국청소년상담원, 1998), 운동이나 동아리 활동과 같은 적극적 행동이 부족한 것으로 보인다.

여가는 휴식 · 기분전환 · 긴장해소 · 자기계발과 자기표현 · 건전한 인간관계 · 사회적 성취의 기회가 되며, 협동심과 지도성 또는 창의성을 배양할 수 있고 비행도 예방함으로써 생활을 질을 향상시킬 수 있다(권두승 · 조아미, 1998; 권이종, 1996; 오치선 외, 1999; 이연숙 외, 1996). 부모는 자녀의 아동기에는 잘 돌봐주고 도와주는 역할을 해왔지만 청소년기에는 쓸데없는 참견이나 통제가 아닌 필요시 조언자의 역할을 하는 것이 중요하며, 결과보다는 자녀의 자기결정력의 개발과 훈련에 중점을 두어야 한다. 부적절하게 행동하는 자녀에게는 포기하면 더욱 낙담하게 되기 때문에 비판이나 경멸을 하거나 대신해주기 보다는 긍정적 노력을 격려하고 반드시 완전해야 할 필요가 없다는 것도 알게 해야 한다. 자녀는 자신에게 영향을 미치는 결정과정에 참여할 때 더 책임을 느낀다.

17) 부모는 잔소리를 적게 해야 한다

부모가 정리정돈 · 숙제 · 목욕 · 조기귀가 · 짧은 통화와 같은 얘기를 반복할 때마다 자녀는 그만 좀 하라고 반발한다. 물론 자녀가 해야 할 일은 많지만 그것을 하도록 잔소리를 반복하는 것이 일의 수행에 가장 효과적인 방법은 아니다. 잔소리는 끊임없이 무엇인가 흠을 찾는 것과 마찬가지이고 자녀는 그것에 조건 형성이 되어 버린다. 자녀에게 자기 책임을 일깨워 줄 필요는 있으나 부모가 한번 얘기한 후 불복종이나 지연의 대가가 무엇이라는 것을 알려주는 것이 책임 이행에 보다 효과적이다. 처벌은 특전의 상실이나 제약을 가하는 방법이 있을 수 있다. 이와 같은 논의가 부모의 입장을 자녀에게 명백히 하는데 도움이 되며, 그것을 무시한 결과가 어떻게 된다는 것을 알 때 자녀는 협조와 책임이행의 압력을 느끼게 된다.

잔소리는 결코 좋은 부모의 특성이라고 볼 수 없으며(장휘숙, 2004; 김형태, 1993; 한국청소년상담원, 1993), 청소년의 80% 이상이 생각해 본 적이 있다고 하는 자살의 원인 중 하나도 부모의 잔소리이다(정원식 외, 1996). 그리고 약물사용의 원인이 되기도 하며(장휘숙, 2004) 비행성향을 유발하고 원인을 제거하기 보다는 증폭시키는 결과를 가져온다(김준호 · 김순형, 1995). 그러므로 잔소리는 자녀가 부모의 얘기를 들으려 하지 않게 만들고 문제행동을 강화할 뿐이며 언어적 학대로 볼 수도 있다. 말보다는 행동이 필요하다. 잔소리를 하기보다는 자녀와 갈등시간이 지난 후 상황이 진정되었을 때 상황을 간단히 얘기하는 것이 좋다. 갈등상황 중에 하는 얘기는 흔히 감정을 상하게 하는 경우가 많기 때문이다.

18) 부모는 자신이 어렸을 때 경험한 방식으로 자녀를 판단하지 않아야 한다

자녀가 부모에게서 싫증나게 듣는 얘기는 "내가 너와 같은 나이 때에는..."이라는 것이다. 이 말은 10대들로 하여금 부모를 무시하게 만든다(곽덕영 · 김미화, 1994). 그들은 부모의 젊은 시절을 인식하기 어렵기 때문이다. 그리고 이 얘기는 부모가 현재의 자녀들이 안고 있는 문제에 대응하길 원치 않는다고 말하는 것이며, 자녀들이 부모가 했던 것보다 쉽게 하려든다고 비난하는 것이기도 하다. 부모는 현대 청소년 자녀가 당면하는 상황을 이해하기 곤란하다. 부모의 청소년 시기와 현재 자녀가 매일 경험하는 것과는 큰 차이가 있다. 현대 청소년의 세계는 부모가 경험했던 것과는 같을 수 없으며, 사회가 과거와 같은 식으로 되돌아가기를 기대하는 것도 비현실적이다. 사회와 의식구조의 변화로 인한 세대 간 갈등을 부모는 자신에게 편리한 방법으로 해결하려고 한다(이기돈, 1991). 즉, 자녀가 새로운 사조의 영향을 받아 변화하는 일이 없도록 강요한다. 부모는 자신이 사회의 변화에 따라 새로운 것을 배우고 변화하지 않아도 부모 · 자녀 관계가 계속 유지되기를 원한다. 이것은 이기적인 처사이며 자녀가 현대사회에서 적응하기 어렵게 만든다. 부모도 현재의 시대상황에 알맞게 적응해야 한다.

문용린 등(1996)의 조사에 의하면, 부모의 22%가 자녀와의 세대차로 고민하는 것으로 나타났고, 청소년 자녀도 부모가 사회적 현상에 대한 신념체계인 사회적 표상에 따라 양육하며 의사소통유형이 폐쇄적이고 권위주의적 태도를 취하고 있는 것으로 지각하고 있다(황상민 · 김현정, 1996). 그러므로 황상민(1997)은 세대차를 가치나 규범의 차이라기보다는 어떤 행동이나 사건에 대한 판단 유형이나 양식의 차이로 간주하였으며, 문제행동에 대한 지각도 부모와 청소년이 다를 수 있음을 시사하였다. 대체로 부모는 근면 · 성실 · 극기 · 전통 · 권위를 중시하는 반면에 자녀는 경쟁 · 자극 · 개인주의적 사고를 선호하는 것으로 알려져 있다(김애순, 2005).

누구나 성장과정의 사회적 상황과 특수성에 의해 많은 영향을 받기 때문에 부모와 자녀는 세대차를 보일 수밖에 없다(이춘재 외, 2004). 또한 기존의 사회적 가치규범을 지키려는 기성세대가 급변하는 세계의 새로운 가치관을 적절히 수용하거나 변경하기 어렵고 자녀도 부모의 행동지침을 그대로 따르기는 어렵다. 특히 새로운 지식과 정보를 대중매체 등을 통해 폭넓게 받아들이는 자녀에 비해 현실생활에 급급한 부모는 이전의 지식과 정보만으로 권위를 고집하기 어려워 더욱 많은 격차를 보이게 된다. 자녀는 부모가 가졌던 것과 같은 문제를 많이 갖고 있을 뿐 아니라 복잡하고 험난한 현대 사회에서 기인되는 부가적인 문제들도 안고 있다. 공정한 부모라면 현대의 청소년 자녀를 지도하는 기준이 20여년 전과는 같지 않다는 것을 인정해야 할 것이다.

19) 자녀의 사생활에 관한 욕구를 존중해야 한다

청소년이 부모와 갈등상황에 있지 않는 한 감추려는 행동을 불법적인 또는 위험한 어떤 것을 하려든다는 표시로 느낄 이유가 없다. 부모와 관계가 좋지 않은 자녀는 인정받을 수 없는 행위를 숨기기 위하여 비밀을 유지하려고 할지 모르지만, 자녀가 부모로부터 신뢰받는다고 느낄 때 그들은 자기만의 사생활도 가질 수 있다고 생각한다. 청소년에게 비밀이 많은 이유는 자신의 고유성을 확인하고 자신의 문제를 독자적으로 해결하려는 자립심의 발로라고 할 수 있다. 자녀의 방은 사적인 장소이고 일기 · 가방 · 책상 서랍 등도 사적인 비밀이 보장 되어야 한다. 신뢰에 입각한 관계의 이점은 사생활의 자유를 누릴 수 있다는 것이다. 부모가 자녀의 일기나 편지를 보거나 전화를 엿듣는 것은 불신의 증거이며, 자신의 불안과 죄의식을 자녀에게 투사하는 것이다(Rice, 2002). 청소년에게는 부모가 자신을 불신한다고 느낄 만한 이유가 없는 한 사생활이 보장되어야 한다(Ginott, 1969).

부모의 호기심이 염탐으로 발전되어서는 안 된다. 부모는 자녀가 전화로 무슨 얘기를 하는지 궁금하다면 엿듣기보다는 자녀에게 직접 물어봐야 한다. 그렇지만 부모 중 41%는 교육상 자녀의 일기를 보아야 한다고 생각하고 있다(한승희 외, 1991). 일기가 자녀의 생각과 일상생활을 알 수 있는 자료가 되지만 사생활 침해는 부모의 일방적 태도를 나타내는 것이다. 원만한 부모 · 자녀관계에서는 부모가 자녀에 관한 모든 것을 알 필요는 없으며, 자녀도 부모에게 얘기하고 싶지 않을 때에는 언제든지 그렇게 말할 수 있어야 한다.

20) 자녀에게 어느 정도의 자유를 부여해야 한다

부모의 가장 큰 문제의 하나는 청소년 자녀에게 자유를 허용하는 것이다. 대부분의 부모는 자녀의 성공, 즉 진학을 위해 그들의 자유를 제한하려고 한다(한승희 외, 1991). 성인 위주의 시각으로 자녀의 의사와 무관하게 공부만 강요하는 것이다. 그러나 부모는 자녀를 더 이상 보호할 수 없는 시기가 온다는 것을 알고 있다. 왜냐하면 부모는 자녀와 평생 같이 살 수 없고 자녀도 언젠가 독립하여 자신의 생활을 시작하게 되기 때문이다. 자녀는 독립과 자유를 요구하고 부모는 가능한 오래 자녀를 붙들어 두려고 한다. 부모가 자녀에게 신뢰 · 책임 · 사랑 등을 강조하는 환경을 제공했다면 부모로서 할 만큼 했다고 생각해야 한다. 부모는 자녀가 가정교육에서 배운 점이 많기를 기대하며 그것을 실천할 기회를 제공해야 한다. 자신의 행동에 책임질 수 있는 자유를 부여하고 자녀를 존중해야 독립적이고 책임감 있는 인간으로 성장한다.

부모의 근심을 완전히 배제하기는 어렵겠지만 부모가 자녀를 위하여 노력한 것에 만족스럽게 느낀다면 그와 같은 근심은 감소될 수 있을 것이다.

3. 부모의 자세

부모가 자녀의 태도와 행동에 대하여 계속 우려하고 있는 현실 속에서 청소년을 위한 상담기관이 근래에 증설되고 활동도 증대되어 왔다. 많은 청소년들은 개별상담이나 집단치료를 받고 있고 수많은 검사도 개발・실시되고 있다. 부모는 자녀의 문제를 야기시키고 있다는 비난에 대하여 분개한다. 상담전문가들은 자녀가 사랑을 받지 못하고 부모를 두려워하며 성취감이 필요하다고 얘기한다. 또 자녀의 적대감・무관심・비협조・질투・경쟁・의타심 등을 언급하기도 한다.

그러나 청소년 지도의 문제는 단지 상담기관을 증설하거나 행동을 측정하는 정밀검사를 많이 개발하거나 사례연구를 많이 한다고 해서 해결되는 것은 아니다. 대부분의 상담자들은 가정환경을 파악하고 부모의 협조 없이는 청소년 자녀를 제대로 지도할 수 없다는 것을 알고 있다. 우리는 증후보다는 원인에 관심을 돌려서 진단이나 치료가 아닌 예방을 위한 장기 계획을 세워야 한다. 청소년 자녀의 태도와 행동을 우려하고 자녀와의 접촉을 이미 상실한 부모가 많다는 것을 감안하면 우리는 매우 심각하고 위험한 상황에 처해 있다.

Mead(1934)에 의하면, 우리는 우리에게 "의미 있는 타인"이 우리를 보는 방식으로 우리 자신을 보는 경향이 있다. 만일 부모가 자녀를 거부한다면 그들은 자신을 사랑받을 가치가 없는 쓸모없는 인간으로 받아들이기 쉽다. 이처럼 거부당한 자녀들은 성장한 후 부모가 되면 그들의 자녀를 다시 거부하게 되는 경향이 있다. 즉 악순환이 계속되는 것이다. 실제로 자녀를 학대하거나 방임하는 부모들은 그들 자신이 어렸을 때 유사한 경험을 하였으며(Rohner, 1986), 여러 가지 청소년 문제행동의 요인이 된다(장휘숙, 2005; 최충옥, 1993; Adams et al, 1996). 대체로 그들은 부모의 역할을 원만히 수행하는 모델을 접해 본 경험이 없고 자녀의 성장에 관한 지식이 빈약하다(Conger & Petersen, 1984).

부모의 성격과 행동양식을 충분히 알면 자녀와의 관계가 악화되는 이유를 이해할 수 있다. 또한 스트레스에 대응하는 특정한 습관과 적응행동, 건전한 성장을 어렵게 하는 사회적 압력 등에 대해서도 알아야 한다. 그러나 상황이 꼭 악화되거나 잘못되는 것은 아니다. 그렇게 되는 것은 의도적이 아니라 주로 인간적인 과오 때문이다. 실수는 흔히 시정될 수 있기 때문에 전망은 낙관적이다. 그 해답은 지식에 있으며 아무도 배우는 데에는 늦지 않다.

부모는 자녀에게 온정과 친밀감을 제공함으로써 험난한 세계에 잘 대처할 수 있는 성격을 형성할 수 있다. 그러나 수용적인 방식이 좋고 권위주의적인 방식을 나쁘다고 가정할 때는 주의가 필요하다. 이것이 좋고 저것은 나쁘다고 하기보다는 어떻게 하는 것이 최선책인가를 더 고려해야 한다. Ginott(1969)은 자녀에 대한 부모의 지나친 이해는 금물이라고 경고하였으며, Elkind(1998)도 부모가 10대들을 너무 많이 이해하려고 한다면 실제로는 그들을 돕는 것이 아니며, 10대들도 더 큰 세계에서 당면하게 될 기준과 가치를 가정에서부터 경험할 필요가 있다고 조심스럽게 강조하였다. 근래에는 자녀를 위하고 사랑한다는 미명하에 자녀를 독점하고 지나친 간섭을 하며 과대평가하는 과잉보호 부모들이 많고, 이들의 자녀는 자기중심적이고 인내심이 부족한 경향을 보여 주고 있다(박아청, 2000). 수용은 자녀를 있는 그대로 인정하고 이해하려는 태도를 의미하는 것이며, 자녀의 부정적 경향에 동조・지지・찬성하거나 부모의 허용・익애・과보호를 뜻하는 것은 아니다.

한준상(1996)은 부모・자녀관계의 연구결과는 대부분 상관연구에서 유도된 것이므로 인과론적 해석은 곤란하다고 주장하지만, 부모의 성격이나 행동이 자녀에게 미치는 영향은 실제와 같은 장기간의 자연스러운 상황설정이 곤란하여 인위적인 실험이 불가능하고, 논리적・경험적으로 그 인과성을 부인할 수는 없을 것이다. 다만 그 관계가 일방적인 것이 아니고 가정 분위기와 자녀의 특성 및 학교와 사회의 영향 등이 복합적으로 작용하기 때문에 모든 상호관계를 명확히 규명하기가 어려울 뿐이다. 특히 청소년기에는 부모와 자녀의 양방적 관계가 중요하다. 자녀의 문제행동이 부모의 행동에 미치는 영향이 아동기보다 더 크기 때문이다(Stice & Barrera, 1995).

청소년의 문제행동을 일시에 간단히 해결할 수 있는 비법은 없다. 인간관계의 역동성은 상황에 따라 여러 가지 요인이 개입하기 때문에 앞에서 제시한 기본원리들은 가정과 부모・자녀의 특성에 적합하게 신축성 있게 적용되어야 한다. 가정의 경제적 여건과 분위기・형제관계・부부갈등과 같은 가정의 구조나 분위기도 자녀지도에 큰 영향을 미치지만 기본원리들은 지도 시에 직접 관련된 측면에만 국한되었다. 그리고 앞에서 언급하였듯이, 이 원리들은 부모가 이미 경험적으로 대부분 알고 있는 것들이다. 그럼에도 불구하고 실제상황에서 제대로 활용하기 어려운 이유는 부모의 진지한 관심과 지속적인 노력 부족 및 감정 조절의 실패에 있는 것 같다. 효율적인 자녀교육을 위해서는 무엇보다도 부모의 언행일치와 솔선수범이 요구되며 때때로 솟구치는 자신의 감정을 성숙하게 조절하고 부단히 인내하는 자기수련도 필요하다. 부모는 자녀의 거울이며(홍성필, 1999), 대체로 자녀는 부모를 닮게 마련이다. 심지어 자녀가 싫어하는 부모의 특성까지도 닮는다. 유전적 소인과 더불어 부모가 주도하는 가정에서 장기간 성장하기 때문이다. 그 과정에서 자녀는 부모의 모습을 지켜보면서 바람직스럽지 못한 특성과 행동양식까지 익혀서 자신의 특성으로 만든다. 부모가 바람직한 모습을 보이지 않는 한 자녀는 그것을 배울 기회를 갖지 못한다. 부모는 인간적인 약점과 여러 가지 어려움 때문에 언제나 모범적인 행동만 할 수는 없을지라도 자신의 모든 언행이 자녀에게 본보기가 된다는 것을 잊지 말아야 할 것이다.

05

청소년 자녀지도의 실제

05 청소년 자녀지도의 실제[1]

1. 부모 자신과 10대 자녀의 이해

금요일 저녁에 일을 마치고 어머니가 집에 들어섰다. 15살인 철수가 문 앞에서 어머니를 반갑게 맞으며 얘기했다. "오늘 저녁에 시합을 본 후 영철이네 집에 놀러갈 거예요." 어머니는 장바구니를 내려놓으며 물었다. "영철이가 누군데?" 철수는 초조한 듯 한숨을 내쉬며 대답했다. "학교 친구인데, 시합 구경 가기 전에 수남이네 집에서 저녁을 먹기로 했어요. 그러니까 거기까지 태워다 주세요." "잠깐만," 어머니가 말했다. "나는 방금 들어왔는데, 얘기 좀 하자." 철수는 화가 나서 목소리를 높였다. "엄마, 나 지금 가야 해. 6시까지 가겠다고 수남이와 약속했단 말야. 우리가 시합에 늦으면 내 탓이야." 어머니는 진정하려고 애쓰며 말했다. "수남이 엄마도 네가 와서 저녁 먹는 거 알고 있니? 시합에는 어떻게 갈 거니?" 철수는 눈을 굴리며 대답했다. "우리는 수남이네 집에서 버스타고 갈 거예요. 그 다음에는 영철이와 자기 집까지 같이 갈 거예요." "영철이네 부모님은 집에 계실거니?" 어머니가 물었다. "엄마, 그 애 아버지가 사는 아파트인데 아버지가 집에 계실거예요." 철수는 말했다. 어머니는 다시 말했다. "내가 영철이 아빠와 얘기해 보는 게 낫겠다." 철수는 화가 나서 소리쳤다. "엄마! 영철이 아빠가 집

>>> **학습해야 할 사항**
>
> - 도전적인 부모 역할은 10대 자녀를 자신 있고 책임 있고 독립적으로 되게 하는 것이다.
> - 10대 자녀와의 관계를 개선하려고 노력함으로써 그들을 도울 수 있다.
> - 존중은 긍정적 관계를 위해 중요하다.
> - 10대의 행동에는 목적이 있다.

---

1) 이 장은 Dinkmeyer와 McKay(1998)의 Parenting Teenagers (American Guidance Services 간행)의 내용을 대부분 번역한 것임.

에 계실거라고 했잖아요. 전화해서 나를 곤란하게 만들지 마세요! 왜 나를 믿지 못하세요?" 어머니는 대답했다. "철수야, 물론 너를 믿지, 그냥…" 철수가 가로막았다. "수남이네 집까지 태워다 줄 꺼예요, 아니예요?" 어머니는 말했다. "철수야, 네 계획에 대해서 좀 더 알아야 하겠다." 철수는 소리쳤다. "제게 왜 이러세요? 다른 애들 부모님은 시합구경 가고 친구 집에 가는데 아무도 이렇게 야단법석하지 않아요!" 철수는 자기 방으로 가서 문을 쾅 닫았다. 어머니는 눈을 감고 탄식을 했다. 그녀는 어안이 벙벙했다. "그렇게 말을 잘 듣던 조그만 귀여운 애는 어디로 간 걸까?"

10대 자녀의 부모는 이 어머니의 느낌을 알 것이다. 이전에 협조를 잘 하던 아이가 이제는 반항하고 무례한 언사를 사용한다. 가족과 함께 즐기던 아이가 지금은 친구들과 어울리는 시간뿐이다. 우리는 이렇게 질문할 지도 모른다. "왜 이렇게 되고 있지? 자녀가 어떻게 하면 나를 존중하고 협조하도록 할 수 있을까? 너무 늦었나?"

너무 늦은 것은 아니다

10대 자녀를 변화시킬 수는 없고, 우리가 자녀와의 관계를 변화시킬 수 있다.

10대 자녀는 더 이상 어린아이가 아니고 아직 어른도 아니다. 아무도 옛날로 돌아갈 수는 없다. 10대를 좀 더 자신있고 책임 있고 협조적으로 만들기에는 너무 늦은 것은 아닌가? 아니다.

많은 부모들은 자녀와 당면한 문제를 "고치려고" 한다. 사실은 자녀를 고칠 수는 없다. 10대 자녀에게 어떤 일을 하게 만들 수는 없다. 우리가 할 수 있는 것은 10대와의 관계 개선을 위해 노력하는 것이다. 당면 문제를 처리하기 위하여 긍정적 분위기를 조성할 수 있고, 대화방식을 바꿀 수도 있다. 우리가 방식을 바꾸기 시작하면 10대 자녀와의 관계도 변화를 보이기 시작할 것이다.

너무 늦은 것은 아니다. 그러나 변화는 우리가 먼저 시작해야 된다. 변화시킬 수 있는 사람은 우리 자신뿐이다.

자녀지도 기법은 배울 수 있다

부모가 되기 위해서는 기술이 있어야 한다, 우리는 자녀지도 기술을 배우고 연습하여 향상시킬 수 있다. 우리는 다음과 같은 것을 배울 수 있다.

- 10대 자녀와 우리 자신을 존중한다.
- 문제행동의 목적을 이해하고 대응방식을 바꾼다.
- 10대 자녀를 격려하는데 능숙해진다.
- 자녀의 감정에 주의를 기울인다.
- 자신의 감정을 표현하여 10대가 주의를 기울이게 한다.
- 자녀에게 스스로 결정을 내리게 하고 그 결과에서 배우게 한다.
- 긍정적이고 효과적인 방식으로 훈육한다.

청소년 자녀지도는 부모 역할의 도전적인 과제를 수행하도록 도울 수 있다. 10대 자녀와의 관계를 한 단계씩 증진시키는 길을 찾는데 안내자의 역할을 할 수 있다. 각 단계를 순서대로 실천하면서 기술과 자신감을 배양할 수 있다. 기술을 연마하면서 다음과 같은 부모 역할을 명심해야 한다.

- 10대가 건전하고 자신 있고 협조적인 인간이 되도록 격려하고,
- 10대가 강하고 지속적인 관계를 형성하며,
- 10대가 책임 있는 성인으로 성장하도록 돕는다.

어떤 식의 부모 역할이 목표달성에 도움이 되는가?

10대 자녀와 관계하는 방식이 부모 역할의 유형이다. 이 역할에는 많은 유형이 있으나 가장 보편적인 3가지는 지시형, 양보형, 자율형이다.

▸▸▸ 부모 역할의 3가지 유형

- 지시형: 이 유형의 부모는 많은 제한을 가한다. 자녀를 통제하려고 하며 자유를 거의 주지 않는다.
- 양보형: 이 유형의 부모는 자녀에게 많은 자유를 허용하면서 제한을 거의 가하지 않는다.
- 자율형: 이 유형의 부모는 자유와 한계를 적절히 절충하고, 자녀를 존중하며 자녀의 존중도 기대한다.

누구도 어느 한 유형을 극단적으로 택하지는 않는다. 그러나 우리는 어느 한 가지 방식을 선호한다. 우리 자신의 유형은 어떤 것인지 생각해보자.

- 내 방식은 부모 역할을 수행하는데 어떤 도움이 되는가?
- 내 자신과 자녀를 위해 무엇을 변화시킬 수 있는가?

지시형

어떤 부모들은 10대 자녀들을 복종시킬 수 있다고 생각한다. 이 부모들은 엄하게 해서 자녀들이 지시에 따르게 하면 가정생활이 향상될 것으로 믿는다. 이들은 가끔 소리를 지르고 때리기도 한다. 이와 같은 유형을 흔히 권위주의적 방식이라고 한다. 이러한 방식을 채택하는 부모들은 자녀를 비판하는 경향이 있다. 그들은 요구하고 위협하며, 통제수단으로 벌이나 보상을 이용한다. 그들은 지난 일을 들추며 잔소리를 하고 과제 이행에 지나치게 신경을 쓴다. 그들은 자녀를 신뢰하거나 존중하지 않는다.

자녀는 무엇을 배우나?

부모가 지시를 내릴 때 10대 자녀는 다른 식으로 반응한다. 일부 자녀들은 화를 내고 부모가 통제할 수 없는 친구, 흡연, 학업, 약물, 성과 같은 측면에서 반항한다. 그 후 부모와 자녀의 세력다툼으로 이어진다. 어느 한 쪽이 한 동안 이길 수는 있지만 상호존중은 사라지고 관계가 손상된다.

때로는 권위주의적 부모의 자녀들은 매우 의기소침해져서 부모가 옳고 자신은 틀렸다고 생각한다. 그들은 비판당하기를 원치 않기 때문에 부모의 마음에 들려고 애쓰며 부모가 원하는 대로 행동한다. 표면적으로는 이와 같은 가정생활이 이상적으로 보일 수 있다. 마침내 10대 자녀는 모범적으로 행동하게 된 것이다! 부모는 세력다툼에서 승리한 것처럼 보인다. 그러나 그 대가가 너무 크다. 자녀는 자존심을 상실하고 스스로 생각하는 법을 배우지 못한다.

- 권위주의적 방식은 신뢰감이나 존경심을 형성하는데 도움이 되지 않는다.
- 자유나 책임을 부여하지 않는다.
- 자녀가 스스로 생각하는 법을 가르치지 않는다.

양보형

어떤 부모들은 10대 자녀의 반항을 자연스럽게 생각한다. 그들은 10대의 생활이 힘들다는 것을 인정하고 10대의 방식에 관여하지 않는 것을 최선책으로 여긴다. 그들은 자녀가 원하는대로 하도록 내버려둔다.

양보형은 허용적 유형이라고도 한다. 허용적 부모는 어떻게 해서라도 갈등을 피하려고 한다. 그들은 약물남용, 10대의 성, 파괴적 행동, 권위에 대한 무시와 같은 문제에 대처하는데 무력감을 느끼고, 이와 같은 일이 10대들에게 생기지 않게 할 방법이 없다고 작정한다.

허용적인 부모는 자녀에게 비행을 허가해준 셈이다.

어떤 부모들은 죄책감을 느껴서 일에 파묻혀 지내고 10대 자녀를 볼 기회를 갖지 않는다. 그들은 이혼이나 재혼을 한 경우도 있다. 그래서 자녀들에게 보상을 해야 한다고 생각하고 문제에 대응하려고 하지 않는다.

이와 같은 양보는 부모와 자녀 모두 존중하는 마음을 갖지 못하게 한다. 10대들은 자신을 통제하거나 변화시키거나 협조하지 않게 되고, 부모도 무력해져 부모 역할을 할 수 없게 된다.

10대들은 무엇을 배우나?

10대들은 흔히 양보를 약점의 표시로 간주한다. 그리하여 그들은 반항하거나 무시할만한 이유를 갖게 되고 이와 같은 우세를 재빨리 차지할 수 있다. 10대들은 한 동안 자신이 원하는대로 할 수 있어서 기분이 좋을지 모르지만 그리 오래 가지는 못한다.

영숙이는 아버지가 자신에게 관심을 보이지 않는다고 학교 상담교사에게 말했다. 그녀는 계속 얘기했다. "나는 항상 통금 시간이 2시간이나 지나서야 집에 돌아오는데 아버지는 아무 얘기도 하지 않아요. 만일 아버지가 나를 사랑한다면 염려한다는 것을 나타내는 얘기를 왜 하지 않는 것이지요?" 영숙이의 아버지는 딸을 많이 사랑하고 있을지도 모른다. 그러나 허용적인 태도를 취함으로써 다른 메시지를 보내고 있는 것이다.

부모가 양보할 때 10대들은 부모가 그들을 존중하지 않는 것으로 인식하며, 그들 자신도 존중하기 어렵다.

- 한계를 전혀 설정하지 않으면 10대들이 다른 사람과 어울리는 법을 배우는데 도움이 되지 못하고
- 책임감을 학습하는 데에도 도움이 안되며
- 자존심을 갖는 데에도 이로울 것이 없다.

자율형

어떤 형식의 부모 역할이 10대들에게 책임감을 갖도록 할 수 있는가? 민주적 유형을 생각해보자. 민주적 유형은 권리와 책임의 균형을 꾀하는 것이며, 10대들이 책임감을 갖도록 다음 2가지에 중점을 둔다.

- 존중하고
- 스스로 결정할 기회를 제공한다.

민주적 방식은 10대들의 주장을 수용하지만 언제나 그들

▸▸▸ 우리에게도 부모가 있었다.

우리 부모의 방식은 우리의 부모 역할에 영향을 미친다. 우리는 그 방식을 우리 자신의 방식으로 받아들이거나 거부한다.

- 우리는 우리가 하는 모든 면에서 최고이어야 하는 것으로 믿도록 양육되었는지 모른다. 그러므로 우리는 자녀에게도 그렇게 강요할 수 있다. 우리는 다른 사람들이 우리의 10대 자녀를 가장 똑똑하거나 가장 재능이 있거나 가장 강하다고 생각해주기를 바랄 수 있다.
- 우리는 우리 마음대로 할 수 있는 것으로 믿도록 양육되었는지 모른다. 그러므로 우리는 10대 자녀에게 우리가 원하는 대로 행동하도록 요구할 수 있다. 또는 다른 사람들이 우리 자녀가 원하는 대로 행동해주길 기대할 수 있다.
- 우리는 다른 사람들을 존중하도록 양육되었는지 모른다. 그렇다면 우리는 다른 사람들도 우리와 똑같이 행동하길 기대할 것이다. 우리는 자녀들에게 그들 자신과 우리 그리고 다른 사람들도 존중하도록 가르칠 것이다.

이 좋을 대로 하는 것은 아니다.

존중이 중요하다

부모의 할 일은 10대 자녀를 지도하고 훈육하는 것이다.

이중기준은 10대들의 존경심을 자극하지 못한다.

그러나 10대를 존중해야 할 책임도 있다. 부모는 자녀가 부모를 존중하지 않는다고 불평한다. 그러나 어른들은 10대들을 존중하지 않는다. 그들은 잔소리하고 소리지르고 때리고 반말을 한다. 그들은 10대들이 부모에게 할 수 있는 행동을 10대들에게 하는 지도 모른다. 지나치게 허용적이거나 이중기준을 따르는 것도 존중받지 못할 행동이다.

민주적인 가정에서는 아무도 다른 사람보다 더 또는 덜 중요하게 여기지 않는다. 10대 자녀를 동등하게 대할 때 존중하는 태도를 보이는 것이다.

- 이것은 부모와 자녀가 똑같다는 의미는 아니다. 부모는 10대보다 인생 경험이 많으므로 책임감도 많다. 그러나 둘 다 인간이며 존중받아야 한다.
- 이것은 10대도 부모에게 지시할 수 있으며 훈육이 필요없다는 의미는 아니다. 부모의 할 일은 10대를 정중하

게 지도하는 것이다.

존중 받기를 원하면 먼저 존중하라.

13살인 영주가 20분 동안 전화를 하고 있었다. 어머니는 전화를 사용하려고 신호를 보냈다. 영주는 어머니에게 말했다. "알았어요. 잠깐만요." 10분 후에도 영주는 계속 통화 중이었다. 어머니의 전화 용건은 급선무가 아니어서 딸을 방해하지 않기로 작정했다.

마침내 영주가 통화를 끝냈다. 어머니는 말했다. "내가 전화하려는 것을 알았을텐데," 영주가 대답했다. "전화를 끝낼 수가 없었어요. 혜주가 문제가 생겨 내게 상의하고 있었어요." 어머니가 얘기했다. "혜주와 얘기할 게 있다는 것은 이해한다. 그렇지만 30분은 긴 시간이야. 내가 통화할 필요가 있을 때는 그렇게 할 수 있어야 해." 영주가 말했다. "내가 통화하려고 기다리는 동안 어머니도 계속 전화하는 때가 가끔 있잖아요." 어머니는 얘기했다. "내가 지금 통화해야 하니까 이번 주말에 앉아서 차분히 얘기해보자. 우리 둘 다 통할 수 있는 전화 규칙을 생각해보자."

어머니는 영주의 통화를 방해할 수 없었다. 그녀는 영주가 통화를 끝내도록 강요할 수 있었고 화를 낼 수도 있었다. 그리고 영주에게 "내가 전화요금을 지불하니까 전화사용 규칙도 정할 거야."라고 얘기할 수 있었다. 또 영주의 전화 용건이 자신보다 중요한 것이 아니라고 주장할 수도 있었다. 그렇게 했다면 영주가 존중받는 느낌이 들었을까? 어머니를 존경할 수 있었을까? 협조하려고 했을까? 영주를 존중했기 때문에 그녀도 어머니를 존중할 수 있는 여지를 만든 것이다. 어머니는 영주에게 협조하고 책임 있는 행동을 할 수 있는 기반을 마련한 것이다.

이것은 어머니가 양보한 것이 아니다. 어머니는 영주에게 전화사용은 두 사람에게 공평하게 이루어져야 한다는 것을 알린 것이며, 이 문제를 함께 해결하는 방법을 제시한 것이다.

10대들은 스스로 결정하는 법을 배울 필요가 있다.

10대들은 머지않아 어른이 된다. 그들은 스스로 결정하는 법을 배워야 하며 그러기 위해서는 선택하고 그 결과를 받아들이는 연습이 필요하다. 우리의 지시나 양보는 10대들에게 도움이 되지 않는다.

> 경수는 18세로 자동차를 사려고 시간제 부업을 하기로 했다. 그러나 부업으로 인한 소득으로는 경비가 많이 소요되는 자동차 수리는 할 수 없고 보험료와 기름 값을 충당할 수 있다. 그의 부모는 아들이 원하는 것을 사려고 부업을 할 생각이라는 말에 기뻤지만 중고차의 수리비용을 충당하지 못하지 않을까 염려하여 좀 더 돈을 모아서 보다 나은 차를 사기를 원했다. 그리하여 아들에게 선택하도록 하였다. 경수는 중고차를 구입한다면 모든 수리비용을 부담해야 하며, 차가 고장 나면 부모의 차를 이용하거나 다른 차편을 알아봐야 할 것이다. 경수는 중고차를 샀다. 오래지않아 일이 잘못되어 수리 경비가 많이 필요했다. 그는 차를 몰 수 없게 되고 부모의 차를 친구들과 이용할 수밖에 없었다. 부모는 그의 결정을 존중했다. "그렇게 될 것이라고 말했지." 라는 말을 하지 않았고 그의 자동차 수리비용을 보조해주지도 않았다.

▸▸▸ 부모의 행동양식을 생각해보기

자신의 10대 시기에 관해 돌이켜 보자.

- 부모는 어떤 행동양식을 사용했는가?
- 어떤 느낌이었나? 무엇을 했는가?

이제 10대 자녀와의 관계에 대해 생각해보자.

- 어떤 행동양식을 취하고 있는가? 이 양식이 자녀에게 어떤 메시지를 전하고 있는가?
- 어떻게 변화를 시작할 수 있겠는가?

경수의 결정은 그에게 좋은 학습경험이 되었다. 스스로 결정을 내리게 함으로써 그의 부모는 그를 거들었다. 부모가 그에게 중고차를 사도록 허용하지 않았다면 어떻게 되었을까? 경수는 화를 내고 좋은 결정을 내리는 경험을 하지 못했을 것이다. 부모가 경수의 수리경비를 지원했다면 어떻게 되었을까? 경수는 자신의 선택에 책임을 지는 법을 배우지 못했을 것이다.

10대들은 무엇을 배우나?

부모가 10대들을 통제하려고 하지 않으면 그들은 변하기 시작한다. 그러나 변화는 하루 밤에 이루어지지 않으며, 상황이 개선되기 전에 악화될 수 있다. 양보하던 부모가 관심을 보이게 되면 10대들은 사랑과 존중을 더 많이 받는 것으로 느낀다. 점차적으로 그들은 부모를 더 신뢰할 수 있게 된다. 이러한 변화는 하루 밤에 이루어지지 않는다. 시간이 지남에 따라 10대들은 보다 책임 있게 행동하기 시작한다.

10대 시절은 변화의 시기이다

10대 시절을 기억하는가? 그 시절은 더 이상 어린이가 아니지만 어른도 아니었다. 변화와 혼란의 시기이었다. 오늘날의 10대들도 마찬가지 위치에 있다. 사실 그들에게 10대라는 것은 혼란스럽고 자극적이고 재미있고 위험한 것이다. 잡지, 텔레비전, 라디오, 영화, 컴퓨터, 책, 테이프, 비디오, 디스크와 같은 모든 것들이 10대들에게 이 세계와 그 안에서 그들의 위치에 대한 메시지를 전하고 있다.

10대의 혼란, 문제 그리고 가능성

대부분의 10대들은 이 세계와 자신들의 생활에서 문제와 가능성을 인식하지 않을 수 없다. 때로는 그들은 성인의 세계에 서둘러 합류하려 하고, 어떤 때에는 성장하려고 하지 않는다. 그들은 재미있는 시간을 갖고 싶어 하면서도 진지하게 취급되기를 바란다. 그들은 지루해서 자극을 추구하고, 분주해서 모든 것을 제대로 끝낼 수 있을 지 걱정한다. 그들은 외모에 신경을 쓰기 때문에 무엇을 입을 지 관심이 많고 미래에 대해서도 염려한다.

10대들의 신체는 변화되고 있으며 이 때문에 신체적, 지적, 정서적으로 영향을 받는다. 대부분의 10대들은 변화하는 자신의 신체에 자의식이 강하다. 그들은 아무도 자신과 비슷하지 않다고 느끼면서도 친구들처럼 되기를 원한다. 그들은 변덕스럽고 다양한 방법으로 행동과 복장을 시도해 보고, 모험을 하기도 한다.

- 햄버거를 먹으러 가자고 조르던 아이가 이제는 채식주의자가 되기로 결심한다.
- 얌전하고 공손하던 아이가 지금은 욕설을 많이 한다.
- 상가에서 배회하는 친구들과 어울려 다닌다.
- 몇 년 동안 대학 축구부에 가담하려고 기다려온 아이가 이제는 시도조차 하지 않으려 한다.
- 친구들이 약물을 접하지 않도록 애써온 아이가 이제는 주머니에 마리화나를 넣고 다닌다.

부모의 새로운 역할

아동을 대하다가 청소년을 지도하기는 쉽지 않은 일이다. 아들이나 딸이 아동기를 벗어나는 것을 지켜보는 것이 서글프게 여겨질 수도 있다. 그리고 성, 마약, 폭력, 식습관, 성적, 친구들에 관해서는 걱정이 되기도 한다. 그러나 이것은 혼자만의 생각은 아니다. 많은 부모들이 10대 자녀의 증가하는 독립욕구를 받아들이는데 어려움을 느끼고 있다. 더 이상 필요 없다는 느낌은 고통스러운 것이다.

그러나 10대들은 성숙함에 따라 더욱 독립적으로 되어간다. 그들은 스스로 결정을 내릴 수 있기를 더욱 바라며 자신의 생활을 떠맡기를 원한다. 10대들이 어떤 친구를 사귀고 시간을 어떻게 보낼 지 스스로 결정하려는 것은 건전한 태도이다.

적절한 균형

독립과 책임은 함께 가는 것이다. 어느 한 쪽만 주장하는 것은 문제를 일으킨다. 가끔 10대들은 독립을 원하며 책임은 멀리한다.

진영이는 19세인데 자동차를 즐겨 운전한다. 그러나 그녀는 휘발유를 채우지 않는다. 어느 날 밤에 그녀의 아버지가 말했다. "차에 휘발유가 없어서 오늘 직장에 늦었다." 진영이는 대답했다. "제가 휘발유를 많이 쓰지 않았는데요." 아버지는 다시 얘기했다. "차를 이용하면서 휘발유가 얼마나 있는지 확인해야지. 눈금이 1/4 이하로 내려가면 휘발유를 넣어야 한다."

영근이는 13살이며, 집에 혼자 남아 숙제를 하려고 했다. 그러나 숙제를 계속하는데 문제가 생겼다. 그는 인터넷에서 무엇인가 찾기 시작했다. 곧 그는 컴퓨터 게임을 하게 되었다. 오늘 그는 시험 성적이 매우 나빴다. 어머니에게 그는 불평을 하였다. "불공평해요. 어제 밤새도록 시험공부를 했는데." "공부에 주의를 집중했더라면 좀 더 나은 성적을 얻었을 거야." 라고 말하는 대신 어머니는 영근이에게 조용히 물었다. "왜 네가 원하는 만큼 성적을 못 얻었다고 생각하니?" 어머니는 영근이가 어떻게 공부했는지 생각해보고 그에 대해 얘기할 기회를 제공하려고 한 것이다. 또는 영근이가 공부하는 더 나은 방법을 생각해보도록 한 것인지도 모른다.

10대들이 자신에 대한 책임을 느끼게 되면 부모는 그들을 통제하거나 그들에게 책임을 그다지 느낄 필요가 없다. 그것은 10대 시절 동안 계속해서 균형을 이루어야 하는 행동이다. 우리가 10대 자녀와 함께 신뢰감을 발전시키면 자녀가 좀 더 많은 결정을 내리게 할 수 있다. 우리는 자녀의 감정과 의견에 귀를 기울일 수 있어야 하며 우리 자신의 견해와 가치관을 전해야 하고 자녀에게 제한된 범위 내에서 결정을 내리도록 할 수 있다. 결정에는 언제나 결과가 수반되며 그 결과는 결정 때문에 초래된 것이다. 10대 자녀가 결과를 수용하고 그것으로부터 무엇인가 배우도록 해야 한다.

14살인 일병이는 용돈을 절약하여 저축을 해왔다. 연말에 친구들에게 선물을 사주기 위해서였다. 때가 되어 그는 모은 돈을 지갑에 넣은 후 가방 속에 넣었다. 상가에 들어서서 그는 화장실에 가려고 가방을 의자 위에 두었다. 돌아와 보니 가방이 없어졌다. 그는 울면서 집에 전화를 했다 아버지가 도난신고를 거들어 주기 위해서 오겠다고 응답했다. 일병이는 얘기했다. "선물을 하나도 못 샀는데 좀 도와주실 수 있어요?" 아버지는 대답했다. "그 동안 열심히 저축했으니 얼마나 실망했는지 잘 안다." 일병이는 울면서 소리쳤다. "그러면 저는 어떻게 해요? 제가 모은 돈을 다 잃어버렸는데 걱정되지도 않으세요?" 아버지는 말했다. "네가 선물을 살 수 있는 방법이 있는지 함께 알아보자." 일병이는 불만 섞인 음성으로 물었다. "돈 없이 제가 무엇을 하겠어요?" 아버지는 말했다. "글쎄, 좀 더 얘기해 보자. 우리 둘이서 무슨 방법을 생각해낼 수 있을 거야." 일병이는 불손하게 대답했다. "집안 일을 거들면 주는 상품권 같은 거요? 제 친구들은 그런 선물은 바라지 않아요." 아버지는 여전히 아들을 존중하는 태도를 견지하며 말했다. "네가 무례하게 굴지 않으면 기꺼이 도와줄 생각이다. 네가 존중하는 자세가 되어 있을 때 내게 알려라. 그 때 어떻게 할 것인지 얘기해 보자."

일병이의 아버지처럼 자녀가 독립을 원하면서 책임은 지지 않으려는 경우가 있다. 이 책에서 여러 가지 지도와 훈육 방법을 익히면 10대들이 독립적이고 책임 있는 사람이 되도록 도울 수 있고 보다 나은 결정을 내리도록 지도할 수 있을 것이다.

친구가 중요한 이유

10대들에게는 자기 또래의 친구들에게 인정받는 것이 전부나 마찬가지이다. 그것은 많은 10대들에게 부모에게서 인정받는 것보다, 가끔은 그 어떤 것보다 중요하다. 친구들과 같은 옷을 입고, 같은 음악을 듣고, 같이 영화를 보고, 같이 모임에 참석하는 것이 10대들에게는 중요하다.

어떤 부모들은 의아하게 생각한다. "10대들은 왜 독자적으로 생각하지 않지? 왜 다른 아이들처럼 되려고 하지?" 10

10대들은 집 밖에서 활동하는 방법을 찾아야 한다. 그것이 성인이 되기 위한 단계이다.

대들은 가족 이외에 소속할 수 있는 방법을 모색해야 하며, 그것이 성인이 되는데 필요한 단계이다.

10대 자녀가 아장아장 걷기 시작할 때를 기억해 보자. "내 거야."라는 말을 수없이 듣지 않았는가? 공유하는 법을 배우기 전에 2세 유아는 소유권의 개념을 이해해야 한다. 이것이 아이들이 발달하는 단계이다. 독립적이 되는 것은 10대의 발달 과정이다. 10대는 집 밖에서 활동하기 시작한다. 시간이 지남에 따라 10대들은 보다 독립적이고 자신감을 느끼기 시작하며 그 후에 보다 독자적으로 생각하고 행동하게 된다.

10대들은 여러 가지 방법으로 친구들과 함께 있으려고 한다. 때때로 그들은 기술을 함께 배우기도 하고, 운동이나 음악 활동을 하며, 동아리나 봉사 활동에 참여하거나 직업을 구하기도 한다. 함께 할 수 있는 방법은 또 있다. 그들은 머리를 염색하거나 귀를 뚫거나 문신을 할 수도 있고 특정한 방식으로 옷을 입기도 한다. 10대들은 흡연과 음주, 약물을 사용하고 성을 탐닉할 수도 있다. 과속을 하거나 위험한 행동을 하기도 한다. 상점에서 물건을 훔치거나 파괴적인 행동 또는 다른 불법행위에 관여할 수도 있다. 흔히 10대들은 긍정적인 방식과 부정적 방식으로 모두 함께 어울리려고 한다.

그들은 어울리는 방법을 탐색하면서 행동을 시험하는 것이다. 그 행동에 대한 우리의 반응 여하에 따라 10대들은 그 행동을 계속하거나 다른 행동을 택할 수 있다. 이 점에 관해서는 나중에 좀 더 구체적으로 검토하게 될 것이다.

누구의 문제인가?

10대들은 부모가 내린 결정과는 다른 결정을 내리는 법을 배운다. 우리들 대부분은 자신을 위해서 결정을 내린다. 10대들이 내리는 많은 결정은 위험하거나 무책임한 것이 아니다. 이 경우에 최선의 방법은 잘 들어주고 지켜보며 이해하려고 노력하는 것이다. 부모와 10대 자녀 사이의 갈등을 일으키는 많은 문제는 그럴 필요가 없는 것들이다.

관여할 때와 하지 않을 때를 어떻게 결정하는가? 지금 자문해보자. "이 문제는 누구의 것인가? 자녀인가, 우리인가?" 다시 말하면 누구의 문제인가? 이를 결정하기 위해 다음 4가지 사항을 자문해보자.

1) 내 권리가 무시되었는가?
2) 누가 다칠 수 있었나?
3) 누구의 소유물이 손상되었는가?
4) 10대 자녀가 이에 대한 책임을 질 수 없는가?

- 이 질문의 어느 것에라도 저촉이 되면 우리에게 문제가 있거나 우리와 자녀가 공유하는 것이다.
- 만일 어느 것에도 저촉되지 않으면 문제는 자녀에게 있는 것이다.

흔히 10대 자녀의 문제인 경우가 많다. 용돈의 사용, 머리모양, 의상, 음악과 같은 문제는 10대에게 맡겨두는 것이 가장 좋다. 이와 같은 문제에 결정을 내림으로써 10대들은 자신의 목표와 가치에 대해 배우는 것이다. 때로는 부모의 문제가 되기도 한다. 10대 자녀가 욕을 하거나 집안을 어지럽혀 놓아서 신경이 거슬릴 수 있다. 이 경우에는 우리에게 문제가 된다.

10대 시기에는 많은 문제가 부모와 자녀 모두에게 관련된다. 10대는 우울해 하거나 학업에 실패할 수 있다. 그들은 약물을 사용하고 패거리에 가담하거나 경찰에 입건될 수도 있다. 이와 같은 경우에는 부모와 자녀 모두의 문제가 된다.

문제를 가진 사람이 해결의 책임도 있다. 이 점을 유념하고 10대 자녀에게만 속하는 문제에는 관여하지 않는 결정을 내릴 수 있다. 이렇게 하면 10대와의 갈등을 피하는데 도움

▸▸▸ 변하는 10대 자녀에 대한 이해

10대 시절을 기억해보자.

- 아이도 아니고 어른도 아닌 느낌이 어땠는가?
- 집 밖에서 어울리기 위해 무엇을 했는가?

이제 10대 자녀에 대해 생각해보자.

- 자녀에게 어떤 변화가 일어나고 있는가?
- 우리와 갈등을 야기시키고 있는 것들은 무엇인가?
- 그 중 어떤 것은 허용하고 어떤 것은 허용할 수 없는가?

어떤 것들은 허용하도록 노력하며, 다른 것도 무슨 방법이 있는지 생각해보자. 어떻게 하면 우리의 의사가 존중될 수 있는가? 어떻게 10대 자녀가 현명한 결정을 내리도록 도와줄 수 있는가?

▶▶▶ **문제와 부모의 태도**

지시하는 부모. 어떤 부모들은 모든 문제를 자신의 것으로 느끼는 경향이 있다. 이것은 흔히 지시를 하는 권위주의적인 부모들의 경우에 그렇다. 만일 이와 같은 느낌이 있다면 누구의 문제인지 결정을 내리는 것이 권력투쟁을 피하는데 도움이 될 것이다.

양보하는 부모. 허용적인 부모는 문제가 특히 심각한 경우에도 피하거나 무시하는 경향이 있다. 만일 많은 경우에 양보하고 포기한다면 누구의 문제인지 결정하는 것이 관여 시기를 선택하는데 도움이 될 수 있다.

선택권을 부여하는 부모. 선택을 허용하는 부모도 누구의 문제인지 결정하는 것이 도움이 된다. 그대로 두거나 도와주거나 책임을 느껴야 하는 시기를 결정하는데 모든 부모에게 도움이 될 수 있으며, 10대 자녀와의 관계에도 이롭다.

이 될 수 있다. 문제의 소유와 해결에 관해서는 나중에 구체적으로 논의하게 될 것이다.

10대들이 문제 행동을 하는 이유

10대들은 기본 목표를 갖고 있다. 소속감을 갖는 것. 이를 위하여 그들은 긍정적 행동을 하거나 잘못된 행동을 할 수 있다.

유명한 정신의학자인 드레이커스(Rudolf Dreikurs)는 아이들이 잘못 행동할 때에는 풀이 죽어 있다는 것을 발견했다. 이것은 아이들뿐만 아니라 10대들에게도 마찬가지이다. 그들은 소속되기를 원하지만 긍정적인 방법으로 소속될 수 있을 것으로 믿지 않는다. 잘못된 행동을 통하여 소속감을 느낀다.

아이들과 10대들은 4가지 공통된 방법으로 소속감을 느끼려 한다. 그 방법은 일종의 잘못된 행동으로 드레이커스가 말하는 문제 행동의 4가지 목적이다. 이 목표들을 이해하면 10대가 잘못된 행동을 할 때 무엇을 원하고 있는지 알 수 있으며 그들을 보다 긍정적인 행동을 하도록 지도하는데 도움이 될 수 있다.

10대의 문제 행동의 목표

문제 행동의 목적은 관심추구, 권력획득, 복수, 부적절함의 표시이다. 10대를 지도하기 전에 그들이 어떤 목표를 추구하고 있는지 파악할 필요가 있다. 목표를 확인하기 위해서는 다음 3가지 단서에 주목해야 한다.

- 문제 행동이 일어날 때 어떤 느낌이 드는가?
- 문제 행동에 대해 어떻게 대응했는가?
- 대응행동에 대한 10대 자녀의 반응은 어떤가?

여기서는 문제 행동의 목표를 확인할 수 있는 방법을 고찰하고, 다음에 그와 같은 목표를 구체적으로 살펴본 후, 10대의 문제 행동에 대한 대처방법을 논의할 것이다.

관심추구

모든 아이들은 관심을 필요로 한다. 이 목적은 일부 10대들의 행동에서 더 자주 나타난다. 10대가 긍정적인 방식으로 관심을 얻을 수 없으면 잘못된 행동으로 그것을 추구한다.

관심을 얻기 위해 잘못된 행동을 하는 10대는 부모가 신경을 쓸만한 어떤 행동을 하고, 부모는 잘못된 행동을 시정하려고 개입한다. 10대는 관심을 얻게 되고 당분간은 아무런 문제가 생기지 않는다. 그러나 오래지 않아 10대는 잘못된 행동을 반복하거나 부모의 관심을 끌기 위한 다른 방법을 모색한다.

때로는 조용히 관심을 추구하기도 한다. 10대는 반응을 기대하면서 아무 것도 하지 않을 수 있다. 이것을 소극적 관심추구라고 한다.

10대들은 여러 가지 방법으로 부모의 관심을 추구하려고 한다.

권력 추구

많은 10대들은 힘을 추구하며, 부모에게 이렇게 말한다.

"나를 어떻게 할 수 없을 거예요. 내가 원하는대로 하게 놔두는 것이 좋을 거예요." 이와 같은 10대들은 부모에게 소리를 지르거나 언쟁을 벌일 수 있고, 규칙을 위반할 수도 있다. 그것은 10대가 독립심을 내보이는 방법이다.

수요일 밤에 용만이의 어머니는 야근을 하고 아버지는 모임에 참석하게 되어 있다. 용만이는 부모가 부재시에는 집에 친구들을 데려오지 않아야 한다는 규칙을 알고 있다. 지난주에 친구들을 집에 데려왔기 때문에 다시는 그러지 말라는 경고를 아버지에게서 받았다. 그러나 이번 주에도 두 명의 친구들이 놀러와서 용만이는 그들을 집안에 들였다. 아버지가 귀가하여 그들을 발견하였다. 아버지는 화가 나서 큰 소리로 말했다. "용만아, 부모가 집에 없을 때의 규칙을 알고 있지!" 용만이도 소리질렀다. "우리는 그냥 텔레비전을 시청하고 아무 것도 건드리지 않았어요." 아버지는 불쾌한 표정으로 말했다. "좋아, 다시는 그러지 마, 정말이야!"

10대가 힘을 추구할 때 부모는 분노를 느낀다. 부모가 화를 내면 자녀도 대항한다. 부모가 양보하면 10대는 권력 투쟁에서 승리했으므로 문제행동을 멈춘다.

친구의 선택은 부모와 10대 자녀의 보편적인 힘겨루기 문제이다. 부모는 언제나 친구들을 싫어해서 자녀가 다른 친구들을 택하길 바란다.

10대 자녀는 가끔 부모가 원하는 대로 하지만 아주 천천히 한다. 그것은 일종의 소극적인 힘겨루기이다. 10대는 소리없이 말하고 있다. "시키는 대로 하지만 내 식으로 한다. 부모님 방식으로 하게 만들지는 못할 것이다."

보 복

어떤 10대들은 부모와의 힘겨루기에서 승산이 없는 것으로 생각하고 할 수 있는 방법은 보복하는 것이라고 믿는다. 복수를 목표로 하는 10대들은 자신이 사랑받지 못한다고 생각하고 집에서나 학교에서 냉정하게 굴거나 다른 사람을 상하게 함으로써 자신의 위치를 찾을 수 있다고 여긴다.

영순이는 어머니와 둘이서 생활하고 있다. 영순이는 남자 친구와 데이트를 원하고 있다. 그녀는 18살이고 남자 친구는 22살이다. 어머니는 남자 친구가 영순이에 비해 너무 나이가 많다고 생각하여 안된다고 얘기했다. 영순이는 매우 화가 났다. 그 날 밤, 어머니가 목욕하는 동안에 어머니의 남자 친구에게서 전화가 걸려왔다. 영순이는 보복할 기회를 맞아 이렇게 대답했다. "어머니는 목욕을 하고 있는데 어떤 남자와 데이트하려고 나갈 준비를 하고 있어요. 전화왔었다고 전할께요." 나중에 어머니가 자신의 남자 친구에게 전화했을 때 그는 영순이가 한 얘기를 전했다. 어머니는 화가 나고 감정이 상했다. 통화를 마치고 영순이의 방에 가서 말했다. "내 남자 친구에게 거짓말을 하라고 내가 그랬구나! 이제 외출 금지야. 그리고 네 방의 전화기는 압수한다. 네 남자 친구와 통화도 못해."

10대들은 보복을 원할 때 감정을 상하게 만드는 언행을 하거나 부모를 노려보는데 이것은 소극적인 유형이다. 부모는 상심하여 앙갚음을 할 수 있다. 그러나 복수를 원하는 10대를 처벌함으로써 부모는 10대가 더욱 보복하려는 새로운 구실을 제공하게 된다. 결과적으로, 복수전이 점차 확대된다. 부모와 10대는 모두 화를 내며 마음을 상하게 된다.

때때로 10대들은 스릴을 즐긴다.

어떤 10대들은 복수를 하기 위해 모험도 불사한다. 10대들이 스릴을 원하는 것은 자연스러운 일이다. 때때로 그들은 지나친 자극을 추구한다. 부모는 충격을 받고 상심하거나 분개한다. 또한 부모는 10대가 다음 번에는 무엇을 할지 염려하기도 한다. 부모의 충격이나 염려를 확인한 10대들은 스릴을 좀 더 만끽하려고 한다. 흔히 이것은 힘겨루기로도 변질될 수 있다.

부적절함의 표시

부적절함을 나타내는 10대들은 가장 의기소침한 청소년들이다. 이들은 자신을 보잘 것 없게 여기고 무엇인가를 할 수 있는 것으로 믿지 않기 때문에 포기해버린다. 10대들은 부모와 자신에게 그들이 친구를 사귀지 못하고 체중 조절도 못하며, 숙제를 풀거나 사소한 일 조차도 제대로 할 수 없음을 내보인다. 그들이 추구하는 것은 다른 사람들이 그들에게 아무런 기대도 하지 않게 만드는 것이다. 10대 자녀가 포기하면 부모도 포기하고 싶어진다. 부모가 포기하면 10대의 목적은 달성된 것이며, 부모는 자녀에게 아무런 기대를 하지 않기로 동의한 것이다.

욕설과 거친 말은 흔히 힘을 추구하거나 보복을 위한 것이다.

대부분의 10대들에게 포기라는 것은 부분적인 것이다. 포기는 대개 학업, 운동 또는 다른 활동과 같은 특정 영역에 국한된다. 그들은 성공할 수 없다고 느끼면 더 이상 노력하지 않는다.

다목적을 위한 행동

10대들은 한 번에 여러 가지 목표를 추구할 수 있다. 그리고 그들의 집 밖에서의 행동은 흔히 부모와 그들의 관계에 영향을 미친다. 그들의 행동은 부모의 부정적 관심을 끌 수 있다. 권력추구와 보복은 다음과 같이 일어날 수 있다.

- 복수 또는 힘과 자극 그리고 동료의 인정을 얻기 위해서 10대 소녀는 빈번한 음주 기회를 찾는다.
- 10대 소년은 동료의 인정과 힘을 추구하기 위해서 폭력 영화를 즐겨 본다.
- 어떤 소년은 어머니가 싫어하는 친구들과 어울린다. 동료의 인정을 이용하여 어머니의 관심을 얻으려고 할 수 있다.
- 한 소녀는 수학 재능이 뛰어나지만 어머니는 가계부를 정리하는데 쩔쩔매고 있다. 그 소녀는 자신의 재능을 힘이나 복수를 위해 이용할 수 있다.
- 또 어떤 소녀는 남자 친구의 인정을 받고 싶어서 성행위를 할 수 있고, 그것을 자극적으로 생각할 수 있으며, 부모가 통제할 수 없는 면에서 힘을 추구하기 위한 것일 수도 있다.
- 어떤 10대는 동료의 인정과 자극 때문에 담배를 피우기도 한다. 흡연은 부모가 10대의 활동을 통제하려고 할 때 힘을 추구하려는 수단이 될 수 있다.
- 10대는 자극을 원해서 약물을 사용할 수 있고, 도피수단으로 이용할 수도 있다. 이는 생활의 어려움에 대처하지 못하는 부적절함의 표시일 수 있다.
- 어느 10대는 다른 사람들과 거리가 있는 집단에 가입함으로써 힘과 동료의 인정을 바랄 수 있다.

잘못된 행동의 목적에 대한 요점은 10대들이 얼마나 나쁜가를 증명하려는 것이 아니라 잘못된 행동과 그에 대한 우리의 반응을 이해하려는 것이다. 그리하여 우리는 낡은 틀을 깨뜨리고 새롭게 시작할 수 있다. 우리가 대응방식을 바꿈에 따라 10대 자녀에게 새로운 면에서 영향을 미치게 된다.

이면의 긍정적 믿음

잘못된 행동의 목적의 이면에는 보다 나은 목표로 유도할 수 있는 다음과 같은 긍정적 믿음이 있다.

- 관여 : "나도 일부분에 속하고 싶어요. 기여할 수 있는 길을 알려주세요."
- 독립 : "독립적이 되고 싶어요. 스스로 결정을 내리고 그로부터 배울 수 있게 해주세요."
- 공평 : "일이 공정하면 좋겠어요. 협조할 기회를 주세요."
- 유능함 : "스스로 생각할 시간이 필요해요. 성공하고 싶어요. 내 자신을 믿도록 해주세요."

10대의 목표를 파악하는 길은 우리의 느낌과 행동 그리고 10대의 반응을 살피는 것이다.

4가지 목적의 이면을 파악하면 도움이 된다. 자녀를 다음과 같이 변화시키는데 이 정보를 활용할 수 있다.

- 관심끌기에서 관여로
- 권력추구에서 독립으로
- 복수에서 공평함으로
- 부적절함의 표시에서 유능함으로

10대 자녀와의 관계 개선 방법

강한 유대관계는 존중을 토대로 수립된다는 것을 앞에서 언급한 바 있다. 그 밖에 3가지 요소는 재미있는 활동, 격려, 애정표현을 들 수 있다.

재미있는 활동

흔히 자녀가 10대가 되면 가족간의 재미있는 시간이 점점 줄어든다. 여기에는 여러 가지 이유가 있다. 가족간의 관계가 어려워지고 친구들에 대한 관심이 증대된다. 모두가 분주하더라도 10대들과 재미있는 시간을 갖는 것은 중요하다. 재미있는 활동은 부모와 자녀 모두에게 문제에만 관심을 집중하지 않게 한다.

재미있는 활동에는 그다지 많은 시간이 필요한 것은 아니다. 어떻게 시작하는 것이 좋은가?

- 아침에 미소를 지으며 하루를 시작하자. 이것은 부모와 10대 자녀 모두에게 그 날의 기분을 결정할 수 있다.
- 자신에 대해 스스로 웃어 보자. 우리 자신의 문제에서 유머 감각을 익힐 때 10대들도 그와 같이 할 수 있다. 실수에 대해서 웃을 때 10대들은 실수도 괜찮다고 생각할 수 있다.
- 시장을 함께 가거나 가사를 함께 처리하는 것은 얘기를 서로 나누거나 마음을 터놓을 수 있는 시간이 된다. 자동차 안에서 10대와 재미있는 경험을 나눌 수도 있다. 또는 빨랫감을 정리하면서 재미있는 텔레비전 프로그램을 시청한다.
- 10대 자녀의 유머 감각을 익혀 보자. 라디오에서 청취한 내용에 대해 같이 웃기도 하고 잡지의 재미있는 기사도 공유해 보자.
- 즐거운 시간을 함께 할 수 있는 계획을 세우는 것도 좋은 생각이다. 적어도 1주일에 한 번은 그렇게 해보자. 비디오를 빌려 보거나 조깅을 하거나 영화를 보러 가거나 박물관을 방문할 수 있다. 계획에 없는 시간도 함께 가져 보자. 그 순간이 좋으면 음미해 보자.

▸▸▸ 웃음을 잃지 않아야 한다.

유머는 많은 긴장 상황을 이완시킬 수 있으며 10대 자녀에게 우리가 재미있는 사람이라는 생각을 갖게 할 수 있다.

- 어머니가 딸에게 얘기했다. "그래, 네가 설거지할 때는 가능하면 식기를 많이 사용할 생각이다. 더러운 식기를 닦는 것이 그리 좋은 일이 아니라고 말할 생각이니?"

격 려

10대 자녀들이 자신을 신뢰하려면 우리가 그들을 신뢰하여야 한다.

- 능력이 있고 사랑받고 있다는 느낌을 갖도록 하기 위해

서는 10대들에게 많은 격려가 필요하다.

- 진심으로 협조하려는 마음을 갖게 하려면 10대들이 스스로에 대해 기분 좋게 느껴야 한다.

모든 사람은 독특하다. 10대 자녀도 특별하고 놀라운 특성을 많이 갖고 있다. 이와 같은 특성을 발견하여 알려줄 때 자녀는 격려 받는 느낌을 갖게 될 것이다. 조금씩 격려 받을 때마다 10대들은 자신에 대한 호감이 증가한다.

격려는 10대의 장점을 중시하고 실수를 대수롭지 않게 여기는 것이다. 격려는 노력에 초점을 두며 자녀에게 신뢰감을 전하는 것이다.

애정 표현

10대는 더 이상 어린이는 아니지만 여전히 부모의 사랑을 필요로 한다. 말과 행동으로 다음과 같이 애정을 표현한다.

- 사랑한다고 말한다.
- 감싸 안고 등을 두드려준다.

10대 자녀가 격려 받는 느낌이 드는 가정 분위기를 조성한다.

10대 자녀가 언제 친구처럼 대해주기를 원하는지 예측하기 어렵다.

- 좋아하는 음식과 같은 10대가 선호하는 것을 해준다.

진전 상황

1절에서 우리 자신과 자녀에 관해 많은 것을 배웠다.

- 존중이 필요함을 알았다.
- 10대 자녀에게 결정을 내릴 기회가 있어야 한다는 것을 알았다.
- 10대가 변하는 방법을 알았다.
- 자녀가 소속하기를 원한다는 것도 알았다.
- 10대에게 존중과 격려와 사랑을 표현하는 방법을 배웠다.
- 서로 즐겁게 지내는 것이 중요함을 알았다.

이와 같은 활동을 통하여 부모의 도전적 역할을 충족시키는데 중요한 조치를 취한 것이다.

이번 주의 활동

10대 자녀의 행동과 그에 대한 우리의 반응에 주목하라. 목적이 무엇인지 파악하고 다음과 같이 질문해 보자.

1. 10대 자녀가 한 행동은 무엇인가?
2. 그에 대한 내 느낌은 어떤가?
3. 그에 대해 나는 어떻게 행동하였는가?
4. 그 다음에 자녀는 어떻게 행동하였는가?
5. 문제 행동의 목적이 무엇이었다고 생각하는가?
6. 보다 긍정적인 목표를 조장할 수 있는 방법은 무엇이었나?

▸▸▸ **격려 단계**

10대 자녀의 부모가 된 느낌이 어떤가? 지금 어떤 느낌이 드는지 생각해보자.

- 좋은 느낌이 든다면 왜 그런가? 좋은 느낌이 들도록 무엇을 하였는가?
- 좋은 느낌을 어떻게 계속 유지할 수 있겠는가?

오늘 고무적이었던 부모 역할을 최소한 한 가지 생각해 보자.

- 그것이 왜 고무적이었나?
- 그와 같은 행동을 계속하려면 어떻게 해야 하는가?

3절에서 격려를 취급하지만 격려하는 습관을 갖도록 하기 위하여 매 절마다 "격려 단계"가 있다. 그리고 부모에게도 격려가 필요하기 때문에 자신에게 집중하는 간단한 활동도 접하게 될 것이다.

부모를 위하여

▸▸▸ **가족을 위하여**

이 활동은 시간이 많이 걸리지 않을 것이다. 가족이 다 있을 때, 식사시간과 같은 때에 해보자.

- 그 날 각자에게 있었던 좋은 일에 대해 차례로 얘기한다.
- 처음에 부모가 대화를 시작하거나 자녀에게 다음과 같이 물어 보라. "오늘 어떤 좋은 일이 있었니? 한 번 얘기해 봐."

이와 같은 가족간의 활동을 가급적 자주 갖는다.

긴장완화

10대 자녀의 문제를 해결하기란 힘든 일이다. 우리는 스트레스를 받을 수도 있다. 스트레스는 혼란스러운 사태에 대한 반응이다. 그것은 두통이나 고혈압, 심박 증가와 같은 신체적인 것일 수 있고, 근심이나 비명 또는 불면증과 같이 정서적인 것일 수도 있다.

이와 같은 반응이 좋지 않다는 것은 알고 있다. 그에 대해 무엇을 할 수 있는가? 다음과 같은 몇 가지 예를 들 수 있다.

1. 심호흡을 한다. 15초마다 숨을 깊게 들이쉰다. 그대로 숨쉬기를 계속하며 "진정하자"고 말한다.
2. 혼잣말을 한다. 자신에게 다음과 같은 간단하고 낙관적인 얘기를 한다. "진정해," "괜찮아", "서두르지 말자."
3. 대비한다. 스트레스를 느낄만한 일이 생길 것 같으면 그에 대비한다. 몇 번 심호흡을 하고 당면 상황에 앞서 자신에게 혼잣말을 한다.
4. 새로운 시각에서 생각한다. 어려운 상황을 대처할 수 없는 것이 아니라 도전으로 생각한다. 자신에게서 새로운 장점을 찾을 수 있는 기회로 간주한다.
5. 스스로 격려한다. 자신을 인정한다. 자신의 장점을 매일 생각한다. 스스로에게 다음과 같이 말한다. "나는 능력이 있어," "나는 가치 있는 사람이야," "내 스스로 결정을 내릴 수 있어."
6. 일기를 쓴다. 스트레스 상황에 관해 쓴다. 그 상황을 완화시키려고 취한 조치를 기록한다.

기억해야 할 사항

1. 부모로서의 도전적인 역할은 건강하고 자신감이 넘치고 협조적이며 책임감 있는 10대 자녀를 키우는 것이다.
2. 10대 자녀를 변화시킬 수는 없다. 우리 자신의 방법을 바꾸고 자녀와 좋은 관계를 수립할 수 있다.
3. 자녀를 존중한다.
4. 자녀에게 결정할 수 있는 기회를 제공하여 책임감과 협조적인 태도를 갖도록 조장한다.
5. 10대 자녀는 지적, 신체적, 정서적으로 변화하는 중이다. 이것이 그들의 행동에 영향을 미친다.
6. 누가 문제를 안고 있는지 파악하는 것이 10대의 문제에 개입할 시기를 결정하는데 도움이 될 수 있다. 문제를 안고 있는 사람이 해결의 책임도 있다.
7. 누가 문제를 안고 있는지 파악하기 위해서는 다음과 같은 질문을 해본다.

- 내 권리가 무시되었는가?
- 누가 다쳤는가?
- 다른 사람의 물건이 손상되었는가?
- 내 자녀가 책임을 질 수 없는가?

이상의 질문에 대한 답이 긍정적이면 우리 또는 자녀와 함께 문제를 안고 있으며, 모든 질문에 대한 답이 부정적이면 자녀의 문제인 것이다.

8. 10대를 포함해 모든 자녀들은 소속되기를 원한다. 그들은 적절한 행동만이 아니라 잘못된 행동에 의해서 소속감을 느낀다.
9. 문제 행동의 4가지 목적은 관심 끌기, 권력추구, 보복, 부적절함의 표시이다.

10. 10대 자녀와 긍정적 관계를 수립하려면 존중하고, 재미있는 시간을 갖고, 격려하며, 애정을 표현해야 한다.

표 1. 10대의 문제행동의 목적

우리의 느낌	우리의 일상적 반응	10대의 일상적 반응	문제행동의 목적	이면의 목적
불쾌	잔소리, 주의, 회유	일시중단, 나중에 재개	관심끌기	관여
분노, 위협	처벌, 양보	문제행동 계속, 도전, 지연	힘의 추구	독립
분노, 상심	처벌, 대항	문제행동 증가, 보복 시도	보복	공평함
절망, 포기	포기	무반응	부적절함의 표시	유능함

2. 10대 자녀에 대한 우리의 태도 변화

10대 자녀는 소속을 원한다는 것을 알았다. 문제행동은 그들이 이와 같은 소속감을 추구하는 한 가지 방법이다. 그들은 문제행동이 효과적임을 발견한다. 즉 보상을 받는 것이다. 그 보상이란 무엇인가? 부모와의 관계에서 부모의 반응 방식의 변화이다.

10대 자녀의 문제행동에 대한 대응

자녀는 잘못된 행동을 택했다. 그러나 대응방식은 우리에게 달려있다. 만일 우리가 예상한대로 대응한다면 자녀는 바라던 보상을 얻은 것이다. 그러나 다른 식으로 반응한다면 전혀 다른 메시지를 전할 수 있다. 자녀가 원하는 보상을 주지 않을 것이라는 점을 말과 행동으로 보일 수 있다. 이는 시간이 지남에 따라 자녀에게 긍정적인 목표와 행동을 선택할 수 있는 기회를 부여한다.

이러한 일은 하루 밤에 일어나지는 않는다. 이 책 전체가 10대 자녀의 긍정적인 목표를 지원할 수 있는 방법에 관한 것이다. 그러나 어느 지점에서 시작해야 하며, 그 좋은 지점은 고정된 형태를 깨뜨리는 것이다. 자녀가 우리의 반응을 어떻게 예상하고 있는지 확인하고 그 반대로 행동하는 것이다. 몇 가지 예를 들어보자.

▸▸▸ 학습해야 할 사항

- 10대 자녀는 소속감을 느끼는 방법에 관한 기본적인 믿음을 갖고 있다.
- 10대의 감정과 행동은 이와 같은 믿음에서 유래한다.
- 10대의 사고와 감정에 민감할 수 있다.
- 자녀에게 감정을 토로하는 것은 괜찮다고 보여줄 수 있다.
- 자녀에 대한 반응을 바꿈으로써 자녀와의 관계를 변화시킬 수 있다.

관심 끌기

금요일 아침에 14살 소녀 숙영이는 주방에 들어와서 어머니가 봐주길 기다렸다. 어머니는 신문을 보고 있었다. 그녀는 숙영이를 보고 기분이 상했다. 어머니는 말했다. “숙영아, 그와 같은 상의를 걸치고 학교에 갈 수는 없다. 배꼽이 다 보이지 않니?” 숙영이는 대답했다. “이건 미숙이 것인데 그 애는 맨날 입고 다녀. 멋있기만 한데!” 어머니는 말했다. “가서 갈아입어.” 숙영이는 한숨을 쉬면서 말했다. “예, 알았어요.”

5분 후에 숙영이는 돌아왔다. 어머니는 힐끗 쳐다본 후 눈을 굴렸다. “그 누더기 같은 청바지는 입을 수 없어. 점잖은 것으로 입을 수는 없니?” 숙영이는 대답했다. “알았어요, 알았어요.” 숙영이는 깨끗한 청바지와 상의로 갈아입고 돌아왔다. “훨씬 낫구나.” 어머니는 말했다.

숙영이는 아침을 먹은 후 자기 방으로 가서 가방을 갖고 주방으로 다시 내려왔다. 어머니의 눈에는 숙영이의 눈화장이 보였다. 어머니는 한숨을 내쉬며 말했다. “네 얼굴 좀 봐라. 눈화장이 너무 심하지 않니?” 어머니는 눈화장의 일부를 종이로 닦았다.

숙영이의 목적에 대한 단서

1. 어머니가 불쾌한 느낌을 갖는다.
2. 어머니는 관심을 보인다: 잔소리와 비판을 한다.
3. 숙영이는 잘못된 행동을 잠시 중단한다. 조금 후에 그녀는 어머니의 주목을 끄는 또 다른 행동을 한다.

숙영이의 목적은 관심을 끌려는 것이다.

어머니가 할 수 있는 다른 행동

- 어머니는 숙영이의 의상과 화장을 무시하고 "잘 잤니?"라는 인사말과 함께 다른 얘기를 할 수 있다.
- 숙영이의 의상이 복장 규칙에 적합한지 학교에서 결정하도록 한다. 규칙에 맞지 않더라도 어머니는 아무런 얘기를 할 필요가 없다. 학교에서 허용하는 복장을 갖추는 것은 숙영이가 할 일이다.
- 옷이나 화장에 신경쓰기보다는 긍정적인 면에 주목할 수도 있다. 어머니는 이렇게 얘기할 수 있다. "오늘 아침 일찍 일어났구나!", "오늘 학교에서 무슨 일이 있니?"
- 평소에 어머니는 딸에게 긍정적인 관심을 보일 필요가 있다.

힘의 추구

판규는 16살이다. 근래 그는 새로운 친구 영훈이와 시간을 많이 보내고 있다. 영훈이는 판규네 집에 오는 것을 좋아하지 않는다. 그 보다는 판규와 같이 밤에 돌아다니는 것을 원한다. 판규는 이전처럼 아버지와 얘기를 많이 나누지 않는다. 그는 밤에 대부분 집에 머물러 있지 않는다. 아버지는 걱정이 되었지만 판규가 어디 가는지 알지 못하고 있다.

어느 날 밤에 판규가 집을 나서려고 할 때 아버지가 물었다. "어디 가니?" 판규는 대답했다. "밖에요. 제가 어디 가는지 모두 알아야 하나요?" 아버지는 화를 내며 말했다. "내게 그런 식으로 말하지 마! 나는 네가 어디 가는지 그리고 누구와 함께 있는지 알 권리가 있어!"

"잠간만요." 판규는 소리쳤다. "영훈이와 저는 그냥 돌아다니는 거예요. 대수롭지 않은 일인데요." 아버지는 말했다. "영훈이와 돌아다니는 것이 마음에 들지 않는다. 오늘 밤에 집에서 숙제나 해. 성적 올리는데 좋지 않니?" 판규는 대답했다.

"제 성적은 괜찮아요!" 아버지는 성난 음성으로 말했다. "공부하지 않고 영훈이와 같은 아이와 계속 돌아다니면 성적에 문제가 생길 걸!"

판규는 노려보며 말했다. "영훈이가 어떤데요?" 아버지는 말했다. "그 애는 다른 애들과는 달라. 나는 그 애를 믿지 못하겠어." 판규는 큰소리로 말했다. "무슨 소리예요. 아버지는 그 애를 알지도 못하면서. 아버지가 제 친구들을 고를 수 있다고 생각한다면 오산이예요. 저는 이제 나가요." 판규는 문을 쾅 닫고 나갔다.

▸▸▸ 문제행동이란 무엇인가?

- 타인의 권리나 안전을 존중하지 않거나 무시하는 언행
- 협조 거부
- 10대에게 위험한 행동
- 불법행위

판규의 목적에 대한 단서

1. 아버지는 분노를 느꼈다.
2. 아버지는 판규를 야단쳐서 바른 행동을 하도록 시도했다.
3. 판규는 반발하여 잘못된 행동을 계속했다.

판규의 목적은 힘을 추구하는 것이다.

판규가 영훈이와 어울리는 것에 대해 아버지가 걱정하는 것은 당연할지 모르지만 힘겨루기는 도움이 되지 않는다. 언쟁을 시작하는 것은 힘겨루기를 계속하게 만든다.

아버지가 할 수 있는 다른 행동

- 아버지는 나중에 둘 다 진정되었을 때 이 문제에 대해 다시 논의할 수 있다. 그 때 아버지는 이렇게 얘기할 수 있다. "나는 영훈이에게 부당한 판단을 내리고 싶지 않다. 이에 대해 같이 얘기해 볼까?"
- 다시 얘기할 때 아버지는 판규를 존중하며 이야기를 꺼낼 수 있다. "영훈이가 집에는 한 번도 오지 않는 게 마음에 걸린다. 환영받지 못할 것으로 생각하고 있니?"
- 아버지는 명령과 비판보다는 다음과 같이 얘기할 수 있다. "영훈이와 함께 다닌 이후부터 네가 좀 변한 것이 마음에 걸린다."

- 아버지는 판규가 영훈이와 어떻게 시간을 보내든 이를 중단시킬 수는 없다. 그러나 아들이 어디에 있는지 알 권리는 있다. 그리고 판규가 합의한 범위 내에서 행동하길 기대하거나 새로운 내용을 협상할 권리도 있다(4절에서 부모와 자녀가 이 점에 관해 함께 노력할 수 있는 방법을 알게 될 것이다).
- 아버지는 거절해야 하는 경우에 비판이나 비난하지 않고 다음과 같이 사실적으로 얘기할 수 있다. "어디 가는지 알지 못하면 너는 나갈 수 없어."

아버지는 새로운 친구를 사귀는 것이 판규가 독립적이 되려는 방법이라는 것을 알고 있다. 아버지는 친구 문제가 힘겨루기로 되지 않도록 현명하게 대처할 수 있다. 그는 침착하게 판규에게 친구 관계에 보다 유념할 수 있는 여지를 남기며, 판규가 체면을 유지할 수 있게 할 수 있다. 그리하여 새로운 친구 관계가 문제를 야기시키지 않을 수 있다.

만일 아버지가 영훈이의 복장이나 행동이 마음에 들지 않는다고 바로 단정한다면 영훈이는 이런 느낌을 감지할 것이다. 영훈이가 판규의 아버지가 자기를 좋아하지 않는다고 느끼면 판규네 집에 가지 않으려고 할 것이다. 아버지도 모든 10대들은 성장하고 변하고 있다는 것을 알고 있으며, 영훈이가 여러 가지 장점을 갖고 있다는 것을 발견할 수 있을 것이다. 물론 판규는 그래도 협조하지 않으려고 할 수 있다. 그러면 아버지는 한계를 정하고 그 결과를 지켜볼 것이다. 5절에서 이 방법을 구체적으로 제시할 것이다.

보 복

민현이는 14살인데 근래에 어머니와 여러 가지 크고 작은 일로 다투고 있다. 어머니는 앞 뜰 주위에 울타리를 만들었다. 그녀는 그 일을 열심히 한 후, 민현이에게 울타리에 페인트칠을 하도록 요구했으나 그는 하고 싶지 않았다. "우리에게는 이놈의 울타리가 필요 없어!"라고 민현이가 말했다. 어머니는 화가 나서 말했다. "울타리에 칠을 하지 않으면 오늘 밤 외출금지야!"

그날 밤 민현이는 외출할 준비를 마쳤다. 어머니는 문 앞을 가로막고 말했다. "오늘 밤에 외출 못 해. 내가 바로 여기 서서 못나가게 할 거야." 민현이는 어머니에게 욕설을 퍼부으며 소리 질렀다. "정말 싫어!" 그는 자기 방으로 뛰어가서 문을 세게 닫았다.

잠시 후에 어머니는 방으로 들어갔다. 아침에 일어났을 때 그녀는 아들이 울타리에는 칠을 전혀 하지 않고 뜰 이 곳 저 곳에 페인트를 뿌려댄 것을 목격했다. 그녀는 화가 나고 크게 상심했다.

민현이의 목적에 대한 단서

1. 어머니는 기분이 상해 몹시 화가 났다.
2. 어머니는 민현이의 외출을 금지함으로써 보복하였다.
3. 민현이는 뜰을 망가뜨려 어머니의 기분을 다시 상하게 만들었다.

민현이의 목적은 보복이다.

어머니가 할 수 있는 다른 행동

- 어머니는 상심하지 않고 기분이 상하는 어떤 얘기도 하지 않을 수 있다. 어머니는 민현이에게 보복하지 않을 수 있다.
- 어머니는 둘 다 진정되었을 때 민현이에게 다음과 같이 얘기할 수 있다. "민현아, 우리에게 문제가 생겼구나. 나는 네 도움과 협조가 필요한데 너는 내게 화가 나 있는 것 같다. 무엇 때문인지 알고 싶구나."

보복은 대체로 힘겨루기의 실패에서 기인한다. 민현이는

울타리에 페인트칠을 하지 않아서 외출 기회를 놓쳤다. 보복의 악순환을 바꾸는 데에는 시간이 걸린다. 그러나 어머니가 합세하지 않으면 민현이는 복수전을 벌일 수 없다. 그렇게 되면 어머니와 민현이는 진정하고 생각할 기회를 갖게 될 것이다. 어머니도 존중과 신뢰감을 형성하는 방법을 모색할 필요가 있다.

부적절함의 표시

흔히 부모가 반응을 달리하면 10대의 기대에 따르지 않는 것이 된다.

15세인 소정이는 새로운 학교로 전학 온 이래 생물 공부에 어려움을 겪고 있다. 아버지는 소정이에게 말했다. "소정아, 뭐가 잘못된 거니? 전에는 생물을 잘 했잖아?" 소정이는 대답했다. "이 곳에서 배우는 생물 수준은 전보다 훨씬 높아요. 얼마나 어려운지 모를 거예요. 오늘 집에 종일 있게 해주세요. 시험이 있는데 나는 낙제할 거예요." 딸은 울기 시작했다.

아버지는 어찌할 바를 몰랐다. 소정이와 같이, 아버지도 딸이 공부를 잘 하지 못하리라 생각되어 말했다. "오늘 집에 그냥 있어도 괜찮아. 내가 학교에 전화하마. 아마 학교에서 너를 보다 쉬운 반으로 옮겨줄 수 있을 거야."

소정이의 목적에 대한 단서

1. 아버지는 절망하여 딸이 생물 공부를 잘 할 것으로 기대하지 않았다.
2. 아버지는 포기하고 공부 수준이 딸에게 너무 어렵다는데 동의했다.
3. 소정이는 낙제해도 괜찮다는 아버지의 동의를 얻었고, 생물 공부를 잘 하지 못할 것이다.

소정이는 "못하겠다"고 말했고 아버지는 동의했다. 소정이의 목적은 부적절함을 나타내는 것이다.

아버지가 할 수 있는 다른 행동

- 아버지는 딸의 포기를 용인하지 않고 이렇게 말할 수 있다. "나는 네가 학교 공부를 잘 해낼 수 있으리라 믿는다. 너는 조금 도움이 필요할 뿐이야. 학교에 연락하여 도움을 받을 수 있도록 상담교사와 면담 약속을 해보자. 아마 너를 도와줄 학생이 있을 거야."
- 아버지는 딸을 동정하지 않도록 조심할 수 있다. 만일 아버지가 딸을 동정한다고 생각한다면 딸도 자신을 동정하게 될 것이다.
- 아버지는 딸이 학업에 정진하도록 격려할 수 있다. 딸의 작은 노력과 진전에 주목하여 이렇게 얘기할 수 있다. "아! 그 공식을 생각해냈구나!", "네가 전념하면 해낼 것으로 믿었다."

때로는 "할 수 없다"고 말하는 10대는 부적절함을 나타내는 것이 아니라 관심이나 힘을 추구하기도 한다. 이 차이를 어떻게 구분할 수 있는가? 부적절함을 표시하는 10대는 포기한다. 이와 같은 10대는 어떤 일에 관여하지 않거나 면제받기를 원한다. 자신의 느낌을 판단 기준으로 사용한다. 짜증이나 화가 나면 10대의 목적이 관심이나 권력 추구일 것이다. 포기해버리고 싶은 절망을 느끼면 목적은 부적절함의 표시일 것이다.

포기하는 10대는 아주 낙심해 있다. 그와 같은 경우에는 많은 지지와 격려를 해주는 것이 중요하다. 3절에서 10대 자녀를 격려하는 방법에 관해 구체적으로 설명할 것이다.

부적절함의 표시는 심한 우울과는 다르다. 우울과 자살에 관한 논의는 210-211쪽을 보라.

우리는 10대가 기대하는 방식으로 반응함으로써 그들의 잘못된 행동을 흔히 강화한다. 첫 반응에서 신중을 기함으로써 이와 같은 함정에 빠지지 않도록 한다. 멈춰 물러나서 행동하기 전에 어떻게 하는 것이 최선의 반응인지 생각한다. 어렵긴 하지만, 10대 자녀가 문제 행동을 할 때는 우리의 행동뿐만 아니라 느낌도 변화시켜야 한다는 것을 알아야 한다. 짜증내거나 화를 내거나 상심하거나 낙담하지 않는다. 이와 같은 감정은 잘못된 행동을 강화시킬 따름이다. "부모를 위한 활동"은 우리의 감정을 바꾸는 방법을 터득하는데 도움이 될 것이다.

10대 자녀가 낙심하게 되는 이유

잘못된 행동을 하는 10대들은 풀이 죽어있다. 왜 그렇게 되었는가? 10대들의 소속을 바라는 마음 저변에는 그 수행 방법에 관한 믿음이 있다. 잘못된 행동을 유도하는 믿음은 "잘못된 믿음"이라고 할 수 있다.

10대의 잘못된 믿음

- 관심 끌기: "비록 부모에게 문제를 안겨주더라도 나는 주목을 받아야만 소속감을 느낀다."
- 힘의 추구: "비록 싸움을 유발하더라도 나는 으스댐으로써 소속감을 느낀다. 아버지나 어머니와 싸움을 벌일 수 있다면 나는 힘을 갖고 있는 것이다."
- 보복: "나는 사랑받지 못하고 있다. 다른 사람들의 마음을 다치게 해야만 소속감을 느낀다. 아버지나 어머니가 나처럼 상심하길 바란다."

• 부적절함의 표시: "아버지나 어머니에게 내가 일을 제대로 처리할 수 없음을 깨닫게 함으로써 나는 소속감을 갖는다. 실제로 무엇을 시도하여 실패하면 나는 소속감을 느끼지 못한다. 아예 시도하지 않는 게 낫다."

모든 잘못된 행동에는 밝은 면도 있다.

1절에서 이러한 잘못된 믿음의 이면에는 보다 나은 행동목표를 이끌어낼 수 있는 긍정적 믿음이 있다고 하였다. 우리는 10대 자녀들이 긍정적 목표를 추구하도록 격려하며 긍정적 믿음을 발달시키도록 도와주려는 것이다. 우리는 그들을 다음과 같은 방향으로 움직이도록 하려는 것이다.

- 관심 끌기에서 관여로
- 힘의 추구에서 독립으로
- 복수에서 공평함으로
- 부적절함의 표시에서 사려 깊고 유능함으로

믿음의 형성과정

우리의 기본적 믿음은 아주 어릴 때부터 형성된 것이다. 이는 우리의 초기 가정경험에 대한 지각에서 기인하다. 우리의 믿음은 항상 논리적인 것은 아니지만 우리에게는 의미가

▸▸▸ **무엇이 긍정적인가?**

10대 자녀의 긍정적 행동에 주목하라. 이와 같은 행동의 이면에 있는 믿음을 생각해 보라. 10대 자녀의 문제행동도 주목하라. 여기서도 믿음을 생각해 보라. 그 믿음의 이면에 있는 것을 격려할 수 있는 방법을 생각해 보라.

있는 것이다. “나는 착하게 행동함으로써 소속감을 느낀다”는 믿음은 여러 가지 긍정적 행동을 야기시킬 것이다. 그러나 우리가 택한 행동이 원하는 결과를 얻지 못하면 우리의 믿음은 문제를 일으킬 수 있다. 이러한 믿음은 현재에도 대부분 우리에게 남아있다. 우리는 그것들 가운데 일부는 의식조차 못하며, 그것들이 때로는 문제를 야기시킬 수 있다.

10대들도 믿음을 형성한다. 우리와 마찬가지로 그들의 믿음도 어릴 때의 경험에 대한 지각에서 기인한다. 믿음은 부모의 행동으로부터 유래될 수 있으며, 다음 3가지 면에 대한 10대의 관점에서도 형성된다.

- 가족이 중요시하는 것
- 가정에서 10대의 위치
- 부모의 언행

가족이 중시하는 것

모든 가정에는 독특한 분위기가 있다. 우리는 이것을 가정분위기라고 한다. 그리고 모든 가정의 어른들은 가치관을 지니고 있다. 가정분위기와 가치관이 혼합되어 자녀에게 가족이 중시하는 면에 관한 메시지를 전한다.

아이들은 가정분위기에 주의 깊은 관심을 기울인다. 예를 들면, 아이들은 교육, 종교, 스포츠, 예술 등이 부모에게 얼마나 중요한 것인지 흔히 알고 있다. 그 까닭은 부모가 자녀 앞에서 이와 같은 활동을 즐기고 흔히 그들에게도 가르치기 때문이다.

다음과 같은 어떤 가치들은 명시되지 않지만 10대에게 분명한 것도 있다.

- 부모가 문제점을 같이 논의할 때 10대는 협조의 가치를 알게 된다.
- 부모가 자주 큰 소리로 언쟁할 때 10대는 언쟁의 가치를

안다.

- 부모가 타협을 거부할 때 10대는 독선의 가치를 보게 된다.

부모가 있는 10대들에게 가족의 가치관은 부모 모두에게 중요한 것이다. 심지어 부모의 견해가 일치되지 않은 가치도 있다. 어떤 가정에서는 부모 역할을 돕는 조부모나 다른 친척들도 포함된다. 이와 같은 어른들의 가치관도 가정분위기의 일부가 될 수 있다. 때로는 가정의 어른들간에 이견이 있거나 공유되지 않는 가치도 있다.

영근이와 영철이는 고등학교에 다니는 형제간이다. 그들은 어머니와 할아버지와 함께 살고 있다. 할아버지는 술을 즐긴다. 어머니가 믿는 종교에서는 음주가 용인되지 않는다. 어머니는 음주를 전혀 하지 않으며 아이들도 마시지 않기를 원하고 있다. 그녀는 할아버지에게 집에서는 마시지 않도록 요구하며 언쟁을 벌였다. 할아버지는 어머니의 종교를 조롱하며 아이들에게 교리가 말도 안 되는 것이라고 말했다. 영근이는 할아버지가 옳다고 생각했으나 영철이는 그렇지 않았다. 영철이는 할아버지가 종교에 관해 혹평하지 않기를 바라고 있다.

이 가정의 아이들은 어머니의 종교의 교리에 관해 의견이 일치되지 않는다. 그러나 종교와 음주가 이 가정에서 중요하다는 것은 분명하다. 영근이와 영철이는 이 문제에 관해 둘 다 결정을 내렸다.

가족의 변화는 가정분위기에 영향을 미친다.

- 이혼한 부모가 결혼하여 새로운 가치관을 가져오면 가정분위기가 변화한다.
- 부모가 별거나 이혼을 하면 아이들은 흔히 가족의 가치, 특히 부모간에 일치되지 않는 가치를 더욱 강하게 느낀다.
- 이혼 부모가 재혼을 하면 아이들은 다른 가정 분위기를 지닌 두 가정의 일부가 된다.

모든 10대들은 가정에서 정말 중요한 가치관을 받아들이거나 거부한다.

10대에게 분명히 중요한 가치를 비판하거나 바꾸려드는 것은 도움이 되지 않는다. 10대는 누구나 한 인간으로 인정받을 필요가 있으며, 이는 많은 부모들에게 도전적인 일이 될 수 있다.

> 복순이는 새로운 남편인 인규와 재혼했다. 인규에게는 수돌이라는 아들이 있었다. 수돌이와 복순이의 아들 병우는 둘 다 16살이다. 수돌이가 어머니의 집에 있을 때는 통금시간이 없다. 그의 어머니는 그것을 문제 삼지 않는다. 수돌이는 아버지의 집에 있을 때도 동일한 기대를 하고 있다. 이제 병우도 자신에게 통금시간이 적용되지 않아야 한다고 생각한다.
>
> 이것은 복순이와 인규에게 문제가 되었다. 그러나 그들은 수돌이에게 어떤 불쾌한 얘기도 하지 않았고, 병우에게도 수돌이와 그의 어머니가 잘못했다는 얘기도 하지 않았다. 그 대신 그들은 두 아이들에게 이렇게 말했다. "이 곳에서는 통금시간이 12시다. 그것이 우리 집의 규칙이야."

만일 그 소년들이 협조하지 않는다면 어떨까? 많은 일들이 생길지 모른다. 수돌이의 어머니를 불러서 관련된 모든 어른들이 그 상황을 논의하게 될 수 있다. 복순이와 인규는 이 문제에 대해 합심할 필요가 있다. 그들은 수돌이 어머니에 대한 비판을 수돌이나 병우에게 하고 싶지 않았다. 그들은 수돌이가 협조하여 가족의 일원으로 합류할 수 있는 길을 모색해야 한다.

4절에서 10대 자녀의 협조를 격려하는 방법이 제시될 것이다. 매 절의 말미에 제시된 "가족을 위한 활동"도 도움이 될 수 있다. 현재로서는 우리의 가치가 10대에게 미치는 영향을 이해하는 것이 중요하다.

가정에서 10대의 위치

믿음에 중요한 영향을 미치는 또 다른 요인은 출생순위이다. 그것은 가정에서 10대의 위치와 자신에 대한 지각에 영향을 미친다. 그리고 그들이 중요시하는 것, 사고와 행동에도 영향을 미친다. 10대는 가정에서 독자이거나 장자, 둘째, 중간 또는 10대인데도 "애기"인 막내일 수 있다.

▸▸▸ **우리의 가치관에 대한 고려**

우리가 10대이었을 때 가정의 어른들에게 종교, 교육, 일, 금전, 그 밖의 어떤 것들이 중요했는가?

- 어떤 가치를 우리는 받아들였는가?
- 어떤 가치를 우리는 거부하였는가?

어떤 가치를 자녀에게 전해주고 있는가? 어떤 가치를 전해주고 싶은가?

독 자

독자들은 관심을 모으며 성장하는데 이것이 어떤 영향을 미칠까? 때때로 그들은 다른 사람들과 어울리는데 어려움을 겪는다. 많은 독자들은 주로 혼자서 지내거나 부모 또는 부모의 친구들과 시간을 보낸다. 가끔 그들은 빨리 성장하고 매우 창의적일 수 있다.

장 자

장자는 이전에 독자이었으므로 모든 관심을 포기하기가 어려울 수 있다. 흔히 장자는 지배자가 되려고 한다. 많은 장자들은 지도력과 협동심을 배운다. 그들은 동생들이 도움을 바라기 때문에 흔히 책임감을 배우기도 한다.

둘 째

둘째는 장자처럼 부모의 충분한 관심을 받아본 적이 없다. 이 아이는 장자에게 뒤떨어지지 않거나 앞지르기 위하여 열심히 노력한다. 때때로 둘째 아이는 장자와 반대로 되려고 한다. 장자가 착하면 둘째는 나쁘게 되기로 작정할 수 있다.

중 간

중간 아이는 흔히 장자와 동생들 사이에 끼어있는 느낌을 갖는다. 일부 중간 아이들은 독자와 장자처럼 자신에 대한 신뢰감이 없다. 많은 중간 아이들은 공정함을 좋아한다. 대체로 그들은 다양한 사람들과 어울리는 법을 알고 있다. 그러나 때로는 관심을 끌기 위해 잘못된 행동을 하는 문제아가 되기도 한다.

막 내

막내 아이들은 대개 위 형제들보다 자신을 위해 진력하지 않는다. 그들은 으스대고 요구를 많이 하거나 매력적이고 친절하다. 때로는 다른 사람들의 도움을 받기 위해서 자신의 매력을 이용하기도 한다. 어떤 막내들은 위 형제들이 하는 것만큼 할 수 없기 때문에 포기한다. 다른 막내들은 위 형제들보다 능숙하기 위해서 열심히 노력하기도 한다.

10대의 지각

10대의 위치는 출생순위에 따라 결정되는 것처럼 보일지 모르나 실제로는 그 보다 복잡하다. 자신의 위치에 대한 10대의 지각에 따라 좌우된다.

희정이와 희숙이는 10대 자매이다. 언니 희정이는 어릴 때 병약하여 많은 관심을 받았고 많은 도움이 필요했다. 동생 희숙이는 튼튼하여 언니가 "애기"처럼 지내는 동안 언니 역할을 하였다. 이와 같은 형태가 성장하는 동안 계속되었다. 희숙이는 책임감이 생겼으나 희정이는 무력하게 되어 쉽게 포기하고 응석을 많이 부린다.

▸▸▸ **자신의 위치에 대한 고찰**

- 우리가 어릴 때를 생각해 보자. 우리의 출생순위는 어떤가? 첫째인가? 둘째 혹은 막내인가?
- 어떤 느낌이었는지 생각해 보자. 지도자, 애기, 아니면 어중간하게 느꼈는가?
- 이러한 느낌이 현재 우리에게 어떤 관련이 있는가?

위치의 변화

자녀의 위치는 동생이 태어날 때마다 바뀐다. 또한 가족이 이혼하거나 재혼하면 자녀의 위치도 변한다. 가정이 변하면 위치에 대한 10대의 견해도 흔히 바뀐다.

각각 두 자녀가 있는 부모가 재혼하면 장자가 둘이 되는데 이들은 새로운 가정에서 장자의 역할을 하려고 경합을 벌일 수 있다.

가끔 자녀들은 가족 내에서 자신의 위치를 찾으려고 경쟁한다. 예를 들면, 장자는 "독자"의 위치를 유지하려고 애쓰기도 한다. 이와 같은 경쟁은 믿음과 행동에 영향을 미친다. 자녀들이 경쟁할 때 한 자녀는 승리하고 다른 자녀는 패배하거나 낙심하게 된다.

자녀의 나이가 5-6년 이상 차이가 나면 위치에서 두 가지 상황이 생길 수 있다. 한 가정에 17, 15, 10, 8세의 네 자녀들이 있다고 하자. 17세와 10세 자녀는 장자처럼 느껴질 수 있고, 15세와 8세 자녀는 막내처럼 생각될 수 있다.

출생순위에 따른 장점

순위	사고방식	장점
독자	나는 관심의 대상이 되어야 해	독립적, 창의적
장자	나는 지도자가 되어야 해	책임감, 협조적
둘째	나는 경쟁 해야 해	근면
중간	나는 중간에 끼어 있어	공정
막내	나는 다른 사람들에게 의지해야 해	매력적, 실속있는

부모의 말과 행동

자녀들은 부모의 언행을 따라 배우며, 이는 자녀가 10대가 되어도 사실이다. 우리의 말과 행동은 무엇이 중요한지를 10대 자녀에게 보여주는 것이다.

가치에 대한 언급

10대들은 집 안팎에서 새로운 생각과 가치를 시험해 본다. 어떤 가치가 우리에게 중요하면 자녀와 분명히 공유해야 한다. 이때 자녀를 존중하는 태도로 다음과 같이 말한다.

• "우리는 서로 솔직할 필요가 있다. 그렇지 않으면 너는

나를 믿지 않을 것이고 나도 너를 신뢰할 수 없을 거야."

- "우리 집에서는 우리가 서로 존중하면 좋겠어. 욕설은 존중하는 태도가 아니야."

10대 자녀에게 기대하는 행동하기

10대 자녀는 우리의 말보다는 행동에서 배우는 것이 많을 것이다. 10대들은 우리의 태도와 행동 그리고 우리에게 영향을 미치는 것을 관찰하고, 그들이 중시하고 원하는 특성을 선택한다.

10대 자녀는 우리의 모든 가치에 동의하지는 않을 것이다. 그리고 다른 행동방식으로 시도할 것임을 예상하라. 때로는 10대가 부정적 가치를 선택하여 실망시키기도 할 것이다. 이와 같은 경우에는 자녀가 무엇을 보았는지 신중히 생각해 보라.

중요한 가치관이나 생각은 10대 자녀와 공유한다.

연수는 16살이며 부업을 구했다. 연수의 얘기는 모두 돈을 얼마나 벌어 무엇을 살지에 관한 것이었다. 그녀는 옷과 CD를 사고 싶어 했고, 상품 목록을 뒤적이며 친구들과 물건을 사려고 했다. 연수의 어머니는 연수의 돈에 대한 집착을 걱정하였다. 어느 날 저녁에 연수의 어머니는 식사 내내 온 가족이 돈에 관해서만 얘기한다는 것을 깨달았다. 그들은 돈을 벌어 자동차를 수리하고 주방을 도색하고 여행도 가자고 얘기했다. 연수의 어머니는 한 동안 다른 화제에 집중하기로 결심했다.

부모가 말하는 것처럼 행동하는 것이 중요하다.

- 만일 10대 자녀에게 거짓말을 하지 않도록 요구한다면 우리는 그들에게 그리고 다른 사람들에게도 사실대로 얘기해야 한다.
- 10대 자녀에게 공손하기를 바란다면 우리는 그들과 다른 사람들에게 예의 있게 대해야 한다.

▸▸▸ 말하고 행동하기

10대 자녀에게 전하고 싶은 가치에 대해 생각해 보자.

- 그 가치가 중요하다는 것을 자녀에게 보여주기 위해 어떤 행동을 할 수 있는가?
- 그 가치를 설명하기 위해 무슨 말을 할 수 있는가?

감정의 출현

10대들은 자신의 믿음에 의해서 어떻게 소속감을 갖는지 결정한다. 감정도 그 결정에 영향을 미친다. 때때로 10대들은 지나치게 감정적으로 보인다. 성장과 변화는 그들을 감정적으로 만들 수 있다. 감정은 어디에서 나오는가? 왜 우리는 행복하거나 슬프거나 화가 나는가?

감정과 믿음

우리는 간혹 감정을 우리가 통제할 수 없는 신비스러운 것으로 생각한다. 우리는 이렇게 말한다. “그가 나를 화나게 했다.”, “그녀가 나를 미치게 만든다.” 그러나 이렇게 생각해 보자. 우리는 우리가 느끼는 방식에 책임이 있다. 믿음에 입각하여 우리는 느낌을 선택한다.

수길이의 야구팀이 경기에 졌다. 수길이는 승리가 모든 것이라고 믿는다. 그는 경기에 진 것이 세계가 끝난 것처럼 느꼈다. 길수는 노력이 중요하다고 믿고 있다. 그는 자기 팀이 강팀을 맞아 선전한 것에 기분이 좋았다.

수경이와 경수는 시험공부를 열심히 하여 둘 다 80점을 받았다. 수경이는 자신이 최고라야 한다고 믿고 있다. 그녀는 자신이 받은 80점이 싫었다. 경수는 80점을 자신이 잘하고 있는 증거로 믿었다. 그녀는 자기 성적에 만족했다.

감정의 의도

어떤 10대들은 협조함으로써 소속감을 느낄 수 있다고 믿는다. 그리하여 다른 사람들에게 호감을 만들어간다. 호감은 소속감을 가지려는 그들의 목적을 이루는데 도움이 된다. 10대들은 소속감을 갖기 위해 잘못된 행동을 해야 한다고 믿을 때 부정적 감정을 일으킨다.

10대가 짜증을 부려 아버지의 양보를 얻어낸다.

어머니가 거절하면 10대는 토라진다. 어머니는 말없이 지내기가 싫어서 양보한다.

물론 다음과 같은 부정적 감정은 문제행동이 아니다.

어느 10대가 남자 친구 또는 여자 친구와 결별하고 상심하여 운다.

어느 10대가 공들여 만든 작품에 친구가 실수로 물을 쏟았다. 그 10대는 화를 내거나 불만을 느낀다.

10대 자녀가 잘못된 행동을 하기 위한 방법으로 감정을 이용하는지 어떻게 알 수 있는가? 우리의 느낌과 행동 그리고 그에 대한 10대의 반응을 보라. 그러면 어떻게 해야 할지 알게 될 것이다. 만일 10대가 잘못 행동하고 있다면 감정에 휘말리지 않아야 한다.

이는 언제나 감정을 무시하라는 것이 아니다. 반응을 바꾸되 존중하는 태도를 유지하는 것이 중요하다. 때로는 문제행동을 무시한다. 그러면 흔히 우리는 도움이 되는 어떤 행동을 할 수 있다. 자녀의 말과 감정에 민감하고, 잘못된 행동의 순간만이 아니라 언제나 나중에 반응할 수도 있어야 한다.

감정의 전달

10대를 가장 친한 친구처럼 대한다.

의사전달은 대부분의 관계에서 핵심 요인이다. 감정을 표현하는 것은 의사전달의 한 방법이다. 친구들이 문제가 있거나 실수를 하면 그들은 그와 같은 감정을 우리에게 전한다. 그들은 얘기를 하고 울기도 할 것이다. 우리는 그들의 얘기를 듣고 도와주려고 하며 그들의 감정도 이해하려고 한다.

우리의 자녀들에게도 같은 식으로 대하길 바라며, 그렇게 함으로써 보다 밀접한 관계를 형성할 수 있다. 우리는 언제나 10대의 문제를 시정할 수는 없으며 자녀의 감정을 사라지게 할 수도 없다. 그러면 우리는 무엇을 할 수 있는가? 우리는 감정을 이해하고 수용한다는 것을 보여줄 수 있고, 말과 어조로 수용을 나타내며, 존중하는 태도를 전할 수 있다. 조언을 하는 것보다는 듣는 것이 더 낫다. 조언을 하면 10대는 우리에게 의존하거니 맞추려고 한다. 우리가 듣는 경우에는 10대에게 생각할 여지를 주는 것이다. 연구 결과에 의하면, 부모가 얘기를 잘 듣고 감정적으로 친근하게 느껴지는 10대들은 어른으로 성장하면서 문제를 덜 일으킨다.

경청을 잘 할 수 있는 방법

우리는 당황할 때 친구에게 얘기한다. 친구가 잘 듣고 이해하며 우리의 느낌을 수용해주길 바란다. 10대 자녀도 똑같이 원한다.

감정의 경청

왜 감정을 경청하는 것이 중요한가? 그것은 10대들에게 이해받는 느낌을 주며, 자신의 감정과 그 이유에 대해 생각하고, 문제를 숙고하여 해결하는데 도움이 된다. 또 10대들이 감정에 대해 얘기해도 괜찮다는 것을 알려준다.

감정을 경청하는 방법

감정을 경청하는 것은 기술이며, 반영적 경청(reflective listening)이라고 한다. 반영적 경청은 10대 자녀에게 문제가 있을 때 도움이 된다. 그 방법은 다음과 같다.

1. 경청한다. 잘 듣고 있다는 것을 몸으로 보여준다. 다른 일을 멈추고 자녀를 똑바로 본다.
2. 감정을 파악한다. 자녀의 말에 주의를 기울이며 이렇게 자문한다. "내 아이의 느낌이 어떤가?" 감정을 표현하는 말을 생각하며 이렇게 자문한다. "내 아이가 왜 이런 식으로 느낄까?"
3. 반영적 경청을 이용한다. 반영적 경청은 자녀의 말과 느낌을 우리 자신의 말로 되풀이하는 것이다. 자신을 자녀의 감정을 반영하는 거울이라고 생각하라. 그 감정의 이면에 있는 이유도 반영한다.

반영적 경청의 예는 다음과 같다.

- "희영이가 인철이와 나가서 네 기분이 상했구나."
- "경기에 참가하지 못해서 실망했구나."
- "친구들을 만나고 싶어서 조바심을 하는구나."

시간이 좀 흐르면 이와 같은 경청 방법이 보다 자연스러워질 것이다. 그때 다음과 같이 자신의 말로 표현할 수 있을 것이다.

- "문영이가 장학금을 받은 것이 샘나니?"
- "너 오늘 밤 가족과 있는 것이 지겹구나."

- "새 일로 기분이 꽤 들떠 있구나."

감정을 가급적 정확히 표현하라. 슬프다, 기쁘다, 미치겠다라는 말을 구체적으로 표현하라. 조금, 정말, 아주 와 같은 말이 도움이 된다.

- "시험 결과에 관해 조금 걱정하는 것 같다."
- "밖에 나갈 수 없다는 얘기에 아주 화가 났구나."
- "아무도 관심을 보이지 않아서 정말 무시당한 것으로 여기는 것 같다."

감정의 탐색

우리 모두와 같이, 10대들도 의사전달을 위해 언제나 말을 하는 것은 아니다. 때때로 그들은 조용히 있고, 웃거나 찌푸리거나 울기도 한다. 또 물러서기도 하고 고개를 숙이기도 한다. 그저 듣는 것으로는 말없는 감정의 의미를 파악하는데 도움이 되지 않는다. 10대의 얼굴과 신체를 살피고 느낌을 표현하라.

- "네 눈을 보니 내 말을 믿을 수 없다고 얘기하는 것 같다."
- "네 표정이 그처럼 밝아지니 무척 행복하게 보인다."
- "정말 기분이 안 좋은 것 같은데 왜 그런지 얘기해 볼래?"

행복한 느낌을 나타내는 말

고맙다. 더 낫다. 편안하다. 흥분된다. 기분 좋다. 행복하다. 자랑스럽다. 안심된다. 만족스럽다. 감사하다. 신난다.

당황한 느낌을 나타내는 말

화가 난다. 지루하다. 혼란스럽다. 실망하다. 좌절감을 느낀다. 마음이 아프다. 죄책감을 느끼다. 무시당하다. 비참하다. 무가치하다. 억제하다.

▸▸▸ 감정의 발견

부모가 감정 표현을 위해 흔히 사용하는 3가지 말은 "좋다", "나쁘다", "당황스럽다"이다. 그러나 이 말은 언제나 모든 느낌을 말하는 것은 아니다.

위에 제시한 단어들을 보라. 다른 감정들을 나타내는 말을 생각해 보라. 가능하면 많은 단어들을 생각해 보라.

유념해야 할 사항

반영적 경청은 부모와 자녀 모두에게 새로운 것일지도 모른다. 사용하면서 도움이 될 만한 몇 가지 점을 제시한다.

자녀가 이상하게 여길 수 있다. 자녀는 우리의 새로운 경청 방식을 눈치 채겠지만 "예, 그래요"라고 말하고는 가버릴 수 있다. 자녀에게 감정을 드러내도록 강요해서는 안 된다. 또는 캐묻는 것처럼 보일 수도 있다. 10대에게 얘기하도록 압력을 가하면 힘겨루기로 진행될 수 있다.

10대가 빨리 반응하지 않더라도 낙담할 필요는 없다. 감정에 대해 경청하고 얘기할 수 있는 다른 기회를 기다려라. 자녀가 얘기하길 원하면 "그에 관해 좀 더 얘기해 보겠니?"라고 물어본다.

존중하면서도 유보적이거나 미심쩍은 어조를 사용한다. 우리는 자녀의 느낌을 정확히는 알지 못한다.

미숙이가 예정보다 일찍 귀가했다. 그녀는 문을 세게 닫자마자 울기 시작했다. 아버지가 물었다. "무림이와 무슨 일이 있었니?" 미숙이는 대답했다. "금숙이가 지난 여름에 있었던 일을 무림이에게 얘기하기 전에는 좋았어요. 그 애는 정말 바보야. 나는 죽고 싶어요." 아버지는 미숙을 다정하게 바라보며 말했다. "정말 난처했겠다. 좀 더 내게 말해 보겠니?"

10대들은 자신의 느낌을 언제나 말로 나타내지는 않는다.

아버지는 미숙이가 남자 친구와 싸운 게 분명하다고 생각했다. 그의 추측은 빗나갔다. 그러나 그의 유보적인 어조 때문에 미숙이는 아버지가 관심을 보이고 도와주려 한다는 것을 말할 수 있었다. 아버지는 딸에게 울지 말라고 하거나 금숙이를 비난하지 말라고 하지 않았다. 그 대신 그는 반영적 경청을 계속 사용했다. 그리하여 원한다면 자기와 좀 더 얘기할 수 있다는 것을 딸에게 알릴 수 있었다.

자신의 감정을 확인한다. 때로는 감정에 민감한 것이 지나칠 수도 있다. 심지어 10대의 잘못된 행동의 목적이 될 수 있다. 이러한 일이 생기면 자신의 감정을 확인하라. 짜증이 나는가? 화가 나는가? 낙담되는가?

찬수는 건물 벽을 훼손하여 곤경에 처하게 되었다. 그는 사회봉사 명령을 받았다. 그는 쓰레기 분류 작업을 하러 가기 싫다고 어머니에게 말했다. 어머니는 "그 일을 하기 싫은 모양이구나"라고 말했다. 그는 자신과 같은 비행을 저지른 다른 아이들은 아무도 이렇게 힘든 일은 하지 않는다고 말했다. 어머니는 다시 말했다. "네가 그렇게 힘든 일을 해야 하는 것이 불공평하게 생각되어 화가 나는 모양이구나." 찬수는 계속 불평을 늘어놓았다. 어머니는 찬수가 자신을 딱하게 봐주길 원한다는 것을 알았다. 그녀는 아들에게 말했다. "네 잘못에 비해 너무 많은 일이 부여되어 낙심한 것 같은데, 네가 봉사활동을 잘 끝낼 수 있을 거야." 어머니는 더 이상 아무런 얘기도 하지 않았다.

어머니는 찬수가 자신을 동정해주길 원한다는 것을 알았지만, 그녀는 그렇게 하지 않기로 결정했다. 그러나 그녀는 존중하는 태도는 견지했다. 찬수는 기분이 좋지 않았을 것이지만 어머니가 자신을 존중한다는 것을 알 수 있었다. 어머니는 아들에게 도움을 준 것이다. 어머니는 아들에게 그의 느낌에는 문제가 없으며 자신의 행동에 대한 책임을 감수해야 한다는 것을 알려주었다.

거절하는 방법. 때로는 10대 자녀에게 거절해야 하는 경우가 있다. 그렇게 할 때는 자녀의 감정을 파악하고 반응한다. 그러면 자녀는 감정이 이해되었음을 알 것이다.

- "네가 화난 것은 알겠지만 소리치는 것은 듣고 싶지 않다. 더 얘기하고 싶으면 내 방으로 오너라."
- "너 실망했지. 내가 불공평하다고 생각하겠구나. 그러나 어른이 없이 친구들끼리만 외박하는 것을 허락할 수는 없다."

그래도 자녀가 언쟁을 하려들면 그 자리를 떠난다. 나중에 맛있는 음식을 만들어 주는 것과 같은 긍정적 관심을 보여줄 수 있다.

이런 식으로 우리가 반응해도 자녀는 행복해 하지 않을지 모른다. 그러나 그들은 행동에는 문제가 있더라도 감정 표현은 괜찮다는 것을 배운다.

대응이 항상 필요하지는 않다. 10대 자녀의 말은 언제나 감정에 관한 것은 아니다. 그 때는 반응할 필요가 없다.

- "어휴! 이 더러운 그릇들 좀 봐!" 사소한 불평에는 반응이 필요 없다.

▸▸▸ **격려 단계**

반응을 바꾸기가 언제나 쉬운 것은 아니다. 그것은 믿음, 감정, 생각을 바꾸는 것이며 그리하여 달리 반응한다는 것이다. 이와 같은 노력은 중요하다. 우리의 반응은 10대 자녀의 사고와 행동 그리고 지식에 영향을 미친다. 이를 알면 노력이 보람 있게 된다.

이에 관해 생각해 볼 수 있는 다른 방법이 있다. 우리가 길을 걷고 있다고 상상해 보자. 누군가 우리에게 똑바로 다가오고 있다. 우리 둘 다 계속 걸어가다 보면 서로 부딪치게 되기 때문에 약간 옆으로 비켜나기로 결정했다. 10대 자녀와 우리 자신에게도 똑같이 할 수 있다. 옆으로 비켜나서 달리 반응할 수 있는 것이다.

문제가 생길 것 같으면 달리 반응할 수 있는 길을 생각하라.

- “기름을 넣으려면 월급날까지 기다려야 하겠지?” 이는 그저 직접적인 요청일 수 있다.

때로는 자녀가 얘기하기를 원하지 않고, 자녀가 원해도 우리가 얘기할 수 없는 경우도 있다. 우리는 다음과 같이 말할 수 있다. “걱정되어 얘기하고 싶겠지만 지금은 내가 출근해야 하니까 나중에 같이 얘기해볼래? 7시에 집에 올 테니까.”

모든 얘기를 들을 것으로 기대하지 않는다. 10대는 때로는 말보다 위안을 필요로 한다. 캐묻지 말라. 말없이 곁에 있는 것도 도움을 주는 또 다른 방법이다. 자녀가 울거나 안기고 싶어 하면 안아 줘라. 격한 감정을 분출하려고 하면 아무런 얘기를 할 필요가 없다.

얼마간의 시일이 필요하다. 반영적 경청은 처음에 힘들게 보일 수 있다. 그렇게 하는 이유를 기억하면 도움이 될 수 있다: 자녀에게 우리가 듣고, 이해하고, 감정을 인정한다는 것을 보여주는 것이다. 말하기 전에 생각할 시간을 갖는 것도 도움이 된다. 말하고 싶지 않은 것을 말하지 않게 될 것이다.

여느 새로운 기술과 같이, 반영적 경청도 시간과 연습을 요한다. 계속하라! 나중에는 보다 자연스러운 느낌이 들기 시작할 것이다. 그리고 자녀와의 관계에 어떤 도움이 되는지 알게 될 것이다.

진전 상황

2절에서 10대와 우리 자신에 관해 더 많은 것을 알았다. 부모 역할도 배워서 연습을 개시했다.

- 10대가 잘못된 행동을 할 때 어떻게 할 지 생각하기 시작했다.
- 10대가 자신의 믿음과 감정을 형성하는 방법에 관해 알

▸▸▸ 가족을 위하여

자녀가 돕기를 나서고 협력하고 책임을 지려는 경우를 주목하라. 자녀에게 우리가 알고 있음을 전하고, 다음과 같이 "안다"는 말을 한다.

- "내 옷을 빌려 입기 전에 요청한 것을 안다. 고맙다."
- "사촌이 악몽을 꾸었을 때 도우려고 했던 것을 안다."

가족 모두에게 다른 사람들이 도움을 주면 이를 인정하고 고맙게 여기도록 격려한다.

게 되었다.

- 반영적 경청이 이해한다는 것을 보여주는 것임을 알았다. 또한 그것은 자녀가 감정에 관해 말하고 생각하며 문제를 해결하는데 도움을 준다.
- 보는 것만이 아니라 들을 수도 있음을 알았다.

이번 주의 활동

문제 행동의 목적에 계속 주목하라. 자녀가 잘못된 행동을 할 때 다음과 같은 질문으로 그 목적이 무엇인지 파악하라.

1. 10대 자녀가 무슨 행동을 했나?
2. 내가 어떤 느낌이었나?
3. 내가 어떻게 행동하였나?
4. 그 다음에 자녀는 어떻게 행동하였나?
5. 잘못된 행동의 목적이라고 생각한 것이 무엇이었나?
6. 보다 긍정적인 목적을 조장할 수 있었던 2-3가지 방법은 무엇인가?

자녀가 말하거나 잘못 행동하거나 방에 들어설 때 우리가 선뜻 어떤 얘기를 하거나 행동을 하려고 했는지 유념하라. 생각 없이 말하려고 하지 말라. 우리의 감정을 인식하여 자녀가 기대한대로 표현하지 않아야 한다. 그 대신 자녀를 존중하는 태도로 대화하는 법을 생각하고, 가급적 자주 반영적 경청을 사용하라.

부모를 위하여

혼잣말 바꾸기

많은 부모들은 어떤 종류의 혼잣말을 하는 습관이 있다.

그들은 자신에게 이렇게 얘기한다. "내 아이는 예의바르게 행동해야지. 내 아이가 잘못 행동하는 것은 참을 수 없어. 끔찍해!" 이와 같은 혼잣말을 주의 깊게 생각해 보면 우리가 당황하게 되는 이유를 쉽게 알 수 있다.

그러나 혼잣말은 바꿀 수 있다. 그렇게 하려면 우리 자신의 목적, 감정, 믿음을 살펴봐야 한다.

자신의 목적을 파악하기

- 주목하길 원하는가 아니면 자녀의 자립을 원하는가?
- 지배하길 원하는가 아니면 자녀의 독립과 책임감을 바라는가?
- 보복하길 원하는가 아니면 이해한다는 것을 보여주려고 하는가?
- 자녀가 궁지에서 벗어나게만 하려는가 아니면 자신감을 갖게 하려는가?

자신의 감정을 파악하기

짜증이 나는가? 화가 나는가? 상심했는가? 낙담했는가? 또는 자녀가 잘못된 행동을 하지 않도록 도울 작정인가? 자녀에게 화를 낼 필요는 없다. 자신에게 얘기하라. 감정을 진정시키고 자신의 반응을 바꿀 능력이 있다고 스스로 얘기하라.

믿음을 파악하기

- 자신에게 무슨 얘기를 하고 있는가?
- 그 대신 자신에게 무슨 얘기를 할 수 있는가?

이와 같이 할수록 문제 행동에 대응할 준비를 더 잘 할 수 있을 것이다.

기억해야 할 사항

1. 자녀의 목적을 확인하기 위해서는 다음 사항에 주목하라.
   - 잘못된 행동을 할 때의 느낌
   - 잘못된 행동에 대한 대응
   - 우리의 대응에 대한 자녀의 반응
2. 긍정적 목표를 조장하기 위해서는 반응 방식을 바꾸는 데 집중하라. 자녀가 기대하지 않는 방식으로 말하거나 행동하라.
3. 믿음과 감정은 10대의 소속감을 결정하는데 영향을 미친다.
4. 믿음은 부모의 자녀 양육방식과 가정에서 중시하는 것, 10대의 위치, 부모의 언행을 통하여 형성된다.
5. 감정은 믿음에서 형성된다.
6. 10대들은 자신의 감정을 부모가 듣고, 이해하고, 받아들여 주길 바란다.
7. 반영적 경청으로 10대의 감정과 그 이유를 반영한다. 감정을 나타내는 말을 사용하여 시작할 수 있다.

- "시합에 참여하지 못해 낙심했구나."
- "여자 친구에 대한 네 감정을 알지 못해서 혼란스럽구나."

표 2. 문제행동의 목표에 따른 대처요령

10대 자녀의 목적을 파악하려면 다음 사항을 고려해야 한다는 것을 유념하라.

1. 잘못된 행동을 할 때의 느낌
2. 잘못된 행동에 대한 대응
3. 우리의 대응에 대한 자녀의 반응

목표	문제행동의 예	대응책	긍정적 목표와 믿음을 조장하는 법
관심끌기	적극적 행동 : 어릿광대짓, 사소한 장난, 독특한 의상 소극적 행동 : 까먹기, 심부름 안하기, 기다리게 만들기	요구하는 대로 관심을 주지 않고, 가능하면 무시하고, 기다리지 않는다. 다른 때 긍정적 관심을 보인다.	협조할 때 주목하고, 긍정적 행동을 인정한다.
권력추구	적극적 행동 : 불복종, 요구, 고함지르기 소극적 행동 : 완고함, 무시	언쟁하거나 양보하지 않는다. 힘겨루기를 하지 않는다. 가능하면 자리를 뜬다. 10대가 결과를 당면하게 한다.	자녀 스스로 결정하게 한다. 자녀에게 신뢰감을 보인다.
보복	적극적 행동 : 무례, 난폭, 독설 소극적 행동 : 노려봄	상심하거나 화내지 않는다. 자녀에게 보복으로 상심시키지 않는다. 다른 경우에는 신뢰감을 쌓기 위해 노력한다. 10대에게 사랑 받는 느낌을 준다.	가능한 공평하게 행동하고, 10대를 동등하게 대한다. 다른 사람들을 존중함으로써 자녀가 본받게 한다.
부적절함의 표시	소극적 행동 : 체념, 중단, 약물에 의한 도피	동정이나 비난하지 않는다. 사소한 노력이라도 모두 인정한다. 10대를 포기하지 않는다.	10대의 장점이나 특기에 중점을 둔다. 10대가 현명한 선택을 할 때 주목한다. 10대를 격려한다.

3. 존중과 격려

2절에서 반영적 경청의 기법을 논의하였다. 이와 같은 경청과 반영은 자녀와 의사소통 하는데 도움이 된다. 이 절에서는 역시 의사소통에 도움이 되는 두 가지 다른 기법, 즉 나-메시지(I-message)와 격려에 관해서 살펴볼 것이다.

10대 자녀가 듣도록 어떻게 얘기할 수 있는가?

듣고 말하는 것은 병행하는 것이다. 즉, 감정을 듣고 반응

▸▸▸ 학습해야 할 사항
- 특별한 기법으로 10대 자녀와 함께 얘기한다.
- 비난하지 않으면서 문제에 관해 얘기할 수 있다.
- 자녀가 사랑받고, 존중받고, 가치 있게 느낄 수 있도록 격려방법을 사용할 수 있다.
- 칭찬과 격려는 동일한 것이 아니다.
- 자신을 격려할 필요가 있다.

한다. 10대 자녀에게 우리의 감정을 어떻게 말할 수 있는지 보자.

존중하는 태도로 얘기 한다

자녀와 어떤 문제에 관해 얘기할 때 존중하는 태도로 우리의 감정을 전한다.

13세인 명수는 친구 3명과 축구를 마치고 신발을 신은 채 주방으로 뛰어 들어와 마실 것을 찾았다. 아버지는 주방 바닥을 방금 청소했기 때문에 소리를 지르고 싶었다. “도대체 이게 무슨 짓이냐? 마치 짐승처럼 행동하고 있구나!” 그러나 아버지는 잠시 생각을 한 후 아이들에게 얘기했다. “너희들이 피곤하고 갈증이 난 것을 안다. 그렇지만 주방을 이렇게 더럽히면 맥이 풀린다. 방금 내가 청소했는데.”

아버지는 소리치고 싶었지만 그것은 명수와 그의 친구들에게 소리치는 것이 문제해결의 방법이라는 것을 보여줄 뿐이라는 사실을 알았다. 그 대신 그는 존중하는 태도를 취하기로 작정하고 아이들을 욕하며 비판하지 않았다. 그는 아이들에게 자신의 느낌을 알리기 위하여 존중하는 태도로 얘기하는 특별한 방법을 사용했다. 그는 나-메시지를 사용한 것이다. 나-메시지는 단지 우리의 느낌을 말하는 것이다.

나-메시지에는 3가지 부분이 있다

1. 무엇이 일어났는지 말한다.
2. 우리의 느낌을 말한다.
3. 그와 같이 느낀 이유를 설명한다.

너-메시지는 10대를 억압한다

10대들(다른 사람들도 포함하여)에게 얘기할 때 부모는 흔히 너-메시지(you-message)를 사용한다. 너-메시지는 억압하고 비난하거나 잔소리를 하는 것이며, 흔히 너라는 말로 시작한다.

- "너, 그만 해!"
- "너, 창피하지 않니?"
- "너, 그것도 몰라?"

10대의 반응

10대들이 너-메시지를 들으면 자신이 쓸모없게 느껴지거나 대항할 수 있다. 그들은 더 이상 듣지 않으려고 할 수도 있다. 너-메시지는 기를 꺾고 협조를 이끌어내지 못한다.

나-메시지는 존중하는 태도를 나타낸다

어떤 문제에 관해 얘기하는데 보다 나은 방법은 나-메시지를 사용하는 것이다. 나-메시지는 10대 자녀가 우리의 권리를 무시할 때 우리의 느낌을 말하는 것으로, 자녀보다는 우리에게 초점을 맞춘다. 나-메시지는 욕하거나 비난하지 않는다. 예를 들면 다음과 같다.

- "전화를 하지 않으면 네가 어디 있는지 알지 못해 내가 걱정이 된다."
- "우유를 남기면 상하기 때문에 내 기분이 안 좋다."

나-메시지는 다음 3가지 말을 사용한다.

1. 때(또는 경우에) "전화하지 않을 때"
2. 내 느낌 "걱정된다"
3. 이유 "왜냐하면 네가 어디 있는지 모르기 때문에"

▸▸▸ 나-메시지의 3가지 요소

1. 때(경우) "난로를 방치할 때"
2. 느낌 "나는 무섭다"
3. 이유 "왜냐하면 불이 날 수도 있기 때문에"

때 또는 경우에 라고 말할 때 너라는 호칭 사용에 조심하지 않으면 너-메시지로 변할 수 있다. 나-메시지의 3가지 부분을 이해한 후에는 자연스럽게 느껴지는 말을 사용한다.

- "네가 담배 피우는 것을 보면 내 마음이 아프다. 네 건강에 안 좋잖아."

우리의 느낌을 전할지, 문제에 대해 얘기할지 결정한다.

- "욕실을 비워줄 때까지 출근 준비를 할 수 없어."

나-메시지에 관해 기억해야 할 가장 중요한 것은 다음과 같다.

- 자녀가 아니라 우리에게 초점을 맞춘다.
- 아무도 비난하지 않는다.

10대의 반응

나-메시지는 10대들에게 그들 자신의 행동이 우리에게 주는 의미를 이해시키는데 도움이 되며, 비난하지 않고 문제에 관해 얘기하는 방법을 제시한다. 그들은 우리가 문제를 해결하는데 도움이 되는 방식으로 감정과 의견을 나누는 것을 중요시한다는 것을 알게 된다.

문제의 핵심을 고려한다.

처음에는 나-메시지로 우리의 감정을 설명하기가 어렵게 느껴질 수 있다. 대개의 경우에 10대 자녀의 행동을 우리가 우려하는 것은 아니다. 우려되는 것은 그 행동의 결과이다.

> 아람이는 아침을 제대로 먹지 않는다. 방과 후에 그녀는 과자류를 사먹는다. 그래서 대개는 식사시간에 식욕이 없다. 부모는 그녀의 건강을 걱정하고 있다. 그들은 그녀가 기력이 없거나 아프지 않을까 염려하고, 그것이 학업에 영향을 미치게 될 것으로 우려하고 있다.

나-메세지가 너-메세지로 바뀌지 않게 조심한다.

아람이는 규칙적으로 식사해야 할 필요가 있지만 부모가 정말 신경 쓰는 문제는 무엇인가? 그녀가 제대로 먹지 않는 것인가 아니면 그로 인해 생길 수 있는 결과인가?

결과와 그에 대한 느낌에 초점을 두면 아람이의 부모에게 도움이 될 수 있다. 그들은 "아침과 저녁을 먹어야 한다."고 말하기보다는 "아침을 거르면 네가 학교에서 기력이 약해질까 걱정 된다."고 얘기할 수 있다.

화가 날 때 조심하라

나-메시지에서 분노의 감정을 배제한다. 10대들은 화가 날 때 비난을 자제하기가 어렵다. 누가 우리에게 화를 냈을 때 어떤 느낌이 들었는가?

물론 때로는 10대 자녀에게 분노를 느낄 것이다. 그러나 잦은 분노는 힘겨루기나 복수 또는 부적절함의 표시를 유도할 수 있다. 10대는 위협을 느끼고 우리에게 말하기를 단념할지도 모른다.

분노에서 벗어나려면

- 극심한 분노에 사로잡히기 전에 나-메시지를 사용한다. 예를 들면, 처음 느낌은 걱정이나 실망이었는지 모른다. 그 때 자녀에게 나-메시지를 사용하면 나중에 나타나는

분노 감정을 완화시킬 수 있다.

- 혼잣말을 바꿔라. 2절의 "부모를 위한 활동"에서 이에 관한 몇 가지 아이디어를 얻을 수 있다.
- 화가 나지 않을 때 자녀와 얘기할 기회를 갖는다.

극도로 화가 날 때 어떻게 해야 하나?

1. 자녀에게서 물러난다. 방에서 나간다. 산책을 한다.
2. 몹시 화가 나서 자녀의 마음에 상처를 주게 될까 걱정되면 즉각 친구에게나 아는 이에게 전화하여 도움을 청한다.
3. 분노에 대처하는 방법을 알고 있는 사람에게 도움을 구한다.

분노는 6절에서도 논의될 것이다.

경청할 준비를 한다.

어떤 문제에 관해 나-메시지를 전할 때 자녀는 좀 더 얘기하길 원할 수 있다. 그 때는 반영적 경청과 나-메시지를 사용한다.

어느 날 오후에 어머니는 평소보다 일찍 직장에서 귀가했다. 그녀는 대학생인 아들과 여자 친구가 거실 바닥에 누워 뒹굴고 있는 것을 발견했다. 그 여자 친구는 당황하며 얼른 일어나 옷매무새를 고친 후 가버렸다. 아들은 얼굴을 붉히며 화를 냈다. 그는 어머니에게 왜 일찍 귀가했느냐고 말하면서 거실에서 뛰쳐나갔다.

어머니는 아들이 자기 방에서 진정할 시간을 주고 저녁 식사를 준비하였다. 식사를 하면서 어머니는 아들에게 얘기했다. "오늘 너와 여자 친구가 그렇게 같이 있는 것을 보고 아주 난감했다. 네가 정도를 크게 벗어난 것 같아 걱정된다. 네 여자 친구는 임신할 수도 있어. 너희 둘이 성관계를 갖기에는 아직 이른 것 같다." 아들은 대답했다. "내가 아직 어리다면 왜 몸은 말을 듣지 않지요?" 어머니는 말했다. "혼란스럽지?" 아들은 말했다. "아니오. 나는 내 마음대로 하겠어요." 어머니는 물었다. "네 여자 친구는 어떻게 생각하고 있니?" 아들은 대답했다. "그 애는 두려워했지만, 싫어하지는 않는 것 같은데요." 어머니는 말했다. "그게 쉽지는 않지만 여러 가지 이유로 참아야 해." 아들은 말했다. "이 일에 관해 더 이상 얘기하고 싶지 않아요."

이 대화는 간단한 내용은 아니지만 중요한 것이다. 어머니와 아들이 좀 더 얘기할 필요는 있었지만 출발은 좋았다. 어머니의 나-메시지는 아들의 말문을 열게 하였다. 어머니는 아들의 느낌을 경청하고 자신의 감정도 아들에게 알렸다. 어머니는 예의를 지켰다. 아들은 어머니가 자신을 배려하고 감정도 부분적으로는 이해하였음을 알았다. 또한 어머니는 아들에게 그들이 어려운 문제도 얘기할 수 있다는 것을 보여주었다. 4절과 7절에서 부모가 10대 자녀와 성에 관해 얘기할 수 있는 다른 방법을 논의하게 될 것이다.

▸▸▸ 때로는 단순히 요청하라

언제나 나-메시지를 사용할 수는 없다. 만일 그렇게 하면 10대 자녀는 듣지 않을지도 모른다. 때로는 단순한 요청이 협조를 얻는 최선책이다.

- "식탁을 차려주겠니?"
- "개를 목욕시켜 준다면 큰 도움이 되겠다."
- "잠 잘 때는 창문을 닫고 잠가야 한다."

우호적인 나-메시지도 전하라

10대 자녀는 우호적인 나-메시지도 듣기를 좋아한다.

- "집에 와서 네가 청소하는 모습을 보니 기분이 좋구나."
- "쓰레기를 치웠구나. 고맙다."
- "너와 같이 연습하는 것이 재미있다."

10대의 자존심을 고취하는 법

나-메시지는 존중하는 태도를 나타내며, 우리의 느낌과 요구에 솔직하게 만들고, 10대 자녀가 기꺼이 협조할 것이라는 믿음을 갖게 한다.

10대에 대한 격려는 협조하고 새로운 것을 시도하며 책임을 느끼는 태도를 기른다.

자녀에 대한 부모의 믿음은 자녀가 스스로를 믿게 만든다. 10대 자녀에 대한 존중과 신뢰를 표시하는 한 가지 방법은 격려하는 것이다.

격려의 의미

격려는 10대가 자존심을 배양하는데 도움이 된다. 자존심은 10대들이 생활에 대응하고 성공을 이루며 문제를 해결하는데 필요하고, "할 수 있어", "할 거야"라고 말하게 한다. 격려는 10대가 인정받고, 사랑받으며, 유능하다는 것을 보여주는 방법이다.

격려(encourage)와 낙담(discourage)이라는 영어 단어를 보면, 둘 다 자존심의 중요한 요인인 용기(courage)라는 말을 포함하고 있다.

격려받은 10대는 강한 자존심을 갖게 되고, 협조하고, 새로운 일을 시도하며, 책임을 지는 용기가 있다. 낙담한 10대는 자존심이 약해 소속하기 위한 긍정적인 방법을 선택할 용기가 없다.

10대를 격려할 수 있는 방법

격려는 존중하는 태도에 기초한다. 10대들에게는 언제나 격려와 존중이 필요하다. 다음과 같은 점을 보여주기 위해 격려하는 습관이 있어야 한다.

- 10대를 사랑하고 수용한다.
- 10대의 노력에 주목한다.
- 10대를 인정한다.
- 10대에게 믿음을 갖는다.

이상의 격려하는 방법들을 구체적으로 살펴보자.

10대를 사랑하고 수용한다.

우리가 10대 자녀를 사랑하고 받아들일 때 우리는 그들의 재능과 문제를 알게 된다. 격려 받은 10대들은 우리가 그들에게 완벽함을 기대하지 않는다는 것을 안다. 우리는 그들을 현재의 모습대로 인정하고 가치있게 여긴다.

어떤 부모들은 잘못을 계속 지적할 필요가 있다고 생각한다. 그것이 자녀를 발전시키는데 도움이 된다고 믿는다. 그러나 그것은 오히려 낙담시킬 수 있다. 친구가 우리의 잘못을 계속 얘기하면 어떻게 될까? 직장 상사가 우리의 모든 행동을 비판하면 어떤 느낌이 들겠는가? 10대 자녀도 이와 같은 느낌일 것이다. 모든 10대들은 어떻게 행동하든 사랑과 수용을 필요로 한다.

우리의 동료에게 10대를 대하듯 대하면 어떻겠는가?

15살인 별님이는 어제 아버지에게 친구 집에서 잔다고 말했다. 사실은 친구와 함께 어떤 모임에 참석하여 술을 마셨다. 경찰서에 연행되어 아버지가 데리러 와야 했다. 오늘 집에서 별님이는 울면서 얘기했다. “끔찍해요. 내 자신이 싫어요!” 아버지는 말했다. “별님아, 네가 한 행동은 잘못된 거야. 그렇지만 끔찍해 할 필요는 없다. 선택을 잘못한 것이지. 네가 거짓말 한 것에 대해 그리고 다음에 또 모임에 갈 때 어떻게 할지 얘기해 보자.”

10대의 노력에 주목한다.

▸▸▸ **자녀를 수용하기**

- 자녀의 잘못된 선택에 관해 얘기해 보자.
- 10대 자신이 나쁜 사람이 아님을 전할 수 있는 방법을 생각해 보자.
- 10대 자녀가 보다 나은 선택을 할 수 있는 방법을 생각해 보자.

행동을 개선하는 데에는 시간이 필요하다. 우리가 학습하는 모든 것은 조그만 단계와 노력으로 이루어진다. 10대 자녀에게도 마찬가지이다. 그들은 기능과 행동방식을 배우고 경험을 쌓는다. 이것은 한 번에 조금씩 서서히 진행된다.

고등학생인 민호는 부업을 찾고 있었다. 구인광고를 볼 때마다 응모를 했지만 면접기회는 많지 않았다. 아무도 그를 채용하겠다는 연락이 없었다.

그의 부모는 문제가 무엇인지 짐작했다. 민호는 지저분한 옷차림과 귀걸이를 하고 있으며 머리도 길고 더러웠다. 부모는 이렇게 말하고 싶었다. "만일 네가 깨끗한 차림으로 귀걸이를 떼어버리면 누군가 너를 채용할지도 모르겠다." 그러나 그와 같은 얘기가 민호에게 어떤 도움이 되겠는가?

그 대신 민호의 부모는 격려가 되는 긍정적인 태도를 취하기로 작정하고, 아버지가 물었다. "왜 채용되지 못했다고 생각하니?" 민호는 대답했다. "모르겠어요. 나는 면접 때마다 시간을 잘 지켰고, 예의도 지켰는데." 어머니가 말했다. "친절과 예의가 네게는 자연스러운 모양이구나. 그리고 시간을 지키려고 조심하는 것 같고." 민호는 말했다. "내 생각으로는 그들이 내 모양이 눈에 거슬리나 봅니다. 그들은 내 머리 모양과 귀걸이를 좋아하지 않아요." 아버지가 말했다. "다음번에는 다른 모양을 시도해 볼 수 있지 않니? 도움이 되는지 확인해 봐." 민호는 말했다. "그들이 내 모습을 있는 그대로 봐주지 못하는 이유를 모르겠어요." 어머니가 말했다. "무슨 뜻인지 알겠다. 내가 일하기 위해 청바지를 입었더라면 더 편했을텐데 그렇게 하지 못했어. 일에 따라서는 그게 자연스러운 거야."

민호의 부모는 격려하면서 존중하는 태도로 얘기했다. 이와 같은 식으로 그들은 민호를 좀 더 도와줄 수 있었다. 만일 민호가 변화를 시도해 보기로 작정했다면 그들은 그것에도 다음과 같이 관심을 표현할 수 있을 것이다.

- 그들은 작은 노력에도 주목하여 이렇게 격려할 수 있다.

"이 신청서를 정말 세심하게 작성하고 있구나. 면접하는데 도움이 될 거야."

- 그들은 민호가 배우고 있는 것을 언급할 수도 있다. "다른 옷을 입어 보려고 하는구나. 상점 지배인은 아마 깨끗한 바지 차림을 좋아할 거야."

10대 자녀를 인정한다.

10대들은 독립적이 되어가더라도 여전히 가족의 일원이라는 느낌을 가질 필요가 있다. 그들은 집에서 소속감을 느껴야 한다. 그들을 인정하고 있다는 것을 나타낼 때 이와 같은 소속감과 협동심을 격려하는 것이 된다.

10대인 대근이는 친구들이 집에 놀러오면 어린 동생 대철이에게 가끔 못되게 군다. 어머니는 대근이가 동생에게 친절하게 대해 주길 바라고 있지만 비판하길 원하지는 않는다. 어머니는 대근이가 집에서 동생과 둘이서만 있을 때는 가끔 동생에게 잘 대한다는 것을 알았다. 어느 날 밤 대철이가 잠이 든 후에 어머니는 대근이에게 말했다. "오늘 밤 동생에게 책을 읽어준 것을 고맙게 생각한다. 대철이는 형을 정말 좋아하더구나."

어머니는 동생에 대한 대근이의 친절을 가능한 자주 인정하고 고마움을 표하기로 작정하였다. 그렇게 하면 대근이가 친구들과 같이 있는 경우에도 동생을 대하는 태도에 영향을 미칠 것으로 생각하였다.

어머니는 대근이가 최근에 한 다른 고마운 일도 생각해냈다. 대근이는 집에 오면 흔히 어머니와 같이 얘기를 나누고 애완견의 먹이를 주며 돌보기도 한다. 어머니는 좀 더 생각해보니 고맙게 여겨야 할 일이 많았다. 그녀는 대근이의 협조를 다시금 고맙게 생각하였다.

고마움을 표시하는 또 다른 방법은 자녀에게 중요한 것을 파악하는 것이다. 자녀의 관심거리가 우리에게 중요한 것이 아닌 경우에는 그 관심을 무시하기 쉽다. 그러나 우리들의 다양한 관심이 각자를 특별하게 만드는 것이다. 시간을 내어

▸▸▸ 학습과 향상에 주목한다

10대 자녀가 배우고 있거나 향상시키고 있는 면에 관해 생각해 보자. 그리고 자녀의 노력에 대해서도 생각해 보자

- 자녀가 학교 학습에서 향상을 보였는가?
- 자녀가 사려 깊은 행동을 하였는가?

적어도 한 가지 노력이나 향상된 점을 찾아본다. 그리고 자녀에게 알고 있다는 것을 얘기할 기회를 모색한다.

관심에 대해 물어 보면 자녀는 고마움을 느낄 것이며, 우리 자신도 새로운 관심을 갖게 될 수도 있다.

10대 자녀는 긍정적 특성과 재능, 즉 장점을 지니고 있으며, 이 장점을 인정하고 발전시켜야 한다.

> 어머니는 순자에게 말했다. "네 머리칼은 항상 보기 좋구나. 머리 손질을 잘하는 재주가 있구나." 순자는 대답했다. "엄마도 정말 근사하게 보일 수 있는 새로운 방법을 배웠는데, 그렇게 해줄 수 있어요." 어머니는 말했다. "그러면 좋지."

10대에 대한 믿음을 갖는다.

10대들은 부모가 그들의 성공 가능성을 믿고 있음을 알 필요가 있다.

> 기철이는 운전을 배우고 있는데 도로주행 연습을 막 끝냈다. 그리하여 그는 아버지와 함께 승차하여 주행연습을 하기를 원하고 있다. 두 사람이 처음으로 함께 승차했을 때 기철이는 빨간 신호에서 직진할 뻔 했다. 그는 신호를 보고 급정거하였다. "미안해요!"라고 기철이는 자책하듯 말했다. 아버지는 말했다. "좀 더 익숙해지면 신호를 잘 보는 습관을 갖게 될 거다." 조금 후에 골목길로 들어설 때 기철이는 나무에 차를 긁힐 뻔하였다. 그는 중얼거렸다. "아니, 왜 이렇지?" 아버지는 말했다. "기철아, 배울게 많은 법이야. 천천히 후진한 후에 차를 반듯이 몰아 봐."

기철이는 자기가 운전하는 법을 배우게 될 것으로 아버지가 믿고 있다는 것을 알았다. 아버지가 아들에게 같이 승차할 시간을 마련하여 가르쳐주겠다고 얘기했기 때문이다. 이것은 기철이에게 다른 일도 시도해 볼 수 있는 느낌을 갖게 할 것이며, "나도 할 수 있어"라고 스스로 얘기하게 만들 것이다.

기대는 큰 힘을 발휘한다. 10대들은 우리가 진심으로 믿고 느끼는 것을 감지할 수 있으며, 우리가 그들을 믿지 않으면 자신을 믿는 경우가 거의 없을 것이다.

10대 자녀에 대한 믿음을 보여주기 위해서는 큰 그림을 볼 줄 알아야 한다. 자녀의 지나간 잘못에 매달리지 말고, 옳게 배운 많은 것을 생각한다. 자녀가 저지를지도 모르는 실수에 대해 걱정하기보다는 자신감을 갖는데 도움이 될 수 있는 방법을 생각한다. 우리도 살아가면서 실수를 한다는 것을 잊지 말아야 하며, 10대도 그와 같은 기회가 필요하다.

성장이란 시간을 요하는 과정이다. 우리의 10대 자녀가 어렸을 때는 읽지도 못하고 자전거도 탈 수 없었다. 그들은 그와 같은 것들을 배웠다. 이 사실을 명심하면 자녀가 시간이 지남에 따라 많은 기능을 배울 수 있다는 것을 새삼스레 알게 될 것이다.

신뢰에 관한 한 마디

우리가 10대들을 믿지 않으면 그들도 자신을 믿지 않는다.

우리는 10대가 우리를 신뢰하길 바라며, 우리도 10대를 신뢰할 수 있기를 바란다. 신뢰는 믿음을 갖는 것과는 약간 다르다. 이따금 신뢰는 획득되어야 한다. 이것은 특히 10대가 가끔 거짓말을 하거나 약속을 위반하는 경우에 그렇다.

우리는 지난 과오 때문에 10대를 불신하려고 하지는 않는다. 그렇지만 10대를 항상 신뢰하지는 않을 수도 있다. 그래도 학습과정과 강한 유대관계의 형성과정은 신뢰할 수 있다.

신뢰를 쌓을 수 있는 단순한 방법은 가상적으로 생각하고 행동하는 것이다. 이와 같은 기대는 강력한 메시지를 전하게 된다. 예를 들면, 10대가 책임이 있는 것처럼 행동하거나 협조하는 것처럼 생각하는 것이다.

만일 10대 자녀가 거짓말을 하거나 약속을 깨뜨리면 실추된 신뢰감을 통하여 배우고 성장하는 기회가 된다. 부모와 자녀가 상호관계를 향상시킬 수 있는 기회가 될 수 있다. 감정을 존중하고 그에 솔직해야 한다. 10대의 믿음과 감정에 민감해야 한다. 10대가 우리의 신뢰를 깨뜨린 결과에 책임을 지게 한다. 5절에서 결과를 이용하여 10대를 도울 수 있는 방법에 관해 좀 더 배우게 될 것이다.

칭찬과 격려의 차이

많은 부모들은 10대들을 칭찬하는 것을 격려하는 것으로 믿고 있다. 그들은 칭찬이 사기를 저하시킬 수 있다는 것을 깨닫지 못하고 있다. 칭찬과 격려는 같은 것이 아니며 제각기 다른 목적을 지니고 있다.

칭찬은 보상이다

칭찬은 보상의 한 유형이다. 10대들은 경쟁에서 승리하여 보상을 획득하거나 다른 사람과 경합하여 얻기도 한다. 부모의 칭찬은 10대에게 부모가 가치있게 생각한다는 보상의 의미를 전한다.

> 야구시합에서 민규는 홈런을 쳤다. 그는 2점을 기록하였다. 투수로도 활약을 하여 타자 3명을 3진으로 잡았다. 그의 친구 찬희는 게임이 잘 풀리지 않아 2번이나 3진을 당하고 중요한 공을 잡지도 못했다. 그러나 민규와 찬희의 팀이 경기에서 이겼다.
>
> 시합이 끝난 후, 아버지가 민규에게 말했다. "대단한 시합이었다." 민규는 말했다. "아주 좋았어요. 그런데 찬희는 운이 좋지 않은 날이었어요. 그가 안됐어요." 아버지는 말했다. "그 애가 좀 더 집중했더라면 좋았을텐데. 네가 한 수 가르쳐 줘 봐." 민규는 생각했다. "내가 찬희처럼 일을 망쳤다면 아버지는 어떻게 생각할까?"

칭찬을 통해 10대는 무엇을 배우나?

칭찬을 통해 10대는 다른 사람을 기쁘게 하는 것을 배운다. 누군가를 기쁘게 하려는 것은 잘못된 것이 아니다. 그러나 많은 칭찬과 더불어 어떤 10대들은 자신이 다른 사람들을 흡족하게 해야 하는 것으로 믿기 시작한다. 그들은 그것이 가치 있는 유일한 방법이라고 생각한다.

또한 10대들은 더욱 칭찬을 원하게 된다. 부모가 그들을 칭찬하지 않으면 그들은 걱정하며 자신을 의심하기 시작한다. 그들은 칭찬을 받지 못하면 비난받는 것으로 생각하는 수도 있다.

그들은 모든 활동을 능숙하거나 미숙한 경기로 간주하기 시작하여 누군가 다른 사람보다 더 잘 할 수 있다고 믿는다. 그들은 경쟁에서 이겨 칭찬을 얻는 것이 중요하다고 생각하게 된다.

또 어떤 10대들은 칭찬을 부모가 자신을 통제하려는 시도로 여길 수 있다. 이 경우에 칭찬은 10대들의 반항을 유도할 수 있다.

격려의 선물

격려는 선물이며, 아무도 그것을 애써 획득할 필요가 없다. 격려는 노력하거나 향상되는 경우에 제공될 수 있다.

> 어느 10대 소녀가 발레에서 까다로운 스텝을 배우고 있을 때 부모는 이렇게 말 할 수 있다. "지난 주 보다 훨씬 부드럽게 보인다."

그리고 독특한 것을 인정하는 식으로 제공될 수도 있다.

> 나중에 부모가 이렇게 말 할 수 있다. "잔디 위에서 연습하는 것을 보니까 좋은데? 내가 일하는 동안에도 창 너머로 볼 수 있거든."

심지어 격려는 10대가 그다지 잘 하지 못하거나 실패에 직면할 때에도 제공될 수 있다.

> "스텝이 틀렸을 때 그렇지 않은 척 가장하며 제대로 수정하더구나. 신경이 예민할 때 침착하게 행동하는 것이 어렵지. 그것은 정말 중요한 기술이야."

부모의 격려는 10대들이 자신의 현재의 모습을 가치 있게 느끼게 한다. 그로 인해 그들은 스스로를 수용하고 유능하게 생각하며 결과적으로 자존심을 높이게 된다.

격려에 의해 10대들은 무엇을 배우나?

격려에 의해서 10대들은 자신의 재능을 인식하고, 자신감을 갖게 되며, 자신의 현재의 모습을 소중히 여기게 된다. 또한 그들은 스스로를 격려하는 법을 배운다. 그리고 더욱 자신감을 갖게 되고, 다른 사람들과 경쟁하기보다는 협동하는데 더 관심을 보인다.

칭찬은 판단하는 단어를 사용한다.

"너는 정말 착한 아이로구나!" 기대에 부응한다는 것은 쉬운 일이 아니다. 이 말을 듣고 10대는 다음과 같이 생각할 수 있다. "나는 항상 착해야 하나? 착하지 않으면 어떻게 되나? 나쁜 아이인가? 아버지가 원하는 것을 하지 않을 때도 나는 가치 있는 인간인가?"

"네가 팀을 만들었구나. 정말 자랑스럽다." 이와 같은 얘기를 10대는 다음과 같이 들을 수 있다. "너 때문에 기분이 매우 좋다! 내가 바라던 것을 했구나." 10대는 이렇게 생각할 수도 있다. "내가 팀을 만들었기 때문에 자랑스럽지. 만일 팀을 만들지 못했다면 어땠을까? 어머니가 내게 실망했겠지?"

격려는 주목하는 단어를 사용한다.

격려는 10대의 도움에 그리고 그들의 느낌에 주목하는 것이다. 격려에 의해서 부모는 이렇게 말한다.

- "상가에서 만난 네 친구들을 소개시켜 줘서 고맙다."
- "그것을 퍽 자랑스럽게 생각하는 것 같다!"

격려해야 하나 칭찬해야 하나?

- 10대들은 다른 사람보다 뛰어나려고 하기보다는 협조하는 법을 배울 필요가 있다.
- 10대들은 어떤 큰일을 할 때만이 아니라 언제나 인정받는 느낌을 가질 필요가 있다.
- 10대들은 다른 사람을 기쁘게 하기 위해서가 아니라 스스로를 위해서 생각하는 법을 배울 필요가 있다.

격려 없는 칭찬은 도전적인 부모 역할을 충족시키는데 도움이 되지 않는다.

- 격려는 10대들에게 자신을 믿게 한다.
- 격려는 "할 수 있다", "하겠다"는 생각을 갖게 한다.
- 격려는 다른 사람을 배려하고 협조하게 만든다.
- 격려는 스스로 동기를 일으킨다.

지나친 칭찬은 사기를 저하시킬 수 있다. 이에 비해서 격려는 도전적인 부모 역할을 충족시키는데 도움을 준다. 대부분의 경우에 격려는 칭찬보다 낫다.

그렇다고 10대를 칭찬해서는 전혀 안 된다는 것은 아니다. 칭찬이 고무적인 경우도 있다.

> 딸이 속한 합창단이 경연대회에서 우승을 차지했다. 그들의 합창은 대단히 놀라웠다. 딸에게 "얼마나 잘 불렀는지 자랑할 만하다"고 말하는 게 좋은가? 아니다. 등을 두드려주면서 "대

단했다. 힘 내"라고 말하면 된다.

우리는 모두 보상을 좋아한다. 10대가 열심히 하여 무엇인가를 성취할 때 칭찬하는 것은 좋다. 그러나 격려하는 방향으로 치중하면 보다 효과적으로 동기를 유발시킬 수 있다.

격려하는 용어의 사용

▸▸▸ **격려의 의미**

10대 자녀가 달리기를 하고 있다고 생각해 보자.

- 결승점에서 하는 말은 칭찬이고
- 경주 도중에 하는 말은 격려에 해당한다.

격려에는 자체의 용어가 있다. 그 용어의 예는 다음과 같다.

- 고맙다. 큰 도움이 되었어.
- 네 판단을 믿는다.
- 힘들겠지만 해결할 수 있을 거야.
- 정말 열심히 했다.
- 넌 할 수 있어.
- 기하 성적이 계속 향상되고 있구나.

이 절의 말미에 있는 표에 격려하는 용어의 예가 좀 더 제시되어 있다.

주의사항

때때로 부모들은 격려하는 말을 하면서 사기를 저하시키는 말도 덧붙인다. 예를 들어, "정말 열심히 한 것 같구나."라는 말에 10대는 고무될 것이지만 부모가 다음과 같은 말을 추가한다면 어떻게 될까?

- 정말 열심히 했는데, 좀 더 자주 그러면 좋겠다.
- 네 판단을 믿으니까 날 실망시키지 마.
- 넌 할 수 있어. 그러니까 불평하지 말고 부지런히 해 봐.

이와 같은 말에는 격려의 의미가 포함되어 있지만 곧 그

의미가 사라진다. 격려를 취소한 것이다. 10대는 사기가 떨어지는 느낌을 받게 된다. 10대를 완벽하게 만드는 것이 아니라 자존심을 세워주는 것이 중요함을 기억하라

격려하는 다른 방법은 무엇인가?

도움이 되는 말을 하고 지나친 칭찬을 자제하는 것이 자녀를 격려하는 2가지 주요 방법이다. 그리고 다른 방법도 사용할 수 있다.

격려하는 행동

말로만 격려하려고 하지 말라. 우리의 행동을 통해서도 격려의 의미를 전할 수 있다. 고개를 끄덕이거나 미소를 짓거나 엄지를 세우는 것은 격려의 뜻을 의미하는 것이다. 가로막지 않고 얘기를 계속 듣거나 등을 두드려주는 것도 그렇다.

그리고 도전적인 것을 시도해 보려는 10대의 의욕을 받아주는 것도 그에 대한 믿음을 나타내는 것이다.

민기는 고등학교 졸업반인데 집에서 멀지 않은 대학에 가고 싶어 한다. 그는 농구 특기생으로 지원할 예정이다. 그 대학의 농구 코치가 주말에 대학을 방문하도록 그를 초청했다. 그는 2명의 대학생과 기숙사에 머물게 된다. 민기는 가고 싶지만 대학생들에게 어리게 보일까봐 신경이 쓰였다.

민기의 부모는 민기가 대학에 갈 수 있기를 바라고 있다. 그들은 민기가 신경 쓰는 것이 마음에 걸렸다. 그리고 그는 대학생들과 같이 있게 되기 때문에 음주를 하지나 않을까 걱정하였다.

그들은 민기가 자신을 갖도록 도와주기로 하였다. 민기의 느낌을 경청한 후 그들은 아들에게 말했다. "너는 대학생들보다 어리지만 영리하고 능력도 있다. 그들과 잘 지낼 수 있을 것으로 믿는다." 그들은 민기에게 음주에 관한 우려도 전했다. 그들

▸▸▸ **격려로 전환**

10대 자녀를 칭찬할 때, 예를 들어 다음과 같이 말할 때 주목하라.

- "너는 정말 착한 아이야!"
- "잘 했어!"

10대를 격려할 때 사용하는 다른 말을 생각해 보라.

은 혹시 문제가 생기면 민기가 어떻게 할지 함께 논의하였다. 민기는 존중받는 느낌이었다. 부모는 민기가 주말에 대학을 방문할 준비가 되었음을 확신하였다.

타인을 존중하도록 가르친다.

자존심은 매우 중요하다. 그러므로 타인을 존중하는 것도 그렇다. 우리가 타인을 존중하지 않으면 자신을 진정으로 존중하기가 어렵다.

이것은 존중하도록 가르치는 것이 10대 자녀를 격려하는 한 가지 방법임을 의미한다. 이에는 어떤 방법들이 있는가?

- **친구와 이웃을 돕는다.** 10대 자녀도 도움을 주게 한다. 그 일은 이사를 거드는 것과 같은 큰일인 경우도 있고 집을 비울 때 화분에 물을 주는 것처럼 사소한 것일 수도 있다.
- **가족의 일원으로서 자원 봉사하는 기회를 모색한다.** 자녀의 학교에서 불우이웃 돕기 행사로 옷가지를 수집할 때 자녀의 수집활동을 돕는다.
- **예의를 지킨다.** 공손한 것은 구식이 아니다. 우리는 모두 공손하게 대하는 것을 좋아한다. 자녀에게도 다음과 같이 예의를 지키는 습관을 갖는다. "일어서기 전에 식탁을 정리해 주겠니?", "시장을 봐와서 고맙다."
- **사람들의 다양함을 인정한다.** 세계는 여러 유형의 사람들로 가득하다. 인종과 가족제도, 지역, 종교가 다양하다. 우리는 여러 가지 활동을 좋아한다. 이와 같은 차이를 인정함으로써 자녀도 차이를 이해하도록 영향을 미칠 수 있다.

▸▸▸ **가족을 위하여**

함께 즐기기 위해 여러 가지 아이디어를 생각해보자. 모두가 아이디어를 제시하도록 하고 개방적인 태도를 갖는다. 때로는 일부 아이디어가 어리석거나 말도 안 되는 것처럼 생각될 수 있다. 그러나 조급한 판단을 해서는 안 된다. 어리석은 아이디어가 훌륭한 아이디어를 생각해내는데 도움이 되기도 한다.

온 가족이 함께 즐길 수 있는 한 가지 방법을 선택하여 언제 무엇을 할지 계획을 세운 후, 그대로 실천하고 재미있게 보낸다.

자신을 격려한다.

일에는 시간이 필요하다. 자녀의 자존심을 고취하는 데에는 오랜 시간이 소요될 수 있다. 우리가 배우고 있는 새로운 부모역할도 시간이 걸릴 것이다. 우리의 언행도 바꾸고 있으며, 그 과정에서 스스로 격려한다.

▸▸▸ **자신을 인정하고 존중한다**

자신에 관해 좋아하는 모든 점을 얼마간 생각해본다.

- 독특한 점은 무엇인가?
- 언제 가장 유능하게 생각되는가?
- 언제 가장 행복한가?

이 목록을 보관하며 기회 있을 때마다 추가한다. 사기가 저하될 때 이 목록을 읽어본다.

10대 자녀는 우리 자신이 아니다.

때로는 자녀에게 일이 잘 풀릴 것이다. 그 경우에 우리 스스로 자부심을 갖기보다는 자녀와 더불어 기뻐하라. 자녀에게 일이 잘 풀리지 않을 때에는 이해심을 보여주며, 부모로서 실패한 것처럼 느낄 필요는 없다.

현실적인 목표를 정한다.

우리를 낙심시키는 목표를 정해서는 안 된다. 10대 자녀가 모든 과목에서 분발하고 있어도 "전 과목 수"라는 목표를 세우지 않는다. 만일 부모로서 행동양식을 바꾸고 싶어도 모든 것을 즉시 배우겠다고 하면 안 된다. 한 번에 하나씩 해야 한다.

목표 달성을 위해 노력하면서 자신을 조금씩 격려하기 위한 혼잣말을 사용한다.

- "우리 애가 상점에서 저지른 일에 대해 얘기했을 때 나는 침착하게 대했지."
- "나는 오늘 소리 지르지 않았어."
- "나는 우리 애가 얘기하는 것을 정말 귀담아 들었어."

건강을 유지 한다

건강을 유지하는 것이 우리의 감정과 10대 자녀의 행동을 더 잘 조절하는데 도움이 되며, 건강에 대한 고려가 중요함을 자녀에게 보여주는 것이기도 하다.

- 균형 있는 식사를 하고 매일 운동을 한다. 이것은 매일 걷기를 하거나 집에서 10분간 운동을 하는 것일 수 있다. 자녀가 함께 하도록 권한다.
- 산책을 하거나 자전거 타기와 같이, 가족으로서 같이 할 수 있는 건전한 것을 찾아본다.
- 소중한 시간을 현명하게 사용한다. 시간이 소요되는 모든 요구에 동의할 수는 없다. 건전한 상태를 유지한다는 것은 거절하는 법을 배우는 것이다.

자신에게 인내심을 갖는다.

우리는 흔히 학습을 언덕을 오르는 자동차처럼 일방적인 것으로 생각하지만 학습은 그렇게 진행되지 않는다. 학습은 조류와 비슷하다. 조류가 밀려올 때마다 해안으로 더 높이 차 오른다. 조류가 밀려가듯 후퇴에는 낙담할 수 있다. 그러나 앞으로 전진할 때마다 지난 번 보다 조금씩 앞서고 있다는 것을 잊지 말아야 한다.

진전 상황

3절에서 자녀와 우리 자신에게 도움이 되는 여러 가지 방법을 배웠다.

- 비난하거나 판단하지 않고 느낌을 전하는 방법을 배웠다.
- 자녀와의 관계에서 존중하는 태도를 유지하는 법을 고려하게 되었다.
- 자존심과 격려가 연관되어 있음을 알았다.
- 칭찬과 격려의 차이점을 파악하였다.
- 10대 자녀와 우리 자신을 격려하는 여러 가지 방법을

이해하였다.

이번 주의 활동

금주에는 10대 자녀를 격려하는 방법을 모색한다. 가능한 많은 방법을 찾으면서 매번 다음 사항에 주목한다.

- 행동상황
- 10대를 격려한 방법
- 10대의 반응

생각하지 않고 얘기하는 습관을 중단한다. 그 대신 10대를 존중하는 태도로 얘기하는 방법을 생각한다. 가능한 자주 나-메시지와 반영적 경청법을 사용한다.

부모를 위하여

유머가 도움이 된다.

10대 자녀와 우리 자신에게 도움이 되는 최선책의 하나는 유머 감각을 갖는 것이다. 2절에서 혼잣말을 변화시키는 방법을 배웠다. 일단 그와 같이 하게 되면 상황의 재미있는 면을 더 잘 찾을 수 있게 되어 분노보다는 희망을 갖는데 도움이 될 것이다. 유머가 있는 곳에 분노의 여지는 없다.

유머 감각을 발견하여 활용하는데 도움이 되는 3가지 질문은 다음과 같다.

- "이것이 우스운 텔레비전 장면이라면 어떨까?" 텔레비전 프로그램 중에는 부모 역할의 우스운 면을 보여주는 장면도 가끔 있다. 자녀의 문제에 걱정하고 있다면 스스로에게 이렇게 물어 보라. 이것이 텔레비전의 재미있는 장면의 일부라면 다음에 내가 어떻게 행동해야 하나?

▸▸▸ **격려 단계**

이번 주에는 수용하는데 특별히 노력하고, 이것이 자녀의 자신감을 형성하는데 어떤 도움이 되는지 주목한다. 판단하거나 비판하고 싶을 때 유념하여 지지할 수 있는 길을 모색한다. 예를 들면, 다음과 같이 얘기할 수 있다.

- "친구와 잘 지내는데 문제가 있는 것 같은데, 관계를 개선하기 위해 네가 할 수 있는 것은 무엇이라고 생각하니?"
- "병원에 입원해 있는 할아버지를 문병하는 것이 네게는 쉽지 않을 거야. 노력해주니 고맙구나."

- "내가 완벽한 부모가 아닌데 왜 기쁘지?" 아마 성장의 여지가 있기 때문에 기뻐할 수 있고, 다른 부모들이 두려워하지 않아서, 잘못에 대해 친구와 함께 웃을 수 있어서 기뻐할 수도 있다.
- "보다 재미있게 할 수는 없을까?" 긴장을 풀고 어리석게 행동한다. 그렇게 하기가 어려우면 친구와 함께 하도록 한다. 방심하여 어리석게 행동하기 시작할 때 느낌이 어떤지 유념하고, 다음에 부정적인 생각을 하게 될 때 이와 같이 재미있고 우스운 느낌을 상기한다.

기억해야 할 사항

1. 너-메시지는 10대들을 무시하고 비난하는 것이며, 나-메시지는 비난하지 않으면서 우리의 느낌을 전하는 것이다.
2. 나-메시지를 사용하려면 어떤 상황에서 무슨 느낌을 왜 느끼게 되었는지 다음과 같이 말하면 된다.
   - 언제 : "네가 전화하지 않으면
   - 느낌 : 걱정이 된다.
   - 이유 : 왜냐하면 네가 어디 있는지 모르기 때문에"
3. 화를 내며 나-메시지를 사용하지 않는다.
4. 존중과 신뢰감 형성은 시간이 걸린다. 포기하지 말라.
5. 격려는 10대의 자존심을 높이는 방법이며, 그들이 중요하고 유능하며 사랑받고 있다는 것을 나타내는 것이다.
6. 격려는 다음과 같이 표현할 수 있다.
   - 10대를 사랑하고 수용한다.
   - 10대의 노력에 주목한다.
   - 10대에게 고마움을 나타낸다.
   - 10대에 대한 믿음을 갖는다.

7. 칭찬은 획득해야 하는 보상이며, 10대에게 자신을 존중하기보다는 다른 사람을 만족시키도록 가르칠 수 있다.
8. 격려는 선물과 같아서 누구나 받을 수 있으며 노력에 대한 대가이다. 격려는 10대가 그다지 잘 하지 못할 때에도 받을 수 있다.
9. 10대 자녀를 가능한 자주 격려한다.
10. 자신과 타인을 존중할 때 10대를 격려하는 것이 된다.
11. 현실적인 목표를 설정하는 것도 우리 자신과 10대를 격려하는 것이 된다.

표 3. 격려하는 말

수 용	능력 인정	노력 인정	감사 표시
추리물을 아주 좋아하는 구나	할 수 있어. 이미 반쯤 했구나	아주 열심히 했어	네 도움이 필요했는데 네가 끝냈구나
그것에 대한 느낌이 어때?	진전을 보이고 있구나	수학 실력이 점차 향상되고 있구나	고맙다. 많은 도움이 되었다.
그것에 대해 아주 만족스럽게 여기고 있지	네 판판을 믿는다	네가 이룬 성과를 봐	그렇게 하다니 생각이 깊구나
불만스럽구나. 기분이 좋아지려면 무엇을 할 수 있다고 생각하니?	그것은 힘들 일이지만 넌 할수 있을거야	그것을 생각하느라고 많은 시간을 보낸 것 같구나	도와줘서 정말 고맙다. 시장을 훨씬 빨리 볼 수 있었다.
그것을 즐긴 모양이구나	이것을 수리하는데 네 도움이 필요하다	계속 진전을 보이고 있어	휴가 계획을 세우는데 네 도움이 필요하다
너는 최선을 다 했어. 누구나 그만큼 할 수 있을거야	네가 헤아려 볼 수 있을거야	목표를 이룬 것처럼 느껴지지 않을지 몰라도 네가 성취한 것을 봐	너는 그와 같은 기술이 있으니까 그 가족을 위해서 도와줄 수 있니?
유머 감각이 있구나	넌 잘 해낼수 있을거야		우리 게임이 정말 재미있었다. 고맙다
학교생활을 그처럼 좋아하니 다행이다			

불완전의 용기를 개발하기

이제 이 책의 절반 이상에 이르렀다. 부모들은 때로는 이 시점에서 죄책감을 느낀다. 10대 자녀를 잘못된 방식으로 양육한 것처럼 느껴질지 모른다. 자신에 대해 조급해 하지 말고 다음과 같은 도전적인 부모 역할을 기억하라.

- 10대 자녀가 건전하고 자신 있고 협동적이며 독립적이 되도록 격려하기
- 자녀와 굳건하고 지속적인 관계를 수립하기
- 자녀가 책임 있는 성인으로 성장하도록 돕기

이와 같은 도전적인 역할을 수행하는데 도움이 되는 아이디어가 하나 더 있다. 정신의학자인 드레이커스(Rudolf Dreikurs)가 말하는 "불완전의 용기"이다. 불완전의 용기를 가지고 이미 지나간 일에 관해 걱정하는 대신에 다음과 같이 현재의 일을 중시한다.

1. 10대 자녀가 완벽을 기대하기보다는 노력을 하도록 격려한다.
2. 모두가 실수하기 때문에 실수를 실패가 아닌 학습의 일부로 간주한다.
3. 다른 사람들보다 낫기 위해서가 아니라 도움이 되기 위해 노력한다.
4. 가능한 것을 하며 자신의 노력을 인정한다.
5. 한 단계씩 향상시킨다.
6. 자신을 일신시키려 하지 말고 조금씩 변화를 시도한다.
7. 자신을 존중한다.
8. 자신의 장점과 특성을 파악한다.
9. 부모 역할을 극복해야 할 문제가 아니라 도전으로 인식한다.

이 책을 접하고 있다는 것은 새로운 아이디어를 기꺼이

고려하겠다는 신호이며, 성장의 표시이기도 하다. 이와 같은 점을 이해하고 계속 전진하면서 자신을 격려한다.

4. 협동과 문제해결

부모로서 우리는 흔히 10대 자녀의 도전에 직면한다. 우리는 10대들에게 2가지 일을 수행하도록 지도한다.

- 자신의 문제에 책임을 진다.
- 문제 해결을 위해 다른 사람들과 협조한다.

문제에 대처하는 법

1절에서 문제가 발생할 때 누구의 문제인지 확인하는 법을 배웠다. 문제를 갖고 있는 사람이 해결의 책임도 있다. 이것은 10대 자녀가 자신의 문제를 해결하는데 도와주지 않아야 한다는 의미는 아니다. 때로는 도와주고 싶을 것이다. 그러나 자녀의 문제는 자녀에게 책임이 있다.

▸▸▸ 학습해야 할 사항

- 10대들은 자신의 많은 문제를 해결하는데 책임을 질 수 있다.
- 우리와 10대 자녀는 함께 상의하여 문제를 해결할 수 있다.
- 가족 모임은 우리와 자녀가 함께 즐기며 문제를 해결하는데 도움이 될 수 있다.

자녀에게 문제가 있는 경우

10대가 당면한 2가지 문제를 검토해 보자.

남자 친구와의 갈등

현미가 남자 친구와 거실에서 다투는 소리를 아버지가 방에서 들었다. 현미는 남자 친구에게 말했다. "그것은 너무 치사하다. 어떻게 나한테 그와 같이 얘기할 수 있니?" 현미는 상심하고 화가 난 듯 보였다. 그러나 아버지는 남자 친구와의 관계에서 현미에게 문제가 있는 것을 알았다.

아버지가 할 일

- 현재로서는 아무 것도 할 수 없고 해서도 안 된다. 그는

거실로 가서 "무슨 일이냐?"고 묻지 않는다. 만일 언쟁 때문에 신경이 쓰이면 아버지의 권리가 무시된 것이며 문제를 안게 될 것이다. 그리고 현미와 남자친구가 물건을 집어던지거나 누군가 다친다면 아버지의 문제가 될 수 있다. 나중에 현미가 아버지의 도움을 원하면 얘기를 잘 듣고 제안을 할 수 있지만 자신이 문제를 떠안을 수는 없다. 여전히 현미에게 문제 해결의 책임이 있다.

학습습관

순길이는 금요일에 국사 시험이 있다. 월요일에 그는 어머니에게 말했다. "시험이 걱정되는데 이번 주에 준비하는데 도와주세요." 어머니는 말했다. "오늘 밤이나 수요일 밤에 도와줄께." 월요일 밤에 순길이는 다른 일을 하였다. 수요일에는 야구시합을 하였다. 이제 목요일 밤이다. 그는 어머니에게 요청하였다. "국사 시험 준비하는데 지금 도와주세요." 어머니는 대답했다. "오늘 밤에는 안돼. 모임에 가야 하니까." 순길이는 투덜거렸다. "도와준다고 약속했잖아요." 순길이의 시험 준비는 자신의 몫이다. 어머니가 도와줄 수 있다고 했을 때는 받아들이지 않았고 며칠간 공부도 하지 않았다. 이 문제는 순길이가 처리해야 한다.

어머니가 할 일

• 현재 순길이를 구원하기 위해 어머니가 할 수 있거나 해야 할 일은 없다. 순길이는 결과적으로 좋지 않은 성적을 받게 될 것이다. 만일 어머니가 순길이의 국사 시험 준비를 도와주려고 모임에 가는 것을 취소한다면 순길이는 무엇을 배우게 되겠는가? 그는 책임을 질 필요가 없고, 어머니의 시간을 존중할 필요도 없으며, 자신의 좋지 않은 선택 결과를 어머니의 도움으로 모면하게 된다. 이는 학업문제 이외의 다른 면에서도 정형화된 상례가 될 수 있다.

- 다른 기회에 어머니는 순길이에게 학습습관에 관해 다음과 같이 얘기할 수 있다. "시험에 대비하기 위해서는 매일 조금씩 공부하는 것이 도움이 된다. 그 계획에 관해 얘기해보겠니?" 순길이가 얘기하길 원한다면 어머니와 몇 가지 의견 일치를 볼 수도 있을 것이다.
- 어머니는 순길이의 행동의 목적에 대해 생각해 볼 수 있다. 어머니가 귀찮은 느낌이 든다면 순길이는 관심을 원하는 것일 수 있다. 순길이가 원하는 결과를 제공하지 않는 것이 현명하다. 어머니가 절망감을 느낀다면 순길이는 부적절함을 나타내는 것일 수 있다. 이 경우에 순길이의 문제는 어머니의 문제이기도 하다. 부적절감을 표시하는 10대는 매우 풀이 죽어 있다. 어머니는 순길이를 격려할 수 있는 길을 모색할 필요가 있다.

이따금 부모에게 문제가 있는 경우

이제 부모가 문제를 안게 되는 경우를 보자.

자녀의 욕설

어머니는 유선이에게 외박을 하거나 밤늦게 다니지 않도록 얘기했다. 그러자 유선이는 어머니에게 말대꾸를 하기 시작했다. 어제 밤에 유선이는 어머니에게 욕을 하며 말했다. "내게 이래라 저래라 하지 마세요!" 유선이는 친구와 통화하면서 자기 어머니에 대한 험담을 하였다. 어머니는 그 얘기를 듣고 마음이 아팠으며 화가 나기도 하였다. 어머니는 존중받을 권리가 있다. 그러므로 어머니는 문제를 안게 된 것이다.

어머니가 할 일

- 어머니는 유선이의 목적을 생각해 볼 수 있다. 유선이가 보복을 원하는 것이라면 어머니는 상심하고 있다는 것을

보이지 않아야 한다. 어머니는 유선이의 기대와 다른 행동을 할 수 있다. 한 동안 그녀의 무례한 행동을 무시해버릴 수도 있다.

- 어머니는 자신의 느낌을 나-메시지를 이용하여 유선이에게 전할 수 있다. "네가 욕을 하면 나를 존중하지 않는 것으로 생각되어 맥이 풀린다."
- 어머니는 반영적 경청법을 이용하여 유선이에게 반응할 수 있다. "내게 화가 많이 난 모양인데 우리 얘기 좀 해볼래?" 유선이가 응하면 문제를 대화로 함께 풀어갈 수 있다.
- 어머니는 유선이에게 선택을 하게 만들 수 있다. "네가 존중하는 태도를 보인다면 이 자리에 있어도 좋지만 그렇지 않으면 이곳에서 나가. 네가 결정해."

형제가 자매가 싸울 때 대체로 문제가 있다.

어떤 부모들은 자녀의 욕설에 대단히 당황한다. 이럴 때에는 말없이 자리를 뜨는 것이 상책이며, 이것은 강력한 반응이 될 수 있다.

이따금 부모와 자녀가 문제를 공유하는 경우

다음은 부모와 10대 자녀가 문제를 공유하는 두 가지 사례이다.

미성년의 음주

고등학생인 석민이는 술을 마시고 학교 축제에 참석했다. 학교에서는 부모에게 연락을 하였다. 석민이의 부모는 아들의 음주 문제를 갖게 되었다. 미성년자의 음주는 불법이고 위험스러운 것이다. 석민이도 자유와 책임의 조화에 관해서 배웠으며 자신의 행동에 책임을 져야 한다. 따라서 석민이에게도 문제가 있다.

부모가 할 일

- 부모는 석민이의 목적을 생각해 볼 수 있다. 그는 친구들의 관심과 인정을 원하는 것인지도 모른다. 또는 모험적인 행동을 통하여 힘과 자극을 추구할 수도 있다. 부모는 석민이가 합법적인 자극을 추구하도록 도와줄 수 있다.
- 부모는 석민이에게 음주행위의 결과를 받아들이도록 해야 한다. 즉, 그는 정학을 당하거나 특정한 학교 활동을 하지 못할 수 있다. 또는 봉사활동을 하게 될 수도 있다.
- 부모가 자신의 음주행위를 돌이켜 보는 것이 중요하다. 아들에게 어떤 본보기를 보였는가?
- 부모는 석민이의 음주 형태를 관찰할 필요가 있다. 이번이 처음인가? 아니면 얼마나 자주 마셨는가? 이 결과에 따라 부모는 석민이의 문제를 해결하는 방식이 달라질 것이다. 그들은 전문적인 도움을 받아야 할지도 모른다.

7절에서 10대의 음주와 그 대책에 관해 논의할 것이다.

▸▸▸ 누구의 문제인지 생각하기

10대와 함께 우리가 안고 있는 문제에 관해 생각해 보자. 다음과 같은 질문을 스스로에게 한다.

- 나의 권리가 무시되었는가?
- 누가 다쳤는가?
- 누구의 재산이 손상되었는가?
- 내 자녀가 이 책임을 감당할 수 없는가?

누구의 문제인지, 부모의 문제인지, 자녀의 문제인지 또는 부모와 자녀 공동의 문제인지 확인한다.

10대의 성

어머니가 여고생인 순덕이의 옷을 세탁하면서 호주머니에 있는 피임약을 발견했다. 어머니가 물어보니 순덕이는 남자 친구와 여러 번 성관계를 맺은 적이 있다고 하였다. 어머니는 충격을 받았다. 그녀는 순덕이가 좀 더 나이가 들 때까지 성관계를 하지 않기를 언제나 기대하고 있었다.

어머니는 순덕이가 성문제에 관해서 스스로 결정을 내릴 것으로 믿었다. 그렇지만 그녀는 딸에게 특정한 가치관을 가르치길 원했다. 그녀는 딸이 임신하지 않을까, 성병에 걸리지 않을까 걱정하였다. 이 문제는 어머니와 딸 모두에게 속하는 것이다.

어머니가 할 일

- 어머니는 나-메시지를 이용하여 순덕이에게 자신의 느낌을 얘기할 수 있다. "나는 네가 성관계를 가진 것을 알고 정말 걱정이 되었다. 네가 여러 가지로 상처받을 수 있다."
- 어머니는 순덕이의 감정을 이해하기 위해서 반영적 경청법을 사용할 수 있다. 순덕이가 "나는 상처받지 않아요! 남자 친구와 나는 서로 사랑하고 있어요."라고 말하면, 어머니는 "남자 친구가 너를 사랑하기 때문에 안도감을 느끼고 있구나."라고 대답할 수 있다. 또는 "걱정할 필요 없어요. 우리는 피임을 하고 있어요."라고 딸이 말하면, 어머니는 "피임을 하니 안전하다고 느끼는 모양이구나."라고 얘기할 수 있다. 어머니가 계속해서 관심을 표시하고 존중하는 태도를 보이면 순덕이는 기꺼이 얘기를 계속할 것이다. 어머니는 경청을 함으로써 많은 것을 알 수 있다. 딸이 다 컸다고 생각하고 있거나 남자 친구를 기쁘게 해주려고 한다는 것을 알 수 있다.
- 어머니는 나-메시지를 계속 사용하여 자신의 느낌을 딸이 이해하도록 노력할 수 있다. 그리고 순덕이가 성관계를 계속할 생각을 할 수 있다는 것도 알 필요가 있다. 혹시 그렇다면 어머니는 순덕이가 성병에 감염되거나 임신하지 않도록 최대한 노력할 필요가 있다. 성병과 임신의 결과에 관해 자세히 얘기해야 하며, 혹시 나중에 남자 친구와 헤어지게 되면 어떤 느낌이 들지에 관해서도 얘기할 필요성

이 있다.

음주와 성은 부모와 10대 자녀에게 커다란 문제가 되는 분야이다. 이 두 가지 문제를 경청과 존중 및 협조의 기회로 활용해야 한다.

10대 자녀와 공동으로 문제를 해결하기

10대에 대한 격려는 협조하고 새로운 것을 시도하며 책임을 느끼는 태도를 기른다.

누구의 문제인지 확인하는 것이 우리가 해야 할 바를 아는 데 도움이 된다. 그리고 10대 자녀가 독립적이고 책임감을 갖는 데에도 도움이 된다. 만일 문제가 우리에게 있거나 자녀와 공동으로 해당되는 것이라면 행동을 취할 필요가 있다. 우리의 문제가 아니면 자녀가 알아서 하도록 내버려두는 것이 때로는 더 낫다. 그리고 자녀의 해결하려는 노력을 거드는 것이 좋을 때도 있다.

문제가 생겼을 때 해야 할 여러 가지 사항을 우리는 이미 배웠다. 그 문제를 무시할 수 있고, 느낌을 잘 감지하거나 나-메시지를 사용할 수도 있다. 그리고 10대에게 여러 가지 대안을 제시하고 예상되는 결과를 분명히 알릴 수 있다. 문제 해결을 촉진하는 또 다른 방법은 자녀와 대화로 해결하는 것이다. 시간을 내어 얘기를 잘 듣고 대화하며 문제해결 방법에 합의하는 것이다. 이것이 소위 대안탐색 방법이다.

대화로 해결하기: 대안탐색의 5단계

누구의 문제이든 대안을 탐색하는 데에는 5단계가 있다.

1. **문제를 파악한다.** 문제와 사람들의 느낌을 분명히 파악한다. 반영적 경청을 한다. 이해에 도움이 되는 질문을 한다. 문제를 명확히 설명한다. 자신의 느낌을 나-메시지로 전한다.
2. **문제를 해결하기 위한 아이디어를 제시한다.** 10대 자녀에

게 문제를 해결하기 위한 방법을 묻고 우리 자신도 아이디어를 제시한다. 이 아이디어들은 대안에 속한다. 이 단계에서는 개방적인 태도를 유지해야 한다. 때로는 아이디어들이 어리석거나 말도 안되는 것처럼 보일 수 있다. 그래도 성급히 판단하지 않는다. 어리석은 아이디어도 다른 좋은 아이디어를 생각해내는데 도움이 될 수 있다. 우선 떠오르는 아이디어를 모두 기록한다.

3. **아이디어를 논의한다.** 이제 아이디어를 검토할 시점이다. 목록을 보면서 아이디어를 토론한다. 이 때 10대 자녀도 동등하게 취급한다. 부모와 자녀는 여러 가지 아이디어를 자유롭게 시험해 볼 수 있어야 한다. 만일 동의하지 않는다면 자신의 견해를 신중하게 설명한다. "그 생각은 분명히 통하지 않을 거야."라고 말하기보다는 "그 생각을 고수하는 것이 네게는 힘들 것 같은데."라고 말하는 것이 더 낫다.
4. **아이디어를 선택한다.** 부모와 자녀가 모두 수용할 수 있는 아이디어를 고른다. 자녀의 문제라면 자녀가 아이디어를 선택한다. 부모는 그 아이디어가 10대나 다른 사람들에게 위험한 것일 때만 관여한다. 만일 부모와 자녀에게 공통된 문제라면 둘 다 어떤 아이디어에 동의할 필요가 있다.
5. **아이디어를 활용한다.** 아이디어를 시험하기로 동의한다. 시험기간도 함께 결정한다. 아이디어를 공정하게 검증하는데 충분한 시간을 계획한다. 흔히 1주일 정도면 충분하다. 그리고 아이디어가 활용되는지 논의할 시간을 정한다. 아이디어가 잘 활용되지 않으면 다른 대안을 다시 탐색한다. 또는 다른 아이디어를 시험해 본다.

대안을 탐색하면서 부모와 자녀의 감정을 모두 감지하도록 노력한다. 이는 상호이해에 도움이 되며, 문제 해결에 계속 집중하는 데에도 이롭다.

개방적 질문의 활용

자녀와 얘기할 때 질문을 하게 될 것이다. 폐쇄적이 아닌 개방적 질문을 한다. 폐쇄적 질문은 오로지 한 가지 답변만 요구하며 논의의 여지가 없다. 어떤 것도 긍정이나 부정으로만 대답할 수 있고, 또 다른 폐쇄적 질문은 다음과 같이 비난이나 비판을 내포하고 있다.

- "오늘밤에 너는 공부해야 한다고 생각하지 않니?"
- "우리가 돈으로 보이니?"
- "왜 그와 같이 행동했지?"
- "언제면 성숙해질거니?"

개방적 질문은 10대 자녀가 얘기를 계속하게 만든다. 그와 같은 질문은 존중하는 태도와 경청하는 자세를 내보인다.

- "어떻게 돈을 벌 수 있었니?"
- "생물 실험이 왜 그렇게 어렵니?"
- "그에 대한 느낌이 어때?"
- "그렇다면 무엇을 할 생각이니?"

자녀의 입장에서 생각한다. 폐쇄적 질문만 많이 받으면 어떤 느낌이 들겠는가?

▸▸▸ 질문하기

10대 자녀에 대한 문제를 생각해 보자. 10대가 문제에 대해 어떻게 생각하고 있는지 이해하기 위해서 몇 가지 개방적 질문을 생각해 보자. 질문을 시작할 때 다음과 같은 말을 사용한다.

- 언제?
- 어디서?
- 무엇을?
- 누가?
- 어느 것을?
- 어떻게?

개방적 질문을 연습하며 표정, 몸가짐, 어조에서 존중하는 태도를 유지하도록 노력한다. 우리 자신과 자녀를 존중한다.

대안탐색의 사례

대안을 탐색하는 2가지 예를 살펴보자. 이 예들은 이미 검토했던 문제들이다.

명숙이의 문제: 남자 친구와의 갈등

명숙이는 남자 친구와 언쟁을 심하게 벌여왔다. 아버지는 그것을 눈치챘지만 관여하지 않았다. 오늘밤에 명숙이는 텔레비전을 보고 있는 아버지 곁에 와서 앉았다. 그녀는 한숨을 쉬며 슬퍼 보였다. 아버지는 명숙이가 얘기를 하고 싶어한다는 것을 알았다. 아버지는 대안을 탐색하기로 작정하였다.

▸▸▸ **대안탐색의 단계**

1. 문제 파악
2. 해결을 위한 아이디어 제시
3. 아이디어 논의
4. 아이디어 선택
5. 아이디어 활용

1. 문제를 파악한다.

아버지는 말했다. "너, 무척 우울해 보인다." 명숙이가 대답했다. "저 괜찮아요." 그녀는 전혀 괜찮은 것 같지 않았다. 아버지는 말했다. "네 눈을 보니 불행하다고 얘기하는 것 같은데 너는 얘기하고 싶지 않은가 보구나." 명숙이는 말했다. "남자 친구 때문이에요. 그 애 생각을 하면 정말 모르겠어요." 아버지는 듣고 명숙이는 얘기를 계속했다. "제 말은 우리가 둘만 있을 때는 그 애는 아주 잘 해주는데 자기 친구들 앞에서는 나를 아무렇게나 대해요."

아버지는 명숙이가 자신의 문제를 알고 있는 것으로 여겼다. 명숙이는 좀 더 얘기를 하고 싶어 하는 것으로 보였다.

2. 문제 해결을 위한 아이디어를 제시한다.

아버지는 말했다. "그것 참 난처하겠구나." 명숙이는 소리를 질렀다. "기분 나빠요. 그 애한테 나도 그와 같이 대하면 어떤 기분이 들겠느냐고 물어봤어요." 아버지는 말했다. "그래서 네 느낌을 남자 친구에게 얘기했구나." 명숙이는 대답했다. "그와 얘기해 보려고 했지만 그는 내가 아무 것도 아닌 일에 법석을 떠는 것처럼 생각해요."

아버지는 물었다. "그에게 말하는 연습을 내게 해보겠니?"

명숙이는 대답했다. "아니오. 연습할 필요 없어요. 내 친구 희정이와 얘기해 봤는데 남자 친구에게 내 생각을 분명히 전할 필요가 있대요. 아, 모르겠어요." 명숙이는 다시 한숨을 쉬었다. 아버지는 조심스러웠다. 명숙이는 자신의 생각에 빠져 있는 것으로 보였다. 아버지는 그저 들어주는 것이 최선이라고 믿고 이렇게 말했다. "아주 낙심한 듯 들리는구나." 명숙이는 대답했다. "그래요. 그와 헤어질 생각을 하고 있어요. 문제는 우리 둘만 있으면 아주 좋다는 것이에요." 아버지는 말했다. "헤어지지 말고 남자 친구와 며칠 떨어져 있으면 어때?" 명숙이는 말했다. "그 생각은 해보지 않았어요."

3. 아이디어를 논의한다.

아버지와 명숙이는 얘기를 계속했다. 아버지는 주로 들으면서 질문을 했다. 아버지는 이런 식으로 명숙이가 자신의 감정을 헤아리도록 도왔다. 만일 명숙이가 이 시점에서 더 이상 얘기하길 원치 않는다고 해도 괜찮다. 문제는 명숙이의 것이며, 아버지는 딸에게 어떤 것에도 동의하도록 요구할 필요가 없다. 그러나 명숙이는 중단하기를 원하지 않고 아버지와 얘기를 계속했다.

4. 아이디어를 선택한다.

명숙이는 아버지에게 말했다. "희정이에게 전화해서 며칠 떨어져 있는 것을 어떻게 생각하는지 물어 보겠어요."

5. 아이디어를 활용한다.

아버지는 말했다. "원한다면 기꺼이 좀 더 얘기할 수 있다." 명숙이는 희정이에게 전화하러 갔다. 나중에 아버지는 명숙이에게 무슨 결정을 내렸는지 물어볼 수 있고 그렇지 않을 수도 있다. 언제 물어 봐야 할지 결정하는 것은 어려운 것일 수 있다. 아버지는 그저 듣고 존중하는 태도를 유지함으로써 명숙이가 얘기하길 원하면 언제든지 응할 수 있다는 것을 보여주었다. 아버지는 명숙이에게 사람들은 문제를 논의할 수 있고 그 해결책을 여러모로 생각할 수 있음을 깨닫도록 하였으며, 차분하고 신중하게 그렇게 할 수 있음을 보여 주었다. 대안탐색이라는 명칭을 붙이지 않고 아버지는 딸에게 그 방법을 제시한 것이다.

어머니의 문제: 모란이의 무례한 행동

모란이는 며칠 간 어머니에게 버릇없이 굴었다. 욕을 하며 소리도 질렀다. 이것은 어머니의 문제에 속한다. 어머니는 대안을 탐색하기로 작정했다.

1. 문제를 파악한다.

어머니는 조용한 기회를 기다렸다. 마침 어머니와 모란이가 집에 있는데, 모란이는 공부나 텔레비전 또는 전화로 분주하지도 않았다. 어머니도 화를 내지 않는 안정된 기분이었다. 어머니는 말했다. "모란아, 너 요새 내게 화가 많이 난 모양인데 무슨 일이니?" 모란이는 말을 가로막았다. "내 생활을 통제하고 있지 않아요?" 그리고 모란이는 어머니에게 욕을 하였다.

어머니는 침착하게 말했다. "그 문제로 너와 얘기하고 싶은데 네가 욕을 하면 내가 존중하는 태도를 유지하기가 어렵구나. 우리 잠시라도 침착하게 얘기할 수 있겠니?" 모란이는 어머니를 쳐다보았고 어머니는 조용히 기다렸다. 모란이는 말했다. "좋아요. 침착할께요. 그렇지만 밖에서 늦게까지 있지 못하고 10시 이후에는 전화도 못하고 어린애처럼 여러 가지 규칙을 지켜야 하는 사람은 내 친구들 중에 나 밖에 없다는 것을 엄마가 모른다는 것을 믿을 수 없어요."

어머니는 말했다. "내가 부당하다고 생각하는 모양이구

나. 그렇게 생각하는지 몰랐다." 모란이는 말했다. "내가 그 바보같은 규칙을 지키지 않을 때 주목하는 것 말고 내게 조금이라도 관심을 기울였다면 내 느낌을 알았을 거예요." 이제 어머니는 문제를 알았다. 모란이는 어머니가 너무 엄하고 자신에게 관심이 없다고 생각한 것이다.

2. 문제 해결을 위한 아이디어를 제시한다.

어머니는 상심하여 화를 내지 않도록 조심하였고 보복전을 벌이길 원치 않았다. 그녀는 차분히 말했다. "규칙에 관해 얘기해 보자. 너는 매일 밤늦게 밖에 머물 수 있어야 한다고 생각하니?" 모란이는 욕을 하며 말했다. "또 그러는군요! 아니오. 매일 외출하려고 바라지도 않아요!" 어머니는 조용히 얘기했다. "욕하며 무례하게 구는 것은 이 문제를 해결하려고 진정 원하는 것이 아닌가 보구나." 모란이는 화 난 표정으로 노려보았지만 아무 말도 하지 않았다. 어머니는 부드러운 음성으로 물었다. "밖에 나가면 무슨 좋은 일이 있니?" 모란이는 대답했다. "특별한 거야 없죠. 그래도 많은 애들이 상가 부근에서 돌아다녀요."

모란이는 어머니가 자신의 느낌에 관심을 기울이고 있음을 알기 시작했다. 어머니는 차분히 있었지만 욕설이나 무례한 말투를 수용하지는 않았다. 어머니는 모란이에게 밤늦은 귀가에 대해 염려하는 이유를 말했다. 모란이는 친구들을 못 만날 때 느끼는 소외감을 얘기했다. 그리고 자기 친구 순영이는 밤 10시 이전에도 가끔 전화를 사용할 수 없고 그 동생은 컴퓨터 사용을 금지 당하기도 한다고 어머니에게 말했다.

3. 아이디어를 검토한다.

모녀는 얘기를 계속했다. 어머니는 밤늦게 돌아다니는 것이 옳지 않게 느껴지지만 가끔 외박을 허용할 용의가 있다고 말했다. 모란이는 어머니가 밤늦게 다니는 것에 대해서 부당한 생각을 한다고 여겼지만 외박은 하고 싶어했다. 그리고 밤 10시가 지나도 친구와 통화할 수 있기를 원했다. 어머니는 일부 사항에 관해 지나쳤는지 모르겠다고 인정했으며, 모란이에게 존중하는 태도로 대하길 원한다고 말했다.

4. 아이디어를 선택한다.
좀 더 얘기를 계속한 후에 어머니는 어른이 함께 있는 한 모란이가 이번 달에 한 번 외박할 수 있다고 동의하였다. 또한 모란이가 숙제를 다 했으면 밤 10시 반까지 친구와 통화해도 좋다고 합의했다. 어머니는 말했다. "모란아, 내게 욕하거나 소리지르지 않기를 바란다. 10시 반까지 통화할 수 있는 특전을 유지하려면 내가 잔소리하기 전에 통화를 끝내야 할 꺼야. 나한테 욕하고 소리지르지 않을 거지? 나도 네 의사를 계속 존중할 테니까." 모란이는 동의하였다.

5. 아이디어를 활용한다.
모녀는 이 아이디어를 1주일 간 적용해 보기로 하였다. 그 다음에 진전 상황을 논의해 보기로 하였다. 모란이에 대한 어머니의 문제는 사라지지 않겠지만 대안을 탐색함으로써 딸과의 관계 개선을 시도하는데 도움이 되었다. 모란이는 어머니가 세력 다툼이나 보복전에 더 이상 개입하지 않을 것이며 자신의 얘기에 귀를 기울일 것임을 알았다. 이제 모란이는 존중하는 태도로 대화를 하는 것이 보다 많은 자유를 얻는데 도움이 되며 자신도 보다 책임있게 행동할 필요가 있음을 알았다.

대화가 어려울 때

때로는 문제를 해결할 방법이 없는 것처럼 보이기도 한다. 부모나 자녀가 대단히 화가 나 있거나 상황을 전혀 다르게 지각할 수 있다. 아마 서로 옳다고 믿을 것이다. 게다가 부모의 인내심에 문제가 있을 수 있다. 부모는 이렇게 생각할지도 모른다. "소용없어. 우리는 어떤 합의도 이루지 못할 거야."

이와 같은 갈등에 처할 때 포기하거나 완전히 통제하려 들면 안 된다. 그 보다는 협조를 얻을 수 있는 길을 찾기 위해 다음과 같은 방법을 시도한다.

존중하는 태도를 유지한다. 이와 같은 태도가 중요하다는 것을 알아야 한다. 자녀를 존중하지 않으면 부모 자신도 존중하지 않는 것이다.

부녀가 언쟁을 하면서 서로 상대방의 말을 가로막고 있다. 아버지는 말했다. "우리가 동시에 얘기하니까 서로 들을 수가 없구나. 상대방의 얘기를 들으며 감정을 존중하도록 하자. 먼저 얘기해. 내가 들을 테니까."

실질적인 문제에 관해 얘기한다. 갈등이 생겼을 때 흥분하여 문제의 핵심을 놓치기 쉽다.

딸에게 집안일을 거들게 하려는데 언쟁이 생겼다. 부모는 화가 나서 이렇게 생각했다. "자기 분수를 알려줄 필요가 있어!" 이와 같은 느낌은 중요한 의미를 전하는 것이다. 집안일을 거들게 한다는 문제는 사라지고 누가 통제하느냐가 실질적인 문제로 부각된다. 부모 자신의 생각을 멈추고 심호흡을 한 다음에 딸에게 말한다. "우리가 서로 통제하려고 하는 것 같은데 이 문제를 해결하는데 어떤 도움이 되겠니?"

우리 스스로가 문제의 일부라는 것을 인정하는 것이 좋다. 그래야 청소년이 자신의 영향도 인정하게 되고 부모와 자녀가 해결책을 찾는데 도움이 된다.

싸우지 않기로 합의한다. 10대 자녀와 갈등 상황에 있을 때 부모는 합의를 한 것이다. 이 합의에 대한 언급은 하지 않았지만 싸우기로 합의한 것이다.

한 발 뒤로 물러나서 이 암묵적인 합의가 문제해결을 방해하고 있는 것은 아닌지 살펴본다. 만일 그렇다면 이렇게 말한다. "우리가 문제를 해결하려고 노력하기보다는 언쟁을 하려고 작정한 것 같구나. 나는 처음 문제로 돌아갈 용의가 있는데 너는 어때?" 이때 음성과 표정은 부드러워야 한다.

기다렸다가 나중에 얘기한다. 때로는 부모와 자녀가 적당한 아이디어를 찾을 수 없는 것처럼 보이기도 한다. 이 경우에는 2단계로 돌아가 여러 가지 아이디어를 궁리해 보거나 대안탐색을 잠시 중단하고 나중에 다시 생각하는 기회를 갖는다.

문제가 즉각적인 조치가 필요한 것이라면 부모가 독자적으로 결정을 내려야 한다. 10대 자녀에게는 다른 때에 얘기할 기회를 준다. "이 문제를 우리가 해결할 수 없을 것 같으니 내가 지금 결정을 내리겠다. 우리가 함께 해결책을 모색할 수 있는지 며칠 후에 다시 논의해 보자." 자녀가 대화를 거부하는 경우에도 부모는 혼자 결정을 내릴 수밖에 없다.

기록해둔다. 때로는 합의 내용을 기록해두는 것도 도움이 된다. 그 내용을 다시 검토하게 될 때까지 냉장고에 붙여 두거나 자녀가 보관하게 한다. 부모와 자녀는 합의 내용에 서명할 수도 있다. 그 것은 상호존중과 준수의 다짐을 의미하는 것이다.

상호 유사성을 발견한다. 가끔은 상호 유사성이 문제를 심화시킨다는 것을 알게 되면 도움이 된다. 갈등에 쌓여 있을 때는 이것을 알기 어렵지만 다음 예를 고려해 보자.

> 두 사람의 감정이 민감하여 거친 말이 오갈 때 마음이 상하기 쉽다. 두 사람이 모두 말을 중요시한다면 갈등 상황에서 결정적인 표현을 하려고 한다.

이와 같은 경우에 자녀의 입장에서 생각하면 서로 합치되는 점이 있다는 것을 알게 된다. 유사성을 알면 상황을 달리 인식하는데 도움이 되며 갈등을 해소하는 데에도 득이 된다.

자녀와의 관계 개선을 위한 가족모임

가족 간의 협조를 도모하기 위한 또 다른 좋은 방법은 규칙적인 모임을 갖는 것이다. 어떤 사람들은 가족모임이 노력할 가치가 있는 것인지 의아해 한다. 그들은 말한다. "모임이 왜 필요해? 우리는 이미 매일 마주 대하고 있잖아! 모임은 일이나 교회에서 필요하지 가족은 아니야!"

만일 정기적으로 가족모임을 갖는 사람에게 물어보면 다음과 같은 가족모임의 이점을 듣게 될 것이다.

- 가족이 서로 돕는 팀과 같이 느껴진다.
- 모두에게 좋은 느낌과 재미를 공유하는 기회가 된다.
- 자녀들에게 상호 존중과 문제 해결을 가르치게 된다.
- 가족이 싸우고 소리 지르는 것을 그만두게 한다.
- 자녀들에게 자신의 얘기를 들어주는 기회임을 알린다.

삼순이와 삼식이는 남매간이다. 삼순이는 울면서 아버지에게 왔다. "오빠가 컴퓨터를 못 쓰게 해요. 게임을 하고 있었는데." 거실에서 삼식이가 소리 질렀다. "아버지, 저는 숙제를 해야 됩니다." 아버지는 방금 귀가하여 아직 저녁조차 먹지 못했기 때문에 피곤하고 짜증스러워서 이 문제를 자녀와 얘기할 기분이 아니었다. 그래서 남매에게 얘기했다. "이 문제를 다음 가족모임에서 얘기해 보자. 냉장고에 붙여둔 목록에 적어 둬."

아버지는 화를 내거나 소리지르지 않았다. 남매는 자기들의 문제가 무시되지 않을 것임을 알았다. 가족모임을 하기 전에도 문제해결의 기회가 있다는 것을 알면 도움이 된다.

가족모임을 위한 지침

가족모임을 규칙적으로 개최하려면 시간과 노력이 필요하다. 다음에 도움이 될 만한 몇 가지 아이디어를 제시한다.

정기적인 개최시간을 정한다. 정기적 시간은 1주일에 한 번 정도면 된다. 모임이 20분에서 1시간 정도는 소요되도록 계획한다.

가족모임은 10대들의 얘기를 들을 수 있는 기회가 된다.

토의 안건을 정한다. 토의할 내용의 목록을 냉장고에 붙여둔다. 모임 전 며칠 동안에 가족이 내용을 추가할 수 있다. 이 목록은 가족들에게 중요한 사항을 논의하는데 도움이 된다.

시간계획을 세운다. 처음에 부모가 이 책임을 이행해야 할 것이다. 토의할 내용을 보고 어느 정도 시간이 필요할지 결정한 후 예정시간을 지키도록 한다.

사회는 윤번제로 맡는다. 사회자는 토의할 사항을 읽고 주제에서 벗어나지 않도록 회의를 진행한다. 가족원이 모두 회의를 진행할 수 있는 기회를 갖는 것이 중요하다. 어린 아이들은 도움이 필요할 것이다.

내용을 기록한다. 모임에서 결정된 내용과 계획을 기록한다. 기록도 순차적으로 담당한다. 모든 사람이 볼 수 있는 곳에 기록한 사항을 게시한다. 경우에 따라서는 다음 모임의 안건 옆에 붙여두기도 한다. 아직 읽을 수 없는 어린 아이들에게는 언니, 오빠들이 읽어주도록 한다.

모두가 참여한다. 회의 안건에 관해 얘기할 때 가족 중 어린 사람들이 먼저 얘기한다. 이는 그들로 하여금 책임감을 갖게 만든다.

- 얘기하지 않은 사람에게는 어떻게 생각하는지 묻는다.
- 누가 지나치게 얘기를 많이 하더라도 존중하는 태도를 견지하며 말한다. "이것이 네게 중요한 것 같은데 다른 사람들은 어떻게 생각하는지 들어볼 필요가 있어."
- 누가 존중하지 않는 태도를 보이면 나-메시지를 사용하여 이렇게 말한다. "욕하는 얘기가 들리면 우리가 협조할 수 있을지 걱정된다."

불평을 제한한다. 불평이 많으면 모임이 불평 토론장이 될 수 있다. 이것은 문제를 해결할 수 없고 가족이 서로 즐겁게 지내는 데에도 이롭지 않다. 만일 불평이 문제라면 "우리가 무엇을 할 수 있을까? 문제를 어떻게 해결할 수 있을까?" 라고 묻는다. 느낌을 감지하여 공감해야 하며, 문제가 생기면 대안을 탐색한다.

가사에 협조한다. 우선 아무도 좋아하지 않는 허드렛일을 자원하며 이렇게 말한다. "개집이나 욕실을 내가 청소하지. 어느 것을 할까?" 시간이 지나면 다른 사람도 집안의 잡일을 하도록 기대한다. 어떤 가정에서는 여러 가지 일을 차례로 하거나 추첨으로 결정한다.

합의한 것을 실천한다. 다음 모임까지 합의한 내용을 고수한

▸▸▸ **가족모임 계획**

1. 좋은 일이 생기면 함께 나눈다.
2. 지난 번 모임에서 기록한 내용을 읽는다.
3. 지난 번 모임에서 논의한 사항을 얘기한다.
4. 이번 모임에서 논의하고 싶은 새로운 활동에 대해 얘기한다.
5. 재미있는 활동을 계획한다.
6. 모임의 내용을 요약하고 합의 내용을 말한다.

다. 혹시 사람들이 합의 내용의 변경을 원하면 그렇게 할 수 있다. 부모와 자녀 모두가 합의 내용을 실행해야 한다. 만일 합의 내용을 잊고 실행하지 않거나 할 시간이 없다면 어떻게 될까? 가족들에게 사과하고 더 잘 하기 위해 노력할 것을 다짐한다. 10대 자녀는 가끔 할 일을 잊거나 시간이 부족할 수 있다. 아무도 완전할 수는 없다.

혹시 합의 불이행이 계속되면 놀기 전에 일을 마친다는 규칙을 정한다. 즉, 재미있는 일을 하기 전에 맡겨진 잡일부터 끝내야 한다. 이 규칙은 부모와 자녀 모두에게 적용된다.

▸▸▸ **추첨에 의한 할당**

차례를 정하는 방법으로 추첨을 이용한다.

- 매주 해야 할 일들을 함께 논의한다.
- 그 일들을 각각 종이에 기록한다.
- 매주 할 일을 추첨하여 배정한다.

재미있는 시간도 갖는다. 모임은 문제를 해결하고 가사를 분담하기 위한 좋은 방법이다. 그러나 그것이 전부는 아니다. 재미있는 활동을 추가하고 도와준 일에 고마움을 표시하며 현재 원하는 활동에 대해서도 얘기하게 한다. 이러한 행동은 긍정적인 분위기를 형성하며 자녀들에게 그들 자신과 다른 사람들을 격려하는 방법을 가르치게 된다.

모임에서 모두가 즐길 수 있는 활동도 함께 계획한다. 주말에 음식을 같이 준비하거나 축구시합을 시청할 수도 있다. 그러나 각자의 개인적 계획은 존중되어야 한다. 10대들은 모임 후에 다른 계획이 있을 수 있다.

▸▸▸ **모임을 위한 시간 탐색**

가족은 바쁘게 지내기 때문에 모든 사람의 활동을 도표화하여 만날 수 있는 시간을 모색한다. 모든 가족의 주간 계획을 점검한다. 이는 가족모임을 위한 시간을 찾는데 도움이 된다. 가족모임에서 논의할 수 있는 내용은 다음과 같다.

- 아이들의 활동
- 용돈
- 심부름
- 허드렛일
- 친구를 데려올 때의 규칙
- 주말 계획
- 전화사용

모든 가정에 효과적인 가족모임

가족모임은 편부모 가정, 재혼 가정, 자녀가 적거나 많은 가정 등, 모든 형태의 가정에 효과적이다. 어떤 가정에서는 한쪽 부모만 가족모임을 원할 수도 있다. 그래도 괜찮다. 한쪽 부모만으로 가족모임을 개최할 수 있다. 얼마 후에는 다른 쪽 부모도 그 모임의 운영 경과를 보고 가담하게 될 것이다. 그렇지 않은 경우에도 모임을 계속한다. 자녀가 협조하며 서로 재미있게 지낼 기회가 될 것이다.

편부모 가정. 편부모에게도 가족모임은 도움이 될 수 있다. 한 가지 다른 점은 집에 없는 부모와 관련된 문제를 얘기할 때이다. 자녀는 이 문제에 관해 얘기할 수 있어야 한다. 그러나 가족모임은 그렇게 하기에 적절한 기회가 아니며, 함께 생활하는 가족이 좀 더 잘 지내기 위한 것이다. 10대 자녀가 다른 쪽 부모에 관해 얘기하기를 원하면 다음과 같이 말하며 다른 기회에 허용한다. "주말에 엄마와 지내길 원하는구나. 지금은 여기 우리 집일에 관해 얘기하고 있으니 얘기가 끝나면 엄마에 대해 얘기해 보자."

이와 같은 제안에 예외가 있다. 집에 없는 어른의 행동이 가족에게 직접적인 영향을 미치는 경우에는 가족모임에서 그 행동이 논의될 수 있다. 예를 들면, 상호대면 시기나 빈도의 조정에 관한 문제가 있을 수 있다. 논의는 해당 문제에만 국한시키고 다른 쪽 부모를 비난하지는 말아야 한다. 다른 쪽 부모에 관해 얘기할 때에도 감정을 잘 파악하여 전할 수 있다. 대안탐색을 위해 학습한 단계를 준수해야 한다.

한 자녀 가정. 만일 자녀가 한 명인 편부모라면 이렇게 생각할 수도 있다. "가족모임을 왜 해야 하나? 우리 둘은 언제나 집에 같이 있는데." 가족모임은 일상적으로 같이 있는 것 이상의 여러 가지 기능을 한다. 문제에 관해 얘기할 시간을 설정하게 되고, 좋은 일에도 관심을 집중할 시간을 제공하며, 자녀와 더욱 밀접하고 협조하게 만든다. 가정은 규모에 관계없이 정기적인 가족모임을 통하여 얻는 점이 많을 것이다.

재혼 가정. 재혼 가정에서도 다른 유형의 가정과 같은 빈도로 가족모임이 필요하다. 재혼 가정에서는 사람들이 장기간 동거하지 않았을 가능성이 있다. 이와 같은 경우에 부모는 가족모임에서 다음과 같은 시도를 할 수 있다.

- 텔레비전 시청과 영화 구경
- 숙제
- 컴퓨터 사용

▸▸▸ 격려단계

부모와 10대 자녀가 비슷한 점 몇 가지를 생각해 보자.

- 둘 다 음악을 좋아한다.
- 둘 다 친구가 많다.
- 둘 다 처음 잠에서 깨었을 때 짜증을 낸다.

서로 비슷한 면을 가능한 많이 생각해낸다. 자녀와 문제가 생기면 생각해낸 것들을 활용한다. 자녀의 입장에서 문제를 생각한다.

- 가족모임을 언제나 위기나 논쟁에 대한 대응책이 아니라 긍정적인 분위기에서 시작한다.
- 재미있는 일과 같이 얘기하기 쉽다고 여겨지는 것부터 시작한다. 이와 같은 모임을 몇 번 한 다음에 좀 더 어려운 문제도 논의하기 시작한다. 예를 들면, 허드렛일과 아이들을 괴롭히는 문제에 관해 얘기할 수 있다.
- 재혼 가족에 관련되지 않는 문제는 모임의 화제에서 제외한다.

진전 상황

4절에서 10대 자녀의 협조를 이끌어내는 방법을 익혔다.

- 부모의 문제이거나 부모와 자녀가 공동으로 안고 있는 문제를 해결하기 위해 협조하는 방법을 배웠으며, 자녀의 문제를 해결하는데 도움을 주는 방법도 학습하였다.
- 자녀와의 문제를 해결하는데 취해야 할 5단계를 배웠다.
- 가족모임이 가족을 함께 일하며 성장시키는데 도움이 될 수 있음을 배웠다.

이번 주의 활동

10대 자녀가 준비된 듯 하면 대안탐색을 연습한다. 자녀와의 문제 해결을 위해 대안을 탐색하기로 결정하였다면 다음 사항을 유념한다.

- 언제 대화할 것인가
- 어떻게 시작할 것인가
- 어떤 변화를 시도할 것인가
- 합의에 이르지 못하면 어떻게 할 것인가

부모를 위하여

달리 지각하기

상황을 다른 방식으로 볼 수 있는가? 그렇게 할 수 있으면 실망스러운 상황에 대한 부모의 반응을 변화시키는데 도움이 된다. 예를 들면, 협조를 거부하는 10대 자녀는 완고한 것으로 보일 것이다. 그 자녀를 단호한 것으로 볼 수 있는가? 힘을 추구하는 10대를 결정을 내리고 싶어 하는 것으로 볼 수 있는가? 그렇다면 10대를 다른 관점으로 보는 것이다. 부정적인 행동에서 긍정적인 면을 모색하는 것이다.

여러 가지 어려운 상황을 생각한 후에 다음과 같이 자문해 보자.

- 이 상황을 보통 어떻게 보는가? 무엇을 믿는가? 내 느낌은 어떤가? 나의 일상적인 반응이 어떻게 문제를 야기시키는가?
- 이 상황을 달리 볼 수 있는 방법이 있는가? 그와 같은 관점은 내 느낌과 행동을 어떻게 변화시킬 것인가?

상황을 달리 지각하는 방법을 찾아보자.

▸▸▸ 가족을 위하여

정기적인 가족모임을 시작해 보자. 첫 모임의 시간을 합의한다. 가족의 모임에서 목적을 설명한다.

- 좋은 감정을 나누고
- 즐거움을 공유하며
- 계획을 세우며
- 문제에 대해 논의하고 서로 돕는다.

그 다음에 자녀들에게 얘기하고 싶은 내용을 묻는다. 첫 모임은 짧게 마치고, 다음 모임의 시간을 정한다. 완벽한 모임을 기대해서는 안된다. 방금 시작하지 않았는가! 가장 중요한 점은 모두 자신의 아이디어가 중시된다고 느끼는 것이다.

기억해야 할 사항

1. 10대 자녀와 문제가 있을 때 부모가 문제를 안게 되거나 자녀가 안게 된다. 그러나 때로는 부모와 자녀가 공동으로 문제를 갖게 되기도 한다.
2. 누구의 문제인지 결정하려면 다음과 같은 질문을 해본다.
   - 내 권리가 침해되었는가?
   - 누가 다쳤는가?
   - 누군가의 재산이 손상되었는가?

- 자녀가 책임을 감당할 수 없는가?

이상의 어떤 질문에도 답변이 긍정적이면 부모 또는 부모와 자녀가 문제를 안고 있는 것이다. 모든 질문에 답변이 부정적이면 자녀가 문제를 갖고 있는 것이다.

3. 문제를 지니고 있는 사람이 해결의 책임이 있다. 가끔은 부모가 10대 자녀의 문제해결 과정에 도움을 주려고 할 것이다.
4. 문제가 있으면 그것을 무시하거나 반영적 경청법을 사용하거나 나-메시지를 사용하거나 선택을 하거나 대안탐색에 의한 해결을 시도할 수 있다.
5. 대안탐색을 위해서는 다음 5단계를 따른다.
   - 문제 파악
   - 해결을 위한 아이디어 제시
   - 아이디어 논의
   - 아이디어 선택
   - 아이디어 활용
6. 문제에 관해 10대 자녀와 얘기할 때 다음과 같이 시작하는 개방적 질문을 이용한다.
   - 어디? 언제? 무엇을? 누가? 어느 것을? 어떻게?
7. 화가 나서 자녀와 갈등 상황에 있을 때는
   - 존중하는 태도를 유지하고
   - 실질적인 문제에 관해 논의하고
   - 싸우지 않기로 합의하고
   - 기다렸다가 나중에 얘기하고
   - 서로 비슷한 점을 찾는다.
8. 정기적인 가족모임은 모든 가족이 협조하여 문제를 해결하고 함께 재미있게 지내는데 도움이 된다.

표 4. 대안탐색

단계	자녀의 문제일 때	부모 또는 부모와 자녀의 공동 문제일 때
1. 문제파악	다른 사람들이 비웃어서 매우 상심한 것 같구나. 그들이 웃으면 너는 어떻게 하니? 네가 화를 내면 그들이 어떻게 하니?	네가 집에 늦게 오면 무슨 일이 생겼는지 매우 걱정이 된다. 내가 과잉보호 한다고 생각되어 신경이 쓰이는 구나!
2. 문제해결을 위한 아이디어 제시	그들이 웃을 때 네가 할 수 있는 다른 것들은 무엇이니?	어떻게 하면 우리가 이 문제를 해결하여 내가 걱정하지 않고 너도 네 생활에 책임을 느끼도록 할 수 있겠니?
3. 아이디어 논의	그들과 같이 웃는다는 처음 아이디어를 어떻게 생각하니?	늦게 되면 전화하는 것을 어떻게 생각하니?
4. 아이디어 선택	어떤 생각이 가장 좋을 것 같니? 이렇게 하면 어떻게 될 것 같니?	우리가 이 아이디어에 합의한 것 같구나.
5. 아이디어 활용	어떻게 되는지 보기 위해 그들과 같이 웃을 수 있니? 그들이 너의 새로운 반응에 익숙해지려면 시일이 걸릴 거야. 그런 행동을 여러 번 할 수 있겠니?	내가 이해하는 한 네가 15분 이상 늦으면 전화하는 거야. 너도 그렇게 알고 있는 거지? 만일 전화하지 않으면 공정하다고 할 수 있겠니? 내가 그만 실수하여 네게 화를 낸다면 어떻게 되겠니? 이 방법을 2주간 시험 해보고 경과를 얘기해 볼까?

5. 선택 결과에 의한 책임감 형성

10대 자녀와의 관계를 수립하는 여러 가지 방법을 학습하였다. 여기서는 합리적인 훈육방식, 즉 10대 자녀에게 협조하고 책임 있는 결정을 내리는데 도움이 되는 방법에 관하여 배우게 될 것이다.

훈육과 벌은 같은 것인가?

▶▶▶ 학습해야 할 사항

- 훈육은 10대들의 책임감 형성에 도움이 된다.
- 훈육은 10대들의 결정과 선택을 지도하는 방법이다.
- 결과 이용은 10대들이 납득하고 행동에 맞는 훈육방법이다.
- 결과 이용은 모든 가족을 존중하는 것이다.

훈육과 벌은 동일하지 않다. 행동을 통제하기 위해 상과 벌을 사용하는 것은 청소년들의 독립심과 책임감을 배양하는데 도움이 되지 않는다. 1절에서 10대들이 상과 벌을 통하여 무엇을 학습하게 되는지 논의한 바 있다.

- 상은 10대들에게 협조보다는 쟁취를 가르친다.
- 벌은 10대들이 부모나 성인을 두려워하고 화를 내게 만들며, 우리가 원하는 관계를 해칠 수 있다.
- 벌은 흔히 보복을 자극한다.

벌은 무엇인가?

벌은 일종의 관계양식으로 다음과 같은 여러 가지 사항을 포함한다.

위협하고 소리치고 약 올리기. 가끔 위협이 포함되기도 한다. 소리 지르면 상황을 악화시킬 수 있다. 자주 소리 지르면 10대들은 그 때만 관심을 보이거나 전혀 듣지 않을 수도 있다. 약 올리고 욕하는 것은 부모나 청소년 어느 누구에게도 좋지 않다. 10대에게 소리 지르고 약 올리면 그들도 흔히 그렇게 하게 된다.

박탈과 외출금지. 흔히 부모는 10대 자녀에게 외출을 금지하여 벌을 준다. 그러나 외출금지는 10대의 행위와는 아무런 관계가 없으며, 이치에 맞지도 않는다. 그리고 부모가 무엇인가를 박탈하는 것도 흔히 바람직하지 않다.

구타. 부모는 화가 나서 10대 자녀를 구타할 수도 있다. 구타는 10대를 통제하려는 최후의 시도이기도 하다. 부모는 가끔 10대를 바르게 인도하는 다른 방법이 없는 것처럼 생각한다. 구타는 부모와 자녀 모두에게 상처를 주어 10대는 사랑받지 못하고 있다는 느낌을 갖고, 부모는 죄책감을 느낀다. 그리고 10대는 구타를 문제해결이나 힘을 얻는 방법으로 간주한다.

훈육이란 무엇인가?

훈육은 단일 행동이나 말이 아니라 시간을 요하는 과정이다. 훈육은 10대를 다음과 같이 돕는 것이다.

- 결정을 내림으로써 자신의 생활을 스스로 책임지게 한다.
- 선택의 결과에서 배운다.

▸▸▸ **훈육에 대한 생각**

10대 자녀를 벌하지 않고 지도한 경우를 생각해 보자.

- 10대는 무엇을 했는가?
- 부모는 무엇을 했는가?
- 자녀가 행동을 바르게 하기로 결정한 이유는 무엇이라고 생각하는가?
- 부모와 자녀는 그에 관해 어떤 느낌이었나?
- 10대의 다른 문제에서도 그와 같은 훈육을 어떻게 적용할 수 있었는가?
- 혹시 자녀에게 소리 지르거나 때리거나 외출을 금지시켰다면 상황은 어떻게 달라졌겠는가?

자녀훈육방법

앞에서 존중하는 태도를 보이며 협조를 유도하는 여러 가지 방법을 배웠다. 여기서는 선택과 그 결과에 중점을 둘 것이다. 자녀에게 선택을 하게하고 그 결과에서 배우게 하는 방법에 관해 좀 더 자세히 검토해 보자.

선택과 결정의 기회 제공

많은 부모들은 청소년들에게 스스로 결정을 내리게 하기를 주저한다. 그들은 10대들이 자유는 너무 많이 누리면서 책임감이 약해지는 것을 염려한다. 우리는 자녀에게 제한 없이 선택과 결정을 할 수 있는 기회를 부여할 필요가 있다. 10대는 성장하고 있지만 제한은 여전히 필요하다. 그러나 그와 같은 제한은 10대가 성장하고 책임감을 갖게 되면 변화될 필요가 있다.

부모가 10대에게 제공할 수 있는 선택과 한계는 무엇

인가?

- 10대들은 용돈을 받거나 시간제 부업으로 돈을 벌 수 있으며, 그 돈으로 자신이 원하는 옷이나 다른 것들을 살 수 있다. 한계는 용돈이나 월급에 맞게 지출하는 것이다.
- 10대들은 학교에서 선택과목을 자신이 정해 수강할 수 있지만 한계는 졸업과 진학에 필요한 과목을 택해야 한다는 것이다.
- 10대들은 학교나 동아리에서 자신이 원하는 활동에 참여할 수 있다. 한계는 활동의 내용과 소요경비의 정도이다.
- 10대들은 원하는 텔레비전 프로그램을 볼 수 있지만 한계는 부모와 합의한 프로그램의 내용과 시청시간에 국한된다.

한계는 정하기 쉽지 않지만 그래도 10대들이 선택할 수 있는 활동은 다음과 같다.

- 10대들은 친구를 선택할 수 있다. 부모는 자녀를 위해 친구를 선택할 수는 없지만 한계를 정할 수 있다. 10대가 갈 수 있는 곳이나 귀가시간을 정할 수 있다.
- 10대들은 학교나 다른 모임에서 마음대로 행동할 수 있지만 부모는 한계를 정할 수 있다.

10대들은 언제나 현명한 선택을 하지는 않는다. 그러나 선택은 그들에게 결정을 내리는 경험을 제공하며 그와 같은 경험이 그들에게는 필요하다. 그들은 스스로 선택한 행동의 결과를 통하여 배운다.

10대 자녀의 결과에 의한 학습

결과는 10대가 내린 결정이나 선택으로 발생한 것이다.

자연적 결과

어떤 행동으로 인하여 그저 나타난 결과는 자연적 결과이다.

- 달님이가 아침을 먹지 않는다면 학교에서 배가 고플 것이다.
- 수민이가 새벽 3시까지 공부하고 6시에 일어나 학교에 갈 준비를 해야 한다면 피곤할 것이다.

10대들은 자신이 선택한 행동 결과로부터 배운다.

논리적 결과

어떤 자연적 결과는 안전하지 않으며, 많은 행위는 자연적 결과로 나타나지 않는다. 이와 같은 경우에 논리적 결과를 초래하게 된다.

> 혜정이는 운전면허증을 취득하였다. 아버지는 혜정이가 아파트 주차장에서 과속하는 것을 보았다. 속도제한은 20km이다. 흔히 주차장에서 아이들이 놀기 때문에 이 규칙은 중요하다. 아버지는 딸에게 말했다. “20km 이상은 위험해. 어린이나 다른 차와 부딪칠 수가 있다. 속도제한을 지키면 차를 운전할 수 있지만 그렇지 않으면 운전을 포기하는 것으로 알겠다. 다

네게 달렸어." 혜정이는 속도제한을 준수하기로 했다. 며칠 후 아버지는 혜정이가 다시 과속하는 모습을 보았다. 그 날 밤 그는 딸에게 말했다. "너, 운전 안하기로 작정한 것으로 알겠다."

결과와 처벌의 차이

결과는 다음 몇 가지 점에서 처벌과는 다르다.

- 결과는 부모와 자녀를 모두 존중하는 것이다.
- 결과는 잘못된 행동에 적합한 것이다.
- 결과는 행위에 관한 것이다.
- 결과는 과거가 아니라 현재와 미래에 관한 것이다.
- 결과는 분명하면서도 우호적인 것이다.
- 결과는 선택에 의한 것이다.

▸▸▸ 유익한 훈육 지침

- 10대 자녀를 존중한다.
- 자녀의 협조를 기대한다.
- 선택과 결정의 기회를 부여한다.
- 결과에 순응하도록 한다.

결과는 부모와 자녀를 존중하는 것이다

결과는 부모와 자녀를 모두 존중하는 것이다.

중학생 아들이 음악을 요란스럽게 듣고 있다. 부모는 잠을 자려고 한다. 아들에게 소리치거나 음악을 끄라고 하지 않고 이렇게 말했다. "음악에 심취한 것 같구나. 그렇지만 나는 자야 하니까 소리를 작게 하든지 헤드폰을 사용해라."

결과는 잘못된 행동에 적합한 것이다.

결과는 합리적인 것이며 잘못된 행동에 적합하다.

미진이는 부엌을 어지럽혀 놓았다. 어머니는 "주말에 영화구경 못할 줄 알아."라고 말하지 않았다. 영화구경과 부엌을 더럽히는 것과는 아무런 관계가 없다. 그 대신 어머니는 이렇게 말했다. "집에 오면 깨끗한 부엌을 보고 싶구나. 깨끗이 청소해라. 그렇지 않으면 저녁 준비를 할 수가 없어."

결과는 행위에 관한 것이다

결과는 나쁜 아이 때문이 아니라 나쁜 선택 때문이다. "행동과 사람을 구분하라"는 말을 들어본 적이 있을 것이다. 결과는 그와 같이 하는데 도움을 준다. 10대 자녀가 아니라 잘못된 행동을 교정해야 한다. 결과는 자녀에게 이렇게 말하고 있는 것이다. "네 행동은 좋아하지 않지만 너는 사랑한다."

상옥이는 묻지도 않고 어머니의 구두를 신고 외출했다. 비가 오는 날이라서 구두는 비에 젖었다. 어머니는 이렇게 말하지 않았다. "허락도 받지 않고 내 구두를 신고 가다니! 구두를 망가뜨렸으니 새로 사 와!" 그 대신 이렇게 말했다. "내 구두를 어떻게 할래?"

결과가 말이 안된다면 무슨 교훈을 배우겠는가?

결과는 과거가 아니라 현재와 미래에 관한 것이다

결과는 현재와 미래에 관련된 것이지 과거에 관한 것이 아니다.

희애는 어머니에게 친구들과 생일 파티를 해도 좋은지 물었다. 어머니는 이렇게 말하지 않았다. "생일 파티를 할 수 없어. 지난 번에 온통 난장판을 만들었지. 게다가 몇 사람은 술까지 마셨고." 그 대신 이렇게 말했다. "끝난 후에 깨끗이 정리하고 음주를 하지 않는다면 생일 파티를 해도 좋다."

결과는 친절하면서도 단호하다

결과는 단호하면서도 친절하고, 존중과 배려의 태도를 보이는 것이다.

수동이는 아버지에게 도서관의 컴퓨터실에 데려다 달라고 부탁했다. 아버지는 8시에 데리러 오겠다고 약속했다. 8시 정각에 아버지는 도착하여 마냥 기다렸다. 30분이 지나 아버지는 도서관 안으로 들어가 찾아다니다가 컴퓨터실에 있는 수동이를 발견했다. 그는 친구들과 게임을 하고 있었다. 아버지는 이렇게 말하지 않았다. "수동아, 내가 30분이나 기다렸다. 어찌 그리 생각이 없니? 지금 당장 나와!" 그 대신 이렇게 말했다. "지금 밖으로 나와라." 다음 날 수동이는 다시 도서관에 가려고 했다. 아버지는 말했다. "나는 어제 밤에 도서관 앞에서 오래 기다렸다. 오늘 밤에는 다시 그렇게 하고 싶지 않다. 내일 네가 약속을 잘 지킬 마음의 준비가 될지 보자."

결과는 선택에 의한 것이다

선택을 함으로써 10대는 어느 정도 통제력을 지니게 된다.

토요일 아침에 아버지는 아들에게 말했다. "친구 집에 가기 전에 네 방을 청소하든지 손님이 오는 시간인 4시까지 하든지 결정해라."

10대 자녀와 결과를 활용하는 방법

결과를 이용하는데 4가지 단계가 있다. 각 단계를 차례로 살펴보자.

1. 목표 확인

10대가 잘못 행동할 때 그 결과를 이용한다. 결과가 효력을 발휘하려면 우선 잘못된 행동의 목적을 생각해 볼 필요가 있다.

관심 끌기. 10대가 관심을 추구할 때 요구대로 관심을 보이지 않는 것이 상책이다.

> 상준이는 사람들 앞에서 기타 치기를 좋아한다. 아버지는 상준이에게 말했다. "네가 사람들 앞에서 연주하기를 좋아한다는 것을 알지만 오늘 밤에는 모임이 있으니 기타를 치는 것은 곤란하다. 혼자서 조용히 있겠다면 집 안에 머물러 있어도 좋다."

상준이는 기타 연주가 허용되는 시간과 장소를 알아야 하며, 아버지도 기대하지 않을 때는 다른 기회에 관심을 보일 필요가 있다. 예를 들면, 상준이가 개를 목욕시킬 때 아버지는 인정하는 태도를 보일 수 있다. 그는 상준이에게 특별한 시간에 기타 연주를 부탁할 수도 있다.

세력 추구. 10대가 세력을 추구할 때 최선의 결과는 투쟁할 상대가 없게 만드는 것이다.

> 희옥이는 자신의 뜻대로 되지 않으면 부모가 양보하도록 시도한다. 그녀는 화를 내며 부모가 부당하다고 얘기한다. 오늘 그녀의 부모는 싸움에 휘말리거나 양보하지 않기로 결심했다. 희옥이가 화를 내며 소리지르기 시작하자 그녀의 부모는 자리에서 일어나 산책을 나갔다. 희옥이는 놀라서 어리둥절했다. 그녀의 관중이 사라진 것이다.

세력을 추구하는 10대는 어느 정도 통제도 바란다. 희옥이가 힘겨루기를 시도하지 않을 때 부모는 그녀의 의견과 도움을 구할 수 있다. 부모는 그녀에게 합리적인 선택의 기회를 부여할 수 있다.

보복. 만일 10대 자녀가 보복하려 들면 상심하기보다는 그 행동 결과를 이용하라. 그렇게 하면 존중과 신뢰의 태도를 형성하는데 도움이 될 수 있다.

> 학교에서 혜령이의 부모에게 혜령이가 낙제할 것 같다는 통지를 하였다. 그들은 당황하고 실망했다. 성적은 그들에게 중요한 관심 사항이었다. 혜령이는 그 점을 알고 있었다. 처음에 부모는 혜령이에게 공부를 강요하였다. 그들은 혜령이의 외출을 금지하고 성적이 향상될 때까지 텔레비전을 보거나 전화도 사용할 수 없다고 말했다. 그러나 그녀의 성적은 향상되지 않았다. 부모는 카운슬러를 찾아가 상담을 하였다. 카운슬러는 혜령이가 보복의 수단으로 낙제하는 것이라고 여겼다. 카운슬러는 부모에게 혜령이가 학업에 대한 책임을 지도록 하라고 조언하였다. 부모는 학업에 관심을 집중하기보다는 혜령이와의 관계를 개선하는데 시선을 돌릴 수가 있다. 혜령이의 학교생활에서 관심을 끊기는 부모에게 힘든 일이지만 그렇게 노력해 보기로 작정했다. 처음에 그녀의 성적은 그다지 향상되지 않았지만 부모와의 관계는 개선되기 시작했다. 그들은 서로 얘기를 나누며 재미있는 시간을 보냈다. 혜령이의 존중하는 태도가 보이기 시작했고 학업활동도 서서히 나아지기 시작했다.

혜령이의 부모는 어찌할 바를 몰라서 도움을 구하려고 카운슬러를 찾은 것이다. 카운슬러는 그들에게 한 걸음 물러서서 혜령이에게 어떻게 대하고 있는지 생각해보게 하였다. 카운슬러는 그들의 반응 태도를 바꾸도록 거들었다. 문제를 남겨두고 관계 개선에 노력함으로써 시간이 지남에 따라 혜령이의 문제가 개선되기 시작했다.

벌은 부모가 원하는 대로 작용하는 경우가 드물다. 특히 보복을 시도하는 10대들의 경우에 그렇다. 이따금 그들은 행동 결과에 대한 책임 추궁을 벌로 간주한다. 결과에 대한 책임 추궁의 시기가 중요하다.

> 미옥이는 아버지에게 화가 나서 쿵쾅거리며 자기 방으로 갔다. 화병 옆을 지나면서 미옥이는 화병을 발로 걷어찼다. 화병

은 바닥에 부딪쳐 산산조각이 났다. 아버지는 그녀의 행동에 대한 책임을 바로 추궁하지 않았다. 처벌로 보일 수 있고, 미옥이는 더욱 화를 내며 보복전이 계속될 수도 있기 때문이다. 아버지는 그 날 밤까지 기다린 후 미옥이에게 얘기했다. "깨어진 화병에 대해 얘기 좀 해보자."

부적절함의 표시. 결과에 대한 책임 추궁은 부적절함을 나타내는 10대에게는 도움이 되지 못한다. 10대는 이미 포기한 것이다. 이 경우에 포기하거니 비판하거나 동정하지 않는다. 격려를 가능한 많이 하고, 10대가 할 수 있는 것에 관심을 집중시킨다. 진전이나 노력이 보이면 인정을 해준다. 이와 같이 부모는 10대 자녀가 다른 면에서도 시도할 수 있는 자신감을 갖도록 할 수 있다.

▸▸▸ **일을 교환하기**

집안일을 처리하는 것이 문제가 될 때 일을 교환하는 것이 매우 효과적일 수 있다. 그러나 이 방법을 무기로 사용해서는 안된다. 집안일을 공평히 분담하는 방법으로 사용한다. 교환하는 일이 동등한 것이라야 한다. 그렇지 않으면 보복을 초래할 수 있다.

2. 누구의 문제인지 결정하기

만일 자녀의 문제라면 결과에 신경 쓸 필요가 없다. 결과는 이미 나타난 것이며, 위험하지 않는 한 개입할 필요가 없다.

- 자녀가 밤늦도록 잠자리에 들지 않는다면 내일 피곤할 것이다.
- 자녀가 버스를 놓치면 학교에 갈 수 있는 다른 방법을 모색해야 할 것이다.

부모가 문제를 갖게 되면 결과를 해결할 필요가 있다. 많은 부모들은 허드렛일이 처리되지 않아 애를 쓴다. "일을 교환하기"가 이 결과를 처리하는 좋은 방법이다.

가족 모임에서 민홍이는 재활용품을 수거하여 처리하고 눈이 오면 집 앞을 치우기로 동의하였다. 어머니는 화분과 개 그리고 세탁물을 관리하기로 하였다. 어머니는 민홍이에게 말했다. "혹시 네가 어떤 일을 할 수 없을 때는 내게 얘기해. 내 일과 기꺼이 바꿔줄 테니까."

▶▶▶ **결과 협상**

가능하면 결과를 10대 자녀와 함께 해결한다. 즉, 결과를 협의하여 처리한다. 10대들은 결정을 내리는데 도움을 받으면 결과를 더 쉽게 책임지려고 한다. 다음과 같은 질문을 시도해 본다.

- "만일 네가 부모라면 어떻게 하겠니?"
- "어떻게 해야 공평하겠니?"
- "이에 관해 10분간 얘기해 볼까?"
- "이 아이디어를 어떻게 생각하니?"

문제가 발생하기 전에 협상하는 것을 잊지 않아야 한다. 문제나 세력 다툼이 일어날 때까지 기다려서는 안 된다.

때로는 협상이 곤란한 경우도 있다. 문제가 너무 간단하거나 너무 심각하거나 선택의 여지가 거의 없을 수 있다. 그리고 10대 자녀가 협조하지 않거나 결과 선택을 거절할 수 있다. 이와 같은 경우에는 결과가 결정된 것이다. 10대 자녀와 협상할 수 있는 다른 기회가 많이 있을 것이다.

재활용품 수거일에 민홍이는 재활용품을 처리하지 않고 학교에 갔으며 어머니에게 얘기도 하지 않았다. 어머니는 일이 처리되지 않은 것을 알고 대신 처리하였다. 그 날 밤, 어머니는 민홍이에게 말했다. "아침에 내기 재활용품을 처리했다. 내가 맡은 일 중에서 어떤 것을 네가 오늘 밤에 하겠니? 화분에 물을 주거나 개를 산책시키든지 네가 결정해라." 민홍이는 대답했다. "오늘 밤에 다른 계획이 있는데요." 어머니는 말했다. "둘 중 어느 것도 그리 오래 걸리지 않아. 그러니까 계획을 취소할 필요는 없어." 민홍이는 대답했다. "좋아요. 개를 산책시키겠어요." 그리고 다시 말했다. "내일 눈이 올 것 같은데 시합이 있어서 늦게 집에 와요." 어머니는 말했다. "눈을 치울 수 없다면 내가 하지. 그 대신 내 세탁물을 주말에 처리해라." "알았어요." 민홍이는 대답했다. 그는 기쁜 것 같지는 않았다. 어머니는 더 이상 얘기하지 않았다.

민홍이가 일을 기꺼이 바꾸려 하지 않았다면 어땠을까? 그래도 어머니는 이 방식으로 갈등에서 벗어날 수 있었다. 어머니는 민홍이에게 어떤 일을 하도록 강요할 필요가 없다. 그를 위한 일을 하지 않으면 된다. 그것은 세탁이나 운전 또는 식사준비 같은 것일 수 있다. 한 두 주일 내에 어머니는 민홍이와 일의 분담을 다시 논의할 수 있으며, 민홍이는 협조할 수 있는 기회를 또 갖게 될 것이다.

3. 선택 부여

행동의 결과를 활용할 때 선택을 허용하는 것은 중요하며 10대들은 그로부터 결정하는 법을 배울 수 있다. 이 과정에서 어떤 선택이든 좋은 결정이라는 것을 명심해야 한다. 그것은 학습경험이기 때문이다. 어떤 결정이든 수용할 준비가 되어 있어야 한다.

- "거실에 남겨둔 것을 치우지 않으면 방해되지 않게 내가 창고에 넣을 것이다."

10대 자녀는 거실에 물건을 그대로 두는 경우가 있다. 그것은 선택이 아니다. 그러므로 그 물건을 상자 안에 집어넣어 정리해야 할 것이다.

- "천천히 가든지 아니면 차를 세워. 내가 운전하겠어."

만일 자녀가 속도를 늦추면 부모는 뒷좌석에서 편히 있겠는가? 과속이 유일한 문제가 아니라면 이러한 제안을 해서는 안 된다.

- "자정 이후에 조용히 한다면 네 친구들이 와서 자고 가도 된다."

협조를 기대하라. 그러나 친구들을 집에 들이든지 아니면 부모들에게 전화하여 데려가도록 하든지 대비해야 한다.

- "나는 빨래바구니에 있는 옷들만 기꺼이 세탁하겠다."

이 말은 10대 자녀에게 "옷을 빨래바구니에 넣든지 말든지 하라"는 의미이다. 빨래바구니에 있는 옷만 세탁하고 빨랫감을 여기저기서 수거하지 않는다.

4. 실 행

10대 자녀가 행동 결과를 선택하면 결정은 그 순간에 이루어져야 한다.

> 유진이는 친구들과 주말여행을 기대하고 있다. 그러나 그녀에게는 여행 직후 다음 날까지 마감인 과제도 있었다. 어머니는 유진이에게 말했다. "과제를 끝내고 주말여행을 가거라. 못 끝내면 집에 있어야 해." 유진이는 동의했다.
>
> 여행을 떠나는 주말 오후에 유진이는 어머니에게 말했다. "아직 과제는 다 끝내지 못했어요. 조금 남은 것은 여행 갔다 와서 밤에 끝낼 수 있어요." 어머니는 말했다. "여행 가기 전에 과제를 끝내기로 약속했잖아." 유진이는 말했다. "그렇지만 엄마, 친구들이 기다리는데 내가 안가면 이해하지 못 할거야. 내가 도와줄 것도 있는데, 모든 것이 엉망이 되어 친구들이 화를 낼 텐데?" 어머니는 부드러우면서도 단호한 음성으로 말했다.

"과제를 못 끝내서 안됐구나. 하지만 그것은 우리가 한 약속이 잖아."

그러나 나중에 결정을 바꿀 수 있는 기회도 있을 수 있다.

유진이는 집에 머물렀다. 주말 저녁에 자기 방에서 과제를 끝냈다. 유진이는 어머니와 얘기하고 싶지 않아서 방에서 나오지 않았다. 다음 날 아침에 걸려온 전화를 유진이가 받았다. 그 후 그녀는 주방에 있는 어머니에게 달려가 말했다. "옆 집 아줌마인데, 어제 주말여행에 같이 못 가서 오늘 간다는데 나도 데리고 갈 수 있대요. 가도 되죠?" 어머니는 말했다. "과제는 다 끝냈니?" 유진이는 말했다. "예, 어제 밤에 끝냈어요." 어머니는 말했다. "서둘러 짐 싸라."

유진이는 선택을 하였고, 어머니는 그 결정을 이행하였다. 유진이는 선택의 결과를 수용하고 과제를 끝냈다. 이제 유진이는 뒤늦게 여행에 참여할 기회를 얻었고, 어머니는 거부할 이유가 없었다. 이 시점에서 거부하는 것은 유진이를 처벌하는 셈이 된다.

결과 적용: 사례

선택 결과를 적용하는 두 가지 예를 보기로 하자.

여름철의 게으름

여름철이다. 상규는 야구팀에서 활동하고 있다. 그 팀은 매일 오후에 연습을 한다. 상규는 아버지가 귀가할 때까지 집에서 혼자 기다리며, 아버지는 그를 야구장까지 데려다준다. 이번 주에 아버지는 매일 집이 어지럽혀 있는 것을 보았다. 부엌에는 설거지 감이 쌓여 있고 옷들이 여기 저기 흩어져 있다. 아버지는 화가 났고 모든 일을 자기 혼자 하며, 상규는 아무 것도 하지 않고 놀기만 하는 느낌이었다. 그는 상규에게 말했다. "집 안 좀 정리해!" 그러나 상규는 아무 것도 하지 않았고 문제가 힘 겨루기로 변해갔다. 아버지는 이 문제를 생각했다. 자신의 권리가 무시되어 아버지 자신의 문제로 비화되었다.

▸▸▸ 결과 적용의 단계

1. 목표 확인
2. 누구의 문제인지 결정
3. 선택 허용
4. 실행

연습을 위해 야구장에 데려가는 도중에 아버지는 나 -메시지를 사용하여 상규에게 말했다. "집에 오면 난장판이더구나. 내가 만들지도 않은 지저분한 상황을 치워야 하니 기분이 좋지 않다." 상규는 말했다. "아버지, 방학이잖아요. 저는 좀 쉬고 싶어요!" 아버지는 반박하지 않고 존중하는 태도로 말했다. "나도 쉬고 싶다. 내가 집에 와서 정리하고 야구장에도 데려다 주기에는 너무 힘들어. 내가 제안하는데, 둘 중에 하나만 하자. 어느 쪽을 원하니?" 상규는 한숨을 쉬며 말했다. "아, 좋아요. 제가 청소를 하겠어요. 야구장까지 차편을 얻기가 힘드니까."

다음 날 아버지가 귀가했을 때 집안은 깨끗했다. 아버지는 상규를 야구장에 데려다 주었다. 하루가 지나자 집안이 다시 지저분해지기 시작했다. 상규는 말했다. "야구장에 갈 시간이에요!" 아버지는 말했다. "다른 차편을 구하기로 한 것 같은데?" 상규는 소리 질렀다. "아버지! 거의 깨끗이 치웠잖아요!" 아버지는 더 이상 얘기하지 않고 주방에 흩어진 물건을 치우기 시작했다. 상규는 몇 친구들 집에 전화를 했지만 아무도 없었다. 그는 화가 나서 말했다. "코치가 화를 낼 거예요. 아버지 때문이에요." 아버지는 여전히 아무런 말을 하지 않았다. 그는 결정을 실행했고 힘 겨루기에 휘말려들지 않았다.

훔친 구두

용성이의 어머니는 용성이가 멋진 구두를 신고 있는 것을 보았다. 그녀는 용성이가 그와 같은 비싼 구두를 살 형편이 안 된다는 것을 알고 있다. 그녀는 아들에게 물었다. "그 구두 어디서 났니?" 용성이는 대답했다. "친구가 줬어요. 그는 구두를 새로 사서 이것은 더 이상 안 신는다고 했어요." 어머니는 구두가 새 것임을 알 수 있었고 용성이는 거짓말을 한 것이다. 어머니는 화가 나서 말했다. "용성아, 만일 그게 사실이라면 구두를 다시 돌려줘야 한다. 그 친구에게 전화해서 구두를 돌려주겠다고 말해. 그렇지 않으면 내가 전화할 까?" 용성이는 얼굴을 찌푸리며 말했다. "좋아요. 제가 거짓말을 했어요. 상점에서 훔쳤어요. 상점에서 신어 보는데 점원이 다른 손님에게 얘기하는 동안 그냥 신고 나왔어요." 어머니는 용성이를 빤히 쳐다보았다. 그는 소리쳤다. "그렇게 쳐다보지 마세요. 엄마가 너무 인색해서 다른 애들이 다 신고 있는 구두를 제게 사주지 않았으니 엄마 때문이에요."

어머니는 기분이 나쁘고 화가 났으며 걱정도 되었다. 그녀는 그와 같은 행동을 한 용성이의 목적을 생각했다. 한 가지 이상의 목적이 있는 것 같은 느낌이 들었다. 용성이는 다른 친구들과 같은 구두를 신고 그들의 인정을 받고 싶었고, 비싼 구두를 사주지 않는 어머니에게 복수하고 싶은 생각도 있었다. 어머니는 용성이가 친구들의 인정과 힘 그리고 복수를 원하는 것으로 생각했다. 용성이에게 앙갚음을 한다면 더욱 보복을 시도할 것임을 알았다. 그래서 어머니는 싸우거나 보복하지 않기로 작정했지만 생각할 시간이 필요하여 말했다. "나는 지금 너무 당황해서 말을 못하겠다. 혼자 좀 생각해야 하겠어. 그 다음에 이 문제에 관해 얘기하자."

어머니는 누구의 문제인지 생각했다. 용성이가 남의 물건을 훔친 것은 다른 사람의 자산, 즉 상점의 자산과 관련된 것이며, 어머니와 용성이 두 사람 모두의 문제이다. 어머니는 어떤 선택 방안이 있는지 생각했다. 선택 방법은 구두를 상점에 어떤 식으로 반환하는가이다. 어머니는 말했다. "구두는 상점에 돌려줘야지. 오늘 밤에 내가 같이 가겠다. 내가 함께 상점에 들어갈까 아니면 밖에서 기다릴까? 네가 선택해라."

용성이는 자신의 행동 결과를 받아들여야 한다. 그러나 이와 같은 선택의 허용은 그에게 도움이 될 수 있다. 그가 지원이 필요하면 어머니가 도울 것이다. 이와 함께 어머니는 아들 혼자서 상점에 들어가게 할 정도로 여전히 신뢰감을 보여주었다. 어머니가 전하는 메시지는 강력한 것이며 아들에게 이렇게 말하고 있다. "네 행동의 결과에 책임을 져야 한다. 일을 바르게 처리할 것으로 안다."

어머니는 용성이를 상점에 데려 갔다. 그는 혼자서 들어가기로 작정했다. 그는 돌아와서 어머니에게 상점 주인이 매우 불친절했다고 말했다. "그는 제가 붙잡히지 않아서 다행이라고 얘기했어요. 절도범을 붙잡으면 경찰을 부른다고 하더군요. 제가 16살이 될 때까지 상점에 오지 말라고 그랬어요." 어머니는 조용히 들으며 이렇게 말하지는 않았다. "네가 교훈을 얻었기를 바란다." 또는 "다음 번에는 좀 더 현명해지길 기대한다." 이와 같은 말은 행동의 결과를 처벌로 변질시킨다.

▸▸▸ 어려운 문제가 생기면

행동의 결과를 처리하기가 어려울 때는

- 개방적인 태도를 보인다. 선택의 여지를 주고 10대의 결정을 수용한다.
- 친절한 음성으로 선의를 보인다.
- 결과가 잘못된 행동에 부합되게 한다.
- 선택을 허용한다는 것을 분명히 한다.
- 일관되게 행동한다.
- 10대 자녀의 잘못된 행동이 계속되면 행동의 결과를 처리하는데 보다 많은 시간을 할당한다.

비록 지역에 따라서 들치기에 대한 정책이 다르다고 해도 이 예에서는 행동의 결과를 처리하는 신사적이고 논리적인 방법을 보여주고 있다.

결과 처리 지침

행동 결과를 처리하는데 몇 가지 지침이 있다.

단호하면서도 친절하게 대한다.

엄격함과 단호함은 같은 의미가 아니다. 엄격하다는 것은 지배적임을 나타내는 것이고, 단호하다는 것은 협조를 기대하며 자신을 존중한다는 것을 의미한다. 음성과 몸짓은 친절함의 정도를 나타낸다. 단호함은 행동의 결과를 실행함으로써 보일 수 있다.

말은 적게 하고 행동을 중시한다.

부모가 말을 너무 많이 하면 10대들은 더 이상 듣지 않는다. 가장 좋은 대화시간은 부모와 자녀가 우호적인 또는 적어도 존중하는 관계에 있을 때이다. 행동의 결과를 처리할 때 말은 가급적 적게 하고 행동을 실천한다.

싸우거나 양보하지 않는다.

한계를 설정하거나 협상한다. 10대가 그에 반응하게 한 후 10대의 결정을 수용한다. 부모가 경쟁관계에 있는 것이 아님으로 이겨야 할 필요가 없다. 목적은 10대 자녀가 자신의 행동에 책임을 지도록 하는 것이다.

▸▸▸ 대화 연습

결과를 처리할 때 그 목적은 10대 자녀에게 학습기회를 제공하는 것이다. 다음 3가지가 중요하다.

- 어조
- 몸짓
- 사용하는 말

자녀와의 문제를 떠올리고 선택을 허용하는 점잖은 말을 생각해 보라. 거울 앞에서 그 말을 하는 연습을 해보자.

점잖은 말을 사용한다.

선택을 허용할 때 친절하고 도움을 주려는 어조로 말한다.

- "폭력물을 택하지 않는다면 비디오를 빌려줄께."
- "내가 순철이 아버지에게 전화로 모임에 대해 물어볼 수 있고 네가 순철이에게 나한테 전화하라고 할 수도 있다. 어느 쪽을 택하겠니?"
- "나는 지금 전화를 기다리고 있다. 5분만 사용하든지 기다렸다가 나중에 해라."
- "자동차를 가져가려면 차내에서 아무도 흡연하지 않도록 지켜 봐."
- "주방을 사용하려면 처음에 본 것처럼 깨끗이 해 둬."

선택을 존중한다.

10대 자녀는 부모가 말하는 대로 하는지 보기 위해 행동의 결과를 선택할 수도 있다. 그와 같은 경우에도 선택을 존중한다. "네 행동으로 미루어 보아 선택을 한 것이로구나." 또는 "네가 결정했구나." 사무적인 음성으로 얘기하며 표정과 몸짓도 사무적으로 한다.

선택의 여지가 없을 때 그것을 분명히 한다.

흔히 부모는 의도하지 않은 선택을 부여한다. 그렇게 되는 것은 "그렇지?"라고 말할 때이다. "그렇지?"라고 묻는 것은 선택을 허용하는 것이다.

- "이 모임에서는 모두 술을 마시지는 않을 거야. 그렇지?" 10대 자녀는 술을 마시는 것을 선택사항으로 여길 수 있다.
- "내가 없는 동안 친구들은 안 돼, 알았지?" 10대는 "내가 있을 때 친구들은 안 돼."라고 해석할 수 있다.

정말 선택의 여지가 없다면 그 여지를 시사해서는 안 된다. 그것은 문제의 소지를 만든다. 그 대신 다음과 같이 기대하는 바를 분명히 하라.

- "이 모임에 참석하는 사람은 누구나 술을 마시지 않을 것으로 생각한다."
- "내가 없는 동안에 친구들을 데려오면 안 돼."

긍정적 행동에 관심을 둔다.

잘못된 행동을 시정한 후에는 가능한 빨리 긍정적 행동에 관심을 둔다. 예를 들면, 자녀가 연락 없이 밤늦게 귀가했기 때문에 행동의 결과에 대한 책임을 지게 한 후에는 격려해 줄 수 있는 긍정적 행동, 즉 동생에 대한 친절, 가사 조력, 학업에 대한 노력과 같은 행동에 주목한다.

다른 사람들의 생각에 너무 구애받지 않는다.

훈육의 목표는 자제력을 기르는 것이다.

10대들은 가끔 친구들 앞에서 또는 부모 앞에서도 제한을 무시한다. 이것은 부모를 시험해 보는 것이다. 실천이 중요하다. 다른 10대들이나 어른들의 압력이 있을 때는 단호함을 견지하는 것이 쉽지 않지만 10대 자녀에게 전하는 메시지는 강해야 한다. 자녀는 부모의 제한이 분명하고 일관된 것인지 확인하려고 한다.

때로는 자녀의 행동으로 난처하게 부모의 좋지 않은 면을 드러내는 것으로 생각할 수 있다. 그러나 10대들은 자신의 생각이 있으며, 언제나 부모가 기대하는 대로 행동하지는 않는다. 그들이 기대와 달리 행동할 때에도 언제나 부모 때문만은 아니다.

침착하게 행동한다.

소리지르고 잔소리하고 위협하는 것은 행동의 결과를 처벌로 변질시킨다. 침착하고 단호하게 그리고 친절히 대한다. 자신과 자녀를 존중한다. 화가 나서 진정이 안되면 말없이 참는다. 진정하기 위해 다른 방으로 가거나 그렇게 할 수 없으면 자녀에게 이렇게 말한다. "내기 지금 너무 화가 나서 말을 못하겠으니 좀 있다가 얘기하자." 심호흡을 하고 선택을 부여할 수 있는 방법을 생각한다.

10대들은 우리가 바라는대로만 행동하지는 않는다.
그들의 행동에 난처해 할 필요는 없다.

배우자를 존중한다.

가족의 어른들, 즉 부모는 훈육 방법에서 언제나 의견이 일치되지는 않는다. 만일 그렇다면 부모가 자녀를 제 각기 대할 수 있다. 훈육에 관해 언쟁하는 것은 자녀에게 도움이 되지 않는다. 10대들은 대개는 부모의 방식에 적응한다. 배우자에 대한 협조와 존중하는 태도를 최대한 보인다. 이혼이나 별거 중이라면 배우자의 훈육 방침에 동의하기 어려울 수 있다. 자녀가 신체적 또는 심리적으로 학대받지 않는 한 그 상태를 인정한다.

그러나 한 쪽 부모가 소리 지르거나 때린다면 학대라고 볼 수 있다. 학대는 자녀에게 해를 끼치며, 이에 협조할 수는 없다. 학대가 의심스러우면 다른 사람의 도움을 청한다.

자녀는 양부모의 훈육 방식을 따르지 않을 수 있다. 양부모와 자녀 사이에 문제가 생기지 않는 한 훈육은 어느 한 쪽 부모, 즉 자녀에게 친숙한 부모에게 맡기는 것이 가장 좋다. 관계가 좋아지면 다른 쪽 부모도 훈육에서 동등한 역할을 수행할 수 있을 것이다.

인내심을 갖는다.

결과의 효과가 나타나는 데에는 시간이 걸린다. 부모는 낡은 방식을 바꾸는 것이며 전혀 다른 새로운 방식이 나타나는 것이다. 자녀는 부모의 한계를 시험해 볼 수도 있다. 부모 자신과 자녀에게 인내심을 가져야 한다. 서서히 변화의 양상을 보게 될 것이다.

진전 상황

5절에서는 합리적인 훈육 방식을 학습하였다.

- 벌과 훈육의 차이점을 검토하였다.
- 한계를 설정하고 선택을 부여하는 방법을 학습하였다.
- 자녀를 존중하고 단호한 태도를 취함으로써 훈육시킬 수 있음을 알았다.
- 자녀에게 적절한 선택과 결정을 고려하였다.
- 실천의 중요함을 알았다.
- 자녀가 화를 내기보다는 존중받는 느낌을 가질 수 있는 태도와 대화방식을 연습하였다.

▸▸▸ 격려 단계

자녀의 진지한 노력이 보일 때 이를 인정하고 다음과 같이 격려한다.

- "너 그걸 하느라고 시간을 많이 보냈구나."
- "진전하는 것을 보니까 기분 좋다."
- "우리 약속을 기억해줘서 고맙다."

특히 자녀가 협조할 때 주목한다.

이번 주의 활동

해결해야 할 훈육문제 한 가지를 선택하되 너무 힘든 것은 피한다. 행동 결과를 예상하고 선택을 허용할 때 어떻게 말하고 행동할지 생각한다. 친절하고 단호하게, 일관되게 행동하며, 행동의 결과를 실천한다.

부모를 위하여

부모와 자녀의 권리

부모와 자녀에게는 각자의 권리가 있다. 10대 자녀에게 모든 것을 집중하는 것은 부모나 자녀에게 공평하지 않다.

부모는 다음과 같은 권리를 갖고 있다.

- 친구 관계
- 사생활
- 자기 시간
- 자산 관리

자녀에게도 다음과 같은 권리가 있다.

- 안전하고 즐거운 가정
- 교우관계
- 사생활
- 소유물 관리

이와 같은 권리는 상호 존중이라는 한 마디로 요약할 수 있다. 이번 주에는 권리를 지키는 방법을 찾아본다. 자녀의 권리를 존중한다는 것을 어떻게 보여줄 것인가?

기억해야 할 사항

1. 훈육은 10대들이 책임감을 배우고 자제력을 키우는데 도움이 된다.
2. 효과적인 훈육의 열쇠
   - 10대를 존중한다.
   - 10대의 협조를 기대한다.

▸▸▸ 가족을 위하여

가족회의를 계속하며 합의 내용을 깨뜨린 결과를 논의한다. 논의할 때 이렇게 말한다. "우리는 모두 가끔 잊는 경우가 있다. 만일 누군가 우리의 합의사항을 잊는다면 어떻게 되겠는가?" 아이들은 외출금지나 엉덩이 맞기와 같은 체벌을 생각해낼 수 있고, 10대들은 "나는 잊지 않아요."라고 말할 수 있다. 그런 일이 생기면 이와 같은 해결방식이 만족스럽지 않다는 것을 설명한다. 다른 아이디어를 좀 더 생각해 보게 한다.

가정의 허드렛일에 관해서는 "끝낸 후에 논다."는 규칙을 세우기로 결정한다. 가족이 재미있는 활동을 하기 전에 허드렛일은 끝낼 필요가 있다. 이 규칙은 자녀뿐만 아니라 부모에게도 적용된다.

- 선택과 결정의 기회를 제공한다.
- 행동의 결과를 이용한다.

3. 명령 대신에 한계를 정하고 선택의 여지를 준다.
4. 행동 결과는 10대가 선택한 것이며, 한계를 정하고 선택의 여지를 제공하는 방법이다. 결과 활용은 다음과 같은 것이다.
   - 부모가 자녀를 존중하는 것이다.
   - 잘못된 행동에 적합한 것이다.
   - 행동에 관한 것이다.
   - 과거가 아니라 현재에 관련된 것이다.
   - 확고하면서도 친절한 것이다.
   - 선택을 용인하는 것이다.
5. 결과의 활용 절차
   - 10대의 목적을 확인한다.
   - 누구의 문제인지 파악한다.
   - 선택 방안을 제시한다.
   - 실천한다.
6. 결과 활용은 부적절함을 나타내는 10대에게는 도움이 되지 않는다.
7. 결과 활용을 위한 몇 가지 지침
   - 친절하면서도 확고해야 한다.
   - 말보다도 행동을 한다.
   - 언쟁을 하거나 양보하지 않는다.
   - 존중하는 태도를 보인다.
   - 선택을 존중한다.
   - 선택의 여지가 없을 때 그 사실을 분명히 한다.
   - 다른 사람들이 어떻게 생각할지 걱정하지 않는다.
   - 침착히 행동한다.
   - 배우자를 존중한다.

8. 부모 자신과 10대 자녀에게 인내심을 갖는다.

표 5. 결과와 일상 활동

시간	활동 또는 문제	문제의 대상	가능한 선택	결과
아침 주중	기상시간	자녀	자명종 시계를 자녀가 조정한다.	학교에 지각하면 스스로 책임진다.
		부모	제 시간에 준비한다. 차로 데려다 주고 그렇지 않으면 스스로 알아서 한다.	늦게 일어나 차를 얻어 타지 못하면 스스로 책임진다.
	아침식사	자녀	시간에 늦으면 스스로 차려 먹거나 아침을 먹지 못한다.	아침을 먹지 못하면 굶고 등교한다.
주말	방 청소	부모, 자녀	방을 깨끗이 정리한다.	방 청소를 하지 않으면 외출을 하지 못한다.
방과후	숙제	자녀, 부모	숙제 완료 시한을 합의하여 정한다.	숙제를 못하면 다음날에 끝낸다. 힘겨루기로 변화되면 부모가 관심을 돌려 자녀가 결과에 책임지게 한다.
	부모 부재시 친구 데려오기	부모	부모가 올 때까지 기다렸다가 친구를 집에 데려오거나 감독할 다른 사람을 배치한다.	10대를 감독할 다른 사람을 배치한다.
	저녁식사	자녀	저녁 식사시간을 사전에 정한다.	시간에 늦으면 혼자 차려 먹는다.
저녁	설거지와 같은 가사 조력	부모	"설거지를 안 하면 식사 준비를 못한다."	식사 준비를 하지 않는다.
	텔레비전 시청	부모	시청 시간을 정하고 10대가 프로그램을 선택하게 한다.	시간을 초과하면 텔레비전을 끈다.
	전화	부모	통화시간을 정하거나 휴대전화 요금 지불방법에 합의한다.	통화시간을 넘기면 전화를 중단시키고, 휴대전화 요금은 10대가 지불하게 한다.
	놀이	자녀	일정 수준의 성적을 유지하면 놀 수 있다.	성적이 떨어지면 놀지 못하게 한다.

6. 부모의 선택 I

지금까지 10대 자녀가 책임있는 선택을 하는데 도움을 줄 수 있는 다음과 같은 방법을 학습하였다.

- 목표의 확인은 어떻게 대응할지 결정하는데 도움이 된다.
- 반영적 경청법은 자녀에게 문제가 있을 때 도움이 된다.
- 나-메시지는 부모에게 문제가 있을 때 부모의 느낌을 표현하는데 도움이 된다.
- 대안 탐색은 모든 문제에 도움이 된다.
- 선택과 결정의 기회를 제공하는 것은 누가 문제를 갖고 있는가에 따라 다르다.
- 격려는 10대 자녀와의 관계에서 초석이 된다. 가능하면 자주 사용한다.

할 일을 어떻게 결정할 수 있는가?

사용하는 방법은 상황에 따라 결정된다. 때로는 한 가지 방법을 사용하고 또 다른 경우에는 모든 방법을 사용할 수 있다. 다음 예를 보자.

▸▸▸ 학습해야 할 사항

- 사용하는 방법은 상황에 따라 다르다.
- 해야 할 일을 결정하기 위해서는 10대의 목표가 무엇인지, 누가 문제를 갖고 있는지, 부모의 목적은 무엇인지, 최선책은 무엇인지 생각해 본다.
- 학업에 관해서는 자녀가 준비를 하고 성취할 수 있도록 돕는다.
- 자녀가 일상적인 문제에 대처할 수 있게 돕는다.
- 자녀가 심각한 안전 문제를 피할 수 있도록 돕는다.

현아의 선택: 학업과 일

여름에 현아는 아르바이트를 하였다. 그녀는 스스로 돈을 버는 것을 좋아하였다. 이제 곧 개학을 하는데 그녀는 계속 일을 하고 싶었다. 어머니는 일보다 학업이 중요하다고 믿고 현아가 공부 시간을 갖기를 원했다.

가족회의에서 어머니는 딸에게 부업에 대해 물었다. “개학 후에도 일을 계속하고 싶어 하는 마음은 이해한다.” 현아는 말했다. “그래요. 무슨 문제가 있어요?” 어머니는 나-메시지를 사용했다. “학업과 일을 병행하면 네 성적이 떨어질까 걱정된다.” 딸은 비아냥거리며 대답했다. “내 성적은 괜찮을 거예요.

나를 그처럼 믿어주니 대단히 고마워요."

어머니는 존중하는 태도를 유지하면서 반영적 경청법을 사용하였다. "네가 상심한 모양인데 내가 널 믿지 못하는 것으로 여기는 것 같구나. 그렇지만 나는 널 믿고 있다. 그냥 일을 해결할 수 있는 방법을 찾는데 도와주고 싶어." "엄마 도움은 필요 없어요. 혼자 처리 할 수 있어요!" 현아는 말했다. 어머니는 현아가 스스로 책임질 수 있게 하기로 결정하고 적절한 한계를 정하기로 하였다. "좋아. 네가 성적을 계속 유지한다면 일은 계속해도 괜찮아. 그리고 주중에는 밤 9시까지만 일하는 거야." 현아는 대답했다. "알았어요."

개학한 지 2주일이 지나서 현아는 어머니에게 말했다. "오늘 밤에는 10시까지 일해야 해요. 그러나 날 데리러 올 필요는 없어요. 매니저 언니가 집에까지 데려다 준다고 했어요." 어머니는 말했다. "주중에는 9시 이후에 일하지 않기로 약속했는데." 현아는 말했다. "알아요. 그래서 곤란하다고 매니저 언니에게 말했지만 일손이 모자라요. 엄마, 일 때문이잖아요. 언제나 내 시간을 선택할 수는 없잖아요?" 어머니는 얘기했다. "우리가 한 약속을 준수하길 바라기 때문에 내가 부당하다고 생각하니?" 딸은 대답했다. "예. 일을 하고 있을 때는 뜻대로 안 되는 경우도 있어요." 어머니는 말했다. "현아야, 우리가 한 약속은 지킬 필요가 있어. 매니저 언니가 네게 의지한다니까 이번 주에는 늦게까지 일하게 해주마. 그렇지만 이 번 만이야. 다음부터는 9시가 지나면 집에 올 텐데 그 언니와 어떻게 해결하겠니?"

현아는 눈을 크게 뜨면서 말했다. "엄마, 그 언니가 날 해고하면 어떻게 해?" 어머니는 말했다. "일손이 부족하다면서 해고당할 것을 걱정하니?" 현아는 말했다. "글쎄요. 지금은 내가 필요하겠지요. 내가 늦게까지 남아야 하는 한 가지 이유는 그 언니가 영수증 처리를 하는 동안에 나는 전화를 받아야 하거든요. 아마 영수증 정리를 내가 거들게 할 수 있을 거예요. 9시까지 어느 정도는 할 수 있어요. 그렇지만 내가 그 언니를 돕는 게 아니라 그 언니가 나를 돕는 것 같은데요."

어머니는 말했다. "그거 좋은 생각이다. 그렇게 제안해 볼 수는 있지. 그리고 다른 직원이 너와 교대할 수 있는지 물어볼 수도 있고." 모녀는 몇 가지 아이디어를 더 생각해냈다. 현아는 9시 이후에는 일할 수 없으니 그 전에 어떻게 도와줄 수 있는지 물어보기로 했다. 그리고 친구의 오빠가 늦은 시간에 일할 수 있는지 알아보기로 작정했다. 어머니는 말했다. "어찌 되어 가는지 내게 알려줘." 그들은 다음 주 가족회의에서 다시 얘기하기로 합의하였다.

다음 주 모임에서 현아는 매니저 언니가 늦게 일하지 못하는 것을 양해하기로 했다고 보고했다. 몇 주일 동안 일이 잘 풀려 가는 것처럼 보였다. 학기말이 되어 성적표를 받아보니 현아는 수학에서 60점을 받았다. 어머니는 딸에게 말했다. "너 수학에서 문제가 있는 것 같구나." 딸은 말했다. "시험이 너무 어려웠어요. 아무도 70점 이상 받지 못했어요." 어머니는 말했다. "현아야, 성적이 떨어지지 않는 한 계속 일하기로 약속했잖아. 성적을 올릴 때까지는 일을 그만 둬야 하겠다." 현아는 화가 나서 소리를 질렀다. "불공평해요. 내내 열심히 했는데 지난 몇 주 동안 공부를 소홀히 하여 그 재수 없는 시험을 잘못 보았어요. 그런데 일을 그만 두라니요!" 어머니는 침착하게 얘기했다. "성적이 향상되면 다시 일해도 돼." 현아는 말했다. "바보 같은 소리 말아요. 내가 그만 둔 다음에 매니저 언니가 나를 다시 고용할 것이라고 생각하세요?" 어머니는 여전히 존중하는 태도로 말했다. "내가 부당하다고 생각하여 화를 내는데 우리는 약속을 했잖아." 어머니는 더 이상 말하지 않았다. 현아는 계속 소리를 질렀지만 어머니는 자리를 떠나 버렸다.

어머니가 한 일

어머니는 현아의 행동에 대응하여 모든 방법을 사용할 필요가 있었다. 그러나 그녀는 한 번에 한 가지씩 사용했다.

우선 어머니는 나-메시지를 사용하였다. 나-메시지에 의해 그녀는 자신의 느낌을 표현하였다. 현아는 어머니가 명령을 하는 게 아니고 문제에 관해 얘기하려고 한다는 것을 알았다.

어머니는 반영적 경청법을 사용하였다. 반영적 경청은 현아에게 어머니가 지신의 감정을 존중한다는 것을 보여주었고, 현아는 어머니가 자신을 믿지 않는 것으로 생각한다는 것을 전해주었다. 그 과정을 통해 어머니는 딸을 여전히 믿고 있으며 자신의 행동에 스스로 책임을 질 수 있는 기회를 제공하였다.

어머니는 딸에게 선택의 기회를 주었다. 어머니는 친절하면서도 단호한 태도를 취했다. 딸은 선택하기로 동의하고 책임을 받아들였다.

어머니는 딸이 대안을 탐색하도록 도왔다. 현아는 합의사항을 저버리고 매니저 언니에게 늦게까지 일하겠다고 말했다. 그러나 어머니는 이렇게 말하지 않았다. "이제 끝이야! 늦게 일하지 않겠다고 약속했지. 그 일은 그만둬!" 어머니는 주의 깊게 듣고서 현아가 문제를 어떻게 처리해야 할지 몰랐다는 것을 이해하게 되었다. 어머니는 딸에게 만회할 기회를 주었다. 딸이 늦게까지 남아있지 않고 일을 계속할 수 있는 방안을 강구하도록 도왔다. 그들은 여러 가지 아이디어를 검토하여 한 가지 안에 합의하였다. 현아는 그 합의사항을 준수할 수 있었고 문제를 해결하는 법도 배우게 되었다.

어머니는 일관되게 행동하였다. 현아가 수학시험에서 60점을 받았을 때 어머니는 사정 얘기를 잘 들었다. 딸이 충분히 공부를 하지 않은 것이다. 딸은 변명을 하고 힘겨루기에 돌입하였다. 어머니는 일관되게 행동하여 딸이 공부하지 않은 선택의 결과를 인정하게 만들었다. 그렇게 하기는 쉽지 않았을 것이다. 모녀는 문제를 해결하기 위해 함께 노력하였다. 그것은 모녀관계를 긍정적으로 유지하고 서로 잘 지내는 데 도움이 되었다. 결과 활용은 이와 같은 긍정적인 감정을 잠시 방해하였는지 모르지만 어머니가 양보했더라면 현아는 무엇을 배웠겠는가? 현아는 자신의 선택 결과에 대처할 필요가 없고 잘못된 행동을 마음대로 할 수 있다고 생각할 것이며, 책임감을 배우지 못할 것이다.

그 밖에 어머니가 할 수 있는 일

또 다른 경우에 어머니는 현아를 격려하는 방법을 모색할 필요가 있다.

- 다른 면에서 노력과 진보를 인식할 수 있다.
- 현아에 대한 인정을 보여줄 수 있다.
- 현아의 도움을 요청할 수 있다.
- 가족회의에서 결정을 하는데 참여를 요구할 수 있다.
- 성적이 향상되면 일에 복귀하거나 다른 일자리를 구하도록 격려할 수 있다.

이 모든 것은 어머니가 현아에게 독립심과 책임감을 배우게 할 수 있는 방법이며 좋은 관계를 계속 형성하는 길이기도 하다.

만일 어머니가 포기하지 않는다면 현아와의 관계는 이러한 경험으로는 손상되지 않으며 나중에는 개선될 것이다. 시간이 지나면 결과를 이용할 필요도 감소될 수 있다. 현아는 어머니를 더욱 존중할 것이며, 어머니가 자신의 선택 결과를 받아들이도록 기대한다는 것도 알게 될 것이다. 현아는 보다 나은 선택을 하기로 결심할 수 있다.

▸▸▸ 누구의 문제인가?

다음과 같이 자문해본다.
1. 내 권리가 무시되고 있는가?
2. 누가 다칠 수 있는가?
3. 누구의 재산이 손상되었는가?
4. 내 자녀가 이 책임을 질 수 없는가?

할 일의 결정

10대 자녀가 문제가 있을 때마다 우선 누구의 문제인지 결정한다.

10대의 문제

자녀에게 문제가 있다면 여러 가지 대안이 있다. 그것을 무시할 수 있고, 느낌을 잘 이해하고 반응할 수도 있으며, 자녀가 문제를 해결하는데 도움을 줄 수 있다.

▸▸▸ **학업 문제에 대한 대처 요령**

때로는 학업 문제를 다루는데 혼란스러워 할 수 있다. 이 경우에 다음 2가지 사항을 유념한다.

- 힘겨루기를 피한다.
- 격려할 수 있는 방법을 찾는다.

부모의 문제

만일 부모가 문제를 안게 된다면 자녀의 목적이 무엇인지 파악하고, 10대가 예상하지 못한 방법으로 반응한다. 부모의 목적은 이해심을 보이고 10대가 독립적이고 책임있는 행동을 하도록 돕는 것임을 유념한다.

느낌을 전하기 위해 나-메시지를 사용한다. 대안을 탐색하기 위해 10대와 함께 노력한다. 필요하다면 선택 기회를 부여하고 그 결과를 받아들이도록 한다. 확고하면서도 격려하는 태도를 유지한다.

10대들은 부모를 시험한다. 꿋꿋하게 견뎌야한다.

학업 문제에 관해 할 수 있는 일

학업의 책임은 10대에게 있다. 그러나 많은 부모들은 문제의 일부는 자신에게도 관련이 있다고 생각한다. 결국 10대가 학교에서 배우는 것은 그의 장래에 영향을 미친다.

10대 자녀의 문제는 함께 해결할 수 있다. 자녀를 도우며 영향을 미칠 수 있다. 그러나 문제는 10대에게 있다. 10대를 위해 부모가 공부할 수는 없으며, 10대가 공부하지 않기로 작정하면 강요할 수도 없다.

성공을 위한 준비

학업 성취의 기회를 제공하기 위해 부모가 할 수 있는 몇 가지 사항은 다음과 같다.

운동을 장려한다. 운동은 10대가 스트레스에 대처하는데 도움이 될 것이다. 운동은 청소년기에 나타나는 기분변화를 조절하고 10대의 정신을 강하고 예리하게 만드는데 도움이 된다.

10대의 자존심을 세워준다. 가능한 많이 격려 한다. 격려받은 10대는 배우기를 원한다.

가정에서 책임감을 조장한다. 가정에서의 책임감은 학교에서의 책임감을 형성하는데 도움이 된다. 그리고 10대에게 자신감을 부여하게 된다. 많은 부모들은 바빠서 10대에게 공기 필터 교환이나 다리미질과 같은 집안일을 가르칠 수 없다고 느낀다. 이런 일을 혼자서 하기보다는 10대와 같이 하는 시간을 갖는다.

학교 일에 관여한다. 학부모회의에 참석하고 운동회, 연극, 음악회도 관람한다. 학교운영위원회에도 가입한다. 학교 활동에 자원 봉사하고 학생들의 모금운동에도 관여한다.

부모 모임에 가담한다. 자녀의 학교에는 학부형회가 있고, 교회와 같은 단체에도 유사한 모임이 있을 것이다. 다른 부모들과 얘기하는 것은 방법을 습득하고 자신감을 형성하는데 도움이 되고 더 나은 부모가 되는 길이다. 10대 자녀와 함께 활동하는 것도 더 용이할 것이다.

상벌을 피한다. 어떤 부모들은 자녀의 성적이 좋지 않으면 처벌을 한다. 그러나 처벌은 책임감을 기르는데 도움이 되지 않는다. 외출금지나 텔레비전 시청금지는 협동보다는 힘겨루기를 낳게 된다. 또 어떤 부모들은 좋은 행동을 보상한다. 그러나 중요한 것은 성적이 아니라 학습이다. 10대가

▸▸▸ 학업은 공동 노력이다

10대 자녀의 학습을 공동 노력으로 생각한다. 구성원들은 학교와 10대 및 부모이다.

- 학교의 임무는 가르치는 것이다.
- 10대의 임무는 배우는 것이다.
- 부모의 임무는 준비를 갖추는 것이다. 즉, 10대가 학업에 성공할 수 있는 기회를 제공하는 것이다.

성적에 대한 금전적 보상을 기대하기 시작하면 그들은 학습보다는 그 보상에 관심을 두게 되고, 학습이나 힘든 일 그리고 성취한 일에 대한 즐거움을 누릴 기회를 잃을 수 있다. 즐거움과 같은 보상은 10대의 내부에서 나오는 것이며, 성적과 금전적인 것은 외부에서, 교사와 부모에게서 오는 것이다.

10대 자녀를 지원한다. 어떤 10대들은 숙제를 아무 문제없이 스스로 처리하며, 독자적으로 계획을 세워 조용히 일을 끝낸다. 그러나 다른 10대들은 자기 통제력을 습득하는데 부모의 도움이 필요하다.

- 과제를 언제까지 끝내야 하는지 한계를 제시하고 선택하게 한다.
- 집에서 과제를 할 수 있는 장소가 있음을 자녀에게 분명히 전하고 친구들과 공동과제를 하도록 허용한다.
- 과제 수행 중에 자녀와 함께 자료를 검토하거나 질문에 답변해준다.
- 자녀가 공부하는 교과에 관심을 보인다. 자녀가 읽는 책을 읽어보거나 정치학을 공부하면 집에서 정치에 관한 얘기를 한다. 천체에 관해 공부하고 있으면 하늘의 별자리를 보여 달라고 한다.

자신에 대해 긍정적으로 느끼는 10대들은 자신을 생각하는 경향이 있다.

학교에서 생긴 문제는 스스로 책임지게 한다. 10대가 책임감이 부족하면 학교에서 문제가 생길 수 있으며, 그 결과를 체험하게 한다. 만일 10대에게 도움이 필요한 경우에는 이 책에서 학습한 기법을 사용한다. 한계를 정하고 선택의 여지를 제공하며 대안을 모색한다.

힘겨루기에 말려들지 않는다. 만일 여러 가지 아이디어가 도움이 되지 않으면 자녀는 복수나 힘을 추구하는 것일 수도 있다. 자녀에게 침착하게 얘기한다. "내가 공부하게 만들 수는 없으니 네게 달려있다. 필요하면 도움을 요청해." 세력경합에 말려들지 않는다는 것을 확고히 전한다. 시간이 지나면 10대는 책임을 지려고 할 것이다.

격려한다. 학업 성적이 저조한 많은 10대들은 부적절함을 나타낸다. 무력감을 보이는 10대는 매우 낙담해 있다. 학업이나 다른 면에서 10대가 이룬 작은 진전에도 주목하고 격려한다. 10대의 장점에 관심을 집중한다.

반영적 경청법을 사용한다. 이것은 진행 상황을 더 잘 아는데 도움이 된다. 필요한 도움을 얻는 방법에 관해 함께 얘기한다. 학교의 협조도 구한다.

10대의 기분에 대한 대처 방법

1절과 2절에서 기분 변화와 그 이유에 대해 논의하였다.

정상적인 기분 변화

어느 정도의 기분 변화는 정상적이다. 10대 자녀가 가끔 침울해 하면 얘기를 들어주고 격려한다. 가끔 10대에게서 듣는 몇 가지 얘기와 이에 대한 부모의 반응은 다음과 같다.

"상관없어". 일부 10대들은 "상관없다"는 냉담한 태도를 보인다. 실제로 그들은 관심이 많을 수 있다. 그러나 그들은 자신의 생활이 자신의 책임이라고 생각하지 않는다. 그들에게는 많은 격려가 필요하다. 그들이 중요한 존재임을 알리기 위해서는 가정의 중요한 결정 사항에 그들을 관여시킨다. 그들이 특별한 흥미를 보이는 수업과 활동을 택하도록 격려한다. 학교 활동에 관심이 없는 10대에게 창의적인 제안을 한다.

민기는 자신이 학교에 속해 있다고 느끼지 않는다. 그는 그림을 그릴 때 가장 행복하다. 그러나 그는 학교의 모든 미술 관련 수업을 이수했다. 아버지는 아들이 걱정되어 상담교사와 얘기했다. 상담교사는 자신이 알고 있는 다른 학교의 미술 프로그램에 대해 민기에게 얘기했다. 민기와 교사는 민기가 매일 마지막 2시간 수업을 다른 학교의 미술 프로그램을 듣는 것으로 대체하는 방법을 궁리하였다. 상담교사는 민기의 수업시간을 조정하고 다른 학교로 가는 교통편을 마련해 주었다.

때로는 "상관없어"와 다른 냉담한 유형이 힘을 추구하는 것일 때도 있다. 자신의 느낌으로 그와 같은 경우를 확인하여, 그렇다면 힘겨루기를 피하고 결과를 직면하도록 한다.

"**지겨워.**" "이 근처에는 할 게 아무 것도 없어." "학교는 지겨워." 어떤 부모가 10대 자녀에게 이와 같은 말을 듣지 않았겠는가? 많은 부모들은 지루해 하는 10대들에게 무슨 활동을 하도록 권유함으로써 도와주려고 한다. 그러나 그것은 잘못이다. 10대 자녀는 생활을 재미있게 영위할 책임을 느껴야 한다. "지겹다"는 말은 흔히 관심이나 힘을 추구하려는 의도이다. 최선의 대응책은 그 말을 무시하는 것이다.

"**난 못해…무서워…**" 10대 자녀의 공포와 걱정은 자신감 부족을 의미한다. 자신감은 하루 밤에 생기지 않지만 부모는 10대가 자신을 믿도록 도울 수 있다. 한 가지 방법은 10대가 어떤 일을 잘 처리한 순간을 지적하는 것이다. 또 하나의 방법은 자신감을 느꼈던 때를 기억하도록 하는 것이다. 두렵고 걱정될 때는 좋았던 때를 떠올리도록 제안한다. 그리고 10대가 성공할 수 있는 여러 가지 방법을 모색하도록 도울 수 있다.

민구는 친구와 집에서 간식을 먹고 있을 때 아버지가 들어왔다. 친구가 말했다. "민구야, 너 합창반에 들어 봐." 민구가 말했다. "다른 애들 앞에 서야 하는 것이 겁 나." 친구가 다시 말했다. "중학교 때 나와 같은 합창반이었잖아? 너 할 수 있어." 민구는 말했다. "그렇지만 고등학교 합창반은 3배나 더 크잖아?"

아버지는 아무런 얘기를 하지 않았지만 나중에 아들의 느낌에 대해 논의하였다. 아버지는 민구가 자신 없어 했을 때조차도 잘 해낸 경우가 여러 번 있었음을 지적하였다. 그 후에도 아버지는 민구를 계속 격려하여 민구는 점차 자신감을 갖기 시작할 것이다. 만일 민구가 시도해도 성공하지 못하면 아버지는 아들이 낙담할 것을 알게 되겠지만 그의 노력을 인정할 수는 있을 것이다.

▸▸▸ 자신감에 대하여

10대 자녀가 잘 하는 것을 가능한 많이 생각해낸다. 자녀가 "난 못해"라고 말할 때 부모가 생각했던 것들을 기억하고 자녀에게 상기시킨다.

"스트레스를 받고 있어요." 스트레스는 압력에 대한 반응이다. 10대들이 생활에서 지나친 부담을 느끼면 신체는 흔히 그것을 입증하는 방법을 찾는다. 그들은 두통이나 복통 또는 신경성 경련을 경험할 수 있다.

스트레스는 걱정과 불안감을 포함하고 있다. 10대들이 이와 같은 느낌을 다룰 수 있다면 지나친 스트레스를 느끼지 않을 수 있어야 한다. 다른 많은 경우에서와 같이, 10대 자녀는 부모가 스트레스에 대처하는 방법에 주목할 것이다. 자녀에게 이완하는 방법을 알려준다. 1절에 제시된 긴장이완 활동을 10대 자녀에게 가르칠 수도 있다.

위험 신호인 감정

때로는 10대의 기분과 감정이 균형을 잃기도 한다.

- 슬픈 느낌과 우울한 것은 다르다.
- 체중에 대해 비참하게 느끼는 것과 자신의 몸을 혐오하는 것은 다르다.
- 어떤 것에 화를 낼 수 있지만 대부분의 시간에 화를 내고 난폭하게 구는 것은 별개의 문제이다.
- 사랑하는 느낌과 관계가 악화될 때 아무 생각도 하지 않거나 인정하지 않으려는 것은 다른 문제이다.
- 흥분과 재미를 원하는 것과 음주나 약물남용은 다른 것이다.

이 절에서는 우울, 신체상, 분노와 폭력의 3가지 사항을 논의할 것이다. 7절에서는 알코올과 약물 그리고 성에 관해 좀 더 세밀하게 검토할 것이다.

우 울

▸▸▸ **우울의 증세**

- 슬프거나 공허한 느낌이 사라지지 않는다.
- 일상 활동에서 흥미나 즐거움을 느끼지 못한다.
- 활력을 잃거나 피로감이 사라지지 않는다.
- 학업, 수면, 체중, 식사습관에서 뚜렷한 변화가 있다.
- 집중하거나 기억하거나 결정을 내리는데 문제가 있다.
- 죄책감, 무가치감, 무력감을 느낀다.
- 죽음이나 자살에 대해 얘기하거나 자실 기도를 한다.
- 자주 운다.
- 불편한 심기가 가라앉지 않는다.
- 치료해도 고통이 사라지지 않는다.

이 중에서 4가지 이상의 증세가 2주 이상 계속되면 의사나 상담자에게 의뢰해야 한다. 약물치료나 상담을 받을 필요가 있으며, 흔히 둘 다 도움이 된다.

슬픔과 불행한 느낌은 정상적인 인간의 감정이다. 이성친구와 헤어진 10대는 대개 슬픔을 느낀다. 그 10대는 관계가 끝났음을 인정하는데 슬퍼할 시간이 필요하다. 우리가 관심을 기울인 사람을 잃을 때 우리는 슬픔을 느낀다. 때로는 이러한 슬픔은 좋은 것일 수 있다.

우울은 슬픔과는 달리 보통은 저절로 사라지지 않는 문제이며, 정서적 및 신체적 원인이 있을 수 있다. 우울한 10대들은 정서적인 성장과 학습이 중단된다. 흔히 그들은 대처 수단으로 알코올이나 다른 약물을 사용한다. 이러한 행동은 우울을 지속시키거나 악화시킬 수 있다.

도움을 요청한다.

10대 자녀가 우울한 것 같으면 바로 도움을 구한다. 상담교사나 진료의사 또는 상담전화로 도움을 요청한다.

접촉을 유지한다.

우울한 10대를 도울 수 있는 몇 가지 방법이 있다.

자살에 관해 얘기를 나눈다. 뉴스나 학교에서 자살이 이야기되면 공개적으로 논의한다. 이것은 10대의 생각을 들어보는 기회가 된다. 자살한 사람이 취할 수 있었던 대안을 자녀가 이해하게 한다.

경고 신호를 살핀다. 자살의 경고 신호는 왼쪽에 나열되어 있다. 자살을 시도하여 실패한 10대는 다시 시도할 수 있다.

자살에 대해 얘기하는 10대는 자살을 결심할 수 있다. 자살에 대해 얘기하는 사람은 자살하지 않는다는 것은 사실이 아니다. 자살을 시도하는 대부분의 사람들은 사전에 자살에 대해 얘기한다.

자살을 시도하는 대부분의 10대들은 사전에 얘기한다.

잘 듣는다. 듣는 것이 두려울 수 있지만 그렇게 함으로써 10대의 마음속에서 무슨 일이 벌어지고 있는지 알 수 있다. 좀 더 구체적으로 알기 위해서는 개방적인 질문을 한다.

대화 통로를 유지한다. 10대 자녀와 대화를 잘 하지 못하면 그렇게 할 수 있는 다른 사람을 찾는다. 그 사람은 오빠나 누나, 삼촌, 고모와 같은 가족이거나 상담교사, 좋아하는 교사, 10대와 친한 다른 어른일 수 있다. 10대에게 괴로움을 토로할 기회를 줄 필요가 있다.

사랑을 표시하며 격려한다. 자살을 시도하는 10대는 무가치감을 느껴 어떻게든 좋아지지 않을 것으로 믿는다. 그와 같은 10대에게는 자신이 가치있고 사랑받고 있다는 느낌을 갖도록 해야 한다. 10대 자녀를 사랑하고 인정하고 중시하고 있다는 것을 보여주는 방법을 모색한다.

다이어트와 좋지 않은 식사습관

10대들은 매일 같이 텔레비전, 영화, 잡지에서 "완전한" 몸매에 관한 기사를 접한다. 동시에 그들의 신체도 변화하고 있다. 그들은 자신의 외모를 매우 의식하고 있다.

많은 부모들은 과체중의 10대 자녀에 대해 걱정한다. 또 다른 부모들은 그들이 보기에는 괜찮은데도 항상 다이어트를 하는 자녀를 걱정한다. 우리와 같은 성인들 중 많은 사람들도 외모, 체중, 음식에 신경을 쓴다.

만일 10대 자녀가 "난 너무 뚱뚱해. 내 모습이 싫어!" 라고 말하면 어떻게 하겠는가? 아마 이렇게 물어볼 수도 있다.

"어떻게 보이면 좋겠니? 지금의 모습과 어떻게 다른데?" 여러 가지 체형이 정상적임을 자녀에게 상기시킨다.

체중과 음식에 관심을 두지 않는다.

체중과 음식에 대한 지나친 관심을 예방하기 위해 할 수 있는 일을 몇 가지 제시하면 다음과 같다.

큰 일로 생각하지 않는다. 외모나 음식에 너무 관심을 두려고 하지 않는다. 자녀의 먹는 것에 간섭하거나 다이어트를 제안하지 않는다. "사탕보다 사과가 네게 좋을 거야." 또는 "내게 다이어트 프로그램에 관한 할인권이 있는데 시험해 보겠니?" 와 같은 말도 하지 않는다. 혹시 자녀가 다이어트에 관한 도움을 요청하고 도와주는 것이 괜찮을 것 같으면 그렇게 한다. 그러나 그 화제를 계속 유지하지는 않아야 한다.

부모의 언행에 주의한다. "음식을 남김없이 먹어라"는 말을 하는가? 그 말은 10대가 배가 불러도 더 먹도록 조장하는 것이다. "간식은 안 돼! 밥맛을 떨어뜨려."라고 말하는가? 자신이 건강식을 하고 있는가? 자신의 모습을 비판하는가? 10대 자녀는 부모의 언행에 의해 영향을 받을 수 있다.

다양한 음식을 즐긴다. 많은 건강식품을 준비한다. 온 가족이 매일 또는 1주일에 몇 번은 함께 먹도록 한다. 그렇지만 자녀가 좋아하는 음식도 완전히 없애지는 않는다. 자녀가 과자를 좋아하면 약간은 허용한다.

매체의 영상에 관해 논의한다. 텔레비전과 잡지에 묘사된 "완전한" 몸매가 대다수의 사람들과 어떻게 다른지 얘기한다. 텔레비전이나 잡지에서 읽은 정상적인 몸매에 관한 기사 내용을 자녀와 공유한다. 부모가 10대이었을 때 자신의 신체에 관해 어떤 느낌이었는지 이야기를 나눈다.

자주 격려한다. 외모에 관해 너무 걱정하는 10대에게는 자신감을 갖도록 격려한다. 자녀가 사랑받고 가치있는 존재로 느끼는데 도움이 되는 격려기법을 사용한다. 다음과 같은 말로 자녀의 장점을 격려한다. "너는 웃는 모습이 매력적이야." "에어로빅 강습을 다니더니 더 튼튼해진 것 같다."

다양한 섭식장애

일부 10대들은 섭식장애를 갖고 있다. 3가지 보편적인 섭식장애는 비만, 거식증, 폭식증이다.

어머니는 현숙이에 대한 걱정이 많다. 현숙이는 매우 홀쭉하지만 본인은 그 사실을 모르는 것 같았다. 그녀는 자신의 모습에 비판적이었다. 친구에게는 전화로 이렇게 말했다. "5kg을 더 줄일 때까지는 남자 친구를 만나지 않을 거야!" 그녀는 거울 앞에 서서 이렇게 말했다. "이 팔에 살덩어리 좀 봐."

어머니는 현숙이가 식사를 아주 적게 한다는 것을 알았다. 그녀가 체중을 줄이는 것은 이해가 되지 않았다. 어느 날 밤 저녁식사 후에 어머니는 화장실 앞을 지나다 현숙이가 구토하는 소리를 듣게 되었다. 다음 날 밤에도 현숙이는 저녁에 폭식을 하였다. 그녀가 식탁을 떠나자 그녀의 동생이 말했다. "언니는 틀림없이 목에 손가락을 집어넣을 거야." 어머니는 물었다. "왜 그런 말을 하니?" 동생은 대답했다. "내 친구가 보았다는데, 학교에서 점심을 먹은 후에 언니가 그렇게 한다는데요."

폭식증은 심각한 것이다. 어머니는 현숙이를 어떻게 도울 수 있는가?

나-메시지와 반영적 경청을 사용한다. 어머니는 현숙에게 이렇게 말 할 수 있다. "네가 점점 더 야위어 가는데 어디 아픈지 걱정된다." 만일 현숙이가 야위었다는 사실을 부인하면 또 이렇게 말할 수도 있다. "현숙아 네가 토한다고 들었는데, 이유 없이 토한다면 정말 무섭구나. 억지로 토하는 모양인데 그렇게 하면 네 몸에 좋지 않아." 현숙이는 화를

▸▸▸ 3가지 흔한 섭식장애

- 비만. 대부분의 경우에 비만한 10대는 무절제하게 먹는다. 음식은 중독이 되어버린다.
- 거식증(신경성 식욕부진, anorexia). 이 장애는 보통 여성에게서 나타난다. 10대는 자신이 홀쭉한 경우에도 뚱뚱하다고 믿는다. 그녀는 모든 희생을 무릅쓰고 살찌는 것을 피하려고 굶는다.
- 폭식증(bulimia). 이 장애도 남자보다는 여자에게 더 흔하다. 거식증에서와 같이 10대는 홀쭉해도 뚱뚱한 것으로 느낀다. 10대는 과식을 한 후 체중 증가를 방지하기 위해서 구토를 한다. 거식증과 폭식증이 있는 10대는 흔히 하제나 이뇨제를 복용한다.

내며 이렇게 말할지도 모른다. "엄마는 화장실 앞을 서성이며 염탐할 권리가 없어요. 나는 사생활도 없나요?" 어머니는 이렇게 대답할 수 있다. "내가 기웃거리는 것 같아서 화가 났구나. 그냥 우연히 듣게 된 거야. 그렇지만 나는 정말 걱정된다. 왜 너는 살을 더 빼야 한다고 생각하니?"

대안을 탐색한다. 이것은 쉽지 않은 일이다. 어머니는 현숙이의 감정을 이해할 필요가 있으며, 가능하면 현숙이가 스스로 책임을 지도록 해야 한다. 어머니는 존중하는 태도를 유지하며 현숙이가 체중 감량과 구토를 중지하기 위해 어떤 대책을 세울 것인지 물어볼 수 있다.

전문적인 도움을 구한다. 어머니는 현숙이를 면밀히 관찰하면서 어떻게 진전되고 있는지 확인할 필요가 있다. 현숙이가 여전히 야위어가거나 이상하게 행동하면 그 때는 어머니의 문제가 된다. 현숙이의 건강과 안전이 문제가 되기 때문이다. 어머니는 현숙이를 위해 도움을 구해야 하며 의사와 상의할 수 있다. 그녀는 섭식장애를 치료하는 병원이나 상담자를 찾아볼 수도 있다.

섭식장애가 있는 10대는 낙심해 있다. 그들은 자신의 몸을 통제할 수 없다고 느낀다. 자신의 몸이 적이 되어버린 것이다.

비만한 10대는 처음에는 음식을 친구 대용으로 이용하거나 단순히 관심을 끌기 위한 행동일 수 있다. 나중에는 음식이나 먹는 것에 중독되어 버린다. 10대는 자신이 음식의 양과 종류를 통제하기보다는 음식이 자신을 통제하는 것으로 느끼기 시작한다.

거식증이나 폭식증이 있는 10대는 부모나 다른 사람들이 자신의 모든 행동을 통제하고 있는 것으로 간주하여 낙담해 있다. 그 10대는 자신이 통제할 수 있는 유일한 것이라곤 신체뿐이라고 믿는다. 10대는 섭식을 거부하거나 과식 후

구토함으로써 체중을 조절하려고 시도한다. 그와 같은 섭식 행동은 중독이 될 수 있으며, 10대는 자신의 신체조차도 통제할 수 없는 것처럼 느낀다.

섭식장애에 대해서 10대는 의사나 의료전문가의 도움을 필요로 한다. 또한 섭식장애를 지닌 10대들은 부모의 전적인 사랑과 격려도 필요하다.

분노와 폭력

폭력은 우리 주변에서 언제나 발생한다. 우리는 그 것에 관한 것을 텔레비전이나 신문을 통해서 접하고 있다. 어떤 사람들은 가정에서도 폭력을 경험하고 있다. 부모는 폭력에 대해 걱정한다. 그에 관해 우리가 할 수 있는 가장 중요한 일은 10대 자녀에게 비폭력을 가르치는 것이다.

부모는 10대의 모델이라는 것을 기억하라. 구타는 폭력의 한 유형이다. 부모가 다른 사람을 구타하면 10대들은 구타를 성인의 용인되는 행동으로 여길 수 있다. 다른 사람을 구타할 수 있는 이유는 없다. 소리치는 것도 도움이 되지 않는다. 소리를 지른 다음에는 협조를 구하기 어렵다.

구타와 고함은 문제를 해결하기보다는 악화시킨다. 3절에서 구타와 고함치고 싶은 충동을 느낄 때 대응책에 관해 논의하였다.

10대의 분노에 대처하기

10대들은 슬퍼하거나 흥분할 수 있듯이 때로는 크게 분노할 수도 있다. 만일 부모에게 분노를 표현하면 힘겨루기나 보복행위를 하지 않도록 한다. 짜증을 부리는 데에는 관중이 필요하며, 10대의 관중이 되지 않도록 한다. 분노가 부모와 관계없는 것이라면 다음과 같이 대처할 수 있다.

- 반영적 경청법을 사용하여 들은 내용을 10대 자녀에게 다음과 같이 알린다. "친구에게 매우 화가 났구나. 그에 대해 얘기해 보겠니?"
- 분노가 문제해결을 방해한다는 것을 지적한다. "이에 관해 기분이 좋아지려면 어떻게 할 수 있는지 모르겠구나."
- 나중에 10대가 진정되면 분노에 대처하는 방법에 대해 얘기를 나눈다. 어떤 10대들에게는 연습이 처음부터 분노가 시작되지 않도록 하는데 도움이 되고, 또 다른 10대들에게는 음악을 듣거나 친구와 얘기하거나 일기를 쓰거나 그림을 그리는 것이 도움이 될 수 있다. 10대 자녀에게 분노는 문제해결에 방해가 된다는 점을 지적한다. 어떤 사람과의 문제를 해결하기 위해서는 둘 다 침착해야 한다는 것을 자녀가 깨닫게 한다. 그렇다면 누구도 화를 낼 필요가 없다.

화를 자주 내는 10대는 전문적인 도움이 필요하며, 그 분노가 부모에게 향한 것이든 아니든 관계없이 그렇다.

폭력물의 제한

가정에서 폭력물에 관한 규칙을 정하는 것이 좋다. 부모는 10대 자녀에게 폭력물에 관련된 텔레비전, 만화, 음악, 게임 등을 제한하려는 시도를 존중하도록 기대할 권리가 있다. 우리는 모두 이 문제가 쉽거나 단순하지 않다는 것을 알고 있다. 청소년은 성인용 영화를 쉽게 볼 수 있고, 텔레비전에서 폭력물을 접할 수 있으며, 폭력적인 만화도 숨길 수 있다. 모든 10대들은 친구 집에서 시간을 보내는 수가 많고 그 곳에서는 물론 규칙도 다르다.

10대들에게는 제한을 두는 이유에 관해 얘기하는 것이 중요하다. 제한을 설정하기 위해 어떤 프로그램들은 직접 시청하고, 10대와도 함께 본다. 이것이 폭력물을 다루는 좋은 방법이다.

사람들은 폭력물의 의미와 수용 정도에 관해 여러 가지 느낌을 갖고 있다. 어떤 부모는 서부영화나 공상과학영화에 만족하고, 또 다른 부모는 축구경기가 너무 난폭하다고 생각한다. 폭력에 관한 스스로의 생각을 정리해본다. 부모의 감정을 10대에게 설명하는 시간을 갖고, 자녀의 감정도 들어본다. 어떤 프로그램이 좋고 나쁜지 선택방안을 모색한다.

부모는 10대들에게 가끔 폭력에 관한 뜻하지 않은 메시지를 전한다.

10대도 폭력을 걱정한다.

10대 자녀가 부모에게 얘기하고 싶어 하는 경우도 있다. 10대들도 폭력을 염려한다.

창준이는 고등학생이다. 한 불량서클의 몇 학생들이 창준이에게 서클에 가입하도록 요구했다. 어느 학생은 여자 친구와 같이 다니지 말라고 경고까지 하였다. 창준이는 그 학생에게 말했다. "나는 어떤 서클에도 들고 싶지 않고, 누구도 해치고 싶지 않아. 그러니까 나를 혼자 내버려 둬." 창준이는 겁이 나서 부모에게 이 상황을 얘기했다. "그들은 나를 내버려두지 않을 거예요. 어떻게 해요?"

이것은 큰 문제이다. 불량집단은 사람들의 권리를 존중하지 않으며, 어떤 사람이 다칠 수도 있다. 창준이는 혼자서 이 문제를 해결할 수가 없다.

부모가 할 수 있는 일

▸▸▸ **격려 단계**

자녀가 도움이 되거나 책임 있는 행동을 할 때 주목하여 나-메시지로 표현하거나 그 사실을 알고 있음을 나타낸다. 몇 가지 예를 들면 다음과 같다.

- "개를 목욕시켰구나. 냄새가 훨씬 좋은데!"
- "아침에 식탁을 치웠구나. 고맙다."

창준이의 부모는 그의 느낌을 알 필요가 있으며, 창준이도 부모가 뒤에 있음을 알아야 한다. 그러나 그것만으로는 충분치 않다. 부모가 세상을 전적으로 안전하게 만들 수는 없다. 그렇지만 부모는 창준이가 불량서클을 피할 수 있도록 도와줄 수 있다.

- 부모는 창준이에게 바른 행동을 했다고 얘기해 줄 수 있다. 집단에 맞서는 것은 용기를 보여준 것이며, 무엇이 옳은지 창준이가 알고 있다는 것을 의미하는 것이기도 하다.
- 부모는 창준이의 다음 행동에 대해 논의할 수 있다. 부모는 그의 아이디어를 요구할 수 있고, 그는 좋은 생각뿐만 아니라 그다지 좋지 않은 생각도 할 수 있다. 부모는 그의 생각을 듣고 나서 가장 안전한 방법을 택하도록 거들 수 있고, 그들 자신의 생각도 창준이에게 얘기할 수 있다.
- 부모는 창준이가 불량서클에 속하지 않은 친구들을 사귀는 법을 터득하는데 도움을 줄 수 있다. 그는 운동을 시도할 수 있고, 학내 신문이나 교지 편집 활동에 참여할 수도 있다.
- 부모는 또한 학교와 접촉하여 창준이에게 적합한 다른 서클을 찾아 볼 필요도 있다. 학교에서는 이런 문제를 다루는데 어떤 조치를 취하고 있는가? 창준이가 안심하

고 학교생활에 흥미를 갖도록 하기 위해 어떤 제안을 하는가?

창준이의 부모는 그를 안전하게 할 수 있는 다른 방법도 모색해 볼 수 있다.

- 교회와 같은 곳에서 학생들이 어울리고 공부할 수 있는 안전한 장소를 찾을 수 있다.
- 청소년 복지시설에서 유익한 프로그램을 발견할 수 있다.
- 청소년의 안전과 보호를 위해 노력하는 부모의 모임에 가담하거나 그와 같은 활동을 시도할 수 있다.

불량서클을 피하기

불량서클은 심각한 문제이다. 아무도 그와 같은 서클을 쉽게 사라지게 할 수는 없다. 부모는 자녀가 그와 같은 서클에 관여하지 않도록 어떻게 도울 수 있을까?

사랑을 받고 있다는 느낌을 갖게 한다. 10대 자녀를 격려하면 그들은 사랑을 받고 있다고 느끼며, 자녀를 수용하면 함께 있기를 원한다는 느낌을 갖게 된다. 우리는 모두 사랑받고 있다는 것을 알 필요가 있으며, 10대도 이와 같은 사랑을 느껴야 한다. 그래야 그들은 다른 집단에서 사랑을 찾을 가능성이 적을 것이다.

힘 있는 느낌을 갖게 한다. 10대들은 힘 있는 느낌을 가질 필요가 있다. 그들에게 힘을 실어주는 한 가지 방법은 한계를 합리적으로 설정하고 선택할 수 있게 하는 것이다. 10대들이 결정을 내릴 수 있는 여러 가지 방법을 제공한다. 그러면 그들은 힘을 추구하기 위해 집단에 가담하려고 하지 않을 것이다.

필요한 존재라는 느낌을 갖게 한다. 10대 자녀가 부모에게 중요한 존재라는 사실을 알린다. 우리가 그들의 협조를 기대할 때 이 점을 보여줄 수 있다. 그리고 그들에게 책임을 부여하고 그들의 생각과 도움을 구할 때에도 그렇다. 또한 그들의 도움이 부모에게 큰 의미가 있음을 알린다. 10대 자녀가 가족의 중요한 일원으로 느끼게 한다. 그러면 그들은 집단 속에서 가족을 찾으려고 하지 않을 것이다.

▸▸▸ 가족을 위하여

가족 모임을 계속하면서 모임의 목적을 가족들에게 상기시킨다.

- 흐뭇한 감정을 공유한다.
- 재미있는 시간을 함께 갖는다.
- 계획을 세운다.
- 문제를 토로하고 서로 돕는다.

가족들에게 모임에 대해 어떻게 생각하는지, 도움이 되는지 물어본다. 가족이 함께 활동하는데 어려움이 있으면 그에 대해 이야기를 나누고 서로의 감정을 공유한다. 공동 활동을 더 잘 하기 위한 방안을 논의하고 합의한다.

진전 사항

6절에서 부모의 역할을 다음과 같이 여러 면에서 행사할 수 있다는 것을 학습하였다.

- 스스로 문제를 파악하여 대책을 세우는 것을 학습하였다.
- 10대 자녀가 일상적인 문제에 대처하도록 도와줄 수 있는 방법을 모색하였다.
- 10대가 심각한 문제를 피하거나 대처하도록 돕는 방법을 강구하였다.
- 격려의 중요성도 깨달았다.

이번 주의 활동

문제가 발생하면 행동하기 전에 어떻게 할지 우선 생각한다. 누구의 문제인지 파악하고 목표를 생각한다. 최선책을 결정하고 다음과 같이 스스로 생각해본다.

- 10대 자녀의 목적이 무엇인가?
- 그의 감정을 알 수 있는가?
- 나-메시지를 사용할 수 있는가?
- 대안을 모색할 수 있는가?
- 선택의 여지를 제시할 수 있는가?
- 10대를 격려할 수 있는가?

자녀와 문제해결을 시도하는 방법을 모색한다.

부모를 위하여

우선순위

우리는 모두 소속을 필요로 한다. 우리의 소속감은 우선순위, 즉 우리에게 가장 중요한 것에 따라 결정된다. 어떤 우선순위는 대인관계와 연관된다.

우선순위를 발견하기 위해서 다음과 같은 간단한 검사를 해보자. 다음 사항을 생각해 본 후 가장 중요한 것부터 순위를 정해 보자.

____A. 거부당하기 싫다.

____B. 난처한 상황에 처하기 싫다.

____C. 긴장이나 갈등을 피하고 싶다.

____D. 비생산성을 싫어한다.

A를 1순위로 택했다면 친화를 가장 중시하는 것이다. 다른 사람들로부터 호감을 받고 싶어 한다.

B를 1순위로 택했다면 통제를 가장 우선하는 것이다. 책임지기를 원하며 다른 사람의 통제를 받지 않으려고 한다.

C를 1순위로 택했다면 위안을 중시하는 것이다. 긴장이나 갈등으로 흔들리기를 원치 않는다.

D를 1순위로 택했다면 수월성을 중시하는 것이다. 생활의 의미를 찾으려고 한다.

다음 표에서는 위와 같은 우선순위가 부모와 자녀에게 미칠 수 있는 몇 가지 영향이 열거되었다.

- 우선순위가 부모의 생활에 그리고 부모로서의 행동에 어떤 긍정적인 영향을 미치고 있는가?
- 부정적 영향은 무엇인가?
- 어떤 변화를 원하는가?

우선순위	부 모		자 녀	
	유리한 점	불리한 점	유리한 점	불리한 점
친화	타인과 잘 어울리고 그들의 생각을 이해한다.	이용당하거나 존중받지 못한다고 느낀다.	갈등이 적고 쉽게 이해받는다고 느낀다.	타인을 무시하거나 이용한다.
통제	논리적이고 조직적이다.	사람들과 감정을 공유할 만큼 친하기 어렵다.	한계를 알며, 조직적이다.	세력경쟁에 당면하고 감정을 공유하지 않으려 한다.
위안	태평스럽고 갈등이 적다.	성취부족을 느낀다.	갈등이 적고 자신의 이익을 추구할 수 있다.	흥미를 깨닫지 못하고 중시하지 않는다.
수월	유능하고 창의적이다.	지나친 부담과 책임을 느낀다.	창의적이고 긍정적인 생활태도를 갖춘다.	부적절함을 느끼거나 완전하려고 애쓴다.

기억해야 할 사항

1. 10대 자녀에게 사용하는 방식은 발생한 일의 성격에 따라 다르다.
2. 대응하기 위해서는 누구의 문제인지, 자녀의 목적이 무엇인지, 부모의 목적이 무엇인지, 최선책이 무엇인지 생각한다.
3. 학업에 관해서는 자녀가 대비하여 성공할 수 있도록 다음과 같이 도와준다.
   - 자녀가 건강하고 책임감을 갖도록 도와준다.
   - 학교활동에 관여하며, 다른 학부모와 교류한다.
   - 상벌을 피한다.
   - 자녀를 지원한다.
   - 결과를 지켜본다.
   - 격려한다.
4. 감정의 변화는 정상적이다. 반영적 경청과 나-메시지를

사용한다. 자녀가 관심추구나 힘겨루기를 시도하면 말려들지 않는다.

5. 우울은 슬픔과는 다른 것이다. 우울은 물리적 원인과 정서적 원인이 있을 수 있다.
6. 10대 자녀가 건전한 신체상을 갖도록 다음과 같이 도와준다.
   - 체중과 음식에 초점을 맞추지 않는다.
   - 약간의 간식과 많은 건강식품을 제공한다.
   - 매스컴에 제시되는 "완전한" 몸매에 관해 이야기를 나눈다.
   - 격려하는 자세를 갖는다.
7. 10대가 우울해 하거나 섭식장애를 갖고 있으면 도움을 청한다. 자녀와 얘기를 나누며 사랑과 격려를 보낸다.
8. 비폭력을 조장하기 위하여 구타하지 않으며, 텔레비전, 만화, 컴퓨터 게임, 음악에서 제시되는 폭력에 한계를 정하고 이에 대해 이야기한다.
9. 자녀의 분노에 대해서는 다음과 같이 도와준다.
   - 반영적 경청법과 나-메시지를 사용한다.
   - 문제를 해소하는 방법을 찾도록 한다.
   - 분노를 피하고 제거하는 방법을 이야기한다.
10. 불량집단을 피하도록 하기 위해서는 자녀가 안전한 활동을 하도록 격려하고, 사랑받고 필요로 하며 힘이 있다는 느낌을 갖게 해준다.
11. 자녀의 안전을 보장해 줄 수는 없지만 부모의 역할을 잘 이용하여 자녀가 심각한 문제에 처하지 않고 현명한 선택을 하도록 도울 수 있다.

표 6. 문제에 대한 효율적인 대책

효율적 접근	문제의 소유	대응 목적	대응 방법
반영적 경청	자녀	문제에 대한 이해를 표현한다.	"시험에 대해 걱정하는구나." "네 친구가 다른 애랑 다니니까 기분이 좋지 않은 모양이구나."
나- 메세지	부모	자녀의 행동이 어떤 영향을 미치는지 존중하는 태도로 말한다.	"귀를 여기 저기 뚫으면 감염될까 걱정된다." "도구를 가져가서 제 자리에 두지 않으면 내가 필요할 때 사용하지 못하니까 속상하다."
대안 탐색	자녀	문제해결 방법을 결정하도록 한다.	"이 문제를 해결하는 방법이 무엇이겠니?" "어느 것이 가장 좋은 생각이니?" "이 방식을 택하겠니?"
	부모 부모와 자녀	자녀와 합의점을 찾는다.	"이 문제를 해결하기 위해 어떻게 할 수 있겠니?" "이 생각에 우리가 동의하는 것이지?" "한 사람이 이 합의를 깨뜨리면 어떻게 하지?"
결과 이용	자녀	자녀에게 선택을 하고 그 결과를 따르게 한다.	추운 날에 코트를 입지 않는 자녀가 감기에 걸린다. 연습을 하지 않은 10대는 시합에 출석하지 못한다(부모가 아니라 코치가 정한 규칙에 의해서)
	부모 부모와 자녀	문제행동에 대해 자녀에게 선택하여 그 결과에 대처하게 한다.	용돈을 빨리 소비한 자녀는 다음 기회가 올 때까지 더 이상 받지 못한다. 통금시간을 어긴 자녀는 다음 번에 나가지 못한다.

7. 부모의 선택 II

6절에서 10대 자녀의 도전에 대처하는 법을 검토하였다. 여기서도 자녀와 관련된 다른 도전에 대처하는 법을 계속 모색할 것이다.

10대 자녀를 돕는 6가지 기법

- 목적 확인은 대응방법을 정하는데 도움이 된다.
- 반영적 경청은 자녀가 문제를 안고 있을 때 도움이 된다.
- 나-메시지는 부모가 문제를 갖고 있을 때 느낌을 표현하는데 도움이 된다.
- 대안 탐색은 어떤 문제에도 도움이 된다.
- 선택기회 제공은 누구의 문제인지에 따라 다르다.
- 격려는 자녀와의 관계에서 기초가 된다. 가능한 자주 사용한다.

▸▸▸ **학습해야 할 내용**

- 형제간은 잘 지내며 문제도 스스로 해결하도록 기대한다.
- 자녀와 신뢰감을 구축하기 위해 노력하면서 거짓말이나 훔치는 행위가 문제되면 배운 기법을 활용한다.
- 자녀와 성에 관한 결정과 결과에 대해 얘기하는 것이 중요하다.
- 부모의 행동 기법은 자녀가 약물에 중독되는 것을 방지하는데 사용할 수 있다.
- 10대 자녀와의 관계를 계속 개선하는데 부모의 모든 행동 기법을 활용할 수 있다.

자녀가 다툴 때

자녀는 가끔 다투거나 언쟁을 벌인다. 싸움은 자녀가 10대로 성장한다고 해서 꼭 사라지는 것은 아니다. 사실상 싸움은 아주 보편적이어서 부모는 싸움을 정상적이라고 여긴다. 부모는 자녀가 싸울 것을 기대한다.

용준이와 용필이는 형제간이다. 동생 용필이는 형의 친구들과 어울리기를 좋아한다. 그는 그들과 같이 거실에서 텔레비전을 보고 농구도 같이 하려고 쫓아다닌다.

용준이는 자신이 친구들과 지내길 원했다. 그는 용필이에게 화를 내며 말했다. "우리에게 신경 끄고 네 친구들을 찾아서 같이 놀아!" 그 순간 그들은 언쟁을 시작했다.

흔히 형제간은 싸울 때 아버지를 개입시키려고 한다. 용필이는 이렇게 말한다. "형이 내게 못되게 굴어요. 거실에서 텔레비전도 못 보게 해요" 또는 용준이는 이렇게 말한다. "용필이가 나와 내 친구들 곁에서 어른거리지 않게 해주세요."

아버지가 할 일

용준이와 용필이는 서로 잘 지내야 하는 문제에 부딪쳤다.

▸▸▸ 대처 방법의 결정

누구의 문제인지 확인하고 대응 목적을 생각한다. 무엇이 최선책인지 결정한다. 다음과 같은 질문을 스스로 한다.

- 자녀의 목적이 무엇인가?
- 그들의 느낌을 경청하거나 나-메시지를 사용할 것인가?
- 대화로 해결할 수 있는가?
- 선택 기회를 제시할 것인가?
- 자녀를 어떻게 격려할 수 있는가?

싸움을 멈추려는 시도는 상황을 악화시킬 수 있다. 아버지의 행동에 상관없이 형이나 동생은 아버지가 한쪽 편을 든다고 느낄 것이다.

자녀가 싸울 때 그들은 흔히 목적이 있다. 그것은 부모의 관심을 끌기 위한 것일 수 있고, 자신이 원하는 대로 행동할 수 있음을 부모에게 보여주려는 것, 즉 힘을 과시하려는 것일 수도 있다. 또는 부모에 대한 복수를 목적으로 부모가 총애하는 형제를 괴롭히려는 것일지도 모른다.

갈등에 끼어들지 않는다. 아버지는 형제가 잘 지내도록 만들 수는 없다. 그러나 관여하지는 않을 수 있다. 아버지가 그처럼 행동하면 형제간 다툼은 개선되기보다는 우선 악화될 수 있다. 그들은 서로 고자질하면서 아버지를 다툼에 끌어들이려고 할 것이다. 그러나 아버지는 이와 같이 얘기한다. "이 문제는 너희 둘이 해결해야 한다. 해결책을 찾을 수 있을 거야." 이와 같은 태도는 형제간이 잘 지낼 수 있다는 아버지의 믿음을 보여주는 것이다.

행동 결과를 이용한다. 만일 신체적 폭행이 수반된다면 문제는 아버지에게로 확대된다. 그러면 행동 결과를 이용할 수 있다. 아버지는 이렇게 말한다. "누군가 다칠 수도 있으니 폭력없이 문제를 처리하거나 서로 잠시 떨어져 있어라." 만일 폭력이 계속되면 아버지는 자신의 얘기를 관철시킬 필요가 있을 것이다. 용준이에게 친구들이 오면 자기 집으로 돌려보내게 하고 두 형제가 떨어져 있게 할 필요가 있다.

자녀에게 대안을 탐색하게 한다. 용필이가 형을 혼자 놔두지 않는다면 형에게는 부당한 것이다. 아버지는 용필이가 자기 친구들과 어울리지 않는 이유를 파악하기 위하여 반영적 경청법을 사용할 수 있고, 용필이에게 다른 할 일을 생각해 보도록 할 수 있으며, 좀 더 존중하는 태도를 보이는 방법을 찾도록 할 수도 있다. 그러면 형이 동생과 좀 더 같이 있으려고 할 수도 있다.

아버지는 형에게도 존중하는 모습을 보이도록 격려할 수 있다. 형은 동생을 대하는 방법을 모색하는데 얼마간 도움을 원할지도 모른다.

거짓말과 훔치는 행동

10대는 가끔 거짓말을 하고, 자신의 것이 아닌 물건을 취득하기도 한다. 이러한 행위는 10대가 사기꾼이나 절도범으로 성장할 것이라는 의미는 아니다.

자녀간 언쟁에 대한 대처

자녀가 언쟁할 때를 생각해 보자. 다음과 같이 스스로 물어본다.

- 아이들이 싸울 때 나는 대체로 어떻게 행동하는가? 그것이 도움이 되는가?
- 그밖에 내가 할 수 있는 것이 무엇인가?

다음에 또 싸울 때 어떻게 할 것인지 결정하고 그 대책을 고수한다.

성인도 거짓말을 한다.

대부분의 부모는 거짓말을 10대가 부모를 신뢰하지 않는 표시로 보지만 많은 부모도 거짓말을 한다.

- 부모는 원하지 않을 때 전화가 오면 자녀에게 이렇게 말한다. "내가 집에 없다고 해."
- 영화관의 입장료를 절약하려고 부모는 자녀의 나이를 더 어리다고 말하고 할인요금을 낸다.

이러한 행동은 사소한 것처럼 보이지만 부모가 정직하지 않을 때 10대들은 무엇을 배우겠는가? 그와 같은 거짓말은 때로는 문제가 되지 않는다.

10대들은 어른들의 "하얀 거짓말"을 너무 잘 알고 있다.

거짓말의 목적

10대들은 부모나 친구의 주목을 받으려고 거짓말을 하거나 벌을 피하려고 또는 복수를 하거나 친구들을 감동시키려고 거짓말을 할 수 있다.

> 미옥이네 가족은 새로 이사를 왔다. 미옥이는 스케이트보드를 좋아한다. 그녀는 스케이트보드를 잘 타는 친구들을 많이 사귀고 싶었다. 미옥이의 어머니는 미옥이가 새로 사귄 친구와 통화하는 것을 듣게 되었다. 미옥이는 이사 오기 전에는 스케이트보드 챔피언과 사귀었고 음악에 맞춰 묘기도 부렸다고 하였다. 어머니는 그 이야기가 사실이 아니라는 것을 알고 있었다.

어머니의 할 일

대안탐색은 10대들이 생각을 말로 표현하게 만든다.

어머니는 딸의 거짓말을 듣고 걱정을 할지도 모르지만 친구에게 거짓말을 한 것은 딸이므로 아직은 딸의 문제에 속한다.

거짓말을 무시한다. 시간이 지나면 미옥이는 새 친구들과 친근감을 느끼고 인정받기 위해 거짓말을 할 필요성을 느끼지 않을지도 모른다. 그 반면에 친구들은 미옥이를 믿지 않을 수 있다. 친구들이 미옥이의 거짓말을 알게 되면 나중에 미옥이가 보다 나은 선택을 하게 될 수 있다.

긍정적 관심을 보인다. 미옥이의 거짓말은 자신이 없다는 느낌을 어머니에게 전하는 것이다. 거짓말에 대한 언급 없이 어머니는 미옥이에게 긍정적 관심을 보일 수 있는 방법을 모색한다. 그녀는 딸이 좋은 친구로서의 장점이 있다고 얘기할 수 있다. "도서관 책을 내 대신 반납해주니 고맙구나. 너처럼 믿을만한 애가 있으니 좋다." 또는 이렇게 말할 수 있다. "너는 밝은 면을 보는 습성이 있는데 내가 기분이 안 좋을 때 많은 도움이 된다. 네 친구들도 분명히 그 점을 인정할 거야."

반영적 경청법과 나-메시지를 사용할 수 있다. 어머니는 미옥이에게 자신의 느낌에 대해 이야기할 기회를 부여할 수 있다. 그녀는 딸에게 이렇게 말했다. "오늘 네가 통화하는 것을 듣게 되었는데 새 친구들에게 정말 감동을 주려는 것 같더구나." 미옥이가 기꺼이 얘기하려 들면 어머니는 딸에게 거짓말의 결과에 대해 생각해 볼 기회를 주게 될 것이다. "네가 이야기하는 것을 들으면서 친구들이 거짓말이라는 것을 알게 될까 걱정되었다. 그렇게 되면 무슨 일이 생길지 생각해 봤니?"

대안을 탐색하게 한다. 대안 탐색은 미옥이가 신중히 생각하며, 거짓말하지 않고도 친구들을 사귈 수 있는 방법이 있음을 아는데 도움이 되고, 어머니가 믿고 있듯이, 자신이 친구를 사귈 능력이 있음을 보여주는 것이다.

신뢰감과 결부된 거짓말

10대 자녀가 부모에게 거짓말을 하면 부모의 권리는 무시된 것이며, 부모의 문제가 된다. 한 번이라면 그 문제를 무시할 수도 있다. 그러나 너무 자주 반복한다면 자녀에게 거짓말이 효과적이고 통한다는 것을 시사할 가능성이 있다.

> 문성이는 주말에 가끔 친구 집에서 자고 온다. 어느 일요일 아침에 문성이는 술 냄새를 풍기며 집에 들어 왔다. 아버지가 말했다. "술 냄새가 나는데, 어제 밤에 친구와 술 마셨니?" 아들은 대답했다. "아니오. 우린 마시지 않았어요. 친구의 아버지 친구들이 와서 마셨는데 그 냄새가 벤 것 같아요." "오, 그래." 아버지는 말했다.
>
> 다음 주에는 문성이가 피로에 지치고 얼빠진 모습으로 집에 왔다. 그의 눈은 충혈되어 있었다. 어머니가 말했다. "문성아, 너 숙취가 있는 것 같은데, 어제 친구와 같이 술 마시지 않았니?" 문성이는 대답했다. "어머니! 마시지 않았다고 말했잖아

요!" 어머니는 다시 말했다. "그런데 너는 늘 피곤해서 집에 오잖아." 문성이는 대답했다. "일주일 내내 공부하면서 제대로 잠을 못 잤어요. 물론 토요일에는 좀 피곤했지요." 어머니는 말했다. "친구하고 여기서 자야 하겠다." 문성이는 말했다. "우리를 믿지 못하세요?" 어머니는 대답했다. "물론 믿지만…" 문성이는 말을 가로막았다. "친구네 집에서 PC방을 운영해요. 친구 집은 학교 옆 이예요. 그래서 우리는 PC방에 금방 갈 수 있어요. 나는 친구 집에서 자는 게 좋아요." 어머니는 한숨을 쉬며 말했다. "알았어, 좋아. 낮잠이라도 좀 자라."

부모가 할 수 있는 일

부모는 내심 민성이의 음주를 짐작하고 있지만 그 사실을 직면하고 싶지 않았다. 그 대신 그들은 민성이의 거짓말을 받아들였다. 그것은 민성이에게 무엇을 말하는 것일까? 거짓말이 통한다는 의미이며, 그와 같은 습관을 조장하는 것이다. 그리고 부모가 그에게 진정으로 관심을 보이지 않는다는 의미를 전하는 것일 수 있으며, 민성이가 마음대로 음주해도 된다는 뜻이기도 하다. 부모는 민성이의 거짓말과 음주에 대처할 필요가 있다.

나-메시지와 반영적 경청법을 사용한다. 부모는 민성이에게 이렇게 얘기할 수 있다. "우리에게 거짓말을 하면 걱정이 된다. 네 스스로 나쁘다고 여기는 행동을 하고 있다는 것을 우리는 알고 있다." 민성이는 이렇게 대답할 수 있다. "왜 나를 못 믿는지 모르겠군요!" 부모는 다시 이렇게 얘기한다. "우리가 믿지 않는 것이 부당하다고 하지만 네가 솔직하지 않으면 우리도 부당한 대우를 받는 것으로 느낀다. 우리는 너를 믿고 싶지만 그럴 수가 없어." 부모는 침착한 태도를 유지한다. 그들은 주말에 민성이가 어떤 행동을 했는지 좀 더 알게 될 수도 있다.

결과에 책임을 지게 하거나 협상한다. 민성이는 거짓말의 결과를 경험할 필요가 있다. 부모는 이렇게 말할 수 있다. "우리에게 거짓말을 했으니 이번 주말에는 집에 머물러 있어야 한다. 다음 주에 네가 한 일에 관해 사실대로 얘기할 기회를 주겠다." 또는 아들에게 이렇게 얘기할 수 있다. "우리는 네 거짓말을 인정할 수 없다. 어떻게 해서 우리의 재신임을 얻을 작정이니?"

그 밖의 대안. 민성이의 부모는 주말마다 다음 여러 가지 대안을 제시할 수 있다.

- "친구의 아버지가 음주하지 않을 것을 보장한다면 네 친구 집에서 잘 수 있지만 그렇지 않으면 여기서 잘 수도 있다."
- "우리는 게임 장소로 널 데려다 주고 데려올 수 있으며 네 친구에게도 기꺼이 편승 기회를 주겠다. 그렇지 않으면 집에서 할 일을 찾아도 된다. 네가 결정해."
- "음주하지 않는다면 게임 후에 친구들을 집에 데려와도 좋다."
- "누군가 음주를 시작할 경우에 전화를 하겠다고 약속하면 게임 후에 파티에 가도 좋다. 아무 것도 물어 보지 않고 널 데려 오마."

정직한 태도의 유도

10대들은 자유와 신뢰감을 요구한다. 신뢰감은 어려운 문제이다. 10대 자녀가 거짓말을 하는 것을 막을 수는 없다. 그러나 다음과 같은 지침을 따르면 10대 자녀의 정직성을 유도하기가 용이하다.

모든 일에 부정적으로 말하는 것은 비현실적이다.

합리적인 제한을 한다. 비현실적인 기대를 하지 않는다. 다음과 같이 모든 것을 금지하는 것은 비현실적이다. "그 영화를 보면 안 돼.", "그 애와 같이 놀지 마.", "그 노래를 집에서 부르지 마." 10대들이 오직 "안 돼"라는 말만 듣게 되면 거짓말하는 것 이외에는 방법이 없다고 느낄 수 있다.

염탐하지 않는다. "어디 갔었니?", "누구와 같이 있었니?", "무엇을 했니?" 지나치게 잦은 제한적 질문은 10대의 거짓말을 불러일으킬 수 있다.

안심하고 사실대로 말하게 한다. 부모가 10대를 벌주거나 야단치면 사실대로 말하는 것이 위험하다는 느낌을 준다. 부모에게 정직하게 대해도 안전하다는 느낌을 어떻게 조성할 수 있는가? 존중하는 태도를 유지하며 벌하기보다는 행동결과를 활용한다.

현영이가 실망스러운 표정으로 방에 들어와 어머니에게 말했다. "지난 주말에 음악연습을 빼먹었는데 선생님이 알고서 이번 음악회에 나올 수 없다고 해요. 내가 왜 그랬는지 믿을 수 없어요." 어머니는 말했다. "음악회에 나올 수 없으니 정말 실망했겠구나."

어머니는 "어떻게 감히 연습을 빼먹다니?" 또는 "정말 실망스럽다"라고 말하지 않았다. 딸이 이미 스스로 실망하고 있다는 것을 알았기 때문이다. 그래서 벌을 주지도 않았다. 선생님이 딸의 잘못된 행동에 대한 대가를 치르게 하였다. 어머니는 존중하는 태도를 보였기 때문에 딸은 잘못된 행동을 한 경우에도 사실대로 얘기하는 것이 안전하다는 것을 알았다.

자녀가 정직하기를 기대한다. 자녀의 거짓말을 파악하기 위해 상황을 설정하지 말아야 한다. 그렇게 하면 자녀의 거짓말을 기대한다는 의미가 된다. 10대 자녀를 믿을 수 없다고 생각하는 것이다.

정직한 행동을 인정해준다. "네 행동을 받아들이기 어려우니 어떻게 할 것인지 같이 논의해 보자. 그렇지만 이 얘기를 하는데 큰 용기가 필요했을텐데 내게 얘기해주니 기쁘다."

거짓말은 부모와의 관계에서 문제가 있다는 표시이다. 자녀가 거짓말을 하면 의사소통 방식을 개선하기 위해 노력한다.

자녀의 거짓말에 대처하는 법

1. **놀라지 말라.** 거짓말을 한다고 자녀가 나쁜 사람이 되는 것은 아니다. 자녀가 항상 거짓말을 하게 될 것이라는 의미는 아니며, 자녀를 다시는 믿을 수 없게 된다는 의미도 아니다. 행위와 행위자를 구별해야 한다는 것을 유념하라.
2. **나-메시지를 사용하라.** "사실대로 말하지 않으면 언제나 네 말에 의존할 수밖에 없기 때문에 나는 정말 실망

하게 된다." 이러한 말은 자녀에게 부모의 느낌을 전하는 동시에 자녀를 여전히 존중한다는 것도 보여주는 것이다.

3. **발생한 상황에 대처하고 비난하지 않는다**. 특정 상황에만 집중한다. 필요하다면 논리적 결과를 적용한다. "담배 냄새가 나는 것으로 보아서 우리가 외출한 동안에 친구들을 집에 데려 왔지? 다음에 우리가 외출할 때에는 너도 함께 가든지 고모 집에 가 있어야 한다."

훔치는 이유

10대들은 때로는 자극을 원하거나 친구들에게 영향을 주려고 훔친다. 그리고 관심을 끌거나 힘을 얻으려고 또는 보복하려는 의도일 수 있다.

현숙이는 친구와 같이 옷가게에 들렀다. 현숙이가 어떤 옷을 입어 보았을 때 친구는 그 옷이 잘 어울린다고 사도록 권했다. 현숙이는 그 옷값이 너무 비싸서 살 수 없다고 말했다. 친구는 이렇게 말했다. "엄마한테 사달라고 해 봐." 현숙이는 대답했다. "안 돼. 내 용돈에 옷값도 포함되어 있어." 친구는 다시 물었다. "다음 달 용돈을 미리 달라고 할 수는 없니?" 현숙이는 대답했다. "안 돼. 엄마가 그렇게 할 리가 없어." 친구는 그 옷이 정말 잘 어울린다고 아쉬워했다. 현숙이는 더 이상 얘기하지 않았지만 그 옷에 관한 생각을 떨쳐버릴 수 없었다.

그 날 밤 현숙이는 어머니의 지갑이 화장대 위에 놓여 있는 것을 보았다. 어머니는 욕실에 있었다. 어머니의 지갑에 현금이 많이 있는 것을 보고 현숙이는 재빨리 5만원을 꺼냈다.

다음 날 현숙이는 학교를 마친 후에 옷가게에 다시 가서 그 옷을 샀다. 그 날 밤에 어머니는 잘 자라고 말하려고 현숙이의 방에 들어왔다. 아침에 어머니는 지갑에서 5만원이 없어진 것을 알았다. 현숙이의 방에서 어머니는 새 옷에 달려 있는 가격표를 보고 충격을 받았다. 어머니는 딸에게 말했다. "너 새 옷을 샀구나." 현숙이는 말했다. "그게 무슨 뜻이죠?" 어머니는 물었다. "무슨 뜻이라니?" 현숙이는 대답했다. "슬쩍 떠보는 것이 나는 제일 싫어요." 어머니는 물었다. "현숙아, 내 지갑에서 돈을 꺼내 가서 이 옷을 샀니?" 현숙이는 눈을 부릅뜨며 말했다. "그렇지 않으면 어떻게 이 옷을 샀겠어요? 용돈으로 이 옷을 사려면 몇 달이나 모아야 하는데요. 아무도 자기 옷을 그렇게 사지는 않아요."

자녀와의 관계가 수용적이고 신뢰하는 태도가 강할수록 자녀가 거짓말을 할 가능성이 적다.

어머니가 할 일

어머니는 속이 상해서 이렇게 말하고 싶을 것이다. "감히 내 돈을 훔치다니!" 또는 어머니는 의아해 할 것이다. "어떻게 내 딸이 이렇게 못된 애가 되었지?" 어머니는 딸에게 이렇게도 말하고 싶을 것이다. "그래, 너는 이제부터 외출금지야."

그러나 어머니는 현숙이가 복수전을 벌이길 원치 않았다. 어머니는 현숙이의 목적을 생각하고 그녀의 잘못에 스스로 책임을 지며 다시는 그와 같은 행동을 반복하지 않도록 도와주려고 했다.

어머니는 나-메시지를 이용하여 자신의 느낌을 말했다. "네가 돈을 훔치면 나는 속이 상하고 실망하게 된다. 널 믿고 싶지만 그럴 수가 없어." 현숙이는 말했다. "언제나 용돈을 절약하며 무엇을 살 수 있는지 없는지 결정하는 것이 싫어요. 내 친구들은 모두 나보다 용돈을 많이 갖고 있는데." 어머니는 반영적 경청법을 사용했다. "네 친구들이 너보다 옷을 많이 사니까 화가 나는 모양이구나." 현숙이는 화가 나서 어머니를 노려보며 거칠게 대답했다. "그래요."

어머니는 존중하는 태도로 얘기했다. "내게서 가져간 돈을 어떻게 갚을래?" 현숙이는 대답했다. "내 용돈으로는 영원히 불가능할 거예요." 어머니는 말했다. "네 용돈이면 두 달 이내로 충분히 갚을 수 있어." 현숙이는 다시 대답했다. "그러면 나는 용돈이 없게 되는데." 어머니는 말했다. "네가 용돈을 벌 수 있는 방법이 있지 않니?" 현숙이는 눈을 치켜 뜨며 말했다. "있겠지요. 부업을 구해야 한다는 것인데 나는 하기 싫어요." 어머니는 현숙이가 여전히 싸우려고 하는 것을 알았지만 차분하고 존중하는 태도를 유지하며 이렇게 말했다. "오늘 밤에 생각해 보고 내일 저녁에 어떻게 갚을지 네 계획을 말해 봐. 네가 방법을 생각해낼 수 있을 거야."

10대가 상점에서 물건을 훔칠 때

혹시 10대 자녀가 상점에서 무엇인가를 훔친 것으로 의심되면 그 물건이 어디서 났는지 물어 보라. 자녀가 그와 같은 행위의 결과를 체험하게 한다. 부모는 이렇게 말할 수 있다. "그것을 돌려줘야 한다. 나도 같이 가 줄까?" 만일 경찰이 관여하더라도 당황하지 않는다. 경찰과의 대면은 많은 10대들에게 큰 영향을 줄 수 있다. 상점에서 훔치는 행위에 관해서는 5절에서 논의한 바 있다.

성에 관한 태도

어떤 부모들은 성에 관한 문제를 취급하지 않으려고 한다. 그들은 성에 관한 얘기를 피하면서 10대 자녀가 그와 같은 문제에 당면하지 않기를 바란다.

또 다른 부모들은 10대가 성적인 관심을 갖는 것을 금기시한다. 그들은 자녀에게 성은 좋지 않은 것이며 때가 될 때까지 기다려야 한다고 말한다. 그들은 10대에게 성적인 감정이 정상적이고 자연스러운 것임을 알리지 않는다. 그리고 10대가 자신의 신체 변화에 좋은 느낌을 갖게 하는데 도움을 주지도 않는다.

이와 같은 방식은 10대들이 성에 관한 바른 선택을 하는 데 아무런 도움도 되지 않는다. 우리는 10대들에게 성에 관한 생각을 하지 말라고 할 수 없다. 그들에게 성적인 충동을 느끼지 않도록 강요하거나 호르몬의 영향을 중지시킬 수 없다. 그리고 텔레비전, 잡지, 음악, 광고 등을 통한 압력을 없앨 수도 없다. 10대 자녀가 책임 있는 선택을 하도록 하기 위해 우리가 할 수 있는 것은 무엇인가?

성에 관해 얘기하기

성에 관한 생각을 10대 자녀에게 얘기하는 것은 부모의 가치관에 달려 있으므로 부모에 따라 다를 것이다. 그러나 언제나 다음과 같은 몇 가지 태도를 취한다.

- 10대의 말, 표정, 신체적 언어에 주목한다.
- 개방적 질문을 한다.
- 10대가 선택을 잘 할 능력이 있다는 믿음을 보인다.

성에 관한 얘기는 선택에 관한 얘기나 다름이 없다. 10대 자녀에게 전하는 가장 중요한 내용은 정말 선택을 할 수 있다는 것이다. 모든 사람이 성적인 존재라는 것은 사실이지만 그것이 모두가 성행위를 해야 한다는 의미는 아니다.

▸▸▸ 반복적인 거짓말이나 훔치는 행동

만일 10대 자녀가 계속해서 거짓말을 하거나 물건을 훔친다면 문제는 심각하다. 도움을 받기 위해 자녀가 다니는 학교의 담임교사나 상담교사와 상의한다.

선택에 관해 얘기하기

10대들은 여러 가지 이유로 성관계를 갖는다. 일부는 친밀감과 사랑이 성과 함께 할 것으로 기대하거나 쾌락과 자극을 추구하기 위해서 성관계를 가질 수 있다. 또 어떤 10대들은 이성 친구로부터 압력을 느끼고 성관계를 갖지 않을 경우에 그 이성 친구를 잃을까 두려워 할 수 있다. 또 다른 10대들은 성을 관심을 추구하거나 힘을 얻거나 보복을 위한 수단으로 이용한다. 게다가 어떤 10대들은 아이를 갖기 위한 목적으로 성관계를 갖기도 한다. 그와 같은 10대들은 매우 의기소침하여 자신의 아이를 갖는 것이 사랑을 얻기 위한 유일한 방법인 것처럼 느낀다. 혹은 아이를 갖는 것이 집에서 나와 독자적인 생활을 하는데 도움이 될 것으로 생각할 수도 있다.

이와 같은 이유는 공통점을 갖고 있다. 그것은 10대들이 소속감을 갖기 위한 수단이라는 것이다. 같이 얘기를 나누면 10대 자녀가 성관계를 원하는 이유와 성이 자녀의 소속감 유지에 관여하는 방법을 파악하는데 도움이 될 것이다. 이와 같은 사실을 알게 되면 자녀가 소속감을 가질 수 있는 다른 방법을 모색하고 책임있는 선택을 하도록 도와줄 수 있을 것이다.

민웅이는 근래에 친구들이 모두 성에 관해 얘기하는 것처럼 보였다. 민웅이에게는 여자 친구가 있는데 친구들은 민웅이를 계속 놀려댔다. "와! 네 여자 친구 죽이는데! 언제 같이 잘 거니?"

민웅이의 아버지는 민웅이의 친구들이 이런 식으로 놀리는 것을 들었다. 그는 민웅이가 여자 친구와 성관계를 가지려고 생각할지도 모른다고 추측하여 이 문제에 관해 얘기하기로 작정했다. 아버지는 조심스럽게 민웅이에게 말했다. "네 친구들이 네 여자 친구에 대해서 말이 많은 모양이구나." 민웅이는 난처해하며 대답했다. "그 애들은 바보예요. 내 문제에 관심을 두지 않으면 좋겠어요." 아버지는 말했다. "그들이 지겨운 것 같구나." 민웅이는 대답했다. "우리는 같이 잘 생각이 없어요. 그 애들이 내 생각을 알면 학교 밖에서 나를 비웃겠죠."

아버지는 민웅이가 성관계를 갖지 않기로 결정했다는 것을 알고 현명한 선택을 했다고 말하고 싶었다. 그러나 그는 얘기를 계속하려고 이렇게 말했다. "성관계를 서둘러 갖지 않겠다는 네 생각에 여자 친구가 동의하니 좋구나." 민웅이는 이 얘기에 동의하는 것 같지 않았다. 그는 잠시 후에 얘기했다. "그 애는 결혼할 때까지 순결을 지키고 싶어해요." 아버지는 말했다. "너는 그 애의 의사를 존중하지?" 민웅이는 대답했다. "네, 그런 것 같아요."

상황이 다소 어색해졌다. 아버지는 민웅이의 태도가 아주 확실한 것은 아님을 알고 잠시 생각하다가 말했다. "민웅아, 네가 여자 친구의 의사를 존중하는 것이 기쁘다. 네게는 쉽지 않았을 거야." 민웅이는 난처한 듯 보였다. "네." 그는 중얼거렸다. 아버지는 계속 말했다. "네 감정을 누그러뜨리는 방법들이 있잖아. 운동을 하거나 무엇에 전념하거나. 너도 알지?" 민웅이는 대답했다. "네, 알고 있어요." 아버지는 말했다. "혹시 네 친구들이나 여자 친구가 신경이 쓰이면 기꺼이 좀 더 얘기하마."
민웅이는 대답했다. "고맙습니다." 아버지는 웃으며 말했다.
"우리 나가서 운동 좀 할까?"

이 대화에서 많은 것들이 드러났다. 아버지는 민웅이가 성에 관해 확신이 없음을 알았다. 많은 10대들에게 그 점은 사실이다. 성에 관한 모든 대화에서 10대들 모두가 성관계를 원하는 것으로 생각하기 쉽지만 남자든 여자든 언제나 그런 것은 아니다. 아버지는 민웅이가 성과 여자 친구에 대한 감정을 마음놓고 얘기할 수 있는 기회를 제공하였고 성적인 감정이 전혀 나쁜 것이 아니라는 것도 알게 해주었다. 그는 그와 같은 감정을 조절하는 방법도 제시하였다.

가장 중요한 점은 아버지가 성에 관해 폭넓은 대화의 장을 마련한 것이다. 그는 그와 같은 기회를 단지 약간만 마련하였다. 그는 앞으로 수주일 또는 수개월 동안에 그 기회를 계속 조금씩 가지려고 할 것이다.

그밖에 아버지가 할 일

아버지는 민웅이와 위기의 순간만이 아니라 다른 때에도 대화를 나눌 수 있다. 아버지는 아들이 성행위의 결과를 알고 있는지 확인하고 싶어 하며, 그의 얘기도 들어 보려고 할 것이다. 그들이 논의할 수 있는 몇 가지 사항을 제시하면 다음과 같다.

모든 10대들이 성행위를 원할 것으로 생각하기 쉽지만 꼭 그런 것은 아니다.

성행위의 결과. 아버지는 민웅이에게 성병 감염의 가능성을 언급할 수 있고, 피임도구를 사용하더라도 여성이 너무 쉽게 임신할 수 있는 가능성에 대해서도 얘기할 수 있다. 그리고 임신이 당사자와 관련된 가족의 생활을 변화시키고 입양이나 유산 그리고 조기결혼과 같은 큰 문제를 초래할 수 있다는 것도 논의할 수 있다. 그와 같은 것들이 10대의 장래에 그리고 아이에게 어떤 의미가 있는가?

절제. 아버지는 민웅이와 성행위를 하지 않겠다는 결정, 소위 절제에 관해서도 얘기를 나눌 수 있다. 절제의 결과는 무엇인가? 임신의 위험이 없고 성병 감염의 가능성도 거의 없다. 어떤 10대들에게는 절제에 따른 흐뭇한 느낌도 있으며 자존심을 높이는데 도움이 될 수 있다. 많은 10대들은 성을 정서적으로 수용할 준비가 되어 있지 않다. 참는 것은 좀 더 성숙할 시간을 부여해주며, 나이가 들고 보다 밀접한 관계로 발전하도록 기다리는 것은 진정한 책임감의 표시이다.

약물과 성. 아버지는 민웅이에게 약물과 성의 관련성을 논의해야 한다. 많은 10대들은 음주를 조금만 하더라도 의지력을 상실하며, 마약과 같은 불법 약물의 흡입시에도 그렇다.

데이트 강간. 아버지는 민웅이에게 데이트 강간에 대해서 얘기할 필요가 있다. 남성과 여성은 모두 어떤 사람에게 성행위를 강요하는 것은 강간이라는 사실을 이해할 필요가 있다. 성을 강요당하는 10대는 도움을 줄 수 있는 부모와 다른 성인이 있음을 알아야 한다.

성에 대한 책임. 아버지는 민웅이에게 성에 대한 책임도 얘기해야 한다. 성에 대한 책임이란 두 사람이 모두 원하는 행동을 한다는 의미이며 피임이나 산아제한을 포함한 안전한 대책을 강구한다는 뜻이다.

어떤 부모들은 성에 대한 책임을 얘기하려고 하지 않는다. 그들은 10대 자녀가 자위행위를 포함하여 어떤 성적 행동도 해서는 안 된다고 믿는다. 그들의 종교적 신념은 피임이나 산아제한을 나쁜 행동으로 간주할 수 있다. 자녀와 무엇을 얘기할지 결정하는 것은 부모에게 달려 있다.

그러나 어떤 10대들은 부모가 무슨 말을 해도 성적 행동을 결행할 것이다. 부모는 자녀에게 이와 같은 행위에 관해 가르치려고 하지 않을 수도 있다. 어떤 경우에서든 10대가 성적 행동을 하였을 때 그 결과를 어떻게 처리할지 미리 생각해 둘 필요는 있다.

10대의 임신. 10대의 임신은 다음과 같은 여러 가지 이유로 발생한다.

- 정보 부족
- 10대가 사랑하고 사랑받을 수 있는 사람인 아이로부터의 사랑과 인정의 욕구
- 가정의 가치관 거부
- 부모에 대한 복수
- 어려운 가정생활로부터의 도피

이 문제는 아이의 부모의 문제이다. 부모는 자신의 감정, 가족관계, 현재의 사태를 검토할 필요가 있다. 아이 어머니의 부모는 충격을 받거나 딸을 거부할 수 있다. 아마 임신을 인정할 준비가 되어 있지 않을 것이다. 그러나 딸을 거부한다고 임신이 없어지는 것은 아니다. 딸에게는 어느 때보다도 이해와 지지가 필요하다.

부모와 딸은 의사, 상담자, 목사 또는 사회복지사로부터 도움을 청할 수 있다. 외부의 도움은 솔직한 태도가 어려운 시기에 가족을 지지해 줄 수 있다. 아이의 아버지와 그의 부모를 만나 보는 것도 적절할 것이다. 모두가 이 문제를 개방적이고 솔직하게 논의할 필요가 있다.

모든 부모는 발생한 상황을 이해하고 받아들여야 한다. 부모의 인정은 문제해결의 분위기를 조성한다. "그럴 줄 알았어."라는 말은 피해야 하며, 자녀의 감정에 주의할 필요가 있다. 임신에 대한 자녀의 감정을 이해함으로써 상호 존중하는 태도를 수립하고 자녀의 자존심도 증가시킨다. 부모와 10대 자녀는 10대와 아이를 위한 최선책을 공동으로 탐색할

수 있다.

아이의 아버지의 부모는 아들의 감정과 의도를 탐색할 필요가 있다. 그가 현실적으로 책임 있는 행동을 할 수 있는 방법도 모색한다.

조혼. 많은 10대들에게 결혼은 집에서 탈출하는 방법으로 보일 수 있다. 그들은 가정의 감독과 통제를 피하려고 한다. 너무 일찍 결혼을 원하는 문제는 10대 자녀의 문제이다. 이 생각에 대항하면 오히려 더 매력적으로 만들 수도 있다.

만일 조기 결혼을 좋지 않게 생각한다면 존중하는 태도를 보이기가 어려울 것이다. 그러나 당사자의 의견에 주의를 기울일 필요는 있다. 부모의 이해는 10대가 원하는 바를 결정하는데 도움이 될 수 있다. 그들의 감정과 태도를 수용함으로써 책임있는 결정의 가능성을 증진시킬 수 있다.

당사자들이 현재 결혼을 원하는 이유를 확인하도록 거들며 그들과 같이 대안을 찾아본다. 예를 들면, 그들은 부모의 감독에서 벗어나길 원할지도 모른다. 그 경우에 이렇게 말할 수 있다. "너희가 더 많은 자유를 원하는 것 같구나. 자신의 생활을 보다 많이 영위하는 느낌을 갖는데 무엇이 도움이 될까?" 그들이 결혼 이외의 다른 방법을 탐색하도록 돕는다. 경청하고 이해하며 대안을 탐색함으로써 사랑의 분위기를 조성할 수 있다.

음주와 약물 사용

10대들이 약물 사용의 압력을 많이 받는 것은 비밀이 아니다. 그리고 우려되는 다양한 약물이 많이 있다.

약물을 멀리 하기 위한 방법

청소년과 약물에 관해서는 많은 부모들이 정말 걱정하고 있다. 그들은 약물이 위험하다는 것을 알고 있으며 10대 자녀가 약물을 사용할 가능성이 있다는 것도 알고 있다. 그 때문에 부모들은 음주와 다른 약물 사용에 대해 가끔 몹시 당황하는 경향이 있다. 그와 같은 경우에 부모들은 10대 자녀를 도울 수 있는 몇 가지 최선책을 잊을 수 있다. 그들은 의도는 좋으나 너무 걱정을 하여 개방적 질문이 아닌 폐쇄적 질문으로 다음과 같이 시작한다. "너 술 먹지 않았지, 그렇지?" 그들은 격려하기보다는 자녀가 약물을 사용할 것이라는 기대를 나타낸다. 그들은 선택 방향을 제시하기보다는 명령을 내리고, 지도하기보다는 통제하려들고, 행동 결과보다는 처벌에 의존한다.

약물 사용에 관한 선택을 잘 하도록 10대를 도울 수 있는 최선책은 이 책에서 학습한 부모의 행동을 활용하는 것임을 명심해야 한다. 10대 자녀가 약물을 사용하지 않는다는 것을 보장할 수는 없지만 바른 선택을 하도록 여러모로 도울 수 있다. 이 책에서 학습한 기술과 방법으로 다음과 같이 지도할 수 있다.

자녀의 자존심을 수립한다. 자신에 대해 좋게 느끼는 청소년들은 그들 자신을 위하는 경향이 있으므로 친구들의 약물 사용 권유를 받아들이지 않는다.

자녀가 결정을 하고 문제를 해결하도록 지도한다. 이렇게 할 수 있는 10대들은 약물 사용의 결과에 대해서 숙고하는 경향이 있다.

건전한 활동을 격려한다. 10대들은 학교에서 운동이나 음악 또는 동아리 활동에 참여할 수 있고 종교적 모임에도 관여할 수 있다. 부모는 10대의 활동에 자원봉사자로 참여할

▸▸▸ **약물이란?**

- 주류는 모두 약물에 속한다.
- 담배의 주성분과 커피와 청량음료에 포함된 카페인도 약물이다.
- 아스피린, 수면제, 각성제와 같은 약품은 10대들도 쉽게 구입할 수 있다.
- 의사의 처방에 의한 약품도 10대들이 어렵지 않게 구할 수 있다.
- 마약류의 불법약물은 일부 청소년들에게서 광범하게 통용되고 있다.
- 흡입제도 10대들이 손에 넣을 수 있는 것들이다. 일부 청소년들은 가정용품인 본드, 희석제, 스프레이 등을 흡입하기도 한다.

수 있다.

정보 습득에 노력한다. 학교에서는 학부형을 위한 약물 중독에 관한 교육을 실시할 때가 있으며, 이와 같은 모임에 참여하면 학교에서 벌어지는 상황에 관하여 많은 것을 알 수 있다. 부모와 10대들을 위한 약물남용 예방 책자들도 많이 있다.

자녀와 약물에 관해 얘기한다. 우선 약물에 관한 사실을 안 후에 자녀에게 설교하지 말고 사실을 공유하도록 한다. 약물에 관한 자녀의 생각을 듣고 혹시 자녀가 대수롭지 않게 생각하더라도 과민반응을 하지 않는다. 개방적인 질문을 하며 경청하는 자세를 유지한다. 자신의 느낌도 얘기하고 자녀의 질문에 솔직하게 대답한다.

약물에 관한 자녀의 생각을 잘 듣는다. 친구들의 모임, 뉴스, 매체에 소개된 약물 사용 행위 등에서 10대 자녀의 생각을 파악할 수 있는 기회가 많이 있다. 자녀의 의견을 물어본다. 때로는 우리 자신의 견해를 피력하는 것과 마찬가지로 자녀의 관점에 주의를 기울이는 정도로 만족한다.

다른 부모들을 사귈 수 있는 기회는 많다.

자녀의 친구들의 부모를 안다. 이것은 자녀가 나이가 들어가고 다양한 친구들과 교제함에 따라 쉽지 않은 일이지만 노력할 가치는 있다. 약물과 무관한 안전하고 재미있는 활동을 계획하는데 다른 부모들과 합심한다.

자녀의 모임에 관한 규칙을 정한다. 제한을 두는 것이 좋다. 자녀의 모임에는 감독할 수 있는 성인이 배석하여 주류나 약물이 사용되지 않도록 지켜본다.

부모 자신의 약물 사용을 조절한다. 부모가 음주나 흡연을 하면 자녀에게 무슨 의미를 전하는 것인가? 술과 약품과 같은 합법적인 약물도 남용 가능성이 있다. 부모 자신의 행동을 통하여 자녀에게 책임있는 약물 사용을 시범하는 기회를 갖는다.

곤란을 자초하지 않는다. 10대 자녀만 집에 남겨두면 특히 휴일에 곤란을 겪게 될 수 있다. 부모가 집에 없다는 소문은 10대 친구들 사이에 급속히 퍼진다. 심지어 다른 친구들을 집에 초대하길 원치 않는 10대도 통제 불능의 상황에 처할 수 있다. 더구나 집에 주류가 있을 때에는 문제가 된다.

약물 사용의 징후 파악

자녀의 행동에서 큰 변화에 주목한다. 물론 변화는 다른 이유 때문에 일어날 수 있고, 어떤 약물의 경우에는 처음에 자녀에게서 변화를 감지하지도 못한다. 자녀는 부모가 가장 잘 안다. 분명치 않으면 계속 살펴야 한다.

주목해야 할 몇 가지 징후는 다음과 같다.

- **약물에 대한 긍정적 견해** : 약물에 관한 잡지나 포스터, 맥주 깡통의 수집, 약물에 관한 농담.
- **건강 문제** : 안구 충혈, 식욕 부진, 피로, 비정상적인 기분 변화, 주의 집중이나 기억력 장애, 느린 말투, 콧물.
- **옷차림의 변화** : 옷차림에 무신경, 약물 관련 표시가 있

▸▸▸ **10대의 흡연**

많은 10대들은 친구들과 어울리기 위해 흡연을 시작하며, 부모에 대한 반항의 의미도 있다. 흡연은 습관이 된다.

- 아마 자녀는 흡연을 하지만 아직은 습관적이 아닐 것이다. 흡연의 결과에 관해 얘기하고, 집에서 흡연은 안 된다는 것을 분명히 한다.
- 습관적으로 흡연하는 10대의 금연을 돕는다. 금연프로그램을 탐색하고, 금단현상을 감소시키는 특별한 방법을 의사의 권고에 따라 사용한다.
- 부모 자신이 흡연을 하지 않는다. 혹시 흡연하고 있으면 10대 자녀와 함께 금연에 동참한다.

는 의복 착용.

- **행동 변화** : 성적 저하, 결석, 분노와 언쟁, 거짓말, 훔치는 행위, 많은 현금 소지, 비밀스러움.
- **교우관계의 변화** : 낯선 친구와 교제, 집 밖에서 장시간 소일.

몇 가지 이와 같은 징후에도 불구하고 부모들은 10대 자녀가 약물을 사용할지도 모른다는 것을 받아들이려고 하지 않을 수 있다. 그러나 이러한 징후를 무시하면 자녀를 위험에 빠뜨릴 수 있다. 그리고 가정에 심각한 법적인 문제를 야기시킬 수도 있다. 부모는 자녀가 약물을 사용할 경우에 법적인 책임에 관해서도 알아볼 필요가 있다.

즉각적인 조치가 필요한 두 가지 징후

- 약물 소지
- 약물 관련 장비의 발견

이 징후를 발견하면 자녀의 방과 사물을 조사할 필요가 있다. 보통은 그와 같이 행동하지 않겠지만 자녀가 약물을 사용한다는 확실한 근거가 있다면 면밀히 관찰해야 한다. 자녀에게 물어보는 것은 아마 도움이 되지 않을 것이다. 약물을 사용하는 10대는 거짓말을 하기 때문이다.

약물 사용에 따른 대책

10대 자녀가 약물 사용을 이미 시도했음을 발견하면 얘기를 나눌 기회를 갖는다. 어떤 약물은 한번 또는 소량을 사용하더라도 치명적일 수 있다는 것을 자녀에게 분명히 알린다.

10대가 알코올이나 다른 약물을 정기적으로 사용하면 약물남용이며, 이때는 행동을 취해야 한다. 혼자서 처리하려

들지 말고 의사나 상담자의 도움을 부탁한다. 가족 모두가 노력하는 것이 가장 좋지만 자녀를 포함하여 일부가 상담을 원치 않으면 부모가 상담자를 만나서 자녀를 도울 수 있는 길을 모색할 수도 있다.

진전 상황

7절에서 부모 행동에 관한 기술을 사용하는 여러 가지 방법을 배웠으며, 이 책 전반에 걸쳐 10대 자녀를 독립적이고 책임있는 사람으로 만드는 다음과 같은 방법도 알았다.

- 부모 자신과 자녀를 존중하기
- 자녀의 행동에 대한 목적을 이해하기
- 부모의 반응방식을 바꾸기
- 협동의 기대
- 자녀 격려
- 감정에 민감하고 얘기를 나누기
- 자녀에게 결정할 수 있는 기회를 주기
- 한계를 설정하고 선택방안을 제시하기
- 문제 해결을 위해 함께 노력하기

이러한 기술과 방법은 연습이 필요하다. 그리고 부모 자신과 자녀에게 인내심을 발휘한다. 문제가 생기면 다음과 같은 부모 행동의 도전적 의미를 재차 생각한다.

- 10대 자녀가 건전하고, 자신 있고, 협동적이며, 독립적이 되도록 격려하기
- 자녀와 평생 굳건한 관계를 조성하기
- 자녀가 책임있는 성인으로 성장하도록 돕기

격려의 중요성

부모 자신이나 자녀를 변화시키기 위해서는 격려가 중요

▸▸▸ 약물 관련 도구

흔히 약물 사용에 관련되는 도구들은 다음과 같다.

- 담배종이
- 집게
- 저울
- 주사바늘
- 작은 숟가락
- 작은 병
- 식물의 씨, 잎
- 작은 비닐주머니
- 면도칼
- 라이터
- 본드

함을 명심한다. 격려받는 느낌이 없으면 아무도 변화되지 않는다. 격려의 기본적 요소는 다음과 같다.

- 말과 느낌에 주목한다. 자신이 말하기 전에 먼저 듣는다.
- 장점과 재능을 알아야 개발할 수 있다.
- 문제를 전체적인 관점에서 그리고 유머감각을 갖고 본다.
- 노력이 중요하다. 완벽을 기대하지 않는다.
- 자신을 격려해야 자녀에 대한 격려도 이어진다.

다음 단계의 활동

다음 단계는 부모에게 달려있다. 10대 자녀는 성인으로 변모하지만 하루 아침에 되지는 않는다. 부모 자신이 변해야 다른 사람도 변한다는 것을 이제 깨달았을 것이다. 일이 제대로 안될 때에는 인내심과 유머감각이 일을 계속하는데 도움이 될 수 있다.

10대 자녀와 보다 나은 관계를 형성하려면 현실적인 목표를 세워야 한다. 우선, 불완전을 용인하는 용기를 발휘한다. 많은 부모들은 그들 자신과 10대 자녀를 완벽하도록 요구한다. 그 의도는 좋지만 흔히 우리가 원하는 바를 얻지 못한다. 실수에 의해서 배운다고 믿어야 우리 자신과 자녀가 중압감을 덜 느끼게 될 것이며, 자신에 대해서도 긍정적으로 생각하게 되고, 자녀도 보다 협조적이고 독립적으로 될 것이다.

자녀만이 아니라 부모 자신도 격려할 수 있는 목표를 정해야 한다. 존중받는 느낌이 어떤지 생각하고 자녀와 보다 원만한 관계를 지향하고 있다는 것을 인식한다.

10대 시절은 도전의 시기이다. 10대 자녀는 새로운 행동을 시험하며 독특한 정체감을 형성한다. 독립을 향한 행보를 반항이 아니라 고유한 존재가 되려는 방법으로 간주해야 한다. 부모와 자녀의 관계는 10대 시절에 전개되는 상황에 영향을 미친다. 용기와 희망과 창의적 사고로 격려와 협조를 중시하면 모든 관계는 향상될 수 있다.

부모를 위하여

부모가 이룩한 것을 살펴보자!

부모 교육 자료나 프로그램을 완수하는 것은 한 가지 업적이며, 새로운 시각에서 볼 수 있고 스스로 성장하려고 노력한다는 것을 의미한다.

- 현재 가정에서 새로운 것, 다른 것, 좋은 것은 무엇인가?
- 1년, 5년, 10년 사이에 10대 자녀가 어떻게 되길 바라는가?
- 자신의 능력으로 자신과 자녀를 장래에 어떻게 도울 수 있는가?

부모가 이루지 못한 것을 생각하기는 쉽지만 대개 도움이 되지 않는다. 부모가 성취한 것을 깨닫는 것이 더 중요하다.

▸▸▸ **격려 단계**

자녀의 감정에 초점을 맞추어 가능한 충분히 이해하도록 애쓴다. 다음과 같은 행동을 통하여 이해하고 있다는 것을 나타낸다.

- 10대의 말, 어조, 행동에 주목한다.
- 자녀의 감정과 신념을 생각한다.
- 반영적 경청법을 사용한다.
- 자녀의 대화에 주의를 기울이며 자녀가 말하는 내용에만 반응한다.
- 자녀의 입장에서 상황을 본다.

주로 듣는데 시간을 보내며, 이러한 행동은 부모가 자녀에게 배려하고 이해하려고 애쓴다는 것을 보여주는 것이다.

기억해야 할 사항

1. 부모가 자녀를 대하는 방식은 상황에 달려 있다.
2. 대응하기 전에 누구의 문제인지, 자녀의 목적이 무엇인지, 부모의 목적이 무엇인지, 무엇이 최선책인지 생각한다.
3. 모든 가족이 합심하여 문제를 해결하도록 기대한다.
4. 10대 자녀가 거짓말을 하거나 무엇을 훔치면 그 결과에 직면케 한다.
5. 성에 연관된 결정과 결과를 자녀와 공개적으로 논의한다.

▸▸▸ 가족을 위하여

정기적으로 모임을 지속하면서 다음 사항에 유념한다.

- 합의사항을 얘기한다.
- 문제해결을 위해 합심한다.
- 공동으로 계획을 세운다.
- 자녀의 얘기를 듣고 부모의 얘기를 한 번에 하나씩 추가한다.
- 재미있는 시간을 갖는다.

모든 가족이 서로의 생각이 중요함을 인식할 필요가 있다.

6. 알코올, 담배, 의약품, 흡입제, 불법약물은 모두가 약물이다.
7. 약물 사용에 관해 자녀가 바른 결정을 내리도록 다음과 같이 노력한다.
   - 자녀의 자존심을 수립한다.
   - 자녀가 결정을 내리고 문제를 해결하도록 지도한다.
   - 건전한 활동을 조장한다.
   - 정보를 수집한다.
   - 약물에 관해 자녀와 얘기한다.
   - 다른 부모들과 알고 지낸다.
   - 모임이나 외출에 관한 규칙을 정한다.
   - 부모 자신의 약물 사용을 조심한다.
   - 곤란을 자초하지 않는다.
8. 자녀의 안전을 보장할 수는 없지만 부모의 행동 기법을 활용하여 자녀가 심각한 문제에 당면하지 않고 적절한 선택을 하도록 도울 수 있다.

표 7. 행동방식의 결정 순서

1. 잘못된 행동의 목표를 확인한다. 3가지 단서에 주목한다: 부모의 목적, 부모의 느낌, 자녀의 반응.
2. 누구의 문제인지 결정하기 위해 다음과 같이 자문해본다.
   - 내 권리가 무시되는가?
   - 누군가 다칠 수 있는가?
   - 재산의 손실이 있는가?
   - 자녀가 이 문제에 책임을 질 수 없는가?
3. 부모의 목적을 고려하기 위해 다음과 같이 자문해본다.
   - 단지 주의를 주려고 하는가 아니면 자녀의 독립을 바라는가?

- 누가 힘을 갖고 있는지 보여주려고 하는가 아니면 자녀가 독립적이고 책임감을 갖길 바라는가?
- 복수하길 원하는가 아니면 이해한다는 것을 보여주려고 하는가?
- 자녀가 궁지에서 벗어나길 원하는가 아니면 자녀가 자신감을 갖도록 해주고 싶은가?

4. 다음과 같은 방식을 선택한다.

- 자녀의 협조에 도움이 된다면 잘못된 행동을 무시한다.
- 반영적 경청법을 사용한다.
- 부모의 느낌을 전하기 위한 나-메시지를 사용한다.
- 벌하지 않고 선택의 여지를 제공하여 자녀가 행동 결과를 통하여 배우게 한다.
- 대안을 탐색한다.

5. 자녀와 부모 자신을 계속 격려한다.

자녀에게는

- 칭찬보다 격려하고
- 사랑하고 수용하며
- 자녀를 믿고
- 인정하고
- 노력에 주목한다.

부모 자신에게는

- 인내심을 갖고
- 자녀는 부모가 아님을 기억하고
- 현실적인 목표를 정하고
- 긍정적인 사고를 하며
- 유머 감각을 지니며
- 가능한 건강을 유지하고

- 불완전의 용기를 갖는다.

가족에게는

- 상호 존중하며
- 협동을 기대하고
- 가족모임을 통해 문제를 해결하고 재미있는 시간을 갖는다.

06

청소년 생활의 주요 문제

06 청소년 생활의 주요 문제

이 장에서는 청소년들이 가장 많은 시간을 보내고 있는 학교에서 경험하는 공부와 시험에 관한 대책 그리고 일상생활에서 당면하는 여러 가지 개인적, 정서적 문제를 합리적으로 처리할 수 있는 방향을 제시하였다.

1. 학교생활

효율적인 학습방법

학교생활의 많은 부분은 학습에 소요되며 또 그래야만 한다. 지금까지 부지런히 공부해온 학생들에게는 공부가 그다지 어렵지 않지만, 뒤늦게 학업에 집중하려고 시도하는 학생들에게는 학습이 뜻대로 이루어지지 않아 실망과 좌절을 느끼는 경우가 많다. 학습에는 노력과 결단력, 조직력, 연습이 필요하며, 특히 장기간 학습을 하지 않았거나 학습요령을 모르는 학생들에게는 그렇다. 처음에 학습은 어렵게만 보이며, 사실 어렵기도 하다. 그러나 무슨 일이든 일단 시작하여 익숙해지면 그다지 어렵지 않듯이, 좋은 학습습관과 요령을 갖게 되면 학습도 쉬워진다.

학습을 시작한 처음 몇 주 동안은 불안하고 마음이 안정되지 않을지도 모르지만 그것은 정상적이다. 과제물이나 시험 결과를 통하여 정보를 얻기 전에는 자신이 잘 하고 있는지 확인하기 어려울 것이다. 이제 처음 시작한 것이므로 너무 많은 기대를 갖지 않는 것이 좋으며, 계속하다 보면 점차 진전을 이루게 된다. 과제물이 쌓이고, 마감일을 지키지 못하며, 수업내용을 이해하기 어려우면 도움을 구해야 한다. 교사나 친구에게 묻거나 학생상담실을 찾아 상의하는 것이 좋다.

그리고 학습 또는 생활 과정에서 가능하면 자신을 다른 사람과 비교하지 않도록 해야 한다. 언제나 자신을 타인과 비교하면 쉽게 실망하거나 자만심을 가질 수 있다. 누구든 자신에 맞는 속도로 나아가는 것이며, 계속 전진하는 것이 중요하다.

학습을 효율적으로 하려면 우선 계획을 세워야 하고, 시간을 선용하면서 시작한 일을 반드시 끝내는 습관을 가져야 한다. 계획은 언제나 성공적으로 달성되는 것은 아니다. 실패한 경우에는 이를 거울삼아 다음에 더 잘 하려는 의욕을 갖는 것이 특히 중요하다.

시간을 최대로 선용한다

학습계획을 세운다. 학습습관이 중요하다. 학습계획을 세워 고수하면 체계적이고 조직적인 생활로 시간을 절약하고, 갑작스런 상황에 잘 대처하게 되며, 자신감이 생기게 된다. 그리고 해야 할 모든 일을 미리 점검하여 늦어서 끊임없이 서두르는 경향이 감소하고, 친구들도 이 습관을 알게 되면 더 이상 방해하지 않을 것이다.

매일 학습한다. 일주일에 한 두 번 장시간 공부하는 것보다는 매일 조금씩, 30분간 이라도 하는 것이 더 효과적이다. 더 많이, 지속적으로 공부하게 되고 반복효과로 인하여 시험에도 더 잘 대비할 수 있기 때문이다.

자신에게 가장 좋은 시간에 학습한다. 피곤하거나 집중이 되지 않을 때 억지로 공부하면 싫증이 나고 어렵게만 느껴진다. 아침형 인간이든 심야형 인간이든, 공부가 가장 잘 되는 시간에 맞춰 학습한다.

학습시간을 조직한다. 매주 그리고 매달 무엇을 할 것인지 결정한다. 해야 할 모든 일을 기록하고, 기한을 지키기 위해 가용시간을 배분한다. 할 일을 잊지 않도록 달력과 같이 눈에 잘 띠는 곳에 표시하여 매일 볼 수 있게 한다,

과목당 충분한 시간을 할당한다. 처음에는 학습에 필요한 시간을 과소 또는 과대 추정할 수 있지만 연습하면 비교적 정확히 계량할 수 있다. 과목당 한번에 한 두 시간을 초과하지 않는 것이 좋다. 만일 계속 공부해야 한다면 10분 정도 휴식시간을 가진 다음에 다른 과목을 학습한다. 예를 들면, 자리에서 일어나 산책을 하거나 간식을 먹는 것처럼, 분위기를 바꾸는 것이 집중력을 높이고 학습을 효과적으로 수행하는데 도움이 된다. 물론 휴식 후에는 다시 학습을 시작해야 한다.

정기적으로 복습한다. 수업 직후 그 내용이 머리 속에 남아 있을 때 노트를 복습하는 것이 학습에 도움이 된다. 흔히 하루가 지나면 그 날 학습한 내용의 절반 가량이 망각될 수 있기 때문이다. 매주 또는 매일 정기적인 복습은 시험에 대비하는데 특히 효과적이다. 게다가 잠들기 전에 어려운 과목을 복습하면 문제를 해결하거나 내용을 기억하는데 좋다.

계획을 융통성 있게 세운다. 조정할 수 없을 정도로 빈틈없는 계획을 세우면 안된다. 예상보다 시간이 오래 걸리는 과제나 뜻밖의 상황이 있을 수 있다. 특정 시간에 다른 일을 해야 한다면 그 시간을 보충해야 한다. 시간이 더 필요한 경우에는 다음과 같이 시도해 볼 수 있다. 우선 휴식시간이나 기다리는 시간을 이용한다. 10분이나 15분 동안에도 계획을 구상하거나 문제를 생각해 보거나 어떤 내용을 점검하거나 암기할 수 있다. 그리고 쉬운 과목에서 시간을 절약하여 어렵거나 최선을 다 하지 못한 과목에 이용한다. 또는 아침에 좀더 일찍 일어나거나 밤에 더 늦게 앉아서 공부한다. 책을 빌리기 위해 오래 기다리기보다는 가능하면 구입하거나 복사하여 시간을 절약하고, 나중에 복습하기 쉽게 교재의 중요한 부분에 밑줄을 치거나 여백에 노트한다.

스스로 분발한다

학습요령이나 기술을 아무리 배워도 시도해 보지 않으면 도움이 되지 않는다. 다른 사람이 시범을 보일 수는 있지만 실천은 스스로 해야 한다. 특별한 비법이 있는 것은 아니다. 목표를 분명히 하고 달성하려고 노력해야 한다. 피곤하거나 좌절감을 느낄 때는 목표에 집중하여 달성 방법을 생각해 본다.

학습목표는 장기적인 것이며, 몇 달이나 몇 년이 걸릴 수도 있다. 그러므로 단기간에 분발할 수 있는 즉각적이고 구체적인 목표도 수립할 필요가 있다. 주말까지 책 한 권을 독파한다든지, 과제를 한다든지, 시험 준비를 하는 것과 같은 목표는 일상적으로 수행해야 하는 것들이다. 매일, 매주 또는 매달 목표를 세운다 해도 지금 또는 나중에 해야 할 일은 있게 마련이며, 끝낸 일도 있을 것이다. 스스로 분발하기 위해서는 자신과 경쟁하며, 집중력과 학습기능을 높이고, 일정시간에 수행한 학습량을 증대시키려고 노력한다. 또 다른 사람에게 자신의 성취 목표를 알려 스스로 약속을 지키도록 고취시키고, 성취 후에는 재미있는 다른 활동을 함으로써 자가보상을 한다. 그리고 학습에 대해 긍정적으로 생각하는 것도 중요하다. 부정적인 생각이나 의혹이 스며들면 왜 그런지, 타당한 것인지, 그와 같은 생각을 예방하려면 어떻게 해야 하는지를 궁리한다.

태도가 중요하다. 우리는 살아가면서 무슨 일을 하든 부정적인 태도를 지니게 되면, 일을 더 어렵고 불쾌하게 만드는 것과 같이, 스스로 문제를 일으킨다. 학교생활에서 학습은 일상적인 활동의 일부 또는 대부분이기 때문에 다른 활동과 마찬가지로 생각해야 한다. 긍정적인 태도로 학습에 임해야 한다. 학습은 결국 자신을 위해서 하는 것이다.

열성적으로 학습한다. 나중에는 누구나 열심히 할 수 있게 된다. 학습은 생각보다 어렵거나 지겨운 것이 아니다. 내용을 이해하지 못하기 때문에 어려운 것이다. 가장 어렵거나 지겨운 과목도 우리가 열성을 기울이면 내용을 이해하게 되고 흥미를 느낄 수 있다. 그 내용은 이전의 경험과 연관된 것일 수 있고, 나중에 도움이 되는 실용적인 면도 찾을 수 있을 것이다.

현실적이어야 한다. 우등생이라고 해서 어려움을 느끼지 않거나 좋은 성적을 얻어야만 하는 것은 아니다. 자신에게 지나친 기대를 하는 것은 너무 기대하지 않는 것과 마찬가지로 자기패배를 가져올 수 있다. 어느 쪽이든 극단적인 태도는 지양해야 한다.

시작이 중요하며 꾸준히 계속해야 한다

막상 자리에 앉아 공부를 시작하기가 어려울 수 있다. 누구나 때로는 머뭇거린다. 공부해도 효과가 없을 것으로 생각하거나 단지 공부하기가 싫을 수 있고, 어떤 과목은 생각이 필요없는 암기 중심이라서 실망할 수도 있다. 또 다른 과목은 너무 어려워서 어디서부터 시작해야 할지 몰라 당황하기도 한다. 이유야 어떻든, 학습은 언제까지나 연기만 할 수는 없는 것이다. 학습을 쉽게 시작하려면 내용을 감당할 수 있을 만큼 적당한 분량으로 나누어 한 번에 하나씩 처리한다. 그것을 할 만한 시간이 충분하지 않으므로 시작도 하지 않겠다는 흔한 변명은 하지 않는 것이 좋다. 한꺼번에 다 처리할 수 있는 충분한 시간은 언제나 거의 없는 법이며, 20-30분에도 어느 정도는 할 수 있다. 일정 시간 동안이나 특정한 내용을 끝내기까지 학습에 몰두해야 한다. 미루기만 하면 할 일은 더욱 증가하며, 특정 과목에서 낙제하거나 나쁜 성적을 얻게 되고,

계속 걱정하게 되어 불필요한 압박을 받게 될 것이다.

일단 시작하면 계속해야 할 근거를 갖게 되어 목표에 그 만큼 근접하게 된다. 시작하기보다는 계속 집중하는 것이 문제라면 주의가 분산되지 않고 편히 전념할 수 있는 학습환경을 조성한다. 텔레비전이나 휴대전화, 오디오를 치우고, 조명과 통풍이 좋은 조용한 곳을 택하여 필기류와 책 등 필요한 것들을 미리 준비함으로써 시간 낭비의 요소를 배제한다.

가급적이면 도서관을 애용하는 것이 좋다. 집에서는 어지간히 의지가 강하지 않고서는 여러 가지 유혹에 굴복할 가능성이 크기 때문이다. 도서관에 오면 딴전을 피우거나 옆 사람과 잡담을 하거나 엎드려 자거나 밖에 나가는 경우가 있더라도 집에서보다는 학습에 시간을 많이 보내게 된다. 장시간 집중이 어려우면 학습시간을 짧게 자주 가져 그 시간 동안 집중하고, 그러다 보면 시간을 증가시킬 수 있게 될 것이다. 정신이 해이되면 그때마다 다시 주의를 집중한다. 혹시 다른 생각이 떠오르면 메모한 후 나중에 처리하고 현재의 학습에 전념한다. 이와 같은 과정을 계속하면 집중력을 향상시키고 잡다한 생각을 무시할 수 있게 될 것이다.

시험불안에 대처한다

시험은 우리의 인생에서 불가피한 것이다. 우리는 언제나 다른 사람으로부터 평가를 받는다. 직무평가, 면접, 시합, 경기, 공연, 각종 자격취득 등은 우리가 당면하는 몇 가지 시험에 지나지 않는다. 대부분의 사람들은 시험을 걱정하며, 이것은 자연스러운 일이다. 우리는 모두 맡은 일을 잘 하려고 하며, 그 때문에 얼마간의 긴장은 좋은 것이다. 그러나 지나친 걱정이나 불안은 기억력이나 학습 능력을 저하시키고, 최선을 다하지 못하게 만들 수 있다.

시험불안을 감소시키고 자신감을 가지려면, 우선 시험준비를 미리 해야 한다. 학기 초부터 규칙적으로 복습하는 시간을 갖고, 시험이 다가오면 학습시간을 증가시킨다. 시험 유형과 범위를 확인하고, 기출문제도 구해서 검토한다. 시험을 자신의 위치를 확인하는 방법으로, 즉 얼마나 잘 하고 있고 개선할 점은 무엇인지 파악하는 수단으로 생각한다. 시험은 당사자의 모든 면을 판단하는 것이 아니라 특정 영역에서의 지식 정도를 추정하는 것이다. 시험의 중요성을 과장하거나 무시할 필요는 없으며, 전반적인 성적의 일부를 반영하는 것으로 생각해야 한다. 친구들과 학습 내용을 검토하는 것도 도움이 될 수 있다. 혼자 공부하는 것을 좋아할지라도 다른 사람들도 같은 시험을 준비하고 있다는 것을 알면 위안과 격려가 될 수 있다. 또한 긴장이나 스트레스를 해소하는 방법을 알면 공부할 때나 시험 볼 때 도움이 될 것이다. 그리고 시험에 대비한 목표는 현실적으로 정해야 한다. 비합리적인 목표를 정하고 달성하지 못하면 지나친 기대였다고 생각해도 기분은 언짢아질 것이다. 무엇보다도 긍정적으로 생각하며 자신을 믿어야 한다. 준비를 적절히 한다면 분명히 잘 할 수 있을 것이다.

실패하는 경우에도 낙담하지 않는다

시험에 실패하거나 과제를 잘 해내지 못해도 상황을 긴 안목에서 볼 수 있어야 한다. 자신의 모든 장래가 한 가지 시험이나 과제에 달려있는 것은 아니다. 누구나 때로는 실패하며, 그것은 삶의 과정이고 일부이다. 실패에 집착하지 말고, 지금까지 성취한 많은 것과 잘 할 수 있는 것들도 생각한다.

실패에 대해 자신이나 다른 사람을 탓하기보다는 다시 반복하지 않을 수 있는 방법을 찾는다. 실수한 부분을 파악하여 개선하려고 노력해야 한다. 공부시간을 좀 더 많이 갖거나 정리를 더 잘 하거나 시험치는 방법과 학습요령을 연마할 필요도 있을 것이다. 한 번에 다 하려는 과욕은 피해야 한다. 현명한 사람은 실수를 통해서 배운다. 연습과 경험에 의해서 우리는 향상될 수 있다.

우리는 학창시절에 당면하는 전문지식 위주의 학습만 생각하여 학습을 흔히 지겹고 어려운 것으로 생각하는 경향이 있으나 새로운 것을 배운다는 의미에서 본다면 생활 자체가 학습이다. 친구를 사귀고, 직장에서 적응하고, 가정을 이루고, 자녀를 기르는 과정에서 누구나 새로운 경험을 하며 성공의 희열과 함께 실패의 좌절감도 겪게 된다. 그러므로 우리가 살아가는 동안 학습은 당연하고 불가피한 것이며, 보다 의미있고 행복하게 잘 살기 위해서는 역경을 견디며 계속 열심히 학습해야 한다. 삶을 포기하지 않는 한 학습도 포기할 수 없기 때문이다. 그리고 보다 나은 삶을 살기 위해서는 삶에, 즉 학습에 충실해야 하기 때문이다.

바른 독서방법

대부분의 학생들은 공부하려고 앉으면 책을 꺼내 곧바로 읽기 시작한다. 그들은 책을 읽으면서 특별한 목적의식을 갖지 않기 때문에 어느 책이나 똑 같은 방식으로 읽는다. 독서의 목적은 지식을 얻고 그로 인해 자신의 정신을 성숙시키기 위한 것이다. 따라서 독서를 통하여 저자의 사상을 자신의 것으로 소화하지 않고 그 사상에 전적으로 흡수당하면 정신의 성숙은 기대하기 어려울 것이다. 그러나 책을 읽는 목적에 따라 읽는 방법도 다음과 같이 여러 가지가 있다. 책을 효율적으로 읽으려면 목적에 따라 읽는 방법이 달라야 하며, 잘 읽는 사람은 어느새 그와 같은 방법을 사용하고 있음을 스스로 알게 될 것이다.

훑어보기. 책을 읽는 한 가지 목표는 무슨 내용에 관한 것인지를 파악하려는 것이다. 훑어보는 것은 독서의 중요한 첫 단계이다. 그 한 가지 방법은 책을 넘겨가며 각 단원이나 장의 제목과 소제목를 살펴보는 것이다. 또 다른 방법은, 특히 목차가 없는 경우에, 각 문단의 첫 문장을 검토하는 것이다. 첫 문장이 언제나 문단의 핵심적 내용을 포함하고 있는 것은 아니지만 대개는 그렇다. 셋째 방법으로는 주요한 단어나 용어를 찾아보는 것이다. 이것은 청소년들이 많이 보는 색인이 없는 책에서 특히 필요하다.

핵심 내용의 파악. 우리는 가끔 주요 내용을 파악하기 위해서 읽는 경우가 있다. 특히 읽을거리가 많을 때 그리고 독서의 첫 단계에서는 핵심적인 내용을 이해하려는 생각으로 책을 읽게 될 것이다. 핵심 내용을 파악하려고 문장 전체를 주목할 필요는 없다. 대개 문장에는 한 가지 이상의 아이디어가 포함되어 있다. 핵심적인 내용은 한 문장에서 중요한 구나 절에 내포되어 있으며, 보통 한 두 단어로 요약할 수 있다.

때로는 핵심적인 내용이 전혀 없는 문장도 소설이나 문학작품에서는 발견된다. 작가들은 독자가 읽은 내용에서 함축되어 있는 의미를 이끌어낼 수 있으리라 기대하기 때문이다. 혹시 읽은 내용을 이해하지 못한다면 핵심적인 부분을 알지 못하거나 함축되어 있는 정확한 의미를 파악하지 못하기 때문이다.

중요 사항의 선별. 학생들은 자신이 읽은 내용에서 중요한 세부사항을 항상 잘 찾아낼 수는 없기 때문에 교사가 중요하지도 않거나 지엽적인 내용을 고의로 시험에 출제하는 것은 아닌가 의심할 수 있다. 그러나 대체로 이것은 자신의 잘못된 독서방법에 대한 변명에 지나지 않는다. 이따금 학생들은 핵심적인 내용을 파악할 수 있어도 그 세부적인 사항을 기억하지 못할 수 있는데 흔히 그 두 가지는 함께 묶여 있다. 핵심적인 내용은 세부 사항을 포괄하거나 요약한 것이다. 중요한 세부 사항이

란 흔히 핵심적인 내용에서 취급된 원리를 설명하는 예로 이루어진다. 물론, 무엇이 중요한가는 판단의 문제이며, 사람에 따라 다를 수 있다. 그러나 대개는, 특히 정보를 체계적인 방식으로 제시하는 교과서의 경우에는, 핵심적인 내용과 가장 중요한 세부 사항들을 식별하기가 용이하다.

재미삼아 읽기. 우리는 모두가 즐겁게 책을 읽고 싶어하는 경향이 있지만 청소년 시기에서는 독서의 범위를 확대해야 한다. 우리는 공부할 때와 같은 방식으로 재미삼아 읽을 수 있다. 어떤 것은 아주 천천히 읽거나 소리내어 읽거나 혼잣말을 하면서 읽기도 할 것이다. 또 어떤 것은 대충 훑어보기도 한다. 자신의 읽는 방식에 유념하면 독서의 즐거움을 배가할 수 있을 것이다. 물론, 재미로 읽은 내용이 청소년의 학습에 큰 도움이 될 수 있으며 교양을 넓히는 데에도 유익한 경우가 많다.

내용 음미. 우리는 가끔 액면 그대로 받아들일 수만은 없는 논의의 여지가 많은 자료를 읽기도 한다. 또는 우리의 가치관이나 신념에 반하는 내용을 접할 때도 있다. 이 경우에는 자신의 가치관이나 신념을 검토해 볼 필요가 있다. 비판적인 자세로 책을 읽으면 내용을 좀 더 선택적으로 받아들이게 될 것이다. 이 점이 특히 청소년들에게는 어려운 경우가 많지만 그와 같은 노력을 기울여야 할 것이다.

내용의 응용. 독서의 목적 가운데 하나는 읽은 내용을 확대하여 다른 상황에 응용하는 것이다. 읽은 내용을 청소년 자신의 문제에 적용할 수도 있다. 이것은 읽은 내용을 적극적으로 활용하는 과정에 속한다. 실생활에서 실천이나 개선에 이용하거나 자신의 사고의 폭을 확대하거나 인간관계에 응용하거나 학교학습에 적용하거나 타인에게 도움을 제공하는 데에도 활용할 수 있다.

일반적으로 책을 잘 읽는 사람은 읽는 것을 좋아하는 반면에, 그렇지 않은 사람은 독서를 불필요한 일로 간주한다. 청소년기에서는 어느 때 보다도 책을 많이 읽어야 하기 때문에 잘 읽지 못하는 사람은 그 방법을 개선하기 위해 열심히 노력해야 할 것이다. 책을 잘 읽는다 해도 독서 방법을 개선할 여지는 있을 수 있다.

다음 질문들은 독서의 기본 방식에 결함이 있는지 확인하는데 도움이 되는 것들이다. 질문에 답하기 어려운 경우에는 유념하고 있다가 차후에 독서 기회가 있을 때 잘못된 독서습관이 있는지 확인해 보도록 권할 수 있다.

1. 책을 읽을 때 소리내어 읽거나 입술을 움직이는가? 낭독은 현대 사회에서 비효율적인 방법이다. 입술을 움직이면 낭독을 하는 것이다. 이 방법은 독서 속도를

느리게 만들기 때문에 비효율적이다. 단지 입술을 다문다고 독서 방법이 향상되는 것은 아니지만 신속하고 잘 읽는 법을 배우려면 중얼거리거나 입술을 사용하는 것은 피해야 한다. 그러나 정독을 하거나 난해한 내용을 읽을 경우에는 입술운동이 필요할 때가 있다.

2. 단어를 하나씩 읽는가? 책을 잘 읽는 사람은 어떤 단어는 다른 것보다 더 중요하다는 것을 알며 모든 단어에 똑 같은 비중을 두지 않는다. 단어를 하나씩 읽는 사람은 의미를 파악하는데 대체로 어려움을 겪는다. 그들은 단어를 이해할 수는 있지만 단어로 구성된 문장은 이해하지 못한다.
3. 가끔 이해하지 못하거나 낯선 단어가 있는가? 그렇다면 어휘 공부를 해야 한다. 전문용어뿐만 아니라 일반적인 단어 중에도 어렵거나 생소한 단어가 있을 수 있다.
4. 방금 읽은 곳을 되풀이하는 경우가 있는가? 이것은 주의를 기울이지 않은 것이다. 때로는 주의를 집중하는 경우에도 읽은 내용을 언제나 기억하는 것은 아니다. 읽어 가면서 맥락에 관심을 두며 다음과 같은 점을 자문해봐야 한다. 읽은 내용을 이해하고 있는가? 읽은 내용을 기억할 수 있는가? 읽은 부분의 요지는 무엇인가?
5. 모든 문장을 같은 속도와 같은 방식으로 읽는가? 흥미 본위의 내용은 가능한 빨리 읽거나 생략하고, 중요한 부분은 아주 조심스럽게 읽어야 한다. 내용의 성질과 난이도에 따라 읽는 속도를 조절하지 못하면 책을 읽는 즐거움을 누리지 못할 것이다.
6. 내용을 이해하지 못하는 경우가 가끔 있는가? 우리는 모두 주제의 전문적인 내용을 알지 못해서 일부 내용을 이해하는데 어려움을 느낀다. 그러나 교과서의 경우에는 대부분의 내용을 이해할 수 있어야 한다. 만일 읽은 내용의 주요 부분을 이해하지 못한다면 책을 잘 읽는 사람이 아니다. 그것은 전문적인 배경이 부족해서가 아니라 기본적인 언어 기능에 결함이 있고 독서 습관이 잘못되었기 때문이다.

독서습관에서 이상과 같은 점이 있다면 해당 사항을 개선하도록 해야 한다. 청소년뿐만 아니라 성인을 포함한 거의 모든 사람이 독서습관의 어느 면에서는 개선의 여지를 발견할 수 있을 것이다.

시험 부정행위

수능시험에서 휴대전화에 의한 대규모 부정행위로 커다란 사회적 문제가 야기된 적이 있다. 게다가 이와 같은 부정행위는 이전부터 계속된 것으로 알려져 있다. 그 밖에, 교사의 성적 부풀리기와 조작, 대리 답안작성도 일부 고등학교에서 확인되었다. 비록 일부라고는 해도, 학교에서 전개되는 비교육적인 행위가 학생들과 사회에 미치는 파장은 결코 가볍게 볼 수 없다. 특히, 교사의 행동은 학생들에게 모범이 될 수밖에 없기 때문에 대단히 중요하다.

부정행위의 현황

시험 부정행위는 과거에는 비밀쪽지(컨닝 페이퍼)나 남의 답안지를 훔쳐보는 정도이었으나, 근래에는 대리시험, 답안지 바꿔치기를 비롯하여 교과서나 복사자료 펴보기, 손바닥이나 지우개나 연필이나 책상 또는 벽면에 써두기와 같은 보다 교묘하고 대담하고 뻔뻔스러운 수법이 자행되고 있다.

이와 같은 시험 부정행위가 얼마나 성행하고 있는지는 정확히 알 수 없지만, 1993년에 수행된 조사에 의하면, 초등학교 시기부터 시작하여 중학생의 78%, 고교생의 80%, 대학생의 70%가 부정행위를 한 경험이 있는 것으로 나타났다. 이 조사가 소수의 학교를 대상으로 한 것이므로 모든 학교에 그대로 적용할 수는 없으나, 적어도 과반수의 학생들이 부정행위의 경험이 있는 것으로 짐작할 수 있다. 2003년에 고교생 900여 명을 대상으로 조사한 어떤 결과에 의하면, 시험 때 부정행위를 실제로 해본 경험이 있는 학생들이 58%이었다. 2004년에는 취업포탈에서 대학생 1,032명을 대상으로 조사한 결과, 80%의 학생들이 부정행위의 경험이 있는 것으로 드러났다. 그러므로, 시험 부정행위는 결코 소수의 몰지각한 학생들의 행동이라고 보기는 어려울 것 같다. 심지어 교육대학원에 다니는 현직 교사들 중에는 시험 때 당당하게 책을 펼쳐놓고 보거나 대리시험을 의뢰하는 후안무치한 경우까지 있다. 특히 2004년도 조사에서 71%의 학생들은 부정행위를 학창시절에 한 두 번 해보는 낭만으로 생각하며, 죄책감을 느끼는 경우는 19%에 불과한 것으로 나타났고, 부정행위를 잘 하는 것도 능력이라고 강변하는 도덕적 불감증에 사로잡혀 있는 학생들도 적지 않다.

부정행위의 원인

그러면 부정행위는 왜 하게 되는 것일까? 우선, 학생의 개인적 특성을 찾아본다면 지능이나 성적이 낮고 불안이나 반사회성이 높으며 남자의 경우에 부정행위를 하는 경우가 많은 것으로 밝혀졌다. 지적 능력이 부족하고 학습방법이 미숙하거나 노력을 하지 않거나 다른 곳에 관심을 두기 때문에 저조한 성적을 요행으로 쉽게 만회해 보려는 것이다.

교사의 책임도 있다. 수업내용이 지루하거나 부실할 때 학생들이 수업에 집중하지 못하고 핵심 내용을 이해할 수 없어서 시험 때 부정행위를 시도할 수 있다. 출제방식도 관련이 있다. 객관식 출제는 정답을 보거나 전하기가 용이하여 부정행위의 유혹을 받기 쉽다. 너무 어렵게 출제하거나 상대평가 시에 부정행위가 증가한다는 보고도 있다. 게다가 교사의 성적 부풀리기는 학생의 내신 성적을 높여 대학 진학에 유리하게 만들기 위한 의도라고 해도 학생들에게는 요령이나 이기심 또는 부정행위를 부추기는 결과를 가져올 수 있다.

상황 요인도 부정행위를 자극한다. 주변에 부정행위자가 있을 때 그 영향을 받아 순간적으로 시도할 수 있다. 흔히, 다수가 좋지 못한 행동을 할 때 주변이 오염되고 그에 편승하는 수가 많다. 자신의 좋지 못한 행동이 잘 드러나지 않고 다수의 행동을 기준으로 했다는 핑계를 댈 수 있기 때문이다. 사람들은 흔히 명확한 기준이 없을 때 다른 사람들의 행동과 비교하여 자신의 행동을 결정하는 경우가 많지만 자신에게 유리할 때에는 기준이 있어도 이를 무시하고 다른 사람의 행동을 따라서 한다. 그러나 다수의 행동이 항상 옳은 것은 아니다. 태만한 감독도 문제가 된다. 학생들을 믿고 시험 감독을 제대로 하지 않거나 책을 보면서 지루한 시간을 보내는 교사도 있다. 그러나 어떤 학생들은 교사의 선의를 존중하지 않고 감독 소홀을 역이용한다. 어찌 보면 부정행위의 기회를 제공한 것이다. 감독자가 임무를 제대로 수행하지 않는다면 감독이 왜 필요한가? 학생들은 부정행위가 발각될 가능성이 적을수록 그 행위를 더 하는 경향이 있다고 한다. 그리고 부정행위를 적발해도 모른 체 하거나 질책만으로 그치는 경우가 있다. 앞에서 언급한 연구에서, 83%의 고등학생들은 부정행위를 해도 발각되지 않는다고 생각하며, 35%는 발각되더라도 처벌받는 경우가 거의 없다고 믿고, 92%는 교사의 감독이 소홀할 때 부정행위가 많이 발생하는 것으로 지각하였다. 교사들은 대체로 학생들에게 관대하고 불이익을 주지 않으려는 경향이 있으나 이러한 태도는 잘못하면 학생들의 무책임과 부정행위를 오히려 조장할 수 있다. 적발되어도 큰 불이익이 없으니 자신에게 유리한 나쁜 짓을 시도해 볼 수 있지 않겠는가? 그 밖에, 학교나 가정의 성적에 대한 압력도 부정행위를 하게 만드는 경향이 있다고 한다.

부정행위의 결과

이와 같은 부정행위는 당사자에게 어떤 득실이 있을까? 부정행위로 인한 이득은 발각되지 않았을 때 느끼는 긴장감을 맛볼 수 있고, 그다지 노력하지 않아도 쉽게 성적을 올릴 수 있으며, 재수가 좋으면 원하는 대학 진학도 가능하다.

그러나 이와 같은 이점은 일시적일 뿐이며 습관이 되면 양심이 마비되어 다른 부정행위와 연결될 수 있다. 20년 전에 미국에서 수행된 연구에 의하면, 부정행위를 많이 한 의대생은 나중에 의사로서 의료 부정행위도 많이 범하는 것으로 밝혀졌다. 즉, 부정행위는 자신의 도덕적 성숙을 방해하여 사회에서 다른 부정행위도 자행하게 된다.

또한 자존심의 손상도 가져온다. 부정행위가 옳지 못한 것임은 스스로 알고 있기 때문에 그와 같은 행동을 한 자신을 부정적으로 평가하고 마음 한 구석에 남아있는 자책감으로 고통을 받을 수 있다. 이 갈등에서 헤어나지 못하면 자신의 부정적 평가를 입증하고 자신을 벌하기 위하여 또 다른 비리를 범하는 악순환을 겪게 될 수 있다.

더욱이 한 사람의 부정행위는 다른 사람의 동일한 행동을 유발시킬 수 있다. 이기심과 경쟁심으로 자신만 억울하게 손해볼 수는 없다고 생각하는 사람들이 있기 때문이다. 자신은 부정행위를 하면서 타인의 같은 행동을 나무랄 수는 없을 것이다. 그리하여 점차 많은 사람들이 부정행위를 한다면 자신의 시도에 대한 이득이나 보람도 감소될 수밖에 없고 결국 불신풍조만 조장하게 된다.

또 정직한 사람들에게는 피해를 주게 된다. 바른 행동을 하는 것은 당연한 일이지만 그로 인해 피해를 본다면 그 행동을 계속하기가 어려울 것이다. 한 개인이나 소수의 행동이 다수에게 부정적 영향을 미치게 되는 것이다.

부정행위가 자신에게 특히 불리한 점은 학습능력과 노력을 약화시킨다는 것이다. 열심히 노력하지 않고 쉽게 목적을 달성할 수 있다면 과연 열심히 하겠는가? 능력도 선천적인 요인만이 아니라 자신의 노력에 의해서 연마하고 증진시킬 수 있다는 것은 우리 모두가 익히 알고 있다. 부정행위를 시도할 수 없는 상황에서는 요행이나 재수만 바라고 있을 것인가?

부정행위의 예방과 대책

부정행위를 방지하기 위해서는 우선 그 행위가 비도덕적임을 분명히 인식해야 한다. 앞의 조사에서 58%의 고교생들은 부정행위를 그다지 잘못된 행동으로 생각하지 않으며, 55%는 그것도 일종의 능력으로 간주하는 것으로 나타났다. 교사들 중에도 부정행위를 심각한 것으로 생각하지 않는 사람들이 있다. 그러므로, 부정행위를 개인적 취향에 따른 행동이 아니라 도덕적 행동에 위배되는 중요한 것으로 인식하고, 도덕적 가치에 대한 토론과 홍보 및 인성교육을 통하여 학문의 정직성을 강조하는 학교 분위기를 조성할 필요가 있다.

이와 함께 감독을 철저히 해야 한다. 시험장에서 좌석이 고정되어 있지 않을 때 뒷자리를 고집하거나 선호하는 학생은 감독자의 눈을 피하고 싶기 때문일 것이다. 학생의 좌석 배치를 조정하고 가급적 앞쪽에 앉도록 유도하며, 감독자가 전면에서만 지켜보는 자세도 지양해야 한다. 응시자가 많을 때는 감독자 수를 늘이는 것도 필요하다.

그리고 부정행위를 적발하면 학칙에 따라 처리해야 한다. 특히, 고의성이 강하고 계획적인 경우에는 더욱 그렇다. 답안지를 압수하거나 훈계 정도로 그치면 큰 효과를 거둘 수 없고 학칙도 소용없게 만드는 것이다. 그 뿐만 아니라, 정직한 학생들에게는 도덕적 갈등을 유발하게 된다. 학생 신분일지라도 자신의 행동에 대해서는 책임을 질 수 있게 해야 한다. 철저한 감독과 처벌은 병행되어야 한다. 어쩌다 적발되어 처벌을 받게 되면 자신만 재수 없이 당했다는 억울함을 호소할 수 있기 때문이다. 학교에서는 처벌보다 선도가 중요하다고 하지만 규정이나 학칙에 위배되는 사항은 학칙에 따라 처리되어야 준법정신도 배양될 것이다. 다만, 대안이 없는 지나친 처벌이나 전후 상황을 무시한 일방적인 처리는 자제해야 할 것이다. 전체를 위해서나 미래를 위해서는 조그만 인정에 지나치게 얽매이는 일이 없어야 한다.

시험문제의 유형도 다양해야 한다. 앞에서도 언급하였지만, 객관식 일변도의 출제는 채점의 신속 정확을 기할 수는 있지만, 사고력의 저하를 초래한다는 결점 이외에 부정행위를 용이하게 만들 수 있다. 이제 중등학교 시험도 주관식 유형을 혼합한다고 하니 부정행위를 시도하기가 다소 어려울 것이다. 성적 평가도 시험만이 아니라 학습 태도, 과제물, 발표 등의 비중을 적절히 부여하여 다양한 방법으로 이루어져야 하며, 이 과정에서 개인의 능력과 노력은 비교적 충실하게 성적에 반영될 수 있을 것이다.

그렇지만 부정행위를 예방하기 위해서는 학생 각자의 태도가 무엇보다도 중요하다. 부정한 방법으로 성적을 올리기보다는 성적이 낮아도 정직한 행동이 훨씬 가치있는 것이다. 유혹이나 압력에 굴하지 않고 바른 행동을 고수하여 자신의 가치를 스스로 인정함으로써 자제력과 자존심을 더욱 강화시킬 수 있다. 옳지 못한 행동은 하기 쉽고 편하며 목전의 이득이 되는 경우까지 있으나 처음에는 어렵게 보이던 바른 행동도 일단 시작하여 습관이 되면 자연스럽게 계속할 수 있고 그와 같은 자신이 대견스럽게 여겨질 것이다. 다른 사람들의 행동에 관계없이 자신의 소신과 양심에 따라 행동할 수 있는 강한 자아를 청소년 시기부터 키워가야 한다.

교사의 솔선수범이 중요

그 뿐만 아니라 교사의 행동도 간접적인 영향을 미칠 수 있다. 근래에 교사의 권위가 많이 실추되고 사회의 존경도 감소되었지만 학생들에게 미치는 영향력은 여전히 적지 않다. 학생들에게는 교사가 성인의 모델로서 그 언행을 보고 사회의 실상을 파악한다. 우리는 이 사실을 잘 알고 있으면서도 실제 상황에서는 망각하는 수가 많다. 우리 사회에는 많은 부정행위가 자행되고 있으며 처벌되지 않는 경우도 많고 오히려 그로 인해 득을 보는 사람들도 많다. 그러므로 교사들 중에는 이처럼 행동하는 사람도 있고 그 경우가 알려질 때마다 언론의 질타를 받는다.

그러나 학생들을 바람직한 방향으로 가르치는 교사는 스스로 그와 같이 행동을 보여야 할 의무가 있다. 다른 사람들을 가르치고 이끌어나가는 입장에 있는 사람들은 자신이 주장하는 바를 실천해야만 구체적인 장면에서의 행동 방법을 알려주고 실행 의지도 격려하는 효과를 가져올 수 있기 때문이다. 교사 이외에 성직자, 변호사, 의사가 이에 속하며, 자녀를 지도하는 부모도 여기에 포함된다. 자녀에게 정직한 행동을 보이지 못하는 부모는 부정직한 행동을 가르치고 있는 것이나 다름이 없다. 이렇게 보면 거의 모든 어른들은 어린 사람들에게나 주위에서 모범을 보여야 한다. 그 중에서도 교사는 학생들에게 바른 행동을 직접 가르치고 있기 때문에 언행일치를 보여야 하며, 이를 위해서는 온갖 유혹과 어려움도 극복해야 한다. 따라서 교직은 적성이 중요하며, 성직과도 비슷한 면이 있다고 하지 않았는가?

근래에 물의를 일으킨 교사의 성적 부풀리기와 조작 사례는 학생들의 장래와 학교의 명예를 위해서 선의로 행한 것으로 보기 보다는 오히려 수업 중에 가르친 내용과는 전혀 상반되게 학생들에게 부정행위의 시범을 보임으로써 이를 조장한 것으로 볼 수 있다. 인간은 불완전하여 언제라도 실수를 범할 수 있지만, 교사는 그 직분상 언제나 도덕적인 행동을 하도록 노력할 필요가 있다. 언제 어디서나 교사의 잘못된 행동은 인간적인 약점이나 결함으로 정당화하기 어려운 경우가 대부분이다.

개인의 행동은 집단에 큰 영향을 미칠 수 있다. 특히 옳지 못한 행동일수록 파급효과가 크다. 한 사람이 남몰래 어느 곳에 쓰레기를 버리면 얼마 후 그 곳은 쓰레기장이 되어버린다. 이 현상은 여름 휴가철이 지난 후 어느 계곡이나 바닷가에서 쉽게 목격할 수 있다. 끊임없이 문제를 유발하여 많은 사람들이 분개하는 불법주차, 부정식품, 폭리, 농수산물의 원산지 허위과장 표시, 지도층 인사의 식언, 공무원의 부정부패와 같은 이기적인 행동도 같은 맥락에서 볼 수 있다. 개인의 부정행위는 다른 사람들의 동조행위와 유사 행동을 유발하여 결국 전체 사회의 도덕성을 약화시키게 된다. 과제물이나 논문 표절 또는 대필도 시험 부정행위와 비슷한 것으로 많이 이루어지고 있다. 청소년들이 기성세대의 온갖 부정행위를 비판하면서 스스로 부정행위를 자행한다면 나중에 사회 지도자가 되었을 때 과연 정직한 행동을 할 수 있겠는가? 자신이 부모가 되었을 때 자녀에게도 자신이 행한 부정행위를 권할 것인가?

정직한 사람은 손해만 보고 다수가 부정직하고 서로 속이는 사회, 목적을 이루기 위해 수단과 방법을 가리지 않는 세상에서 살게 된다면 과연 좋은가? 개인의 부정행위가 이와 같은 변화를 초래할 수 있다는 것은 결코 과장이 아니다. 대개 좋지 않은 행동은 소수의 문제로 여겨 애써 가볍게 취급하려고 하는 경향이 있고 그것이 사실일지라도 다수에게 큰 파장을 일으킨다. 어떤 문제가 생겨 대책을 수립하는 경우를 보면 처음에는 거의 언제나 소수로 인한 것이 아니었는가? 수능시험에서의 휴대전화 부정행위도 전체 응시자의 극히 일부분에 지나지 않는다. "나 혼자쯤이야 괜찮겠지" 라는 생각은 모두가 할 수 있다. 소수가 다수에게 큰 영향을 미치는 것이다. 부정행위로 인한 피해는 다른 사람들만이 아니라 그 당사자에게로 돌아올 수 있다. 운이 좋으면 부정행위로 성적을 올릴 수 있지만 자신의 능력 향상에는 직접적인 도움이 되지 않음으로 시험 때마다 부정행위를 성공적으로 수행하지 않는 한 능력을 계속 입증하기는 어렵고, 부정행위가 불가능한 상황에서는 어떻게 할 것인가? 결과적으로 능력 향상의 기회를 스스로 박탈한 것이다. 또 자신의 잘못된 행동으로 가족이나 친구, 학교의 명예도 실추시키게 된다.

인간적인 나약함 때문에 유혹에 굴복하여 누구나 잘못을 저지를 수는 있다. 그러나 자신의 과오에 대해서는 반성과 함께 책임을 지는 자세가 있어야 같은 잘못을 반복하지 않고 보다 성숙해질 수 있을 것이다. 이번만 하고 다음에는 안하겠다는 생각은 오산이다. 왜냐하면 일단 시작하면 다음에도 계속할 가능성이 크기 때문이다. 이와 마찬가지로 정직한 행동도 일단 시작하면 계속될 가능성이 크다. 학교에서는 이와 같은 행동은 그것을 주장하는 사람, 즉 교사가 솔선수범 해야만 한다.

시험불안과 대책

> 수년 동안 아동들을 가르치면서 깨달은 것은 그들이 학교에서 느끼는 것은 무엇보다도 두려움이라는 것이다. 실패에 대한 두려움, 기쁘게 하지 못하는 두려움, 어리석게 보이는 두려움, 비판이나 조롱당하는 두려움, 벌받는 두려움. 이 모든 두려움으로 인하여 그들은 교사가 가르치려는 것을 배울 수 없다(John Holt, Never too late. 1980, p. 142).

시험에 대한 불안은 심각한 문제이다. 최악의 경우에는 신체적 및 지적 능력이 마비될 수 있다. 많은 학생들이 학교에서 이와 같은 긴장과 압력을 느끼고 있다. 그들은 신체적 및 정신적 고통 속에서 노력하지만 기대보다 훨씬 낮은 성적을 얻고 그다지 만족을 느끼지 못한다. 이것은 개인적으로나 사회적으로 큰 낭비이며 왜곡된 학교 경험을 가져올 수 있다. Grassick(1983)의 제안을 토대로 시험에 대처하는 효과적인 방법을 살펴본다.

시험불안이 있는 학생들은 다른 사람들이 그다지 어려움 없이 잘 넘기는데도 자신은 왜 두려워하는지 이유를 몰라서 혼란스러운 경우가 많을 것이다. 심지어 언제부터 두려워하기 시작했는지도 모를 수 있다. 전학, 불친절한 교사, 어려운 과목과 같은 이유를 열거할 수는 있어도 어떤 한 가지를 지적하기는 어려울 것이다. 그리고 정도 이상으로 두려워하는 것도 문제이다. 시험 며칠 전부터 잠을 못 자거나 머리가 아프거나 손이 떨리거나 식욕을 상실한다.

이와 같은 두려움에서 벗어나려면 우선 두려움이 어떻게 하여 생겼는지 알아야 한다. 만일 시험에 대해 불안해하면 그 두려움이 바로 나타날 것이다. 근육이 긴장되고, 주먹을 꽉 쥐고, 이마에 주름이 생기고, 집중하기도 어렵다. 그러면 잠시 눈을 감고 심호흡을 하면서 긴장을 풀려고 해 본다. 그리고 심호흡을 다시 천천히 한다. 조금 편한 느낌이 들 것이다. 긴장이나 불안을 느낄 때마다 이와 같은 연습을 반복한다. 시험에 대한 두려움을 덜 느끼려면 그에 관해 보다 느긋하게 생각하고 말할 수 있어야 한다. 그러나 시험불안에서 갑자기 해방감을 느낄 것으로 기대해서는 안 된다. 불안에서 벗어나는 과정은 점진적인 것이다. 불안을 느끼는 사람은 그에 연관된 상황을 회피하려고 한다. 우리는 당면한 모든 것을 변화시킬 수는 없지만 당면하지 않고는 아무 것도 변화시킬 수 없다. 불안을 감소시키기 위해서는 당면하지 않을 수 없다.

갑작스런 자극에 놀라는 경계반응은 선천적인 것으로 우리를 해로운 상황에서 보호하는 것이지만 두려움은 학습된 것이다. 갑작스런 소음, 추락, 고통과 같은 경계반응을 유발하는 자극과 연결된 어떤 대상에 계속 노출될 때 공포반응은 습득될 수 있다. 그리고 부상, 죽음, 고함, 상실과 같은 기존의 공포도 다른 대상과 결합되어 두려움을 일으킬 수 있다.

학업수행은 실패나 조롱 또는 비판에 대한 공포와 연관되어 있기 때문에 누구나 시험을 두려워한다. 시험 그 자체는 위협이 되거나 해를 끼치지 않는다. 시험을 두려워하는 이유는 그것이 기존의 공포와 연결되어 있기 때문이다. 그와 같은 연결은 이미 어린 시절에 집과 학교에서 아주 효과적으로 이루어진 것이다. 두려움에 관해 한 가지 흥미로운 점은 우리 모두가 성장하면서 똑같이 경험한 많은 것들의 영향을 받지만 우리들 중에서 일부만 특정한 두려움을 학습한다는 것이다. 왜 우리들 중에서 일부만 시험을 두려워하고, 다른 사람들은 자신있게 또는 약간 긴장감을 가지고 시험에 임하는 것인가?

두려움에는 두 가지 중요한 요소가 서로 작용하고 있다. 위협적으로 지각된 상황과 그에 따른 생각 그리고 통제할 수 없는, 즉 그 상황에서 피할 수 없는 불쾌한 느낌으로 두려움의 감정을 조성하는 것들이다. 세 번째 요인으로는 빈약한 대처기능을 들 수 있다. 두려움에 찬 사람들은 대체로 상황을 잘못 지각하고 두려워하는 대상에 대하여 왜곡된 생각을 갖고 있기 때문에 상황에 적절히 반응할 태세가 되어 있지 않고, 잘못 행동하여 흔히 상황을 악화시킨다.

개를 두려워하는 사람은 개를 보고 울면서 달아나려고 하지만 그렇게 하면 개는 더 좇아와 짖어댈 것이다. 추락을 두려워하는 사람은 비좁은 다리에서 발걸음을 주의하기보다는 물을 내려다보고 어지러워 넘어질 가능성이 크다. 벌을 무서워하면 손을 마구 내저어 벌이 더욱 빨리 날아다니게 한다. 시험을 두려워하는 사람은 문제해결기능을 습득하거나 일반적인 내용을 이해하는데 집중하기보다는 자신이 알지 못하는 면에 집중하여 사소한 사항을 이해하려고 많은 시간을 보낸다.

그러므로 일부 사람들이 두려움을 갖지 않는 이유는 상황을 위협적으로 지각하지 않고 통제할 수 있다고 생각하며, 긴장을 조절하여 판단이나 행동에 부정적 영향을 미치지 않게 하고, 대처반응을 발달시켜 자신의 행동을 유지할 뿐만 아니라 가능하면 긍정적 결과를 초래할 수 있는 행동을 하기 때문이다. 개를 무서워하지 않는 사람들은 유순한 개와 위험한 개의 차이점을 안다. 그들은 약간 위험해 보이는 개를 보더라도 크게 긴장하지 않고 감정과 행동을 자제할 수 있다. 그들은 다양한 개와 관련된 상황에 대처하는 방법을 이미 터득하여 양순한 개는 다독거리고, 짖는 개를 진정시키며, 사나운 개를 만났을 때 어떻게 해야 하는지도 알고 있다.

역설적으로, 공포를 일으키는 대상을 회피하는 것이 그로부터 벗어나지 못하는 최악의 방법이다. 시험을 두려워하는 사람은 흔히 시험에 대해 생각하지 않으려는 사람이며, 시험은 학교를 그만두지 않는 한 피할 없는 것이다. 시험을 두려워하는 사람은 미리 공부를 하거나 마지막 순간까지도 시험에 대해 생각하지 않는다. 두려워하는 사람은 공포에 효과적으로 대처하는 방법을 알려고 하지 않고, 어려운 상황이 닥쳐야 어떻게 해보려고 허둥댄다. 공포는 그에 대한 반응을 변화시킬 수 있는 방식으로 두려워하는 대상에 점진적으로 접근함으로써 약화시킬 수 있다.

이는 공포를 재평가하고 상황을 재고하여 생각만으로는 두려운 것이 아님을 인식하며 상황을 정확히 평가하는 것이다. 다시 말하면, 두려워하는 대상과 관련된 현실적인 문제를 효과적으로 다룰 수 있는 대처방법을 배우는 것이다.

파국적인 사고를 떨쳐 버린다

시험을 두려워하는 사람은 흔히 시험에 관한 파국적인 사고에서 헤어나지 못한다. 그들은 공포를 매우 극단적인 방식으로 생각하여 발생할 수 있는 온갖 난처하고 무서운 일에 신경을 쓴다. 예를 들면, 시험에 실패하면 죽겠다거나 어머니가 죽일 것이라고 생각한다. 또는 이와 같은 독백보다는 무시무시한 재앙을 상상하기도 한다. 시험에서 산산조각이 나 교실에서 뛰쳐나가거나 저녁식사 때 부모의 반응을 예상하거나 친구들의 조롱을 떠올린다. 그렇지 않으면 눈앞이 캄캄하여 어지럽거나 속이 메스꺼울 것 같은 전에 겪은 신체적인 느낌을 다시 생각한다.

파국적 사고는 닥칠 일에 대한 예행연습이나 다름없다

파국적인 사고의 중요한 점은 그것이 불안과 공포를 즉시 야기시킨다는 것이다. 이러한 생각이 실제 경험보다 흔히 더 두려운 것이다. 무서운 일이 생기거나 앞이 캄캄할 것이라고 생각한다면 그와 같은 일을 실제로 연습하는 셈이다. 게다가 이러한 일을 예상함으로써 생기는 불안감이 그 일이 생기지 않도록 적절한 조치를 취하는데 걸림돌이 된다. 불안한 생각을 하는 동안 앞에 놓여 있는 교재를 제대로 읽지 못하거나 당면과제를 효과적으로 대처할 계획을 세우지 못한다. 파국적인 사고에 대처하기 위해서는 그런 생각이 들 때마다 중단하고 합리적으로 반박해야 한다.

우리 모두는 사고를 통제할 능력이 있다. 대부분은 이미 어느 정도는 그렇게 하고 있지만 의식하지 못하거나 간헐적으로 하고 있기 때문에 익숙하지 않을 뿐이다. 만일 텔레비전을 켰는데 무서운 장면이 나오면 우리는 얼른 채널을 바꾼다. 환경을 바꿈으로써 생각을 멈출 수 있다. 우리의 생각을 통제할 수 있다는 것을 입증하기 위하여 간단한 실험을 해 보자. 최근의 유쾌한 경험을 가급적 자세히 기억해낸다. 눈을 감고 그 장면을 생생하게 그려본다. 그 다음에 "그만!"하고 소리치며 눈을 뜬다. 그러면 눈앞의 장면은 비록 잠시라도 사라질 것이다. 이것은 우리가 원하면 파국적인 사고를 중단할 수 있음을 의미한다. 물론 그 생각은 다시 떠오를 수 있지만 그 때마다 같은 방법으로 중단시킬 수 있다.

우리의 사고는 주변 환경과 근육활동에 의해서 영향을 받는다. 생각을 멈추고 주변 환경에 주의를 기울이거나 일어나서 무슨 활동을 하면 멈추려던 사고가 한동안 사라질 가능성이 크다. 그러나 그 자리에 머물며 생각을 계속하면 사고는 바로 되살아난다. 두려운 생각을 중단할 수 있다는 것은 시험에 대한 사고의 비약에 빨려 들어가지 않음을 뜻한다. 그러므로 두려운 생각을 의식하자마자 즉시 중단하는 것이 중요하다. 그러나 사고의 중단은 쉽게 이루어지지 않는다. 두려운 생각을 하는 습관은 오랫동안 형성된 것이므로 그 습관을 깨뜨리기 위해서는 상당한 시간과 연습이 필요하다.

파국적 사고를 통제한다

약간 이상하면서도 효과적인 것은 파국적인 사고를 특정한 면으로 한정하라는 것이다. 파국적인 사고는 언제 어느 곳에서나 가능하기 때문에 수면을 박탈하거나 즐거움을 감소시키거나 집중력을 떨어뜨리는 것과 같이 우리의 행동을 언제든지 방해할 수 있다. 걱정을 한순간에 멈출 수는 없지만 특정한 시간과 장소로 국한시키는 것은 비교적 용이하다. 예를 들면, 그다지 좋아하지 않거나 이용하지 않는 장소를 선정하여 그 곳에서만 걱정을 하도록 한다. 그 장소에서는 아무 것도 하지 않고 최소한 20분 이상 걱정만 한다.

어느 정도 걱정을 하도록 스스로 용인하는 것이 매우 중요하다. 걱정을 바로 배제할 수는 없으며, 그렇게 하려고 하면 낙담만 하게 된다. 그러나 근심이나 걱정을 특정 시점에서만 하도록 통제하는 것은 큰 도움이 될 수 있다. 너무 피곤하거나 긴장이 과중할 때는 걱정을 통제하기 어려울 수 있으나 크게 좌절할 필요는 없다. 가능한 신속히 통제하면 된다.

머리 속에서 전개되는 불길한 상상으로 인한 정서적 충격을 감소시킬 수 있는 방법은 각본을 다시 쓰는 것이다. 시험장에서 질려서 뛰쳐나오는 상상을 했다면 그와 같은 충동을 자제하는 방향으로 마지막 장면을 개작한다. 자신을 의도적으로 진정시키고 시험을 다 마친 후 나와서 친구에게 "힘든 고비가 두어 번 있었는데 잘 넘겼지. 시험을 그다지 잘못 친 것 같지도 않아."라고 말하는 자신을 상상한다. 다음 번에도 이러한 상상을 연습한다.

두려움을 합리적으로 반박한다

이것은 상상하기보다는 재미가 없지만 두려워하는 많은 사람들에게 더욱 그럴듯하게 보인다. 우리가 해야 할 일은 파국적인 사고를 분석하여 합리적인 주장으로 반박하는 것이다. 합리적인 주장이란 무비판적이고 비교적 무의미한 긍정적인 사고가 아니라 그야말로 이성적이고 설득력있는 것이어야 한다. 예를 들면, 시험을 잘못 보면 죽어버리겠다고 생각하지만 어떤 실패에도 사람들은 다시 일어나며, 시험 때까지 이 문제를 알지 못할 것이라는 생각에는 설령 그렇다 해도 남은 시간에 열심히 하는 것이 낫고 할 수 없는 것이 아니라 어려운 것이라고 반박하는 것이다.

완벽함과 조급한 기대를 하지 않는다

많은 사람들은 실수하는 것은 끔찍하며 모든 면에서 유능해야 한다는 생각을 갖고 있다. 이러한 요구는 매우 비논리적이다. 우선 어떤 것을 처음 배울 때 단 한 번의 실수도 없이 배운다는 것은 거의 불가능하다. 학습자, 즉 학생은 무엇을 해야 할지 모르는 사람이며, 무능하고 무지하다. 그가 이미 알고 있다면 학습자기 아니다. 따라서 애초부터 솜씨있게 한다는 것은 전혀 기대하기 어렵다. 가르치고 배우는 것은 아무 것도 모르는 단계에서 조금씩 깨닫는 과정이다. 언제까지나 아무 것도 모를 것이라거나 실수없이 금방 유능해질 것으로 기대할 수는 없다. 곧 유능하게 되기를 바라는 사람들은 모든 고뇌와 훈련기간을 겪지 않고 파블로 카잘스(Pablo Casals)처럼 첼로를 연주하고, 미켈란젤로(Michelangelo)처럼 그림을 그리고, 웨인 그레츠키(Wayne Gretzky)처럼 하키를 하고, 나나 무스쿠리(Nana Mouskouri)처럼 노래를 부를 수 있기를 기대한다. 이 모든 사람들이 준비, 연습, 어려움, 실수를 경험하지 않고 시작하자마자 바로 위대한 업적을 만들어낸 것인가? 헤밍웨이(Hemingway)는 타자기에 앉아서 바로 소설을 끝마치고, 다빈치(Leonardo da Vinci)는 어느 날 나와서 점심 먹기 전에 모나리자(Mona Lisa)를 그린 것으로 생각하는가? 중요하고 의미있는 것이라면 어떤 일이라도 많은 실수를 거듭하지 않고서는 이루어지지 않는다.

어떤 경우에도 모든 일에 유능하기를 기대하는 것은 아주 불합리하다. 대부분의 사람들은 어떤 일에든 아주 유능하기보다는 한 두 가지 일에 어느 정도 유능하다. 그런데 모든 일에 완벽하길 어떻게 기대하며, 실수를 끔찍하게 여길 수 있는가? 어떤 일, 그것도 어려운 일을 처음 배울 때는 실수를 하는 것이 당연하고, 능력이 발전됨에 따라 실수가 점차 줄어들지만 간혹 이어질 수도 있다.

실수를 겁내지 않는다

때때로 사람들은 어떤 일을 제대로 할 수 있을지 몰라서 시도하기를 주저한다. 실수인지 아닌지는 해보기 전에는 알 수가 없다. 수학문제를 풀고 있을 때 해보기 전에는 올바른 방식을 찾았는지 알지 못한다. 열쇠를 찾으려고 할 때 어느 곳을 찾아봐야 할지는 찾을 때까지 알 수 없다. 실제로 해보기 전에 가만히 서서 바른 해결책을 찾으려는 것은 시험지를 받고 눈앞이 캄캄해지는 사람들이 하는 행동이다. 생각이 콱 막힌 작가들은 써보기도 전에 완전한 것을 기대하기 때문에 결코 써 내려가지 못한다. 그냥 쓰기 시작하여 계속하다 보면 그다지 나쁘지 않은 결과를 얻을 것이며, 그 다음에 수정하고 다듬는 것이다.

흔히 실수한 것 같은 느낌은 나중에 그다지 나쁘지 않은 결과로 나타날 수도 있다. 한 사람이 실수로 여긴 것을 다른 사람은 오히려 잘 한 것으로 여길 때도 있다. 우리는 학습자이며 불완전한 인간인데도 기호나 판단이 우리와는 다른 사람을 실망시켰다고 우리 자신도 가끔 실망한다.

실수가 당연함을 인정한다

시험에서 실수에 대한 합리적인 대응방법은 그 불가피함을 인정하는 것이다. 우리가 아무리 유능하다고 해도 완벽하게 일을 처리할 수는 없으며, 특히 쉬지 않거나 수정하지 않고 그렇게 하기를 기대할 수는 없다. 실수는 불가피하다. 우리가 할 수 있는 유일한 것은 실수를 확인하고 시정하는 것이다.

회피와 지연의 불합리성을 반박한다

우리는 공부를 미루기 위하여 여러 가지 술책을 쓰지만 그것들은 대단히 어리석은 전제에 따른 것이다. 즉, 불안에서 벗어나고 힘든 공부를 피할 수 있는 단기간의 이득을 얻는 것이 불안하여 시험준비를 못하거나 기한에 맞추려고 미친 듯 공부하는 장기간의 고통보다 낫다는 것이다. 그 밖의 전형적인 회피행동은 어떻게 할지 방법을 모르기 때문이다. 우선 어떻게 할지 대안을 강구한 후에 불안에 대해 합리적으로 대처한다. 공부를 미루는 것은 부정적 감정에서 벗어나는 것이 아니라 불안감을 죄책감으로 교환하는 셈이다 학기말에는 불안감이 넘쳐 포기할 지경에 이를 것이다. 준비를 제대로 하지 않으면 정서적 대가를 치르게 되며, 지금 약간 노력함으로써 학기말의 고민을 면하게 될 것이다.

약간의 불안은 그다지 두려운 것이 아니다. 조금 불안해도 공부를 시작하면 학습내용에 흥미를 느낄 수 있으며, 현재 10분을 공부하면 학기말에 10분을 절약할 수 있다. 지금 배우고 있는 것을 공부하지 않으면 시험을 준비할 때 처음부터 다시 공부해야 할 것이다. 우리는 믿을 수 없을 정도로 빨리 망각한다. 시험보기 전에 공부하지 않으면 학기초에 학습한 대부분을 잊게 될 것이다. 무엇이든 시작하려면 약간의 불안은 극복해야 한다.

어떤 사람들은 시험에 관해 합리적으로 생각하여 감정을 효과적으로 조절하기 시작하면 감정이나 느낌이 없는 사무적인 기계처럼 변하지 않을까 우려한다. 그렇지 않다. 합리적인 사람도 석양을 즐기며 음악을 감상한다. 우리는 자신의 생활에 전적인 책임이 있다. 어떤 근사한 생각이 있으면 그것을 추구하느냐 마느냐는 자신이 선택하는 것이다. 시험불안을 통제한다고 감정이 메마른 인간이 되지는 않으며 오히려 보람있고 긍정적인 느낌이 드는 시간을 더 갖게 될 것이다.

실패를 두려워하지 않는다

이상하게도 많은 사람들은 과제 제출기한을 넘기거나 미리 계획하지 않는 행동에 묘한 자부심을 갖는다. 심지어, 기한을 지키지 않은데 대해 친구들이 고개를 저으면 즐거움을 느끼며 자신의 미루는 행동을 과시하는 사람도 있다. 그러나 진정으로 상황을 바꾸고 싶으면 그리고 현재 자신의 방식에 정말 불만족스럽다면 이와 같은 어리석은 행동을 당장 그만두어야 한다.

사람들은 이따금 합리적인 반박에 대하여 "죽겠다는 말을 진짜로 믿지는 않아. 단지 과장한 것이지. 그다지 대수롭지 않아."라고 말한다. 그러나 아니다. 이와 같은 말은 도움이 되지 않는 감정을 야기시키고 효과적인 행동을 방해하는 작용을 한다. 그 말은 시험에 닥쳐서 느끼는 감정과 마찬가지로 두려움의 일부를 나타내는 것이다. 마치 사나운 개를 직면하려면 양순한 개를 보고 느긋한 마음을 갖는 법부터 배워야 하듯이, 이 모든 불안한 순간들을 직면하는 법을 익혀야 보다 힘든 일을 감내할 수 있다. 바보같은 생각이 들 때 도전하는 법을 익히는 것이 공포를 감소시키는데 매우 중요하다.

긴장을 조절하는 법을 배운다

시험에 관련된 신체적 긴장을 통제하고 감소시키는 것은 불안을 극복하는데 중요하다. 어떤 사람들은 생각을 정리하여 학습과 시험보는 요령을 연습하는데 집중하면 족하다고 여기지만 많은 불안한 사람들에게는 긴장을 의도적으로 통제하는 방법을 배우는 것이 도움이 된다.

두 가지 이완기법이 긴장을 통제하는데 특히 도움이 된다. 그 절차는 비교적 간단하지만 숙달하는데 8시간 정도 소요된다. 필요한 것은 개방적인 마음으로 연습하는 것이다. 우선 근육이완방법(relaxation)을 간단히 제시한다. 편한 차림으로 의자에 앉아서 한 번에 20분 정도 매일 연습한다. 눈을 감고 두어 번 심호흡을 한 후, 평소와 같이 숨을 쉬면서 한 번 쉴 때마다 수를 센다. 이렇게 10번을 센 후 다시 반복한다. 그 다음에는 주먹을 꽉 쥐고 얼마 후에 긴장을 푼다. 이 과정도 두 세 번을 되풀이한다. 그 후에는 팔, 어깨, 등, 얼굴, 팔, 다리, 가슴의 순으로 계속한다. 숨을 10번 쉬고 나서 눈을 뜬다. 근육이완이 잘 안되거나 잠 또는 잡념이 들거나 불편한 느낌이 들더라도 꾸준히 계속해야 한다. 전체 과정을 적어도 6번은 연습해야 한다. 다음에는 스키장, 바닷가, 바람부는 들판과 같은 마음이 편하게 느껴지는 장면을 20분 정도에 걸쳐 상세히 서술한다. 두 번 심호흡과 10번의 정상적인 호흡을 마친 후 마음 편한 장면을 상상한다. 다시 숨을 10번 쉬고 나서 이완연습을 끝낸다.

두 번 째는 둔감화(desensitization)방법인데, 처음에는 시험에 관련하여 불안이 적은 상황을 상상하는 것에서 시작하여 점차 불안이 심한 상황으로 진행한다. 이 과정에서는 긴장을 늦추면서 시험 때 모두가 당면하는 어려운 상황에 대한 반응을 연습하는 것이다. 불안을 일으키는 장면을 차례로 상상하면서 불안을 감소시키려고 노력하고, 그 상황을 통제할 수 있을 때까지 연습을 계속한다. 이 과정에서 마술적인 것은 없다. 우리가 무엇을 하려고 상상하거나 생각하지 않는 한 행동을 할 가능성은 거의 없다. 이 과정에서 배우는 것은 시험에 관한 패배적이고 불안을 일으키는 생각을 새로운 것으로 대체하는 방법이다. 이 새로운 생각을 연습하여 편한 마음이 들고 합리적으로 행동할 수 있게 하는 것이다.

이 방법은 독자적으로 습득할 수 있으나 중도에 포기하는 경향이 있다. 새로운 습관을 형성하는 것이 쉬운 일은 아니다. 긴장을 해소하려면 오랜 연습이 필요하며,

기적과 같은 결과를 하루 밤에 기대해서는 안 된다. 연습을 등한시하고, 낙담하여 과연 효과가 있는지 의아해할 수도 있다. 이것은 무엇이든 처음 배우려고 할 때 보통 느끼게 되는 두려움이다. 긴장을 해소하는데 도움이 되는 보다 구체적인 내용과 절차에 관해서는 서점에서 쉽게 구할 수 있는 여러 가지 책자들에 잘 소개되어 있으며, 필요한 경우에는 전문가나 상담자의 협조도 구하도록 노력해야 한다.

시험준비 요령

시험은 누구나 좋아하지 않는다. 그러나 시험은 학교생활에서 피할 수가 없으며, 길게 보면 학교를 졸업한 후에도 다양한 형태로 계속 당면하게 된다. 시험에 효과적으로 대비하려면 당연히 사전 전략이 필요하지만, 많은 학생들은 그것을 무시한다. 다음에 제시하는 몇 가지 학습 또는 복습 전략은 구체적인 상황에서 다양한 방법으로 활용될 수 있다.

우선, 시험에 일찍 준비할 필요가 있다. 많은 학생들은 시험 2-3주일 전까지도 그에 대비할 생각을 하지 않는데, 그 무렵이면 학기초에 필기한 내용을 거의 다 잊어버려 다시 공부해야 하고, 시간이 부족하기 때문에 모르는 내용을 확인하여 보충할 수도 없다. 가능하면 수업 직후에 쉬는 시간을 이용하여 필기한 내용을 5-10분 정도 복습해야 한다. 또는 저녁에 한 시간 정도 그 날 학습한 내용을 복습하는 것도 좋다.

둘째, 매일 규칙적이고 단계별로 학습하는 것이다. 많은 학생들은 공부해야 할 분량에 압도되어 시험이 다가올 때까지 미루다가 그 양만 더욱 쌓이게 된다. 난처한 경우에 처하지 않으려면 학기 중에 학습활동을 조직하는 중, 단기 계획을 수립해야 한다. 물론 그 계획에는 시험일과 복습일정 등이 포함되어야 한다.

셋째, 시험에 부합되는 학습방법을 연습한다. 많은 학생들은 교재나 필기한 내용을 충분히 읽거나 재정리하거나 외우기만 하면 족하다고 믿는데 이것은 잘못된 생각이다. 이와 같은 방법들의 공통적인 문제점은 시간이 많이 걸리고 번거로우며 소극적인 활동이라는 것이다. 이 방법들이 적절할 때가 있지만 모든 경우에 그렇지는 않다. 특정 교과에 적합한 학습방법은 그 시험에서 무엇을 대비해야 하는가에 달려 있다. 교재 내용을 그대로 재생해야 하는 것이라면 그 내용을 외우는 것이 적절하고, 특정 주제의 내용을 요약하는 것이라면 요약 정리하는 연습이 적당할 것이다. 예를 들면,

수학에서 공부해야 할 목표는 제시된 문제를 푸는 방법이지만, 이 방법을 국어나 사회 과목에 적용하기는 어려울 것이다. 어떤 교과든 수강 후에 기대할 수 있는 것은 수강하기 전에 할 수 없던 것을 하게 될 것이라는 것이다. 그것을 탐색하여 연습하는 것이다. 그리고 기출문제를 찾아서 문제를 확인할 필요도 있다. 이는 문제의 유형을 파악하는데 도움이 된다. 만일 기출문제의 확보가 어려우면 이전 수강생들에게 중요한 내용과 시험문제에 관해서 물어볼 수도 있다.

넷째, 시험 전에 자신의 학습결과를 확인해야 한다. 많은 학생들은 학습자료에 충분히 접하면 지식은 그냥 축적될 것으로 생각한다. 학습 과정에서 가장 중요한 것은 자신의 이해 정도를 점검하여 수행 결과를 스스로 향상시키는 것이다. 만일 과제물을 돌려 받게 되면 검토 결과를 살펴보고 무엇이 잘못되었는지 확인해야 한다. 과제물에 관해서 수업시간에 논의되면 그 내용을 잊지 않기 위해 기록해 두는 것이 좋다. 우리는 누구나 잘못을 통해 배운다. 학습이 잘 되는 경우에도 보다 경제적이고 나은 방법으로 학습하는 방법을 알려고 할 것이다. 수행 결과에 대한 정보는 모든 학습활동에서 필요하다. 교재 내용을 읽을 때에는 중요한 사항을 자신의 말로 표현하고 교재와 대조함으로써 이해 정도를 확인하고, 수학에서 어떤 개념을 이해하였다면 보기의 문제에서 정답을 구할 수 있는지 시도해본다. 안다고 생각하는 것과 실제로 아는 것은 같지 않다. 실제로 알고 있는지 파악하기 위해서는 아는 것을 실제적이고 구체적인 문제에 적용해 봐야 한다.

과제를 하거나 책을 읽거나 시험 준비를 하기 위해 정기적으로 만나는 학습동아리를 조직하는 것도 좋다. 친구들과 규칙적으로 공부하면 많은 이점이 있다. 모르는 문제에 대한 도움을 받을 수 있고, 과제 대한 평가도 들을 수 있으며, 어떤 아이디어가 떠오를 때 시험해 볼 수 있다. 시험준비를 하면서도 서로 묻고 답하거나 기출문제를 같이 풀어볼 수 있다. 학습동아리는 학습활동을 서로 대신해주는 것이 아니라 각자 자신의 몫을 수행하여야 한다. 동아리를 경쟁이나 유치한 활동의 기회로 이용해서는 안된다. 이와 같은 일이 발생하지 않도록 조심하되 누군가 좋지 못한 행동을 계속하면 집단에서 방출하고 새로 구성한다.

다섯째, 신체적 및 정신적 건강에도 유념해야 한다. 어떤 학생들은 시험기간에 각성제를 복용하며 잠을 거의 안 자거나 몹시 아파도 참아 넘긴다. 또 어떤 학생들은 친구와 관계가 불편해도 유지하려고 애쓰다가 시험 부담이 가중되는 시기에 갈등에 휩싸인다. 뚜렷한 목적도 없이 그저 학교에 다니는 학생들도 있다. 그들은 열심히만 하면 성적이 오를 것이라는 순진한 생각으로 신체적 및 정신적으로 소진할 정도로 노력한다. 학업성취에 대한 자신과 다른 사람의 높은 기대에 사로잡혀 어떤 학습활동에서도 90점 이하는 견디지 못한다. 이와 같은 실패에 대한 두려움이 지나치게 강하면 학습과정에서 두통이나 장염 또는 불면증을 가져온다. 그들은 문제를 무시하면 사라질 것으로 생각하거나 지적 기능은 일상적인 생활과는 별개라고 믿거나 참고 견디는 것이 미덕이고 도움을 청하는 것은 나약한 것으로 여긴다. 이러한 생각들은 문제를 악화시키며, 일찍 도움을 받으면 쉽게 시정될 수 있는 비합리적인 것들이다. 문제에서 벗어나는 것보다 문제에 봉착하지 않는 것이 더 쉽고, 문제에서 일찍 벗어나는 것이 늦게 빠져나오는 것보다 훨씬 쉽다. 그러므로 합리적인 노력 후에도 대처하기 어려운 문제에 당면하면 가급적 조속히 도움을 요청해야 한다.

일반적인 수험 전략

어떤 시험에서도 대처할 수 있는 공통적인 전략이 있다. 이 전략은 객관식 검사이든 논술형이든 단답식이든 또는 면접시험이든 약간만 변형하면 다 적용할 수 있다. 이 전략들은 흔히 상식적인데도 학생들은 긴장 상황에서는 쉽게 잊어버린다.

어떤 시험이든 첫 5분간을 선용하는 것이 중요하다. 우선 일반적인 지시 사항을 분명히 이해하도록 한다. 많은 학생들은 시간을 절약하려고 지시문을 무시하고 바로 질문에 답하려 든다. 이 경우에 돌이킬 수 없는 큰 실수를 하는 수가 많다. 검사 시간이나 응답요령과 같이, 지시문에서 중요한 부분은 밑줄을 치거나 하여 분명히 이해하고 있어야 한다. 또 구두 지시가 있으면 주의 깊게 경청해야 한다. 지시사항에서 의문점이나 모르는 것은 시험 전이나 도중에 확인할 필요가 있다. 그리고 시작하기 전에 시험문제를 한번 훑어보는 것이 좋다. 객관식 검사에서는 무엇이 쉽고 어려운지, 나중에 답해도 되는 문제인지, 시간이 좀 필요한 문제인지, 문제의 유형이나 배점은 어떤지를 간단히 살펴본다. 주관식 검사에서는 긴 질문을 훑어보고 쉽게 답할 수 있는 문제부터 시작한다. 문제를 검토하는 도중에 어떤 아이디어가 떠오르면 기억하기 쉬운 한 두 단어로 여백에 기록해둔다. 그렇게 하면 다른 문제를 해결하는 동안 그 아이디어를 잊지 않으려고 애쓸 필요가 없다. 특히 논술형 문제인 경우에 큰 도움이 될 것이다.

다음으로는 시험에 소요되는 시간을 적절히 배분해야 한다. 답지를 제출하기 전에 언제나 검토할 시간이 필요하기 때문에 어느 한 문제에 너무 많은 시간을 소비하면 곤란하다. 혹시 어떤 문제가 처음 예상보다 까다로운 것이면 다음 문제로 넘어가고, 다 마친 후에 다시 그 문제로 돌아와 생각하는 것이 좋다. 쉬운 문제를 먼저 해결해야 어려운 문제를 생각할 시간을 벌게 된다. 그러나 단답형이나 객관식 검사에서는 쉬운 문제부터 찾으려고 많은 시간을 보내지는 말고 첫 문제부터 시작한다. 첫 문제가 어려우면 다음 문제로 넘어가고, 그것이 어려우면 또 그 다음으로 넘어간다. 각 문제마다 진지하게 생각하되 문제가 있으면 처음부터 너무 오래 붙들고 있지 않아야 한다. 논술형에서는 우선 쉽게 답할 수 있는 문제를 찾아서 해결한 후에 보다 까다로운 문제로 넘어간다. 그 동안 다른 문제에 대한 생각도 한다. 기억은 많은 부분이 연상으로 작용한다. 어떤 내용을 읽으면 관련된 다른 것이 떠오르고, 그것이 몇 분 전에 답하지 못한 문제를 해결하는데 도움이 되기도 한다. 이와 같이 연속적으로 작용하는 기억들을 이용하도록 한다. 어떤 문제를 남겨둔다고 잘못되는 것은 아니며, 단지 그 문제에 관해 생각할 시간이 필요한 것이다.

대부분의 학생들이 시험에서 범하는 실수는 질문에 제대로 답하지 않는다는 것이다. 그 이유는 시험 준비가 부족한 탓도 있지만, 대개는 시험 문제를 주의깊게 읽지 않았기 때문이다. 문제를 세심하게 읽고 중요한 사항이나 부분에 유념해야 한다. 주요 부분에 밑줄을 치는 것이 문제를 읽을 때 간혹 저지르는 실수를 방지하는 한 방법이다. 물론 문제를 아무리 잘 알거나 대비를 잘하더라도 실수를 하는 경우가 있다. 논술형에서는 문장이 어색하거나 필체가 안 좋거나 철자법 또는 문법에서 오류를 범하기도 한다. 또는 문장의 연결이 안되거나 적당한 단어를 생각하지 못하거나 누락할 때도 있다. 혹은 계산문제에서 단순히 계산을 잘못하거나 공식을 잘못 대입할 수도 있다. 이 모든 실수는 아무리 명석하거나 조심스럽게 답을 해도 일어날 수 있으며, 특히 시간에 쫓길 때 그렇다.

많은 학생들은 시험 문제에 무계획적으로 되는 대로 답한다. 어떤 문제에는 잘 조직된 형식으로 답하기도 하지만 또 다른 문제에는 부족한 면을 많이 드러내기도 한다. 이처럼 마구잡이 식으로 문제를 처리하면 대가를 치르게 된다. 선다형 검사에서 모든 답지를 잘 읽어보지 않으면 엉뚱한 답지를 선택하는 수가 많고, 논술형에서 답안을 작성하기 전에 생각을 정리하지 않으면 핵심을 놓치거나 산만한 글을 쓰게 되며, 계산 문제에서 제시된 자료나 도표를 자세히 훑어보고 공식을 수립하지 않으면 방향을 벗어나 시간을 낭비하게 된다.

답안지는 제출하기 전에 검토해야 한다. 이것은 실수를 점검할 수 있고, 기억을 새롭게 하여 미심쩍은 답을 보완할 수 있는 기회가 된다. 그리고 모든 문제에 답을 하려고 시도해야 한다. 답에 자신이 없더라도 무엇인가를 써놓으면 부분점수라도 받을 가능성이 있다. 게다가 무엇인가를 써 내려가는 동안에 기억이 나서 좋은 답안을 작성할 수도 있다. 여하튼, 무언가를 써야 점수를 받을 가능성이 있다. 그리고 시간이 남아도 시험장을 바로 떠나지 않는 것이 좋다. 추가해야 할 내용이 떠오르거나 정답이 생각날 수 있기 때문이다.

객관식 시험을 위한 전략

객관식 검사는 정답이 하나뿐이라서 채점이 용이하기 때문에 많은 수험생들의 성적을 신속히 처리할 수 있다. 그러나 객관식 검사는 기계적이고 우연적인 요소가 작용함으로 철학, 역사, 문학과 같은 과목에는 부적합하다는 주장도 있다. 사실, 학생들의 문장에서 오류를 간파할 수는 있지만, 사려있고 우아한 문장력을 정확히 측정할 수 있는 객관식 검사는 없다. 초보자들은 학생들의 단편적인 사실이나 정보에 대한 기억력을 조사하기 위하여 객관식 검사를 가끔 활용한다. 이와 같은 경향은 많은 학생들에게 객관식 검사를 대비하여 무조건 암기하는 방식을 선호하게 만들었다. 전반적인 내용에 대한 이해없이 잡다한 사항을 암기하려고 하면 생소한 기능을 필요로 하는 문제에는 적절히 반응할 수 없게 된다. 준비가 빈약해도 재수 좋게 학교에서 잘 적응해온 학생도 합리적으로 제작한 검사를 언젠가 대하게 되면, 무조건 암기하는 것이 큰 잘못임을 알게 될 것이다.

일부 학생들은 객관식 시험에 어떻게 대비해야 할지 몰라서 그저 아무렇게나 답하거나 특정한 유형의 응답요령을 찾으려고 한다. 예를 들면, 1, 2, 3번의 순으로 답지를 선택하게 되면 그 다음에도 계속 그 순서로 답하려고 하거나 앞에서 4번이 두 세 번 반복되면 계속 4번을 정답으로 간주하려고 한다. 그러나 고정된 유형의 응답순서나 요령은 없으며, 있더라도 우연일 뿐이다.

우선 문제에 순서대로 응답하면서 답이 바로 생각나지 않는 문제는 남겨두고 다음으로 넘어간다. 쉬운 문제를 먼저 해결한 후에 남은 문제를 다시 생각한다. 앞에서 언급한 바와 같이, 질문을 자세히 읽고 중요한 부분에 밑줄을 친다. 그리고 답지를 보기 전에 정답을 생각하고 답지에서 확인한다면 다양한 답지로 인한 혼란을 방지할 수 있다. 그러나 답지를 모두 잘 읽고 무관한 것을 하나씩 배제하는 것이 중요하다. 정답을 확신하는 경우에도 모든 답지를 신중하게 검토해야 한다. 답지 중에는 전혀 맞지 않는 것도 있지만 비슷한 것들이 많기 때문에 처음에 눈에 띄는 답지에 현혹되어 오답을 택하는 실수를 하지 않아야 하며, 이를 위해서는 답지들을 하나씩 검토하여 부적절한 것을 차례로 배제해야 한다.

모든 문제들을 다 검토한 후에 남은 몇 문제에 대한 정답을 생각해낼 수 없을 때에는 최선을 다해 추측한다. 이 때 고려해야 할 요인이 몇 가지 있다. 어떤 답지가 다른 것들보다 아주 길거나 짧으면 정답일 가능성이 있으며, 예외를 허용하지 않는 답지는 대개 오답이다. "때때로, 간혹, 대체로, 흔히, 얼마간" 등의 신중하고 잠정적인 표현이 포함된 답지는 정답인 경우가 많다. 그 반면에, "언제나, 결코, 아무도, 반드시"와 같은 절대적인 용어를 내포한 것들은 오답이 많다. 왜냐하면 예외없이 모든 경우에 사실인 것은 드물기 때문이다. 그리고 답지들이 수치로 구성되어 있을 때에는 극단적인 수치보다는 중간 범위에 속하는 것 중에서 정답을 찾기 쉽다. 흔히 극단적으로 크거나 작은 수치는 두드러지게 보이기 때문에 그 중간에 정답을 숨기는 경우가 많다. 답지가 문장인 경우에는 차례로 소리내어 읽으면서 질문에 담겨있는 인물이나 숫자와 부합되는지 또는 문법적으로 일치하는지 검토한다. 일반적으로 소리내어 읽는 것은 더 나은 답지를 구분하고 이해하는데 도움이 된다. 또 정답은 답지에서 무선적으로 배열해야 하지만 처음과 마지막이 아닌 중간에 삽입되는 경우가 많다. 앞에서 말한 바와 같이, 처음과 마지막 답지는 너무 두드러진다고 생각되기 때문이다.

추측에 대한 감점이 있는 경우, 대개는 정답 점수에서 오답 점수를 간단히 제하거나 더 복잡하게 오답 점수의 반을 제하기도 한다. 그러나 감점을 너무 두려워할 필요는 없다. 감점의 영향을 무시해서는 안되지만 정답 추측이 가능한 문제에는 답을 선택하는 편이 득점에 유리하다.

질문이 모호하거나 혼동이 되면 감독자에게 확인할 필요가 있으며, 여의치 않을 때에는 시험지의 관련 부분에 그 내용을 기재한다. 만일 그 사유가 타당하다면 채점 시에 부분 점수라도 받을 수 있다. 그러나 검사 대행기관에서 실시하는 표준화검사처럼 이와 같은 확인이 어려운 경우에는 출제자인양 생각해보는 것이다. 흔히 출제자들은 창의적이고 융통성있는 것보다 구체적이고 분명한 관계를 선호하는 경향이 있다. 그러므로 문제에 포함된 정보만을 활용하여 확실한 것을 택하고 애매하거나 모호한 것은 피하는 것이 상책이다.

혹시 추측으로 답한 문항이 의심스러워 고치고 싶으면 주저할 필요는 없다. 처음 추측한 것이 정답일 가능성이 크다는 속설은 근거가 없는 것이다. 그보다는 자신의 수험태도에 달려있다. 시험지를 받고 처음에 서두르거나 겁을 먹고 실수를 연발하는 경우에는 나중에 마음이 안정되어 답을 바꿔도 좋으나 시간이 다 끝나갈 무렵에 다급하게 행동하는 경우에는 나중에 답을 바꾸려고 시도하지 않는 편이 낫다.

주관식 시험을 위한 전략

많은 학생들은 논술형 문제를 질문을 읽고 답을 생각한 후 곧 바로 쓰는 것으로 생각한다. 그러나 논술은 컴퓨터처럼 작동하는 것이 아니라 그림을 그리거나 조각을 하는 것과 비슷하다. 마치 미켈란젤로와 같이, 천장에 그림을 그린다고 가정해 보자. 어떤 식으로 그릴 것인가? 구석에서부터 시작하여 점차 중앙으로 향하면서 그릴 것인가? 또는 바닥에 앉아서 모든 세밀한 점까지 구상할 것인가? 처음 방법으로 진행한다면 어떤 순서도 없이 뒤범벅이 될 것이고, 두 번 째와 같이 한다면 계속 생각만 하면서 자리에 앉아 있게 될 것이다. 논술도 이와 마찬가지이다. 아무런 체계도 없이 혼란스럽게 작성하거나 완벽한 것만 생각하다가 시작도 못할 것이다.

논술형 문제를 작성하는 데에는 많은 요소를 고려해야 한다. 내용을 자신의 말로 작성할 수 있도록 질문의 요지를 충분히 이해해야 하며, 생각을 정리하고, 체계적으로 작성할 계획을 세워 실행해야 한다. 그리고 작성 도중에 떠오르는 생각도 처리해야 한다.

흔히 논술문제 작성의 첫 단계는 우선 개요를 구성하는 것이라고 생각한다. 그러나 내용을 모르면 개요를 작성할 수 없으므로, 첫 단계는 문제를 이해하는 것이다. 일반적인 지시문이 있을 때에는 조심스레 읽은 후에 각 질문을 검토하며 떠오르는 생각을 옆에 적어둔다. 주제에 대한 일반적인 아이디어를 생각한 후에 관련된 정보를 수집해야 하기 때문이다. 첫 문제나 가장 쉬운 것 또는 가장 잘 아는 것부터 시작하며, 질문의 내용을 분명히 이해해야 한다. 떠오르는 생각들이 정확한 것인지 또는 잘 맞는 것인지 걱정하기보다는 우선 잊지 않도록 기록해 두는 것이 중요하다.

몇 개의 문제 중에서 선택하여 답하는 경우도 있는데 그다지 좋은 출제 방식은 아니다. 각 문제의 난이도를 동등하게 조절하기 어렵기 때문이다. 이 경우에 문제의 선택에 대한 결정이 어려우면 모든 문제에 관련된 정보를 기록한 후 가장 많이 알고 있는 문제들을 택한다.

충분한 정보를 나열한 다음에는 요점을 간략히 서술하고 주요 순서대로 편집하면서 관련되지 않은 사항들은 폐기한다. 주장과 결론을 단순하고 간략하게 요약하고, 복잡한 추리나 감상적인 용어는 사용을 피한다. 완벽하고 상세한 초안을 기대하기는 어렵기 때문에 답안을 작성하면서 나중에 주요 사항을 추가할 수 있는 충분한 공간을 남긴다. 적절한 말이나 표현이 생각나지 않더라도 당황하지 말고 나중에 보완할 수 있게 표시만 해두고 진행한다. 모든 사항을 다 작성한 후에는 주요 내용을 요약 정리하고 다음 문제로 넘어간다. 잠시 후에 답안을 검토하는 것이 내용을 객관적으로 보면서 실수를 찾아내기 쉽다.

문법과 맞춤법, 띄어쓰기를 점검하고, 내용을 분명히 하거나 강한 주장을 내세울 때는 예를 추가하며, 어색한 문장을 다듬는다. 그리고 생각나지 않아서 표시해둔 부분에 적절한 표현을 삽입한다. 그 표현이 정확히 생각나지 않으면 마치 단어연상 게임과 같이, 연관되어 떠오르는 단어나 표현을 계속 기록한다. 핵심적인 것은 어떤 단어나 생각을 억제하지 않고 떠오르는 대로 계속하는 것이다. 생각이 막히면 최종 단어를 두 세 번 반복하여 쓰거나 처음부터 되돌아가 나열된 단어와 반대말을 생각해 보거나 수식어를 써본다. 적절한 표현이 생각나지 않더라도 포기하는 것보다는 무엇인가를 쓰는 것이 낫다. 그 과정에서 관련된 정보를 기억해낼 수 있고 자신이 생각하는 것보다 더 잘 알 수도 있다. 비록 정답이 아니더라도 어떤 내용을 기록하는 것이 득점에 유리하다. 끝으로, 답안 작성에 시간이 부족한 경우에는 질문 옆에 써둔 개요라도 그대로 옮겨 쓴다. 답안을 완전히 작성하려고 허둥대면 결국 다 끝내지 못하게 되기 때문이다.

수학이나 과학과 같은 계산문제에서는 특히 긴장하면 어려움에 봉착하는 학생들이 많다. 그 이유는 일반적인 학습, 특히 수학이나 과학에 대해 잘못된 생각을 갖고 있기 때문이다. 학생들은 문제를 해결하는데 오로지 한 가지 방법만이 옳고, 교사가 인정하는 답이나 방법을 알지 못하면 바보인 것으로 믿는 경향이 있다. 그러나 교육과정과 교수 방법은 시대에 따라 변한다. 그리고 학생들은 생각할 겨를이 없이 답변을 즉시 하려고 한다. 학교에서는 신속한 학습을 부단히 강조하고 그 보다 더 가치있는 끈기와 인내는 중시하지 않는다. 신속한 것은 좋지만 필수적인 것은 아니다. 학습하는데 시간이 필요하면 그렇게 해야 한다. 첫 시도에서 학습하지 못했다고 바보처럼 느낄 이유는 없으며, 빨리 하려고 서두를 필요도 없다. 또 하나 잘못된 생각은 모든 계산을 언제나 암산으로 하는 것이 중요하다는 것이다. 그러나 간혹 식당이나 상점에서 요금을 지불하면서 계산을 제대로 하지 못해 쩔쩔매는 사람을 볼 때가 있다. 많은 서양인들은 종이에 간단히 계산을 하든가 계산기를 들고 다니며 사용한다. 머리 속에서 모든 계산을 할 수 있으면 좋은 일이지만 그렇게 할 수 없다면 시간이 걸려도 편한 방식으로 할 수 밖에 없다.

계산문제에서는 우선 기억하기 힘든 공식이나 규칙을 답안지 여백에 기록하여 시험 중에 늘 기억해야 하는 부담을 덜어야 한다. 역시 질문을 잘 읽고 중요한 부분에는 밑줄을 친다. 그리고 각 문제에 대한 예상되는 답을 여백에 기록해두면, 가끔 그렇듯이, 다른 문제에 해당되는 정답을 쓰는 실수를 방지할 수 있다. 문제가 복잡한 경우에는 제시된 정보를 표나 그림으로 재정리하면 이해하거나 해결의 실마리를 찾기 쉽다. 문제를 읽고 금방 계산하여 답을 작성하는 경우는 드물다. 어려운 문제에 봉착하면 한 번에 다 해결하려 들지 말고 일부라도 해결하려고 시도한다. 제시된 숫자가 많고 복잡할 때는 작은 수로 연습해 볼 필요도 있으며, 이전에 유사 문제를 접해 본 경험이 있을 때는 그 당시 해결 방법을 생각해 보는 것이 도움이 될 수 있다. 정답이 전혀 생각나지 않으면 다른 문제로 넘어가서 머리를 식힐 필요가 있다.

답을 검토할 때에는 예측과 맞는지, 합리적인지, 문제의 요건을 모두 충족시켰는지, 계산 착오는 없는지, 소수점이나 부호는 정확한지 살펴야 한다. 시간이 남으면 모든 문제를 점검하고, 풀지 못한 문제가 있으면 일부 해결 과정이라도 제시하는 것이 좋다. 공란으로 남기는 것보다는 잘 하면 부분점수라도 받을 가능성이 있기 때문이다.

지금까지 논의한 내용은 표준화검사가 아니라 주로 학교에서 당면하는 시험 유형, 즉 교사가 제작하는 시험에 대비하기 위한 것이다. 시험에 잘 대비하려면 무엇보다도 공부를 열심히 해야 하지만 시험 유형에 따른 수험전략도 경시해서는 안될 것이다.

2. 개인생활

자기수용

청소년기의 가장 중요한 발달과업의 하나는 자아정체감을 확립하는 것이다. 자아정체감이란 자신의 특성과 장단점을 파악하고 이를 토대로 장래 목표와 생활철학을 정립하는 것이다. 따라서 정체감의 확립은 자기 발전을 향한 건설적이고 자연스러운 시도로 볼 수 있다. 그러나 정체감의 확립은 자신의 여러 가지 면을 파악하고 인정하는 데에서 시작되기 때문에 이와 같은 자기 수용이 자기 발전의 원동력이 된다. 그러므로 청소년의 성장을 도모하기 위하여 그 기초가 되는 자아정체감의 중요한 구성요소인 자기 수용을 고취하기 위한 몇 가지 방법을 제시하고자 한다.

청소년들의 생활경험은 그들이 사물을 보는 방식에 의해서 영향을 받는다. 자신과 생활 및 인간관계에 대한 그들의 견해는 사람들과의 경험이나 관계에 큰 영향을 미친다. 우리는 자신의 기대, 의도, 해석의 영향을 받는 개인적 논리에 의해서 경험을 지각한다. 개인적 논리는 상식과 대비되는 자기 본위의 사고이다. 이와 같은 기대가 우리의 실제 경험에 영향을 미치는 상황에 대한 우리의 주관적 경험을 형성한다.

어떤 모임이 지루할 것으로 예상하고 참석하는 사람은 그 모임이 정말 지루하게 느껴질 것이다. 다른 사람들이 자신을 인정할 것으로 기대하면 흔히 그대로 된다. 왜 그럴까? 우리의 태도와 믿음은 우리의 외모와 대화 및 생활에서 나타난다. 우리와 관계를 맺는 사람들은 미소, 웃음, 표정과 같은 비언어적인 대화를 감지하고 해석하며, 이것이 실제 대화의 내용과 관계의 양식에 영향을 미친다. 만일 다른 사람들이 우리가 겁이 많고 수줍어하는 것으로 생각한다고 느낀다면 우리는 주저하면서 마지못해 그들 앞에 서게 되고 다른 사람들이 우리 자신을 거부하도록 만드는 언어적, 비언어적 단서를 제공하게 된다. 이와는 반대로, 우리가 스스로를 믿고, 침착하면서도 분명한 태도를 취하면 다른 사람들에게 자신감을 전하게 된다.

청소년들이 자신의 태도와 행동, 믿음이 그들 자신에게 달려있음을 인식하면 스스로의 생각이 행동에 영향을 미친다는 것을 깨닫게 된다. 청소년들은 이와 같은 자신과의 대화를 계속하기 때문에 대중 앞에 나설 때면 불안해 한다. 그들은 실수를 해서 사람들 앞에서 체면을 잃게될 지 모른다고 스스로 생각하며, 이런 일이 생긴다면 끔찍하다고 믿는다. 실수로 체면을 손상하는 것이 유쾌한 일은 아니지만 끔찍하게 생각할 필요는 없다. 이와 마찬가지로, 사람들과 관계를 맺을 수 없다고 생각하기보다는 밀접한 관계를 스스로 꺼리는 것으로 생각해 볼 수도 있다.

이와 같은 사고방식은 청소년 자신의 행동에 대한 책임과 영향력을 느끼게 한다. 성공이나 실패에 대한 자신의 역할을 인식하고 자신의 태도와 행동의 의도를 파악하면 청소년 자신의 영향력을 조정할 수 있다. 청소년은 자신의 결정에 따라 사람들에게 접근하거나 회피할 수 있다. 이처럼 의도적인 행동은 청소년의 선택에 좌우되며, 이 힘을 소유함으로써 삶의 흐름에 방관하지 않고 적극성을 보일 수 있다.

자존심을 갖는다.

자존심도 개인적인 능력과 가치에 대한 인식에서 형성된다. 자신을 가치있게 생각하는 사람은 자신의 능력을 믿으며, 다른 사람들과의 능력 비교에 구애받지 않고 스스로에 대하여 만족한다. 자신을 존중하는 태도는 타인의 칭찬이나 비판을 받아들이는 방식에서 흔히 나타난다. 자신을 존중하는 사람은 타인의 칭찬을 그대로 인정하기가 어색하다고 해서 구태여 약점과 함께 나타내려고 하지는 않는다. 칭찬을 그대로 받아들이며, 심한 비판을 받더라도 비판받은 행동과 자신을 구분한다. 개인의 가치는 타인에 의해서가 아니라 스스로 수립해야 한다. 다른 사람들의 견해가 도움은 되지만 그들의 비판에 의해서 자신에 대한 생각을 쉽게 바꿀 필요는 없다. 자신의 가치와 기준, 목표를 수립하면 타인의 의견으로부터 자신의 가치를 이끌어 내거나 인정받을 필요성을 덜 느끼게 된다. 그 대신에 자신의 수용이 판단기준이 된다. 스스로 설정한 현실적인 목표에 따라 생활할 때 우리는 타인의 견해에 의해서 크게 좌우되지 않는다.

자신의 생활을 주도함으로써 자존심을 높일 수 있는 구체적인 방법은 무엇인가? 자존심은 대체로 자발성, 자기신뢰, 모험, 용기에 의해서 고양된다. 자발적인 사람은 자신의 감정과 직관을 믿으며, 자연스럽게 반응하고, 쓸데없는 걱정이나 두려움에 구속받지 않는다. 또한 예상되는 위험요인 뿐만 아니라 만족감과 즐거운 경험에도 관심을 집중한다. 이리하여 자기신뢰로 표현되는 자신에 대한 믿음이 형성된다. 자신의 능력과 가치에 대한 믿음은 자신도 할 수 있다고 믿게 만들어 능력에 대한 지나친 우려를 갖지 않게 한다. 청소년이 최대한 노력하여 최선을 다하는데 만족한다면 그들의 인생은 크게 달라질 수 있다.

용기를 발휘한다.

자기 발전을 위해서는 용기가 필요하다. 용기는 일에서나 대인관계에서 생활의 도전에 대응하는 것이다. 용기는 무모한 판단이나 분별없는 행동에서가 아니라 모험을 감수하는 자신에 대한 믿음에서 나타난다. 용기있는 사람은 실수를 겁내지 않고 학습의 기회로 간주한다. 우리의 삶은 문제로 얽혀있는 것이 아니고 여러 가지 도전으로 이루어진다. 자신의 가치에 대한 느낌은 외부의 평가에 의해서가 아니라 노력에 대한 내적인 만족에 의해서 결정된다. 모험을 감수한다는 것은 시도를 해보고 불완전을 겁내지 않으며 전진하는 것을 뜻한다. 노력과 전념이 최종 결과에 못지 않게 중요하다. 용기있는 사람은 어떤 일을 행동의 과정으로, 그리고 성공을 내포하고 있는 것으로 보며, 이것이 적극적이고 긍정적인 시각이다. 즉, 한계와 두려움에 우선하여 해결책과 대안을 모색하는 것이다. 이와 같은 태도가 낙관적이고, 희망을 걸 수 있으며, 잠재능력을 개발할 수 있고, 자신을 믿는 모습이다. 자신에 대한 신뢰가 자신감을 가져오고 자신의 행동에 대한 책임을 인정하게 만든다. 이와 같은 책임이란 자신을 탓하는 것이 아니고 자신의 행동 결과를 받아들인다는 의미이다.

청소년들이 자신의 행동을 전적으로 책임진다는 의식은 자신감을 불러일으키며 자신의 운명을 개척한다는 인식을 갖게 한다. 행동의 원인은 외부에 있는 것이 아니고 내부에 있으므로 우리는 자신을 통제할 수 있다. 이러한 자기통제 능력으로 우리는 새로운 가치의식과 개인적인 힘을 갖게 된다. 우리는 자율적인 존재이며 잠재력을 스스로 실현시킬 수 있다. 행복은 외부에서 구하는 것이 아니고 내부에서 이루어야 한다. 청소년의 즐거움은 부모나 사회, 외부 요인에 의해서가 아니라 자신의 기대를 충족시키는 데에서 얻는다. 이러한 능력에 의해서 개인적 자산을 인식할 수 있다. 청소년은 자신의 장점을 탐색하고 중시해야 한다. 창의성에 관한 연구결과에 의하면, 청소년들은 자신의 창의성의 6%만을 사용하고 있다. 그들은 여러 면에서 잠재능력을 발휘하지 못하고 있다. 청소년들은 자신의 장점을 평가할 때 남과 비교하거나 우월한 면을 보는 대신에 삶의 도전을 효과적으로 대처하는 데 도움이 되는 특성과 능력을 탐색하는 것이 필요하다. 예를 들면, 자신이 믿을 수 있는지, 어떤 일에 몰두할 수 있는지, 사람들을 좋아하고 그들의 얘기를 즐겨 듣는지, 건강을 유지하고 있는지, 삶의 목표를 갖고 있는지, 자신을 사랑하고 진실로 관심을 쏟아주는 사람들을 알고 있는지 신중히 생각해 보아야 한다. 우리는 자신의 장점을 망각하는 경향이 있다. 자신의 장점을 잘 탐색하여 다른 사람과 상호 검토한 후 장점들을 이용하도록 한다. 이와 같은 자신의 장점을 파악하고 있으면 보다 행복하고 다른 사람들에게도 큰 도움을 줄 수 있다. 우리의 근육과 같이 이러한 장점들도 사용하지 않으면 감퇴된다.

자신의 모든 면을 수용하게 되면 다른 사람들을 격려하고 가치있게 생각하게 된다. 또한 그들이 나타내는 긍정적인 반응도 더 잘 수용하게 된다. 이와 더불어 다른 사람들의 비판도 청소년 자신의 자아개념에 큰 영향을 미치지 않을 것이다. 그들은 자신의 의견을 제기할 권리가 있지만 그 의견은 청소년의 자존심과 자신감에는 아무런 관계가 없다.

생활방식을 파악한다.

청소년의 생활방식은 생활의 도전에 대처하는 기본적인 신념으로 이루어진다. 이 신념과 생각은 모든 심리적 작용에 영향을 미치는 정신적 자세 또는 관점을 의미한다. 생활방식은 자신과 타인 및 주변 세계에 대한 믿음을 내포하고 있다.

생활방식은 끊임없이 변화하는 여러 가지 요인에 의해서 형성된다. 우선 개인의 생물학적 요인의 영향을 들 수 있다. 신체적으로 강한 사람은 더 강한 자신감을 소유할 수 있는 반면에 약한 사람은 의심과 불안을 쉽게 느낄 수도 있다. 문화적 영향과 가정 분위기도 어떤 기대를 낳게 한다. 부모가 서로 존중하고 협동적이면 제각기 행동하는 경우와는 다른 영향을 미칠 것이고, 학습과 교육이 중시되면 이에 대한 청소년 자녀의 반응도 상이할 것이다. 양육방식도 자녀의 인내심의 정도에 영향을 미칠 수 있다. 높은 기준은 더욱 노력하게 만드는 요인이 될 수 있으나 일반적으로는 실망을 초래하기 쉽다. 삶의 목적은 보다 우월하게 되는 것이 아니라 자신을 수용하고 주변의 기회를 향유하는데 있다. 자신을 언제나 실망시키고 불만을 갖게 만드는 높은 기준은 잘못된 것임으로 현실적으로 수정할 필요가 있으며, 이는 스스로의 결정에 의해서 가능하다.

각 개인은 삶의 도전에 대응하는 자기 나름의 계획을 발전시키며, 일, 사랑, 사회적 관계, 자신과의 조화 등에 대한 반응양식을 형성한다. 생활방식은 기본적 믿음에 적합한 반응양식과 규칙적으로 반복되는 생활장면에서 나타난다. 그러나 생활방식에는 행동 선택의 범위가 다양하다. 예를 들면, 인생살이가 위험스러운 것으로 믿는다면 어떤 잠재적 위험에 대하여 자신을 병적으로 보호하려고 하거나 질병을 정복하려는 의사가 되거나 위험을 극복할 수 있음을 입증하는 자동차 경주를 할 수 있다.

청소년들에게는 잠재능력을 이해하는 것보다 그 능력을 활용하는 방법을 아는 것이 더 중요하다. 개인은 자기 재능의 활용 여부를 결정할 수 있는 힘을 가지고 있다. 이 결정 능력은 실천에 영향을 미친다. 학교에서 노력하지 않는 것이 최대한 노력하는 것보다 관심을 더 끌 것이라고 결정하면 학업부진의 결과를 가져올 수 있다. 제대로 행동하지 않는 원인을 분석하고 그로 인한 결과를 평가하는 것이 언제나 중요하다.

감정을 이해한다.

많은 청소년들에게 정서적인 면은 흔히 이해하기 어렵다. 그들은 지적으로 대처하도록 교육을 받고 있다. 그들은 정신적 세계에 관한 기본 기능을 발전시키고 물리적 환경을 이해할 수 있지만 생활의 본질인 감정과 동기는 잘 알지 못하고 있다.

감정의 이해는 많은 행동의 의미를 파악하는 열쇠이다. 감정은 인간관계에 생동감을 부여한다. 우리는 삶의 정서적인 측면에서 기쁨과 슬픔, 사랑과 분노를 경험한다. 감정이 없는 인간은 온정이나 사랑 그리고 친밀한 관계의 즐거움을 경험할 수 없는 목석이라고 할 수 있다 그와 같은 사람에게 인생은 단조롭고 무미건조할 것이다.

감정은 내부의 압도적인 힘이 아니라 개인이 통제할 수 있다. 감정은 우리의 사고와 행동과 불가분의 관계에 있다. 예를 들어, 사람들이 친절하게 생각되면 친밀감이 들고, 불친절하다고 믿으면 거리감이 생긴다. 지적, 정의적, 신체적 과정은 별개로 기술될 수는 있지만 언제나 서로 얽혀있다. 우리의 사고는 비록 표현되지 않더라도 항상 감정을 동반하며 그 사고와 감정에 적합한 행동을 유발한다. 만일 청소년이 우정을 발전시키려고 한다면 즐거움과 인정의 감정이 합당하고 그 상황을 거부하려 한다면 분노의 감정이 적절할 것이다.

사람들은 목표지향적 행동에 기여하는 감정을 일으키며 이 감정이 그들의 생활방식과 연결되어 있다. 그러므로 우리가 감정의 희생물인 것처럼 얘기하기를 좋아하지만 사실은 우리 자신이 감정을 유발하는 것이다. 청소년들이 자신의 감정에 대해서 적극적인 책임을 진다는 것은 어려운 일이지만 달성 가능하다. 예를 들면, 우리는 가족과 싸워 화가 나 있을 때 손님이 찾아오면 분노를 가라앉히고 반갑게 맞아들인다. 그러므로 우리는 감정의 위력에 압도당하는 것이 아니고 사실은 우리의 사고와 의도에 감정을 일치시키는 것이다.

감정은 생활의 도전에 대응하는데 도움이 되는 수단이다. 행동이 아무런 이유없이 일어나지 않는 것처럼 감정의 의도적인 성질을 이해하는 것이 중요하다. 감정은 행동을 촉발시키는 요인이다. 우리는 기계처럼 객관적으로만 행동할 수는 없다. 감정에 의해서 우리는 어떤 입장을 취하며 힘있게 행동한다. 감정은 의도적인 행동과 수용적인 행동을 구별짓게 하며, 행동의 에너지를 공급한다. 감정은 비행기나 자동차 또는 배의 동력이라고 볼 수 있다. 우리가 정지해 있는 비행기나 자동차를 보면 그것은 움직이지 않은 채 수동적으로 있지만 엔진이 점화되고 시동이 걸려서 연료가 공급되면 힘있게 움직인다. 우리의 삶에서 점화와 연료의 역할을 하는 것이 바로 감정이다. 감정은 인간을 단순한 목석이 아닌 인간답게 만든다.

우리는 자신의 결정과 목적에 따라 행동하고 느낀다. 우리의 모든 행동과 결정은 자신의 목적과 생활방식 및 고유한 행동 법칙에 따라 이루어진다. 겉으로는 선의를 표방하려고 애쓰지만 우리의 행동은 자신의 욕망에 의한 것이다. 우리는 자신의 감정에 전적인 책임을 느껴야 한다. 분노와 슬픔 및 열정의 이유를 알게 되면 자신의 의도와 그에 따른 태도와 감정을 재검토해 볼 수 있다. 청소년은 자신의 감정까지도 변화시킬 수 있는 힘을 지니고 있다는 것을 알게 될 때 삶에 대한 참다운 통제력을 획득할 수 있다.

감정은 변화될 수 있다. 어떤 사람들은 자신의 성미를 스스로 어떻게 할 수 없다고 생각한다. 그러나 그들은 가정에서 가족의 부당한 행동에 분노를 터뜨리지만 친구의 전화가 걸려와 대화를 시작하면 그 친구와의 다른 정서적 분위기 때문에 분노가 진정될 수 있다. 감정에 대한 이와 같은 이해는 자신에 대한 감정을 고려할 때 특히 중요하다. 자신의 모습과 가치에 대한 감정은 바로 우리 자신에게 영향을 미친다. 자신감과 용기는 자신에 대한 긍정적인 태도를 나타내며, 능력과 자기 수용의 느낌을 수반한다. 이와 같은 태도가 인생의 과업을 과감히 직면하게 만든다. 청소년들은 자신의 감정을 인식하고 사용해야 한다. 감정은 의도가 있고 선택할 수 있는 것으로 이해할 때 자기 발전의 원천으로 이용될 수 있으며, 인간관계를 저해하기보다는 개선하는데 기여할 수 있다.

불완전을 두려워하지 않는다.

자기 수용은 좌절을 극복할 수 있을 때 증가한다. 좌절은 용기의 부족이나 결여를 의미한다. 용기있는 사람은 어떤 장면이나 과제에 당면하여 위험이나 불안을 느끼기보다는 가능한 행동과 해결책을 모색하기 때문에 전진하며 그 상황에서 물러서거나 주저하지 않는다. 용기는 낙관적이고 적극적인 태도를 조장하며 우리의 모든 자원을 충분히 이용하게 만든다. 용기있는 사람은 자신감과 대응 능력으로 인하여 해결책을 찾으며, 결과보다는 과제 자체에 관심을 집중하여 가능성과 대안을 모색한다.

이에 비해서 용기가 없는 사람은 비관이 앞서고 성공 가능성이 없다고 생각한다. 그는 부정적 결과를 예상하면서 노력조차 하지 않으려고 한다. 지위와 위신, 다른 사람들의 생각에 지나친 관심을 두기 때문에 자신의 행동 선택이 제한을 받는다. 과제를 극복해야 할 도전으로 생각하지 않고 잘못하면 남에게 어떻게 보일 지에 관심이 많다. 용기의 부족은 잘못을 시정하거나 개선할 능력이 없다는 믿음을 강화시킨다. 자신에 대한 잘못된 주관적 생각은 개인적 논리에 의한 것이며, 이를 믿게 되면 자신의 그릇된 생각을 입증하는 경험을 자초하고 그릇된 생각을 반증하는 것들은 무시하게 된다.

특정한 태도나 기대가 인간관계에 큰 영향력을 행사하며 실망과 좌절감을 자극한다. 실제로 자신의 계획을 믿지 못하게 만드는 부정적 기대가 좌절을 유도하며, 지나치게 높은 기준이 그 주요 원인이다. 이 기준은 언제나 청소년들에게 그에 부합하지 못하고 있음을 상기시킨다.

인생을 타인과의 경쟁으로 간주하면 청소년들은 언제나 승자가 될 수 있지는 않기 때문에 좌절과 실망을 초래한다. 지나친 야심도 그들에게 탁월함을 요구하며 진전에 대한 끊임없는 불만을 갖게 하기 때문에 실의에 빠지게 된다. 청소년 자신의 부정적 기대, 높은 기준, 경쟁적 태도, 지나친 야심이 절망과 좌절을 일으킬 수 있다는 것을 알아야 한다.

자기 수용을 위해서는 완벽주의를 버려야 한다. 우리의 문화는 옳고 바른 것을 너무 강조함으로써 우리의 자신감을 약화시키고 있다. 옳고 그른 것은 우리의 지각에 따라 달라지는 가치나 판단의 문제라는 것을 인식해야 한다. 철학자들은 수세기 동안 진리 탐구에 고심해 왔으나 아무도 우리 자신의 개인적 논리에 작용하는 주관성을 피할 수는 없다.

경쟁이나 지위에 집착하지 않는다.

기준과 경쟁에 대한 관심은 흔히 우월한 지위와 위신을 세우려는 것이다. 우리는 타인과 비교하여 자신을 높이는데 관심을 갖고 있지만, 과소나 우열에 의해 비교하는 것은 재고해야 한다. 이것은 인간관계를 수직적으로 비교하여 한 사람은 우월하고 다른 사람은 열등하다고 생각하는 것이다. 동등하게 수평적으로 생각하거나 타인이 아닌 자기 자신과 비교하여 전진하는 것이 위치 상실을 고려하여 언제나 자신을 보호해야만 하고 자신이 충분한가를 확인하기 어려운 수직적인 비교보다 더 안전하다.

불완전함을 두려워하지 않으면 실수와 잘못에 대한 두려움도 사라진다. 실수는 피해야 하는 위험한 것으로 여기거나 실수를 범했다고 하여 쓸모없는 인간으로 오해해서는 안된다. 청소년들은 부모의 지도와 교사의 평가를 통하여 결과를 지나치게 중시하게 되었으며, 그 결과가 그들 자신에게 좋지 않을 수 있다는 것을 알아야 한다. 우리는 언제나 실수를 겁내며 생활할 수는 없다. 실수는 관계를 배우고 향상시키는 과정으로 간주되어야 하며, 무엇을 하지 않아야 하는가를 알려주는 가치가 있다. 우리는 자신의 인간적인 일면, 즉 불완전함을 드러내게 된다면 보다 진실하게 될 것이다. 실수를 두려워하기 보다는 생활의 일부분으로 받아들이게 되면 자기 수용은 증가하고 우리의 사고에 부정적 영향을 미치는 실수의 위력도 사라질 것이다.

청소년들이 불완전함을 두려워하지 않을 때 그들의 가치는 더 이상 다른 사람들에 의해서 결정되지 않는다. 다른 사람들의 의견을 듣기는 하지만 그로 인해 청소년 자신의 장점에 대한 스스로의 평가가 약화되지는 않는다. 불완전을 겁내지 않는 용기는 다양한 삶의 도전에 맞서게 한다. 물론 불확실성은 있지만 그에 의해서 압도되지는 않는다.

청소년들은 자신이 가장 중요함을 인식해야 한다. 자신의 즐거움과 성공 그리고 행복은 자신의 긍정적 태도에 달려 있다. 긍정적인 태도와 생활에 대한 목적의식 그리고 적극적인 능력을 발전시킴에 따라 그들은 보다 완전하고 수용적이며 행복한 인간이 될 수 있다.

청소년들은 성공적인 삶에 필요한 모든 것을 가지고 태어난다. 그들의 고유한 잠재력은 모두를 승자로 만들 수 있다. 승자는 믿을 수 있게 행동하고 순수하게 반응하는 사람이며, 성취에 의해서 자신을 입증하려고 하거나 타인을 이기려고 하지 않는다. 순수함과 참다움에 의해서 청소년들은 자신의 사고와 감정을 충분히 이해하고 창의성과 자발성을 나타낼 수 있다. 청소년들은 가장을 하거나 다른 사람의 비위를 맞추거나 조작하려고 애쓸 필요가 없으며 솔직해야 한다. 이와 같은 사람은 자신을 수용함으로 자신과 타인의 장점을 최대한 활용하게 되고 자신의 능력에 대한 믿음을 소유하게 된다.

순수한 인간은 부정적 경험을 외부의 힘이나 압력에 의한 것으로 여기지 않으며 실수나 패배도 지나치게 심각하게 간주하지 않는다. 그 보다는 내면적인 감정과 개인적 경험에 대한 책임을 자인하고 다른 사람의 탓으로 생각하지 않는다. 자신의 자율성을 수용하고 자신의 감정과 신념에 대한 책임을 인정하는 사람은 현실을 직면하고 받아들일 수 있다. 그 와 같은 사람은 자신이 싫어하는 것을 다른 사람들이 좋아한다고 해서 크게 잘못된 것으로 생각하지 않는다. 관심의 초점은 자신의 상황을 변화시키기 위하여 할 수 있는 일에 있다. 가장 쉬운 것은 자신의 변화이다. 이는 자신의 신념, 감정, 지각, 행동을 바꾸는 것이다. 우리가 통제할 수 있는 유일한 사람은 다른 사람이 아니고 자기 자신이라는 사실을 인정해야 새로운 힘을 얻을 수 있으며 자아실현을 도모할 수 있다.

자신을 스스로 격려한다.

자신의 장점과 삶의 도전에 대처하는 힘은 자신에 대한 믿음과 용기를 잃게 만드는 요인들을 처리하려는 의욕에서 나온다 청소년들은 경쟁 사회에서 생활하고 있지만 타인과의 경쟁에 너무 몰두하게 되면 좌절하기 쉽다. 지나친 요구를 자제하면서 자신과 조화를 이루는 생활이 동등한 인간으로서 삶의 즐거움을 누리게 한다. 동등한 인간은 남이 앞서거나 뒤떨어져도 걱정할 필요가 없다. 그에게 있어서 실수는 실패가 아니라 배움의 기회이다. 그는 실수와 실패를 명확히 구분한다. 그는 자신의 정체감을 외부의 의견에만 구애받지 않고 스스로 형성한다.

자신의 행동과 자기 자신을 구별하는 것이 매우 중요하다. 청소년에게는 바꾸고 싶은 행동이 분명히 있지만 이것을 그 자신을 거부하는 것으로 혼동해서는 안된다. 청소년들이 없애고 싶어하는 바람직하지 못한 특성이 있을지라도 그 특성이 그들 자신을 받아들일 수 없는 인간으로 만들지는 않는다. 어떤 특성들은 쉽게 변화되지 않는다. 이러한 행동은 그들 자신의 일부이며, 그들을 언제나 좌절시키는 것도 아니다.

청소년들이 자신의 행동을 변화시키려고 노력함에 따라 "할 수 없다"는 생각이 사실은 "하지 않겠다"는 의미임을 알게 될 것이다. 그들은 결정을 내릴 수 있으며 많은 것들을 변화시킬 수 있다. 자신의 행동을 장기적인 안목에서 보는 것이 중요하다. 실수나 어려운 상황에서 유머 감각을 갖는 것이 언제나 유익하다.

일이 잘 되지 않을 때는 현실적이고 성취 가능한 목표를 세운다. 터무니없는 과욕을 부림으로써 스스로 중압감을 느끼게 되는 경우도 많다. 자신을 격려한다는 것은 자신의 장점을 인식하여 이를 지속적으로 활용하며, 자신을 존중하는 긍정적 태도를 발전시키고, 자신을 신뢰하는 것이다. 그리고 불완전함을 겁내지 말고, 자신의 인간적인 면을 수용하며, 잘못에 대해 당황하지 않는 것이다.

자신을 사랑한다.

많은 청소년들의 비극은 자기 비하의 경향으로 인하여 스스로 능력을 무시함으로써 내부의 적을 만든다는 사실이다. 자신에게 내면화된 부정적인 사고를 믿음으로써 그들 스스로가 어떤 다른 사람들보다도 자신의 발전에 걸림돌이 된다.

완벽해야 한다거나 어떤 과오도 보상해야 한다거나 자신의 목적을 달성해야 한다고 스스로 다짐하는 것은 무모한 행동이다. 그러나 이러한 생각은 인생관을 바꿈으로써 변화될 수 있다. 만일 청소년들이 자신을 보다 긍정적으로 생각하게 된다면 어떤 시점에서도 최선을 다하는 것으로 만족할 수 있다. 다른 사람들이 그와 같은 청소년의 행동에 만족하지 않는다면 그들에게 문제가 있는 것이다.

이와 같이 자기 수용을 증진시킴에 따라 스스로를 믿는 청소년들은 존중받게 될 것이며, 무엇보다도 중요한 것은 그들이 성장과 참다운 행복의 비결인 자기 수용을 성취하게 될 것이라는 점이다.

제 3 의 귀

우리는 다른 사람들과 공동생활을 하면서 언제나 대화를 하며, 주로 이와 같은 대화를 통하여 자신의 의도를 전달하고 상호 이해도 도모한다. 특히, 변화의 속도가 빠른 근래에는 의사전달과 이해의 수단으로서 언어적인 대화가 중요하다. 일반적으로 말보다 행동이 중요하고 확실한 경우가 많지만 그렇게 하기에는 시간이 너무 소요되고 남의 관심을 끌기도 어렵다. 침묵은 금이고, 과묵이 미덕인 시대는 지난 지 오래이며, 말이 없는 사람들은 남자의 경우에도 호감을 얻기 어렵거나 냉정한 인상을 주기 쉽다. 자기주장 뿐만 아니라 자기과시나 홍보를 위해서 말이 앞서는 경우도 흔하다.

분주한 현대인들은 남의 말에 귀 기울이기보다는 자기 자신의 생각과 감정만을 주장하는 경우가 많다. 남이 들어줄 마음의 준비가 되어 있건 아니건 상관없이 자기 이야기만 하는 이들이 많다. 또는 상대방에게는 말할 기회도 주지 않고 혼자서 떠벌리거나 일방적으로 명령하고 훈계하기를 즐겨하는 이도 자주 보게 된다. 때로는 역겨울 정도로 자기 자랑을 늘어놓으며 겸손한 태도를 찾아보기 어려운 경우도 있다. 그런 성격의 소유자는 어떤 경우에도 주위에 있는 사람들과 만나서 깊은 차원에서 마음이 하나가 되는 경험을 하기는 어렵다. 그들은 하루 종일 말하고 다닐지라도 마음이 진정으로 통하는 사람을 만나지는 못할 것이다.

말하지 않아도 잘 이해해주길 기대할 수는 없다

그렇지만 목적을 달성하거나 상호이해를 위해서는 자신의 의사는 분명하게 전달해야 한다. 우리는 가까운 사이일수록 말을 하지 않아도 이해해주기를 바라는 경우가 많다. 말하지 않고도 상대방이 자기 마음을 다 알아주기를 기대하거나 상대의 마음을 빤히 다 들여다보고 있다고 믿고 행동하는 "수정체 증후군"(crystal ball syndrome)은 효율적인 의사소통과 건전한 인간관계를 방해하는 가장 큰 요소 중 하나이다. 표정이나 눈빛만 보아도 알 수 있는 이심전심은 아주 오랫동안 고락을 같이한 부부나 연인, 친구에게서 또는 특수한 경우에 이따금 가능하지만 항상 뜻대로 되지는 않으며, 직접적인 표현이 가장 분명한 의사전달 방법이다. 인간관계에서 자주 생기는 오해나 갈등도 경청을 하지 않거나 말을 하지 않아도 이해해주길 바라는 마음에서 초래되는 수가 많다. "이런 것까지 말해야 아나?", "척하면 알아야지"하면서 상대방을 둔하다고 비난하는 경우도 있다. 당연한 것까지 말한다는 것이 자존심을 상하게 하기 때문이겠지만, 때로는 당연하게 생각되는 것을 상대방은 모를 수가 있고 당연시하지 않을 수도 있다. 아무리 친근한 관계라고 해도 서로의 생각, 느낌, 사고방식, 이해수준이 다를 수 있고 상황에 따라서 호흡이 맞지 않는 경우가 있다.

자기 얘기만 하지 말고 남의 얘기도 듣는다

물론 상대방의 의견도 잘 들어야 한다. 그래야 의사소통이 원활히 이루어지기 때문이다. 그러나 대화를 하면서 남의 말을 경청하는 것이 쉽지는 않다. 우리는, 특히 성미가 급한 사람들은, 가끔 상대방의 말을 다 듣기도 전에 자기 할 말을 시작하여 상호이해를 방해한다. 그런데도 왜 우리는 상대방이 하는 말을 끝까지 경청하려고 노력하지 않는 것일까? 첫째는 유년기에 부모에게서 받은 상처 때문에 상대방의 말을 미리 예상하고 자신을 방어하기 위해서이다. 그리고 상대방의 말이 자신의 분노, 두려움, 상처를 건들기 때문이다. 언어폭력이나 무심코 던진 한 마디가 상대방에게 큰 심리적 상처를 남길 수 있고 이 상처는 신체적인 것보다 치유하기도 어렵다. 둘째는 자신이 표현하고 싶은 욕구나 필요가 강해서이다. 자신을 드러내고 상대방을 지배하며 관계를 주도적으로 이끌어 가길 원하기 때문이다. 남의 얘기를 오래 듣고 있으면 자신이 수동적이고 이끌려 가는 느낌이 들기도 한다. 셋째는 상대방이나 주제에 대한 선입견 때문이다. 상대방의 의도를 예단하여 먼저 결론을 내린다. 따라서 자신이 듣고 싶은 내용만 듣거나 자신의 생각에 맞도록 내용을 편집하여 받아들인다. 이와 같은 선입견이나 편견으로 사태 또는 남을 오해하는 일이 발생할 수 있다. 언론매체의 기사도 기자들의 실수나 편협된 또는 일방적 시각 때문에 잘못된 견해를 전달하는 경우가 많다. 말 전하기 놀이에서 처음과 끝이 현저한 차이를 보이게 되는 것도 이와 관련되어 있다.

내 얘기를 남이 들어주면 기분이 좋지만 남의 얘기를 들어주기는 생각보다 쉽지 않다. 장시간 듣다보면 지루하여 자신의 얘기를 하거나 화제를 돌리거나 머리 속에서 다른 생각을 하게 되기도 한다. 이런 점에서 보면 사람들은 이기적이라고 할 수 있다. 그러나 의사소통과 상호이해가 잘 이루어지기 위해서는 분명한 자기 표현 못지 않게 상대방의 얘기도 귀담아 들어야 한다. 누군가 자기의 말을 경청해주면 기분이 좋아지는 까닭은 상대방의 경청이 자신의 생각과 감정표현에 관심을 가지고 진지하게 받아준다는 의미를 몸과 마음으로 확실하게 전달하기 때문이다. 인간은 누구나 주위 사람들이 자신의 말이나 의견을 경청해주고, 이해해줄 때 자기존중감이 생긴다. 자기존중감 없이는 건전한 삶을 살아가기 어렵다. 왜냐하면 자존심은 인간의 기본적 욕구이기 때문이다. 대부분의 인간관계에서 갈등은 자존심의 손상이나 저하에 기인하는 것으로 볼 수 있다. 또 자존심을 세워주고 자신을 인정해주는 사람에게 우리는 호감을 느낀다. 무슨 문제가 있거나 하소연하고 싶은 억울한 일이 있을 때 누군가에게 털어놓으면 비록 문제가 해결되지는 않더라도 가슴이 후련하고 때로는 해결의 실마리를 찾는 경우가 있지 않은가? 그렇다면 나도 남의 얘기를 귀담아 들어주어야 하지 않겠는가?

경청은 가슴으로 듣는 것, 민감하고 정확하며 사려깊게 듣는 것을 뜻한다. 그리고 앞에서도 말했듯이, 경청을 위해서는 자신의 경험, 편견, 가치관, 공포, 불안 등에 따라 보고 듣는 내용을 여과한다는 사실도 유념해야 한다. 우리가 어떤 생각이나 일에 골몰해 있을 때는 옆에서 누가 불러도 들리지 않고 손짓을 해도 보이지 않는다. 또 똑같은 사물을 보더라도 사람에 따라 달리 인식할 때가 있다.

진정한 친구라면 마음의 소리까지 들어야 한다

그리고 대화는 언어뿐만 아니라 표정, 눈빛, 동작, 자세, 어조 등 비언어적인 면을 통해서도 이루어질 수 있다. 오히려 비언어적 방법으로 전달되는 의미가 의사소통에서 비중이 더 큰 경우가 많다. 언어적 의사소통은 우리의 생각과 감정을 표현할 수 있는 어휘에 한계가 있고 같은 말도 음정의 고저, 속도에 따라 전달되는 의미에 큰 차이가 날 수 있다. 언어적 방법은 상황이나 맥락에 따라서 자신을 합리화하는 수단으로 사용될 수도 있기 때문에 덜 정직한 표현이 되기도 한다. 비언어적 의사소통은 자기도 모르는 새에 표현되기 때문에 자기 속내를 보다 정직하게 전달하는 수단이 된다. 따라서 우리는 표현하기 어려운 욕구일수록 비언어적인 수단으로 전달하는 경향이 있다. 감정은 비언어적인 통로로 표현될 때가 자주 있다. 얼굴이 빨개지거나 말이 떨리거나 눈물이 흐르거나 미소를 짓는 것 등은 모두 비언어적으로 우리의 감정을 표현하는 수단이다. 사랑을 느낄 때의 음성이나 태도는 화가 났을 때의 그것과는 너무나 다르다. 상대방이 하는 말을 더 이상 듣고 싶지 않을 때 우리는 "말을 그만하시오"라고 직설적으로 말하거나 지겹다고 짜증을 부리는 대신, 시계를 자주 들여다보거나 상대방의 얼굴을 쳐다보지 않고 딴청을 부려서 우리의 진심을 비언어적으로 전달하기도 한다. 상대방의 요구를 완곡히 거절하고 싶을 때는 공연히 머뭇거리거나 이유를 찾는다. 시간 또는 약속이 있느냐는 질문에 가부를 즉각 답하는 대신 이유부터 되묻는 사람이 있는데 그것은 상대방의 요청을 상황이나 내용에 따라 수락 여부를 결정하려고 하기 때문일 것이다. 대화시 눈을 마주치지 않으려고 한다면 상대방의 얘기에 흥미가 없거나 자신의 마음을 숨기려고 하는 경우가 많다. 말로 표현하기 난처한 우리의 진심을 비언어적인 신호로 알려주는 것이다. 인간관계에서 의사소통을 효율적으로 하려면 언어적인 의사소통은 물론 비언어적인 신호나 암시에도 민감해야 한다. 이 경우에 소위 심안이나 혜안이 필요한 것이다. 인간이 눈과 귀는 둘이지만 입은 하나인 것은 말하고 먹는 것보다는 보고 듣는 일을 많이 해야 하며, 비언어적 신호까지 감지하려면 제 3의 눈과 귀도 필요하다는 의미가 아닐까?

일반적으로, 여성이 남성보다 직관력이 뛰어나고 타인을 이해하며 배려하는 경향이 더 강한 것으로 알려져 있다. 이 사실은 우리가 경험적으로도 부인하기 어렵다. 아마도 육아의 책임을 여성이 더 많이 담당하고 있기 때문에 생기는 자연적인 현상일지도 모른다. 특히 말 못하는 어린아이의 욕구를 잘 충족시키려면 신체 언어와 내면의 소리에 민감해야 하기 때문이다. 이와 같은 남녀간의 이해방식이나 대화방식의 차이로 인하여 서로 불필요한 갈등이 유발되기도 한다.

우리가 벌리는 언쟁 중에는 상호 표현 부족이나 그 방식의 미묘한 차이 때문인 경우도 적지 않다. 우리는 과연 가족간에, 친구간에, 그리고 남과 얼마나 이해하면서 생활하고 있는가? 때로는 일부 모르는 면이 있는 것이 더 나을 수도 있다. 미인도 일정한 거리에서 볼 때 빛나며 가까이 다가가면 여러 가지 단점이 보인다. 상대방의 모든 면, 특히 단점을 너무 잘 알면 실망하게 마련이다.

인간관계에서 상호이해가 얼만큼이나 가능한지 모르지만 공동생활을 잘 영위하기 위해서는 감정이나 생각을 서로 솔직히 표현하고 상대방의 입장에서 이해하려고 노력하는 길 뿐이다. 그러나 가끔은 자신의 생각을 말로 나타내기 어렵고 내 마음을 나도 모르는 경우가 있지 않은가? 이 세상에 자신과 동일한 사람이 없는 한 자신을 자기만큼 이해해주는 사람을 기대할 수는 없다. 그렇다해도 상대방의 얘기를 경청하며 이해하려는 노력이 중요하며, 이 과정에서 상대방의 마음의 소리를 들을 수 있다면 오해는 감소하고 상호관계는 훨씬 부드러워질 것이다.

성숙의 의미

5월 셋째 주 월요일은 성년의 날로 19세가 되는 성년에게 사회인으로서 책무를

환기시키고 성인으로서의 자부심을 부여하기 위해 30여 년 전에 제정되었다. 그러나 청소년들은 조급하게 성인의 권리를 누리고 싶어한다. 미성년이었을 때는 빨리 성인이 되길 원하는 것이다.

성인의 모습에 대한 환상과 실상

우리는 어릴 때 왜 그토록 빨리 어른이 되고 싶어했는가? 어른이 되면 하고 싶은 것, 부러운 것이 많았기 때문일 것이다. 지겨운 공부에서 해방되고, 유흥가도 마음껏 출입하고, 음주와 흡연도 하고, 이성관계에서 주위의 시선을 의식하지 않아도 되고, 밤늦게 귀가하는 등 무한한 자유를 누릴 수 있을 것으로 생각하였다.

그러나 막상 성인이 되면 이전에 꿈꾸던 것처럼 자유스럽고 신나는 일만 있는가? 갈등과 구속이 싫어서 가출한 청소년들의 대부분이 증언하듯, 자유롭게 보이는 성인의 생활 속에는 여러 가지 어려움과 제약, 책임, 고통이 담겨 있다. 성인이 되면 음악이나 경치에 매료되어 감정이 뭉클거리는 일이 감소하고, 아동과 같은 순수함을 유지하면 유치하다거나 우둔하다는 평을 듣는다. 주변 상황과 현실적인 여건 때문에 자기 생각대로 행동하기 어려워 자제가 요구되고, 청소년 시기의 꿈을 하나씩 포기하게 되는 경우도 많다. 혼자서 어려운 결정을 내려야 할 때는 미성년 시기의 제한된 자유가 오히려 편안하게 느껴진다. 어릴 때는 무척 바라고 기다리던 것이지만 막상 성인이 되고 나면 그렇게 좋은 것만은 아님을 실감하게 된다.

특히 자녀를 포함하여 나이 어린 사람들에게 모범을 보여야 한다는 부담감과 자신의 언행에 대한 책임, 실책으로 인한 자존심 손상도 감수해야 할 때가 많다. 우리가 청소년기에는 기성세대의 위선, 나약, 표리부동, 부정과 부조리, 물질과 학벌의 중시, 나이를 앞세우는 태도 등을 비판하였으나 정작 어른이 되고 가정을 이루면 가족 부양의 책임 앞에서 나약해지고 비굴해지며, 지난 날에 자신이 비판했던 행동을 반복하게 되는 것을 볼 수 있다. 또 싫은 일을 하거나 참아야 하는 경우가 허다하고, 외로울 때도 많고, 모든 일을 스스로 처리해야 하는 것도 큰 부담이 된다. 어른이 되면 자기 인생은 스스로 책임질 수밖에 없고, 부모가 대신해줄 수 없는 것이다. 만일 성장한 후에도 부모가 지원을 계속하거나 부모에게서 지원을 받는다면 언제까지나 부모에게 의지하는 미성숙한 자녀로 남게 된다.

어른으로서 해야할 일

그렇다면 어른이 되어 해야 할 일은 무엇인가? 우선, 어른이 되기 전에 청년기에서 해야 할 일, 즉 발달과업은 자아정체감과 적합한 성역할을 확립하여 사회적으로 책임있는 행동을 수행하고, 시민생활과 직업 준비에 필요한 지적 능력을 개발하며, 정서적 및 경제적인 독립을 추구하는 것이다. 성인기의 과업은 정체감을 확고히 하여 원만한 대인관계와 취미 생활을 유지하고, 직업에 종사하고, 가정을 영위하며, 인류애와 봉사 정신을 발휘하는 것이다. 간단히 말하면, 성인은 책임있는 사회적 관계와 독자적인 가정생활을 영위하며 사회성원으로서 봉사할 수 있어야 한다. 즉 자신의 언행에 책임과 타인에 대한 배려가 중요하다.

그러므로, 어른이 되기 위해서는 신체적 성장보다 정신적 성숙이 더 중요하다. 성숙이란 자신의 욕망을 충족시키면서 사회의 질서와 관습에 맞추어 가고 남도 배려하는 것으로 볼 수 있다. 다시 말하면, 운전 중에 보행자의 입장도 이해할 수 있어야 한다는 것이다. 중년기에 들어서면, 타인과 비교하여 비슷하게 되길 바라거나 유행에 동조하기보다는 오히려 타인과 구별되는 소신과 양심에 따라 행동하는 개별화로 나아가 보다 더 성숙할 수 있다.

물론 나이가 든다고 어른이 되는 것은 아니다. 성장과 변화에는 언제나 고통과 위험이 수반되며, 개인의 편이와 안전만을 원하기 때문에 몸은 어른이지만 마음은 어린 사람들이 많다. 다른 사람들에게 미칠 수 있는 영향을 고려하지 못하고 자기만 생각하는 사람들이 많다. 그와 같은 행동은 전형적으로 어린이들이 하는 행동이 아닌가?

어른답지 못한 행동

다수의 청소년들은 내 일은 내가 알아서 하겠다지만 과연 그렇게 하는가? 평소에 공부를 게을리 하다가 학기말이 되면 성적이 나빠 여러 가지 궁색한 변명을 한다. 손윗사람에게 자신을 지칭할 때에도 “제가...”라는 겸양어보다는 “내가...”라는 표현을 사용하는 경우가 훨씬 많다. 그들은 실수에 대해서도 대수롭지 않게 여기며, 한 사람의 실수로 다수가 피해를 입는다는 것을 깨닫지 못한다.

요즘은 부모가 자녀를 왕으로 대한 결과, 대학생인데도 버스를 놓치면 학교에 어떻게 가야 하는지 몰라 어머니에게 전화로 묻고 강의시간표도 어머니가 작성하며 중요한 결정은 모두 어머니에게 맡기는 의존성 성격장애, 즉 마마 보이(Mama's boy)나 마마 걸(Mama's girl)이 증가일로에 있으며, 자녀의 성적을 대신 문의하거나 항의하는 부모도 있다. 특히 취직이 어려운 요즘에는 대학을 마친 후 30세가 넘도록 쉽고 편한 일만 찾다가 부모에게 경제적으로 의존하며, 책임없는 만년 청춘으로 자유분방하게 지내려는 "피터팬 증후군"(Peter Pan Syndrome)도 증가하는 추세이다. 중년기에 20대처럼 유행하는 분장을 하거나 성형수술을 하는 소위 노무(No More Uncle), 노마(No More Aunt)족의 심리도 이해는 할 수 있지만 이와 비슷한 행동이며, 생활이 견디기 어렵다고 자기 생명을 쉽게 포기하여 주변사람들에게 고통과 슬픔을 안겨다 주는 무책임한 행동도 정신적으로 미성숙한 증거일 것이다.

순진한 어른들 중에는 과거에 못 이룬 꿈을 뒤늦게 이루려고 재시도하는 경우가 있으나 대부분은 지나간 일을 되살리기에는 너무 늦고, 가능하다고 해도 다른 문제가 유발되거나 그 동안의 공백기간으로 인한 변화를 실감하지 못하여 자신의 상념에만 빠져 있었음을 알게 되기도 한다. 그리고 자신의 뜻을 관철하려고 주변의 분위기를 흐리거나 남이 자신을 배려해주지 않는다고 불평하는 사람들도 먼저 자신의 행동을 되돌아 볼 필요가 있다.

어린이는 어른의 아버지

흔히 어른들은 언행이 불일치할 때가 많고 복종이나 존경을 요구하면서 나이 어린 사람들에게 여러 가지 충고를 한다. 모범을 보이지 못하는 사람들의 충고는 대개 무시하기 쉽지만 조언을 무조건 무시하면 어른이 되어 다시 후회를 하게 된다. 부모의 얘기에 반발만 계속하는 자녀는 나중에 부모가 되어 후회하고, 자신도 어느덧 부모의 단점까지 닮았음을 알게 된다. 부모가 되어 보지 못한 사람은 아마도 부모의 마음을 결코 이해하지 못할 것이다. "너 만 했을 때 ..."로 시작되는 부모의 얘기를 우리가 듣기 싫어하는 이유는 부모가 우리의 눈높이에서 이해하려는 노력이 부족하기 때문일 것이다. 그렇다면 우리도 부모를 이해하려고 노력해야 공평하겠지만 경험 부족으로 그렇게 하지는 못한다. 게다가 시간이 지나 우리가 부모가 되어도 과거의 기억이 희미해져 또다시 상호 이해부족 현상이 반복된다. 그러므로 부모와 자녀의 관계, 어른과 아이의 관계는 되풀이되는 것인가 보다.

어른답지 못한 어른은 그 자녀도 비슷하게 된다. 자녀가 어른스러운 행동을 배울 기회가 없기 때문이다. 그 부모에 그 자녀가 되는 것은 너무나 당연한 이치이다. 유치하고 철없는 행동을 하는 사람들은 자기 부모의 동일한 모습을 대신하고 있는 것이다. 부모에게서 심리적, 경제적으로 독립하고 타인에게 피해를 입히지 않으며 자신의 행동에 책임을 지고, 한편으로는 부모의 심정까지도 헤아릴 수 있어야 성인이라고 할 수 있다. 그 뿐만 아니라 사소한 실수는 관대하게 이해하는 아량도 보일 수 있어야 한다. 실수는 누구나 할 수 있으니까.

그러나 우리의 마음 속에는 누구나 어린이의 잔재가 남아있어 불안하거나 갈등을 느낄 때에는 유치한 행동을 자기도 모르게 하게 된다. 위급할 때는 우선 "어머니!..."를 부르면서 기대거나 호소하는 경우도 많다. 어렵고 힘든 생활 속에서는 뒤틀리고 때묻은 마음을 어린이다운 순수함으로 정화시키는 노력도 가끔 필요하다. 워즈워스(Wordsworth)의 시 "불멸의 송가--어린 날의 추억"이나 슈만(Schumann)의 피아노 소품 "어린이의 정경"에서 묘사하듯, 자연에 대한 경이로움과 천진난만한 마음으로 나날이 이어지는 동심의 세계를 그리는 때도 있다. 그 안에는 어린이의 성장 과정에서 보이는 지치지 않는 열정과 노력, 열린 마음, 칠전팔기의 정신도 포함되어 있다. 그러므로 우리는 죽을 때까지 완전한 성숙을 기대할 수 없으면서도 성숙을 향하여 계속 노력할 뿐이다.

행복의 의미

옛날에 아주 불행한 왕자가 있었다. 왕은 행복한 사람의 옷을 입어야만 왕자가 불행에서 벗어날 수 있다는 신하의 얘기를 듣고 그 옷을 구해 오도록 명령했다. 수소문 끝에 신하들은 아주 행복한 농부를 만날 수 있었다. 그러나 불행히도 그 농부는 가난하여 옷이 없었다.

이와 같은 이야기는 어느 나라에서나 찾아볼 수 있다. 행복은 모호하고 붙잡을 수 없는 것처럼 보인다. 이제까지 행복은 주로 환상이나 자의적인 것으로 간주되었고 심리학자들도 건강한 사람들의 행복보다는 마음의 병을 치료하는데 주력하였다. 그러나 현재는 행복의 신비를 파헤치고 건강한 삶을 추구하는데 관심을 기울이는 학자들이 증가하고 있다. 행복은 유전적 요인, 재수, 환상, 무지의 산물이기는커녕 습득하고 개발할 수 있는 것으로 확인되고 있다.

우울증에 관한 연구는 수백만 사람들의 슬픔을 덜어주는데 도움이 되었지만 반드시 보다 행복하게 만든 것은 아니다. 실제로 평화롭고 풍요로운 국가의 사람들이 더 행복한 것은 아니다. 삶의 질에 관한 많은 척도가 2차 세계대전 이후에 증가되었지만 자신이 행복하다고 느끼는 사람들의 비율은 큰 변동이 없다. 자신의 행복을 가늠하는 한 가지 방법은 전반적인 생활에 대한 만족감을 스스로 평가해 보는 것이다. 예를 들면, 자신의 생활이 이상과 매우 근접한지, 생활여건이 좋은지, 생활이 만족스러운지, 인생을 다시 산다 해도 달라질게 없는지 자문해 보는 것이다.

우리는 누구나 행복하길 원한다. 근래 유행되고 있는 웰빙(well-being)이라는 용어도 결국 행복과 연관되어 있다. 그러나 행복이 과연 무엇이며 어떻게 해야 그것을 얻을 수 있는지는 그다지 잘 생각하지 않고, 그저 잘 살기만 바라거나 어떤 지위에 오르면 행복할 것으로 기대하는 경우가 많다. 물론 풍요로운 생활에서나 권력을 행사할 수 있는 위치에서 행복을 누릴 수도 있을 것이다 그러나 권력이나 명예, 지위, 경제적인 풍요로움이 곧 행복인가?

특히 고난과 시련 속에서는 행복을 꿈꾸며 당면한 역경을 극복하려고 애쓴다. 그러나 어려움을 이겨내지 못하고 일시적으로 또는 장기간 좌절하는 사람들도 있을 것이다. 그와 같은 사람들에게 우리는 무엇을 할 수 있을까? 그와 같은 청소년들을 부모와 교사는 어떻게 지도할 수 있을까? 최선의 방법은 평소에 부모나 교사 스스로 실천하며 청소년들에게 시범을 보이는 것이다. 그러므로 이 글에서는 행복을 느낄 수 있는 방법을 제시하기 위하여 행복의 의미와 관련 요인 및 구체적인 증진 방안을 모색하려는 것이다.

행복이란 무엇인가?

먼저, 행복이 무엇인지 생각해 보자. 우리는 행복할 때 어떤 느낌이 드는가? 뛸 듯이 흥분하거나 생동감을 느낄 수 있고, 노래를 부르거나 미소짓고 싶은 충동이 들기도 하며, 성취감이나 충족감을 누리기도 한다. 또 내적인 환희와 희망이 넘치는 들뜬 느낌도 들고, 화끈하고 순간적인 무아지경의 경험을 할 때도 있다. 이와 같은 느낌을 행복이라고 한다면, 행복은 우리가 삶에 대해 느끼는 만족감이며 심리적으로 편한 상태, 즉 주관적 안녕감을 뜻하는 것으로 볼 수 있다.

행복을 느끼게 되는 생리적 과정은 미소나 웃음에 의한 안면근육 활동이 두뇌에 전달되어 일어난다. 두뇌 속에 깊숙이 자리한 편도체라는 작은 복숭아 모양의 부분이 긍정적 감정과 행동을 야기시키는 세로토닌, 도파민, 엔돌핀과 같은 신경전달물질의 분비를 촉진하고 혈압과 호흡을 감소시키며 근육을 이완시킴으로써 우리에게 행복감을 갖다 주는 것이다.

행복의 조건에는 어떤 것들이 있는가?

■ 환경 요인

우리가 행복을 느낄 수 있는 조건들에는 여러 가지가 있다. 우선 다른 사람들과 비교될 수 있는 외적 조건들을 고려해 보자. 사회학에서는 우리의 생활에 영향을 미치는 사회적, 물리적 환경을 객관적으로 측정하여 삶의 질을 가늠한다. 이와 같은 환경 조건으로는 건강이나 수명과 같은 생물학적 요인, 교육, 여가, 고용, 재화 등의 사회경제적 요인, 사회적 안전, 주택, 거주지, 가족형태 등의 생태학적 요인을 열거할 수 있으며, 이 요인들이 정도의 차이는 있으나 우리의 삶에 큰 영향을 미치는 것은 주지의 사실이다. 이러한 조건들이 삶의 만족도에 미치는 영향을 외국의 여러 연구에서 종합하여 양적으로 표현하면 30-50% 정도이다. 이것은 많은 사람들이 자신의 행복을 위해 중시하는 외적 조건들이 충족되더라도 충분한 만족을 느낄 수 없음을 의미한다.

경제적 측면은 우리의 욕망을 충족시키는데 밀접한 관련이 있다. 수입과 생활 만족도는 정비례하는 경향이 있으나(r = .13), 수입이 적을수록 영향력이 강하며, 지나친 부는 축재의 과욕을 부채질하고 안전 관리에 대한 부담과 우려마저 낳을 수 있다. 경제적 소득이 제공할 수 있는 행복감은 2-3% 정도로 매우 제한적이다. 일정 한도가 넘으면 풍요에 적응하여 더 이상의 혜택을 느끼지 못하는 체감의 법칙이 작용한다. 실제로, 15년 전의 조사 결과를 보면, 불행하다고 느끼는 사람들의 비율이 고소득층에서 16%인 반면에, 중산층에서는 6%로 나타났다. 수년 전에 우리나라 성인 1,200명의 조사 결과에서는 월수입이 증가할수록 삶의 만족도가 높지만 그 상한선이 300-500만원이었다. 그 이상이 되면 수입과 삶의 만족은 그다지 관계가 없다. 그래도 어떤 사람들은 복권 당첨이나 주식 투자로 일확천금을 바란다. 복권 당첨의 확률은 희소하기 때문에 극소수에게만 가능하다. 이 점에서 본다면 인생은 불공평한 것으로 여길 수 있다. 우리가 아프리카의 빈국에서 태어나지 않은 것만 해도 행운이 아닌가? 갑자기 벼락부자가 된 사람들은 우리가 부러워하는 것처럼 과연 행복한 생활을 하고 있을까? 복권 당첨자들의 대부분은 수많은 자선단체나 친지들로부터 기부와 분배를 강요당하거나 방탕한 생활로 수년 내에 탕진해 버리고 이전보다도 더 어려운 상태로 전락한다는 사실은 잘 알려져 있다. 갑작스런 행운은 감당하기 어려운 여러 가지 고민을 낳을 수 있으며, 대비효과로 인하여 나중에 비슷한 정도의 행운이 아니면 사소한 느낌을 갖게 된다. 탐욕스러운 마이더스 왕의 이야기를 떠올려 보면 부가 행복과 직결되지 않는다는 것을 알 수 있다. 재물은 생활의 방편이지 목적이 아니다.

지위나 명예도 만족을 가져다 줄 수 있지만 그에 따른 무거운 책임과 모범도 기대된다. 이 기대를 충족시키지 못할 때 뒤따르는 비판과 지탄은 자신에게는 불행을 가져오고 주변 사람들에게는 고통과 해를 끼칠 수 있다.

안전이나 인구 과밀 또는 공해와 같은 사회적 환경도 삶의 질에 영향을 미치지만 우리는 여기에 쉽게 적응하여 그 중요성을 깨닫지 못하는 경우가 많다. 우리나라는 인구밀도에서 세계 3위이며 하루 평균 30명의 사망자를 배출하는 교통사고 왕국이고, 각종 환경오염과 공해도 극심하다. 그러나 그 심각성이 비가시적이고 만성적이기 때문에 우리는 일상생활에서 이러한 것들을 크게 의식하지 못하고 있다.

■ 건강

건강도 이와 비슷하다. 건강한 사람은 평소에 건강의 고마움을 모른다. 병원에 입원한 수많은 환자들은 건강 회복을 가장 절실하게 바랄 것이다. 또 각종 장애자들도 450만 명이나 된다. 이들과 비교하면 건강하다는 것이 얼마나 행복한 것인가? 묘하게도 우리는 타인의 불행을 통하여 자신의 행복을 확인하는 경우가 간혹 있다. 건강과 생활 만족도는 상관이 있으며($r = .32$), 특히 나이든 사람에게 큰 영향을 미친다.

■ 사회적 관계와 직업

우리의 일상생활 영역도 행복에 영향을 미친다. 특히 젊을 시절에 관심이 가장 큰 결혼의 측면을 보자. 요즘은 "초라한 더블보다 화려한 싱글이 좋다"는 얘기를 많이 한다. 과연 그런가? 가정주부들, 특히 젊은 여성의 경우에는 직장에 다니는 동창생들이 여러 면에서 부러울 수 있다. 독신자들도 과거보다 욕구충족의 기회가 많아진 것은 사실이다. 그러나 지금까지의 조사결과를 보면, 이혼자나 독신자보다는 기혼자의 행복감이 더 높으며, 기혼자 중에서도 결혼생활의 만족감이 높을수록 행복감도 증대되는 것으로 밝혀졌다. 결혼은 성적, 경제적, 정서적 만족을 제공하고 여가 활동을 공유할 수 있게 함으로써 행복감에 기여한다. 결혼생활의 만족감은 초기와 후기에 가장 높고, 중기에는 청소년 자녀와의 마찰로 가장 낮다고 한다.

현대에 이르러 이기적이고 경쟁적인 인간관계로 인하여 우정이 단편적이고 피상적인 경우가 많지만, 친구도 즐거운 활동을 공유함으로써 새로운 자극과 경험을 제공하고 동료애를 보이며 정신적 지원을 받을 수 있으므로 행복감의 요인이 된다(r = .30). 우리에게 신분과 계층 그리고 소속감과 안정감을 제공하는 직장은 정체감을 느끼게 하며, 가족 이외의 인간관계를 맺게 해주고, 목적의식을 갖게 한다. 또한 수입을 제공하고 시간 선용의 기회도 준다. 그러나 직장이 관료적이고 업무가 기계적이면 무력감이나 소외감을 유발하여 일의 보람을 느끼지 못할 수도 있다. 그러므로 일에 대한 만족감도 행복에 영향을 미친다(r = .44).

독서, 걷기, 봉사, 음악 감상, 텔레비전 시청과 같은 여가 활동도 사회적 요소가 포함되어 있으므로 행복감을 줄 수 있다. 이와 같은 일상생활 영역이 행복감에서 차지하는 비중은 30% 정도로 알려져 있다.

■ 종교

10여 년 전에 외국에서 수행된 유럽 14개국 16만 명에 대한 조사에 의하면, 정기적으로 교회에 출석하는 사람들의 85%가 삶에 아주 만족하는 것으로 나타났다. 종교와 주관적 안녕감은 상관이 있으며(r = .16), 특히 독신자, 은퇴자, 고령자, 병약자에게 큰 영향을 미친다. 종교는 "존재론적 확실성"에 대한 강한 신념과 사회적 지지를 제공하고, 부정적 감정을 완화시키며, 스트레스에 대한 완충 역할을 할뿐만 아니라 이혼율도 낮춘다. 그리고 금주와 금연을 권유하여 신체적 건강도 도모한다.

■ 생애사건

살아가면서 당면하는 각종 사건들은 우리에게 얼마나 큰 영향을 미칠까? 누구나 흔히 경험할 수 있는 사건들로는 가족의 사망이나 본인의 질병과 부상, 결혼과 임신, 이혼이나 별거, 실직이나 전직 또는 은퇴, 범법행위, 인간관계의 갈등, 생활조건의 변화 등이 있다. 흔히 스트레스를 일으키는 이러한 생애사건들은 그 정도와 발생시기 또는 개인의 관점에 따라 차이가 있겠지만 대체로 반년 정도 영향을 미친다고 한다.

■ 개인의 성격

환경의 변화만이 아니라 개인의 성격 특성도 행복감에 영향을 미친다. 의지와 자존심 및 자신감은 역경에 대처할 수 있는 힘이 되며, 낙관적이고 활동적인 외향적 성격은 매사에 긍정적 감정을 갖고 사회적 관계에 즐겨 참여하며 자신의 특성에 적합한 상황을 찾음으로써 삶의 만족을 더 많이 느낄 수 있다. 외향성은 보상이나 긍정적 기분 유도에 더 영향을 받아 행복과 상관이 높은 것으로($r = .50$) 알려져 있다. 유머도 긍정적 기분을 유도하며, 일종의 정화 기능을 함으로써 스트레스를 덜 위협적인 것으로 만드는 완충 역할을 한다.

성격이 행복감에 미치는 영향은 25% 정도라고 한다. 행복과 반대되는 불행이란 공포, 불안, 우울, 비애와 같은 부정적 정서를 느끼는 것으로 명백한 원인에 의해 단기간 지속되는 경우가 대부분이다. 그러나 만성적으로 불행한 느낌을 갖는 경우는 인생 초기의 애정 결핍이나 X염색체에 비정상적인 유전자가 있기 때문이라는 학설도 있지만, 대부분이 자존심이 낮거나 주변 환경으로부터 긍정적 영향을 받지 못해서 무기력을 학습하거나 비관적 관점을 유지하기 때문이라고 볼 수 있다.

■ 성차

일반적으로 여자가 남자보다 삶의 만족감이 다소 높은 것으로 알려져 있다. 또한 불행한 느낌도 더 자주 느낀다고 한다. 그 이유는 여자가 긍정적이든 부정적이든 남자보다 정서에 민감하고 더 잘 표현하기 때문이라고 한다.

■ 국가별 차이

그러면 우리나라 사람들은 외국에 비해서 생활 속에서 어느 정도 만족감을 느끼고 있을까? 수년 전 조사 결과에 의하면, 우리나라 사람들이 한 주 동안에 어느 정도 행복감을 느낀다는 비율은 49%이고, 이를 느끼지 않는다는 비율은 28%로, 대체로 보통 수준의 행복감을 느끼는 것으로 볼 수 있다. 10여 년 전 대학생 3,500명을 조사한 결과에서도 비슷한 경향이 나타났고, 한국청소년상담원에서 중등학생 2,800명을 대상으로 한 조사에서도 청소년의 55%가 자신의 인생이 행복한 것 같다고 응답하였다. 외국과의 비교는 조사 시기의 경제적, 사회적 상황 변화에 따라 차이가 있지만, 우리나라 사람들은 세계대전을 경험한 독일이나 일본보다는 행복감이 높고, 남미나 북구, 캐나다, 미국보다는 낮은 것으로 나타났는데, 이는 우리가 비교적 낙천적이고 생을 즐기는 민족이기 때문이라고 해석할 수 있다.

■ 일시적 영향

행복감은 얼굴 표정을 밝게 하거나 좋아하는 음악을 듣거나 영화를 보거나 즐거운 경험을 회상함으로써 인위적으로 유도할 수도 있으나 대개 일시적 효과만 거둘 수 있다. 그리고 운동도 긍정적 기분을 유도한다.

요약하면, 행복은 객관적으로 비교될 수 있는 삶의 질에서 느끼는 만족감과 주관적이고 감정적으로 느끼는 안녕감이 조화를 이룰 때 얻을 수 있다. 그러나 행복의 정도를 타인과 비교하여 판단하는 것은 각자의 상황과 성격의 차이로 부정확하고 불공정할 수 밖에 없으므로 개인의 생각과 느낌이 보다 중요하다고 볼 수 있다. 즉, 행복은 자신의 마음 속에 있으며 생각하기 나름이라고 할 수 있다.

행복을 누리기 위해서는 어떻게 해야 하는가?

사람들은 2세대 전에 비해 10배나 더 우울증에 시달리고 있다. 사람들을 행복하게 만들지 않는 요인들은 무엇인가? 경제적 소득은 기본적 욕구를 일단 만족시킨 다음에는 행복과 그다지 관련이 없다. 지능, 위신, 기후도 마찬가지이다. 사람들은 새로운 기후, 고소득, 좋은 자동차에 익숙해진다. 새로운 느낌은 약화되고, 변화는 아무도 나를 좋아하지 않을 것 같은 두려움처럼 실질적인 문제를 완화시키는데 기여하지 못한다.

그렇다면 무엇이 행복에 기여하는가? 원만한 결혼생활, 가족간 유대, 우정, 자존심이 행복을 예측할 수 있다. 인생에 대한 의미와 희망도 중요한 관련이 있다. 행복한 사람들은 처음에 이 모든 것들을 갖고 있을 수도 있다. 그러니 인과관계는 어느 한 쪽에만 작용하지는 않는다. 사람들을 조금 행복하게 해주는 것도 관계를 보다 강하게 만들고 희망을 새롭게 하며 더욱 행복하게 만드는 기반이 될 수 있다.

선진국의 대다수 사람들은 기본적으로 행복한 것으로 조사되었다. 이러한 경향은 계속해서 그들을 행복하게 만들고 있는지 모른다. 어떤 사람들은 다른 사람들에 비해서 유리한 면을 지니고 있다. 행복의 잠재력 중 거의 절반은 유전적이라고 한다. 그러나 행복은 단일한 "행복 유전자"에 의해서가 아니라 낙천주의나 수줍음과 같은 행복에 유리하거나 불리한 선천적인 특성에 의해서 영향을 받는다. 성격 특성은 일생 동안 그다지 변하지 않는다. 사람들은 어떤 상황 변화 후에 기분이 되돌아오는 "행복의 기준선"을 갖고 있는 것 같다. 이 기준선에는 변화의 여지가 많이 있으나 그 범위는 어느 정도 고정되어 있는 것으로 알려져 있다. 즉, 어떤 사람이 우울하고 염세적이라면 정말 미칠 듯 행복하게 될 수는 없지만 가능한 범위의 최고 수준까지는 도달할 수 있다는 것이다.

행복은 매일 같은 연습에 의해서 학습될 수 있다. 예를 들면, 낮 동안의 활동에서 긍정적인 면을 생각해보는 시간을 매일 밤 갖는다. 그러나 행복을 증진시키는 것이 늘 쉬운 일은 아니다. 기준선의 범위에서 폭을 상향 조정한다는 것은 타고난 성격 특성이나 생각하는 습관 또는 환경에 거슬리는 활동을 의미할 수 있다. 그러나 후자의 2가지는 변할 수 있다. 그렇다면 일상생활에서 행복을 누리기 위해서는 어떻게 해야 하는가?

■ 목표를 구체적으로 정한다.

우선 적절한 목표를 탐색하고 추구해야 한다. 자신의 흥미와 가치를 반영하는 목표를 정하여 달성하는 것은 행복을 증진시키거나 유지하는데 도움이 된다. 그러나 추구하는 목표에서 선택의 여지가 없다고 느낄 때에는 만족감을 얻을 수 없다. 공포, 죄책감, 사회적 압력에서 기인한 목표는 성취하더라도 그다지 행복한 느낌을 갖지 못할 것이다. 그리고 목표는 구체적이어야 한다. 추상적이고 막연한 목표는 달성하기 어렵다. 목표 달성을 위한 활동에 전념할 때 우리는 행복을 느낄 수 있다. 그러나 이러한 활동을 통하여 보다 행복해지려고 애써 의식할 필요는 없다.

■ 일에 몰입한다.

하는 일 없이 따분하게 시간을 보내거나 일을 하지 못하고 있는 사람들을 보면 할 일이 있다는 것은 축복임을 알 수 있다. 행복을 위해 일이 중요한 이유는 개인적 정체감을 세워주기 때문이다. 우리가 하는 일은 우리 자신을 규정해준다. 또한 일은 수입이외에도 삶의 목적에 의미를 부여한다.

그러나 일에 압도당하거나 실망을 느끼면 불만을 초래한다. 일은 자신의 능력과 시간에 부합되어야 몰입할 수 있다. 몰입이란 운동선수, 예술가, 과학자, 작가 또는 많은 관심과 도전이 요구되는 일에 종사하는 사람들이 어떤 일념아래 전념하는 상황을 말한다. 몰입하는 사람들은 행복을 생각할 겨를이 없지만 나중에 믿을 수 없을 만큼 긍정적인 느낌을 경험하게 되고 만족감도 당연히 느끼게 된다. 자신의 능력과 적성에 맞는 일에 몰두하는 것처럼 신바람 나는 일은 없다.

몰입의 경지에 들어서려면 일 자체를 의미있는 것으로 생각하고 도전감을 느끼며 자신의 능력을 최대한 발휘할 수 있어야 한다. 이러한 일은 우리 자신을 잊어버릴 만큼 열중할 수 있는 것이어야 한다. 즉, 해볼만한 일로 만들기 위해서는 좀 더 도전적인 목표를 수립하여 그 일에 빠져들어야 한다. 행복의 비법은 전혀 비법이 아니다. 좋아하는 일을 찾아 심취하는 것이다. 운동선수는 운동 중에 어떤 다른 걱정을 하지 않는다. 그럴 여력이 없기 때문이다. 그러나 몰입하기 위해서 꼭 운동을 하거나 악기를 연주할 필요는 없다. 독서나 좋은 친구들과의 대화를 통해서도 달성할 수 있다.

몰입에서 역설적인 것은 많은 사람들이 이것을 알면서도 진정으로 깨닫지 못한다는 것이다. 사람들은 일하는 동안에 창의적이고 신이 난다고 하면서도 행동은 그와 달리 한다. 그들은 일을 단지 월급을 받기 위한 것으로 생각한다. 일을 즐기기보다는 서둘러 끝내고 귀가하여 텔레비전이나 시청하려는 경향이 있다. 따라서 일에서 무슨 즐거움을 얻을 수 있겠는가?

■ 긍정적 감정을 갖는다.

행복을 누리기 위해서는 긍정적 감정을 갖도록 노력하는 것이다. 좋은 감정은 사고의 폭을 넓히고 나쁜 감정을 사라지게 한다. 긍정적 감정은 새로운 사고방식을 초래한다. 긍정적 감정과 폭넓은 사고는 상승작용에 의해서 보다 창의적으로 문제를 해결할 수 있게 만들고 정서를 풍요롭게 한다. 한 가지 문제에 잘 대처하면 다음 번 어려움에 더 잘 견딜 수 있다. 문제에 대처하기 위해 할 수 있는 일을 다 한 후, 기분전환 활동은 부정적 감정의 잔재를 없앨 수 있다.

긍정적 감정에 대한 최대의 적은 위협을 느끼는 경우이다. 행복이 싹트려면 안전한 환경이 필요하다. 어떤 감정은 조금만 관심을 기울이면 쉽게 감지할 수 있다. 예를 들면, 매일 또는 매주 고마움을 느낄만한 일 5가지를 기억하는 사람들은 기분이 좋을 뿐만 아니라 보다 건강하고 스트레스도 덜 받고 낙관적이며 남을 더 잘 돕는 것으로 밝혀졌다. 어려운 시기에 고마웠던 일과 즐거웠던 때를 생각하면 어떤 기분이 들겠는가?

■ 남을 돕는다.

선행을 목격한 사람은 마음이 훈훈해지는 것을 알 것이다. 이와 같은 감정은 사람들을 친절하게 만들며, 사고의 벽을 허물고, 세상을 새로운 눈으로 보게 한다. 외국의 실험 결과에 의하면, 테레사 수녀에 관한 기록영화를 관람한 학생들은 봉사활동에 더 많은 관심을 보였다. 각종 재해 복구와 극복 과정에서 많은 사람들은 생업도 미루고 외지 또는 외국에서 달려와 생면부지의 사람들을 물심 양면으로 도우며 큰 보람을 느낀다. 동포애와 인류애는 조건없는 사랑을 내포하고 있다. 이와 같은 무조건적인 사랑은 사람의 마음을 순화시켜 행복하게 만든다. 시인 유치환은 "사랑하는 것이 사랑받는 것보다 행복하며, 사랑하였으므로 진정 행복하였노라"고 읊었다. 남을 위해 무엇인가 도움이 되는 일을 함으로써 내적인 긍정적 경험, 즉 흐뭇한 마음과 함께 자존심이 고양되고 행복감을 느끼게 되는 것이다.

■ 낙관적으로 생각한다.

희망과 행복을 낳는 데에는 낙관주의도 중요하다. 낙관주의는 우리들에게 긍정적 감정을 갖게 하는 반면에 염세주의는 우울증을 야기시킨다. 낙관론을 갖기 위해서는 부정확한 사고를 깨닫고 반박해야 한다. 낙관적 사고를 하면 우울한 경우가 점차 감소되고 행복한 느낌을 갖게 된다. 비관주의자들은 어떤 문제가 발생하면 자신을 비난하며 이 문제가 장기간 계속될 것으로 생각하고 생활 전반에 걸쳐 부정적 영향을 받는다. 그리고 좋은 일이 생기면 일시적이고 예외적인 것으로 믿는다. 낙관주의자들은 나쁜 일의 발생 원인을 외부로 돌리고 곧 지나갈 것으로 믿으며, 좋은 일은 자신의 공으로 생각하고 계속될 것으로 기대한다. 비관론자들도 상황을 설명하는 새로운 방식을 습득함으로써 보다 낙관적이고 융통성있게 생각하게 되고, 좋은 일은 기꺼이 인정하며 나쁜 일에는 적절히 대처하게 된다.

일반적으로 낙천적인 사람은 병에 잘 걸리지 않고 걸려도 쉽게 회복하며 면역성도 크다고 한다. 좋지 않은 일이 생겼을 때 자신의 탓으로만 여기는 비관적인 태도는 병에 대한 취약성을 드러낸다. 낙관적인 사람은 성공하는 경우가 더 많다. 이들은 실수를 자신의 무능으로 보지 않고 재수가 없거나 새로운 시도를 해 볼 기회로 여긴다.

그렇지만 낙관적인 사람들은 경박하다는 고정관념도 있다. 그들은 마치 감정이 없는 사람처럼 인식되기도 한다. 언제나 행복하게 느끼는 사람일지라도 저기압이 되는 경우가 없지는 않다. 낙관주의자들은 비관론자들보다 부정적 정보에 대하여 개방적인 태도를 취한다. 이와 같은 긍정적인 태도는 좋지 않은 정보에 대처할 수 있는 힘을 부과한다. 그들은 스스로 변화시킬 수 없는 것들은 인정하고 다음 조치를 취한다. 그들은 자신이 할 수 있는 것과 없는 것을 직관적으로 파악한다.

행복을 느끼려면 감사하는 마음을 갖고, 친절을 베풀며, 자신에게 솔직해야 한다. 생활의 의미를 찾고 희망도 가져야 한다. 행복이란 우리의 장점과 가치를 발전시킬 수 있는 일을 할 때 느끼는 감정이다. 우리는 살아가면서 좋아하고 의미있는 일에는 적극 참여하고 시간만 낭비하는 일에는 참여하지 않음으로써 생활에 몰두할 기회를 많이 만들 수 있다. 한번 지나간 시간은 다시는 오지 않는다. 우리의 삶도 이와 같음을 안다면, 즐기고 싶은 일, 하고 싶은 일을 열심히 하도록 애써야 한다. 그 과정에서 행복도 누릴 수 있다.

행복은 우리가 추구해야 할 목표라기 보다는 그 달성 과정에서 얻게 되는 부산물로서 어떤 일의 수행 과정에 수반되거나 그것을 완수했을 때 느끼는 것이다. 이 사실을 우리들 대부분이 알고 있으면서도 실제 상황에서는 최선을 다 하지 않고 주변 현실에만 불만을 느끼며 비현실적인 행복을 추구하는 "파랑새 증후군"에서 벗어나지 못하는 경우가 많다. 보다 좋은 학교에 진학하지 못한 것을 속상해 하고 환경 탓만 하면서 빈둥거린다면 좋은 학교에 진학하는 것이 자동적으로 공부를 잘 하게 만들고 취업이나 출세를 보장받게 되는 것인가?

많은 학생들, 특히 여학생들은 외모에 지나친 관심을 두고 성형수술을 하는 경우가 많다. 외모는 첫 인상을 형성하는데 큰 영향을 미치기 때문에 면접이나 대인관계에서 유리한 점이 많은 것은 사실이다. 그러나 외모만으로 행복을 가늠하기는 곤란하다. 친숙해지면 외모는 사실상 그 영향력이 크게 약화된다. 미인대회 입상자들의 인생행로가 모두 행복한가? 외형에만 관심을 쏟는다면 내적인 면은 소홀히 할 수 밖에 없다. 외모에 자신이 없으면 이를 상쇄할 수 있는 다른 장점의 개발에 주력해야 하지 않겠는가?

학교 성적이 인생의 행복을 보장하는 것은 아니지만 자신의 일에 전념하면 행복을 느낄 가능성이 크다는 것은 분명하다. 공부가 싫거나 감당하기 어려우면 자신이 할 수 있고 흥미를 느낄 수 있는 다른 일을 찾는 것이 훨씬 나을 것이다. 그러나 무슨 일이든 열심히 하지 않는 한 만족은 느낄 수 없으며, 쉽고 편한 일 중에서 보람을 느낄 수 있는 것들이 얼마나 있겠는가? 그러므로 자신의 처지에서 충분히 가능한 것도 소홀히 하거나 더 큰 것만을 바라면서 시간을 허비한 후 뒤늦게 후회하는 일은 없어야 할 것이다. 큰 것은 성취하기 어려울 뿐만 아니라 성취 후에는 작은 것에 불만을 더 많이 느낄 수 있다. 강한 정서 경험은 그 후 발생하는 긍정적 사건에 대한 느낌을 반감시키기 때문에 일상적으로 느끼는 잔잔한 행복감이 더 중요하고 얻을 수 있는 가능성도 많다. 작은 것이나 작은 진전에도 만족하며, 자신보다 못한 처지에 있는 사람들도 있음을 생각해야 한다. 남의 떡이 커 보일 때 불행의 시초가 될 수 있다.

자신의 일에 몰두하면서 희열을 느낄 수 있고, 역경과 고통 속에서도 행복을 찾을 수 있다. 행복은 언제나 우리 곁에 있으며, 가까운 곳에서 찾아야 한다는 것을 마테를링크의 동화 "파랑새"에서, 알랭과 러셀의 "행복론"에서, 카알 부세의 시 "산 넘어 저 멀리"에서 그리고 건전한 상식에 의해서도 알 수 있다. 물론 어떤 일이든 체험을 통하여 가장 분명히 깨달을 수 있으나 모든 것을 체험하기에는 인생이 너무 짧고 시간 낭비의 요인도 있다. 모든 것을 직접 체험하려고 한다면 다른 사람들의 소중한 경험을 사장시키는 것이며, 개인이나 사회의 발전도 도모할 수 없을 것이다.

우여곡절 끝에 "내내 행복하게 살았다"는 이야기는 인간의 부질없는 욕망을 동화 속에 반영한 것일 뿐이며, 현실에서는 결코 이룰 수 없고 그렇게 되어서도 곤란하다, 우리의 욕망이 한없이 계속되는 한 좌절되는 수도 있고 그 때마다 불행한 느낌도 갖게 될 것이다. 행복과 불행이 교차되는 것이 우리의 삶이다. 언제나 행복에 취해 있다면 과연 행복을 느낄 수 있을까? 불행도 겪어야 행복을 실감할 수 있을 것이다. 행복은 상대적이고 순간적인 것이며, 우리의 욕망이 계속되는 한 영원한 행복은 불가능한 것이다. 헤쎄도 "행복"이라는 시에서 "욕망을 버리고 행복을 의도적으로 추구하지 않을 때 비로소 행복을 느낄 수 있다"고 하면서 마음을 비워야 함을 강조하였다. 오히려 허욕이나 과욕을 버리는 것이 행복의 지름길이다.

우리의 귀에 익숙한 안톤 슈낙의 말을 빌리면, "행복이 가까이 있다는 것은 누구나 알 수 있지만 그 쪽으로 손길을 내미는 사람만이 행복을 만질 수 있다." 자신과 동떨어진 타인을 비교함으로써 불행을 자초하거나 꾸준한 노력없이 큰 성취를 꿈꾸지 말고, 우선 자신이 건강을 유지하고 있다는 것부터 다행으로 여기며 일상생활을 성실히 하는 과정에서 서서히 이루어지는 조그만 성과에도 만족하는 자세가 행복을 보다 자주 느낄 수 있는 길이 될 것이다. 행복이란 남과 비교할 수 없는 것이며, 자신이 만들어 가는 것이다.

07

청소년 지도의 자세

07 청소년 지도의 자세

결론적으로, 청소년을 바르게 지도하는 데에는 성인의 모범과 함께 부단한 인내와 노력이 필요하다. 부모의 자녀에 대한 사랑은 조건 없이 무한정 계속되어야 한다. 이와 같은 무조건적인 사랑 속에서 자녀는 안심하고 시행착오를 하면서 성장할 수 있다. 물론 부모도 인간적인 약점 때문에 감정적으로 행동할 수 있고 잘못도 범할 수 있으며 청소년에 대한 증오를 나타낼 수 있다. 그와 같은 경우에는 기나긴 삶의 여정과 그 의미를 한번 되새겨 본다면 자신의 감정을 자제하고 새로운 관점에서 자녀를 대할 수 있을 것이다.

1. 부모의 사랑이 중요한 이유

부모의 사랑과 가족애는 지극히 자연스러운 것으로 여겨져 왔지만 근래에는 아동학대와 유기, 노부모 방치, 존속 살상 등의 끔찍한 사건이 빈발하여 가정 해체의 우려마저 낳고 있다. 이와 같은 부정적 사례의 이면에는 부모자녀 관계가 애초부터 원만하지 못하여 결국 부모의 사랑이 부족하거나 잘못된 것으로부터 발단이 된 경우가 많다.

부모의 사랑에 대한 경험은 아동들에게 그 어떤 것보다도 큰 영향을 미친다. 오래전에 콜맨(Coleman, 1956, p. 117)이라는 심리학자는 "대체로 부모의 사랑을 받지 못한 아동들은 두려워하고, 관심을 끌려고 하며, 적대적이고, 질투가 많고, 불안정하며, 고독한 경향이 있다. 이들 중 상당수는 나중에 사랑을 주고받는데 문제를 안게 된다."고 하였다. 그 후 Rohner(1999)는 세계 여러 지역의 성인과 아동들을 대상으로 이에 관한 20여 년 간의 연구를 통하여 이 사실을 확인하고 부모의 수용과 거부에 관한 이론을 발전시켰다.

그는 인간이 자신에게 기장 중요한 사람들로부터 긍정적인 반응을 얻으려는 선천적인 욕구를 가지고 있으며, 성인이 되어감에 따라 이 욕구는 더욱 세분되고 복합적이 되어 자신에게 의미있는 타인들(significant others)로부터도 존중을 받으려는 방향으로 확대된다고 주장하였다. 그리고 이러한 욕구가 충족되지 못하면 아동과 성인의 심리적 적응과 행동에 부정적 영향을 지속적으로 미치게 된다는 것이다.

부모의 사랑의 의미

사랑은 수용, 지지, 배려, 온정, 관여, 칭찬, 격려 등 여러 가지로 불리고 있으나 그 의미는 거의 동일하다. 부모의 사랑이란 부모 앞에서 편안함을 느끼고 기본적으로 인정받고 있다는 의식을 갖게 해주는 부모의 행동을 말한다. 부모의 사랑에는 자녀의 복지에 대한 깊은 관심과 욕구에 대한 민감한 반응 그리고 무조건적인 수용이 내포되어 있다.

자녀를 사랑하는 부모는 신체적 및 언어적으로 자녀에 대한 애정을 표현하며, 이는 의무적이 아닌 자발적이고 적극적으로 이루어진다. 이와 반대로, 자녀를 거부하는 부모는 자녀를 싫어하고 인정하지 않으며 부담스러워 한다. 거부는 적대감과 공격, 무관심과 소홀의 형태로 표현된다. 적대적인 부모는 신체적, 언어적으로 공격적이므로 구타, 폭언, 저주를 하며, 무관심한 부모는 신체적 및 심리적으로 자녀와 거리를 두며 자녀의 욕구를 무시하고 자녀와 함께 시간을 보내는 경우도 드물다.

부모의 사랑의 효과

사회화 과정에서 부모의 사랑이 중요한 이유는 3가지로 요약된다. 첫째, 부모의 사랑은 자녀의 순종을 얻기 위한 거친 훈육을 불필요하게 만든다. 왜냐하면 자녀는 부모의 사랑과 인정을 바라며 그 상실 가능성을 싫어하기 때문이다. 부모의 사랑은 자녀로 하여금 부모의 지도를 자발적으로 받아들이게 하므로 자녀에 대한 통제의 토대가 된다. 즉, 부모의 사랑은 자녀를 양육하고 특정한 가치관을 심어주는데 밑바탕이 되기 때문에 중요하며, 부모의 지시를 자녀가 기꺼이 받아들이도록 만든다. 둘

째, 사랑하는 부모의 설명은 자녀에게 사회적 규칙을 내면화시키고 적당한 행동 상황을 확인시킨다. 셋째, 부모의 사랑은 자녀의 욕구를 충족시킴으로써 긍정적인 자아개념과 안정감을 유도한다. 부모의 사랑이 없이는 자녀는 자존심과 자신감 및 건전한 대인관계를 발전시키는데 큰 어려움이 있다. 또 부모의 사랑은 자녀의 친사회적 행동을 촉진시키고 동일시 과정에 기여하는 중요한 요인이기도 하다.

부모의 양육방식이 자녀의 성장 후 성격에 미치는 영향은 부모의 구체적인 훈육방식이 아니라 정서적 반응에 의해서 결정된다. 부모자녀 간의 심리적 결속을 의미하는 애착이론에 의하면(Bowlby, 1982), 부모의 사랑은 자녀의 주변 환경에 대한 자유로운 지적 탐색활동과 관련된다. 학교에서의 지적 탐색능력은 자신과 타인의 자신있는 기대에서 나온다. 자기평가는 타인에 의해서 어떻게 평가되는지에 달려 있으며, 이러한 자신감은 부모의 애정에서 기인한다. 환경을 탐색하려는 시도는 부모의 사랑으로 인한 자신감의 결과이다.

부모의 거부의 결과

부모의 사랑의 효과는 거꾸로 그 사랑을 제대로 받지 못한 아동의 경우를 보면 더 잘 알 수 있다. 유아기에 부모의 사랑을 제대로 받지 못하면 사망하는 경우가 있으며, 시설에 수용된 아동은 식욕상실, 체중과 흥미 감소, 발달지체, 수면장애를 겪는다. 또 부모로부터 사랑을 받지 못한 아동들은 불안하고 불안정하며, 우울하고, 공격적이고, 의존적이고, 자존심이 낮고, 정서적으로 무감각하며, 부정적 세계관을 지니게 된다. 이와 같은 부정적 사고는 그들 자신과 타인에 대한 내면적 신념이나 기대를 의미하는 정신적 표상이나 사회적 인지의 토대를 형성하여 그들의 지각, 기억, 행동, 대인관계에 영향을 미치는 경향이 있다.

부모와 애착을 잘 형성하지 못한 아동들은 자신과 타인에 대한 불안으로 새로운 상황을 탐색하려는 의욕이 감소된다. 그들은 타인이 어떻게 반응할지 두려워 자신의 가치와 능력을 믿지 못하기 때문에 환경과의 지적 상호작용이 제약을 당하게 된다. 즉, 불안정과 불안이 형식적 추리능력을 방해하는 것이다. 불안정한 아동은 부정적 자아개념을 형성하여 스스로를 결점이 많고 사소하게 간주하는 경향이 있다. 그리고 부모의 거부는 자아결함의 근거가 되며, 보상적 의미의 행동문제, 약물남용, 부적응을 유발한다(Rohner & Britner, 2002). 게다가 부모의 거부는 자녀의 적대감과 공격성을 야기시켜 부모의 기대에 순응하지 않고 반사회적 행동을 유도하는 공격모델을 제공한다.

부모의 거부는 자녀의 연령에 따라 부정적 영향의 정도가 다르다. 거부에 대한 지각은 자신과 타인을 인식하고 그 상호관계를 이해함으로써 나타나는 상징적 과정이기 때문에 유아기에는 큰 영향을 미치지 않고 청소년기에도 자아정체감의 발달로 부정적 영향을 어느 정도 상쇄시킬 수 있다. 그러나 아동기는 자아중심적 사고방식으로 인하여 거부에 대한 지적 및 정서적 대처능력이 충분히 발달되지 않아 가장 큰 영향을 받을 수 있다. 아동기에 부모자녀 관계에서 경험한 대인관계 방식은 성인이 된 후에도 타인과의 관계 속에서 반복될 가능성이 크다. 어릴 때 사랑을 받지 못해 애정을 주고받는 법을 배우지 못하면 성인이 되어 감정표현이 무디거나 남을 돌보고 사랑하는 따뜻한 마음이 부족하여 타인과 친밀한 교류를 할 수 없게 된다. 사랑을 주기 위해서는 우선 받아야 하기 때문이다(연문희, 2004; Tournier, 1983). 이러한 사회성 부족은 지적 발달의 손상까지 가져온다. 비행청소년의 가정에서 정서적인 긴장과 불안정, 부모의 거부와 배척의 분위기는 쉽게 엿볼 수 있다. 더욱이, 아동기에 학대받은 부모의 30% 정도는 자기 자녀를 다시 학대하는 경향이 있다.

이와 같은 부모에 의한 정서적 손상과 학대는 자녀의 인생 전반에 화학 독성처럼 확대되어 성장함에 따라 고통도 증가한다(Forward, 1989, p. 6). 해로운 부모(toxic parents)의 예로는 아동을 혼자 집에 자주 방치하거나 심한 비판을 계속하거나 과보호 또는 죄책감의 가중, 부모 자신의 우울이나 부재 등이다. 아동기의 이러한 경험은 성인이 되었을 때 자존심 손상, 부적절감, 자학 행동, 완벽주의, 즐거움과 휴식을 취하기 어려움, 자신의 욕구에 대한 인식 결여의 특성을 보인다. 이러한 특성은 해로운 부모의 자녀들이 부모의 방임을 자신의 탓으로 돌리는 경향이 있기 때문이다. 왜냐하면 방어능력이 없는 자녀들은 부모를 믿지 못한다는 현실을 받아들일 수 없기 때문이다.

정서적으로 방임된 성인 자녀들의 진정한 자아는 내부에 갇혀 발달되지 못한 상태로 남아있기 때문에 의사소통을 할 수 없다(Miller, 1981, p. 21). 자녀는 부모의 충분한 이해와 지지, 감정 표현의 허용을 필요로 한다. 이러한 관계를 형성하지 못하면 수용될 수 없는 감정을 표현할 때 부모의 사랑을 잃을까 두려워하여 자신의 진정한 감정을 경험하지 못하고 부모의 욕구와 기대에 맞추어 인정받을 수 있는 가식, 가공적 자아를 발달시킨다. 즉, 아동기의 포로(prisoners of childhood)가 되어 부모의 욕구에 따라 생활한다. 이러한 부모의 예는 자녀의 행동에 의해서 자신의 자아상을 과시하려고 하거나 자녀를 통해 자신의 부족한 아동기 욕구를 충족시키려는 정서불안정 부모를 들 수 있다. 자녀는 지적 능력은 조장되지만 정서적 반응은 억제된다. 자녀가 지신의 고통과 분노를 표현하여 자신을 방어할 수 있으면 방임에 의한 손상은 극복할 수 있다. 만일 부모가 자녀의 반응, 즉 분노, 슬픔을 견딜 수 없다면 자녀가 독자적으로 반응하지 못하게 함으로써 그들을 침묵하게 만들게 된다.

아동기에 사로잡혀 있는 성인 자녀들은 모든 면에서 예외적이고 영특할 수 있다. 그들의 지적 능력은 아동으로서 발달이 용인된 유일한 표시이기 때문에 지적으로 뛰어난 경향이 있다. 그들은 여러 가지 과외활동에 참여하여 책임있는 일을 맡을 수도 있다. 그러나 관심의 대상이 아니거나 자아상에 맞게 생활하지 못한다고 느낄 때에는 불안해하거나 죄의식 또는 수치심을 느끼게 된다. 타인의 감탄과 선망을 받는 경우에도 그들의 내면에서는 우울, 공허, 자기소외를 느낄 수 있다. Miller(1981, p. 21)에 의하면, "그들은 예기치 못한 감정에 휩쓸리는 법이 없고 내부 검열에서 허용된 감정만을 인정한다". 그들은 타인에 의한 공감능력 때문에 친구를 많이 사귈 수 있다. 그들의 아동기나 가정생활에 관한 얘기를 시키면 즐거운 아동기에 대한 환상을 실제로 믿고 있음을 보여준다. 그들은 아동기에 대한 진정한 정서적 이해가 결여되어 있다.

Shengold(1989)는 아동에 대한 정서적 피해나 손상을 "영혼살해"(soul murder)로 표현했다. "영혼살해는 독립된 인간으로서 사랑과 기쁨을 느낄 수 있는 능력을 박탈하는 것이다"(1989, p. 2). 사랑과 공감이 전혀 없거나 간혹 있어도 무관심이나 증오가 지배적인 가정에서 성장한 성인들과의 임상 경험을 얘기한 것이다. 가끔 부모의 세뇌나 부인으로 자녀가 자신의 감각과 기억의 증거를 의심한다는 얘기도 듣는다. 영혼살해는 부모가 아동의 존재를 왜곡하거니 무시하려는 고의적인 시도이다. 부모는 자녀를 마치 자신의 분신이거나 욕구를 충족시키는 대상으로 취급한다. 자녀는 신체적, 정서적 욕구로 인하여 의존적이기 때문에 학대하는 부모에게 복종하고 동일시한다. 전적인 의존과 더불어 이러한 박탈은 무력감과 분노를 야기시키지만 자녀가 가정에서 생존하기 위해서는 억제될 수밖에 없다. 결국 이러한 감정을 계속 억제하면 긍정적 감정으로 대체되고 나중에는 모든 감정을 느끼지 않게 된다.

성인들은 자신이 오래 부인해온 적개심을 타인에게 돌리거나 부모의 벌을 내면화하여 자기 징벌의 욕구를 발달시킬 수 있다. 그들은 대인관계의 실패를 자초하여 조롱을 받거나 피해를 보며 그것을 당연시한다. 영혼살해의 파괴적인 결과는 정신질환 또는 범죄행위로 귀결될 수 있다. 어떤 사람들은 파괴적인 영향을 내면에 단단히 숨기고 어떠한 증후도 나타내지 않는다. Shengold(1989, p. 6)에 의하면, 그들은 마치 심리적으로 건전한 듯 활동하며 영혼의 공허함을 감추고 정상을 가장한다. 또 다른 사람들은 실제로 적합한 특성, 예를 들면 협상, 배려, 가장, 부인 등을 발달시킨다.

이와 같은 사례는 정서적 학대의 극단적 경우를 나타내지만 비교적 흔한 임상 경험을 반영한 것이다. 부모의 거부와 방임 상태에서 오래 생활할수록 자녀의 현재와 미래의 행동은 보다 파괴적인 영향을 받을 수 있다.

그러나 부모에게서 사랑을 받는 아동들 중에서 20% 정도는 긍정적으로 발달되지 않으며, 반대로 사랑을 받지 못한 아동들 중에도 비슷한 정도가 부정적인 방향으로 변화되지 않는다. 적응문제는 부모의 사랑 이외에 다양한 이유로도 발생할 수 있기 때문이다. 부모의 거부에도 불구하고 이와 같이 잘 대처하는 사람들은 주변의 열악한 환경과 자신을 분리하여 생각하고 직업활동도 무난히 수행할 수 있는 강한 자아를 지니고 있는 것으로 알려져 있다. 그리고 그들에게는 자신의 부모 역할을 대신해주는 친척, 이웃, 교사 또는 배우자가 있고, 운동이나 취미활동 및 교우관계에 몰입하여 자신이 당면한 부정적 영향을 상쇄하려는 노력도 큰 힘을 발휘할 수 있다.

부모의 사랑은 본능적이라고 한다. 동물의 행동을 보면 사실인 것 같다. 종족 보존을 위해서는 어미가 새끼를 사랑하며 돌봐야 할 필요가 있기 때문이다. 그러나 인간의 경우에는 동물과 다른 점을 쉽게 발견할 수 있다. 근래에 생활고나 이혼과 같은 가정불화 때문에 자식을 맡지 않거나 유기, 학대하는 경우가 늘어가고 있다. 또는 일반 가정에서도 자녀의 기질과 부조화로 갈등이 생길 수도 있다. 그러나 부모는 어린 자녀에게 자신과 같은 이해와 사랑을 기대할 수 없다. 따라서 부모는 여러 가지 어려움에도 불구하고 무한한 인내와 사랑을 베풀어야 하며, 그것이 부모의 당연한 역할이다.

끝으로, 한 가지 주의할 점은 부모의 사랑도 지나치면 오히려 역효과를 초래한다는 것이다. 요즘 주변에서 자주 볼 수 있는 과보호 부모는 자녀를 망칠 수 있다. 버릇없고 제멋대로 행동하며 의타적이며 인내심이 부족한 아동들이 증가하는 것도 이러한 부모의 영향을 배제할 수 없을 것이다. 부모가 자녀를 너무 이해하고 감싸주려고 하면 실제로는 자녀를 돕는 것이 아니며, 그들도 더 큰 세계에서 당면하게 될 기준과 가치를 가정에서부터 경험할 필요가 있다. 그러므로 건전한 인격을 갖춘 사회 성원이 되기 위해서는 사랑을 토대로 한 지도와 통제가 반드시 필요한 것이다.

2. 부모의 수용과 청소년의 긍정적 변화

오래 전에 미국에서 수행된 유명한 대규모 연구에 의하면(Coleman, 1966), 학생의 학업성취는 가정배경에 따라 다소 차이를 보이지만 학교의 시설이나 교육과정 또는 재정보다도 교사의 특성에 의해 더 많이 좌우된다고 하였다. 특히 초등교육에서는 교사의 인격과 교양, 정서적 안정, 이해심, 친절 등을 훌륭한 자질로 언급된다. 아동들에게 미치는 교사의 영향이 매우 크기 때문이다.

온정적이고 공감적으로 이해하는 교사는 학생의 성취와 동기 증진에 기여한다. 공감적 이해란 학생의 감정과 사적인 의미를 제대로 감지하고 내면적 세계를 중시한다는 것을 뜻한다. 교사가 학생의 관점에서 세계를 이해할 때 학습이 촉진될 가능성이 크다(Rogers, 1983). 미국에서 대도시 초등학생들을 대상으로 조사한 결과(Waxman, 1983)에 의하면, 교사의 배려와 이해 및 존중하는 태도는 학생들의 학문적 자아개념과 학습동기의 증진에 긍정적 영향을 미치는 것으로 나타났다. 이와 같은 이해는 평가적 이해와는 달리 학생을 분석하거나 판단하지 않고 있는 그대로 이해하는 것이며, 학생들은 그로부터 배우며 성장할 수 있다. 부모와 자녀의 관계도 마찬가지이다. 수용은 사람을 한 인간으로, 존재 가치가 있는 개인으로 인정하고, 근본적으로 믿을만한 가치가 있다는 기본 신뢰이며, 다양한 방식으로 나타난다. 이와 같은 태도를 갖고 있는 부모는 청소년 자녀의 성취감은 물론 새로운 문제에 접근할 때 느끼는 두려움과 망설임도 충분히 받아들일 수 있다. 자녀에 대한 존중이나 신뢰는 인간의 능력과 잠재력에 대한 확신을 의미하는 것이다. 인간은 자신과 밀접한 관련이 있는 문제에 직면하면 배우고 성장하길 원한다.

나를 있는 그대로 봐 줘! 이 말은 우리가 흔히 인간관계에서 오해와 갈등에 처했을 때 사용한다. 색안경을 끼고 보거나 자기 방식으로 판단하거나 어떤 기대를 갖고 보거나 하지 말라는 것이다. 그러나 속에 숨은 뜻은 자신의 결점을 지적하여 단기간에 시정하려고 시도하지 말고 그대로 인정하라는 의미이다.

흔히 사람들은 이와 같은 의미를 오해하는 경우가 많다. 남을 있는 그대로 받아들인다는 것은 현재의 모습을 수용하고 인정하는 것이며, 그 사람의 의견이나 행동을 지지하거나 동의하는 것은 아니다. 더구나 부모자녀관계나 사제관계 또는 상하관계에서는 아랫사람들이 잘못 행동할 때, 특히 그로 인해 여러 사람들에게 부정적 영향을 미칠 때 적절히 문책하고 시정을 요구하는 것이 당연하다. 그러나 지위나 나이에 관계없이 누구나 잘못을 저지를 수 있다는 것을 이해하는 것이 중요하다.

학교에서는 정상적인 수업을 진행하기 위해서 학생들에게 질책이나 훈계가 필요한 경우가 있다. 음주 후 교실에 들어 와 주정을 부리고 다른 학생들을 괴롭히며 수업을 방해하는 고등학생들에게는 그 현장에서 이해와 배려를 할 수 있을까? 교사의 지시를 무시하고 때로는 대항하는 학생에게 어떻게 대해야 하는가? 심지어 질책당한 학생의 학부형까지 가세하는 경우도 있다. 비록 그와 같은 학생들이 일부이긴 하지만 현장 교사들에게는 큰 부담이 되지 않을 수 없으며 그들에게 수용적인 태도로 대하기는 매우 어려울 것이다. 그렇다고 하더라도 교사가 자제력을 잃고 그들에게 지나친 질책을 가하는 것은 결코 바람직하지 못하다. 일부 교사의 언어적, 신체적 폭력의 부작용은 가끔 매스컴에 보도되고 있다. 이유야 어쨌든 폭력은 악순환을 초래할 가능성이 크며, 교사나 부모로서 취할 태도가 아니다.

우리는 자신과 상대방을 모두 인간적인 약점과 감정을 지닌 존재로 인정해야 한다. 인정 또는 수용이란 긍정적 관심, 격려, 애정의 표현을 뜻하며, 수용적인 사람은 타인에게 온화하고 고무적이며 타인의 욕구에 대한 이해심을 나타낸다. 우리는 자신을 인정해주는 사람을 가까이하고 비판적인 사람을 피하는 경향이 있다. 끊임없는 비판은 불안을 야기하여 변화를 촉진하기보다는 억제한다. 그와 같은 비판은 우리도 모르는 새에 상대방에게 완전함을 기대하기 때문일 것이다. 수용의 결핍, 즉 거부는 사람들에게 불안감을 느끼게 하여 폐쇄적이고 방어적으로 만든다. 이에 비해, 수용은 사람들의 성장과 변화를 유도하는 가장 중요한 요인의 하나이며, 성숙한 사람의 중요한 자질이기도 하다. 수용은 씨가 열매를 맺게 하는 비옥한 토양과 같다. 토양만이 씨를 꽃피우게 하고 성장할 수 있는 힘을 발휘시킬 수 있지만, 성장하는 힘은 전적으로 씨 안에 내재해 있다.

타인을 있는 그대로 수용하는 것은 그 사람이 심리적으로 건전한 방향으로 발전하며, 보다 생산적이고 창의적이 되어 자신의 잠재력을 최대한 실현할 수 있는 관계를 조성하는데 중요한 요인이다(Rogers, 1961). 우리가 다른 사람으로부터 진정으로 인정받고 있다고 느낄 때 더욱 분발하려는 생각을 하게 된다. 인간의 자아는 대인관계, 특히 중요한 사람들과의 관계에서 기인하며, 그들의 평가에 따라 큰 영향을 받는다. 그러므로 자존심은 우리의 가치에 대한 타인의 평가가 반영된 것이다. 우리는 우리에게 중요한 사람들의 반응을 평가하면서 우리의 가치를 결정한다. 다른 사람들은 우리 자신을 이해하는 거울이다. 우리가 관계하는 사람의 얼굴에서 수용을 읽게 되면 우리는 자신을 좋게 생각한다. 다른 사람들이 우리를 인정하고 존중하며 좋아한다는 느낌을 전하면 우리는 자신과 타인도 존중하게 된다.

인간관계에서 수용은 그 사람이 가치있다는 정보를 전달하고 동기를 유발시키는 효과를 가져온다. 수용은 자신을 존중하게 만들고 자신감을 갖게 하며 어떤 행동의 부정적 결과에 대한 가능성을 그다지 걱정하지 않게 만든다. 따라서 수용은 다른 사람들에게 긍정적으로 대하며 그들의 영향을 용이하게 받아들이는 상황적 요인으로 작용한다. 즉 수용은 사람들을 긍정적인 방향으로 결속함으로써 반응을 유도하고, 안전한 토대를 제공함으로써 주변을 안심하고 탐색하게 만든다. 흔히 수용은 부모와 자녀, 의사와 환자, 상사와 부하, 또는 사제간의 긍정적 관계를 나타내는 한 특징이지만 모든 대인관계를 건전하고 원만히 할 수 있는 토대가 된다.

우리가 운명과도 같은 짝을 만나고도 갈등을 빚는 이유는 환상에서 깨어나기 때문만이 아니라 서로 잘 모르고 존중하지 않으며 장점보다는 단점을 더 잘 지적하기 때문이기도 하다. 부부간의 문제 중에서 70%는 결코 풀리지 않는다고 함으로(조선일보, 2006, 4, 1), 그와 같은 문제에 집착하여 갈등을 심화시키기보다는 상대방의 꿈을 이해하고 이루어지도록 노력하면서 인내와 희망, 사랑과 관용의 감정을 공유한다면 친밀한 관계는 오래 지속될 수 있을 것이다. 20여 년 이상을 다른 환경에서 생활해온 사람들이 만나서 매일 함께 살게 되면 서로 부딪치고 이해되지 않는 점이 많을 것은 당연하다. 어느 한 쪽에 일치시키려고 애쓰다 보면 힘겨루기로 시간과 노력만 낭비하게 될 뿐만 아니라 상대방의 힘에 굴복하지 않으려고 오히려 변화를 완강히 거부하게 될 것이다. 다시 말하면, 서로를 있는 그대로 인정하고 이해하는 것이 선행되어야 갈등이 감소될 수 있다는 것이다.

수용은 행복과도 상관이 있는 것으로 보인다. 어린 시절의 정서적 안정성이 성인이

된 후의 소득과 생활 만족감에 큰 상관이 있는 것으로 드러났다(조선일보, 2007, 7. 28). 어릴 때 모자간의 애착이 부족한 모성실조의 경우를 보면, 성인이 되어 감정표현이 무디거나 남을 돌보고 사랑하는 따뜻한 마음이 부족하게 된다. 사랑을 주기 위해서는 우선 받아본 경험이 있어야 한다(연문희, 2004; Tournier, 1983). 정서적으로 방임된 성인 자녀들의 진정한 자아는 내부에 갇혀 발달되지 못한 상태로 남아있기 때문에 의사소통을 할 수 없다(Miller, 1981, p. 21). 자녀는 부모의 충분한 이해와 지지, 감정 표현의 허용을 필요로 한다. 이러한 관계를 형성하지 못하면 수용될 수 없는 감정을 표현할 때 부모의 사랑을 잃을까 두려워하여 자신의 진정한 감정을 경험하지 못하고 부모의 욕구와 기대에 맞추어 자신의 감정이 결여된 인정받을 수 있는 가식, 가공적 자아를 발달시킨다. 즉 부모의 욕구에 따라 생활한다. 이러한 부모의 예는 자녀의 행동에 의해서 자신의 자아상을 과시하려고 하거나 자녀를 통해 자신의 부족한 아동기 욕구를 충족시키려는 정서불안정 부모에게서 볼 수 있다. 자녀는 지적 능력은 조장되지만 정서적 반응은 억제된다. Miller(1981)는 자녀가 지신의 고통과 분노를 표현하여 자신을 방어할 수 있으면 방임에 의한 손상을 극복할 수 있다고 하였다.

사람을 인정하는 것은 그를 신뢰하고 존중하며 배려해주는 것이다. 이해되고 존중받는 사람은 자신이 가치있고 중요하다는 느낌을 갖게 되어 자존심을 높이고 긍정적 감정을 발전시키게 된다. 인간은 자신의 감정과 의견이 수용됨을 알고 자신에게 흥미가 있거나 중요한 면에 대해 얘기하는 것이 가치있다는 것을 터득하게 된다. 자신의 사고와 감정에 관심을 기울이고 존중한다는 것을 알기 때문에 자신의 중요성을 느끼게 해준 사람을 좋아하게 된다. 우리는 있는 그대로 상대방에게 수용되고 있음을 느낄 때 자신의 성장과 변화에 대하여 생각하게 된다.

우리는 상대방을 수용해주면 그 상태대로 남게 되어 더 이상 발전하지 않기 때문에 보다 나은 인간이 되기 위해서는 현재의 모습을 받아들일 수 없다고 이야기해 주는 것이 최선이라고 믿는다. 그리고 이 뜻을 설교, 판단, 평가, 훈계, 조언 등의 형식으로 전한다. 그러면 상대방은 말하는 것을 멈추고 방어적이 되며, 불안해하거나 죄의식을 갖게 되고, 화를 내며 이해받지 못하고 있다고 느낀다. 상대방에게 그가 얼마나 나쁜가를 자주 이야기하면 그는 거의 틀림없이 나쁘게 된다. 우리는 우리에게 중요한 사람들이 매일 말하는 그대로 되어버리는 수가 많다.

수용은 마음의 문을 열게 하여 우리의 감정과 문제점을 자유롭게 털어놓게 한다. 그러므로 상대방을 진심으로 변화시키고 발전하기 바란다면 우선 상대방을 있는 그대로 받아들여야 한다. 다른 사람을 있는 그대로 수용한다는 것은 진정한 사랑의 행위이며, 받아들여진다는 느낌을 갖는 것은 곧 사랑을 받는다는 느낌과 상통한다. 우리가 다른 사람으로부터 있는 그대로 받아들여지면 자신의 불완전함을 자인하고 자기방어에서 벗어나 지신의 욕구와 사회적 요구에 개방적이 되어 긍정적이고 건설적인 행동을 하게 된다. 우리는 자신을 수용할 때 보다 효율적으로 행동할 수 있으며, 자신의 경험을 수용하게 되면 타인의 경험도 수용하게 된다. 즉, 교사는 학생을 수용함으로써 그 학생의 발전과 변화를 기대할 수 있다.

3. 보라색 인생에 대한 숙고

부모나 교사는 청소년을 건전한 방향으로 성장하도록 지도하는 역할을 맡고 있다. 순간적인 충동이나 편파적인 사고에 사로잡혀 잘못된 행동을 하는 경우에는 청소년들에게 크고 작은 피해를 줄뿐만 아니라 성인 자신도 많은 후회를 하게 된다. 따라서 부모, 특히 교사는 언제 어디서나 모범적인 행동을 해야만 하는 성직자와 같은 자세가 요구되기 때문에 그에 수반되는 스트레스는 매우 많다. 이와 같은 상황에서 교사나 부모들은 청소년들에게 가르치는 이상적인 목표와 현실에서 당면하는 여러 가지 모순과 제약으로 당연히 갈등을 느끼게 된다. 그러나 많은 갈등은 결코 해소되지 않고 해소될 수도 없다. 다양한 사람들과 함께 살아가는 우리의 삶 자체가 갈등을 내포하고 있기 때문이다. 공동생활에서 강조하는 개인차는 조화와 협동의 기초임과 동시에 갈등의 소지도 된다. 그러므로 부모나 교사들에게는 인생을 장기적으로 조망하는 태도가 필요하다. 우리의 삶에는 명암과 기복이 있고 환경과 기회의 제한이 있다. 그리고 개인에게는 장단점도 있게 마련이고, 특히 청소년에게는 변화의 가능성이 크다. 인생의 의미를 되새겨 보면 청소년 지도에서의 어려움을 다소나마 감내하며 분발할 수 있을 것이다. 청소년들의 인성교육을 위해서는 부모나 교사 자신이 생활에 대한 의미를 숙고해 보는 것이 중요할 것이다.

현재 한국인의 평균 수명은 78세로, 남자 74세, 여자 82세로 알려져 있다. 세계에서 가장 단명한 아프리카 중부지역의 짐바브웨, 스와질랜드, 시에라레온과 같은 국가의 평균 수명인 30대 중반에 비해서 두 배 이상 많은 것이다(동아일보. 2006. 4. 7). 어찌 보면 짧지 않은 인생이며, 그 과정에서 우리는 여러 가지 일을 겪게 마련이고, 그 때마다 인생을 긍정적이거나 부정적으로 바라본다.

인생을 사계절의 색깔에 비유해 본다면, 모든 것이 신기한 어린 시절은 봄날의 노란색과 같이 밝고 순수하게, 파란색처럼 희망차게 또는 초록색처럼 평화롭게 여겨지고, 여름과 같은 눈부신 젊은 날에는 핑크빛처럼 낭만적으로 또는 붉은빛처럼 열정적인 경우가 많은 반면에, 중년에 이르면 가을의 상징인 갈색처럼 검소하고 절제된 생활로 물질적 안정을 이루고, 더 나이가 들면 까맣게 절망적이거나 겨울철의 잿빛처럼 암울하게 여겨질 때도 생긴다. 인생은 희망과 절망, 기쁨과 슬픔, 환희와 고통이 언제나 교차하면서 예측이 어렵고, 계획대로 진행되지도 않지만 그렇다고 기대를 버릴 수도 없는 보라색 같은 불분명하고 신비스러운 면이 많다.

만나고 헤어지는 관계 속에서

우리는 살아가면서 많은 사람들을 만난다. 생활 자체가 대인관계의 연속이다. 그리고 우연히 누군가를 만나 운명같은 사랑을 하기도 한다. 그러다 시간이 지나면서 운명적인 사랑도 잊혀지고, 자의에 의해서든 타의에 의해서든, 인연이라고 믿었던 끈을 놓아버리기도 한다. 피천득의 수필집 "인연"에서 자주 인용되는 글귀처럼, 서로 그리워하는데도 한번 만나고는 못 만나게 되기도 하고, 일생동안 못 잊으면서도 안 만나고 살기도 한다.

이성적으로 생각하면 소극적이고 우유부단한 것인지도 모르지만, 살다 보면 항상 합리적으로만 행동하기 어려울 때도 많이 있다. 늘 원칙대로 생활한다면 문제는 없겠지만 풍부한 감정을 표현하게 되는 경우도 거의 없을 것이므로 무미건조한 기계적인 삶이 될 수 있다. 고통과 갈등을 겪지 않거나 마음의 상처를 입지 않으려고 인간관계를 소원하게 하면 기쁨과 즐거움도 누릴 수 없을 것이다.

우리가 독립하기 위해서는 적어도 20여 년을 같이 살아온 가족과 헤어져 낯선 사람과 자신의 가정을 꾸려야 하고, 학교를 졸업하거나 이사 또는 전직을 할 때마다 친구나 지인들과 헤어지는 아픔을 겪어야 한다. 또 때가 되면 이 세상과 소중한 사람들을 남겨두고 영원히 떠나야 한다.

주변 사람들과 비교하고

그렇지만 우리가 살아가는 동안 사람들과의 관계를 맺지 않을 수 없다. 그 관계

속에서 우리는 원칙에 의해 행동하기보다는 남과 비교하여 자신의 행동을 판단하는 경우가 훨씬 많다. 흔히 원칙이 없을 때는 타인과 비교하게 되지만 그와 같은 비교는 기준이 되는 대상을 누구에게 두느냐에 따라 상대적이므로 자신에게 유리한 쪽으로 비교하고 해석하는 경향이 있다. 남들이 다 어학연수를 떠나니 나도 가야하고, 남들이 다 쓰레기를 버리니 나도 버리고, 남들이 다 명품을 들고 다니니 나도 들어야 한다고 주변의 다수를 기준으로 삼는다. 다수가 반드시 옳은 것은 아니지만 특히 소속감이 중요한 젊은 시절에는 다수의 영향을 받는 것이 사실이다. 그러나 그처럼 행동하지 않는 사람들도 많은데 왜 그들과는 비교하지 않는 것일까?

남과 비교할 때는 상대방의 부러운 점만 보이고 자신의 좋은 점은 못 보거나 경시하는 경우가 많다. 비교의 대상을 자신과 유사하거나 높게 정하기 때문이기도 하다. 자신보다 못한 사람들과 비교하면 자신이 얼마나 혜택을 받고 그들의 부러움을 사고 있는지 알게 될 것이다. 자기 발전을 위해서는 비교의 기준이나 목표를 높게 설정해야 하겠지만 언제나 다른 사람의 능력이나 행운을 부러워하며 그들과 경쟁하려든다면 자신의 처지에 감사하며 불우한 이웃에게 눈을 돌리는 경우는 좀처럼 찾아보기 어려울 것이다. 병원에 가 보거나 갑자기 자연재해를 당한 사람들을 보면 그와 같은 상황에 있지 않은 우리의 처지가 얼마나 다행인지 느끼게 된다. 어려운 처지에 있는 사람들을 위해 미력이나마 돕거나 자원 봉사활동을 하면 그 과정에서 자신의 행복과 지원능력을 흡족하게 생각하며 현재의 생활에도 감사하는 마음을 갖게 될 것이다.

환경의 차이로 인하여 생활이 달라지는 것은 당연한 현상이다. 지역이나 국가에 따라 사람들의 삶이 얼마나 다른가? 우리들 중에는 선진국의 사회적 조건을 부러워하는 사람들이 많지만 빈민국에서 태어난 사람들은 우리를 대단히 부러워할 것이다. 인생이 불공평하게 느껴지는 경우가 있다면 환경의 차이로 인하여 생활의 굴곡이 불가피하다는 것을 받아들일 수밖에 없을 것이다. 마치 피부색이나 외모, 체격이 사람마다 다른 것과 비슷한 것이다. 모든 것을 똑같이 원할 수는 없고, 그것이 평등한 것도 아니다. 서로 다른 것이 있어야 발전과 조화를 이루지 않겠는가?

주관적으로 해석하며

옳고 그름이나 좋고 나쁨은 판단하기 어려운 경우가 많아, 당사자의 여러 가지 입장이나 정황을 고려하면, 어디에 초점을 두느냐에 따라 다르다. 운전시에는 보행자의 느린 행동이나 무단횡단을 탓하지만 반대로 보행시에는 운전자의 과속이나 법규 위반을 탓한다. 또 판단자의 생각도 시기에 따라 변한다. 젊을 때는 무엇이나 단호하고 분명하고 이상적인 것을 선호하지만 나이가 들면 우유부단하고 보수적이 된다. 우리들 중에는 어릴 때 어머니처럼 또는 아버지처럼 살지 않겠다고 다짐한 사람들이 많지만 그들이 부모가 되면 자기도 모르게 부모의 모습을 그대로 닮아가는 것을 깨닫게 된다. 지금이라도 거울을 보면 자신의 얼굴에서 부모의 얼굴이 일부분 겹쳐 보일지도 모른다. 우리 모두는 한때 부모를 싫어한 경험이 있으나 부모가 이 세상에 없을 때는 그 싫어했던 점까지도 그립게 느껴지는 묘한 경우도 있다. 그 과정에서 부모의 마음을 더 이해하게 되는 것일지도 모른다.

대인관계에서 빈발하는 여러 가지 갈등도 상대방을 자신의 시각에서, 일방적이고 편향된 관점에서 보기 때문에 생기는 경우가 많다. 동일한 행동에 대한 시어머니의 판단도 며느리가 할 때와 딸이 할 때 다르다. 자신의 입장이나 상황이 다르면 보는 시각이나 생각도 달라지는 수가 많다. 젊을 때는 노인들의 건망증이나 보수적인 성향이 무척 싫을 때가 많고, 특히 직장에서는 나이가 많은 동료에게도 자신과 똑같이 행동하기를 기대하며 말투까지 친구에게 대하듯 변하는 경우도 있지만, 나중에 자신이 그 나이가 되면 과거에 싫어했던 노인들의 태도를 보이게 된다.

일반적으로 우리는 원하는 것만 보고 듣는다. 무관심한 것은 보고 들어도 쉽게 잊고, 상호기대나 예상이 맞지 않아 인간관계에서 충돌을 빚기도 한다. 또 어느 순간 자신의 감정에 따라서 태도가 달라질 수 있다. 기분이 좋을 때는 누구에게나 친절하고 관대하게 대하지만 기분이 상할 때는 가족에게조차 짜증을 부리며 사소한 일에도 화를 낸다. 즉각 터놓고 얘기하면 오해가 줄어들텐데 자존심과 아집 때문에 표현을 미루거나 달리 하는 바람에 일이 복잡해지고 뒤틀리는 경우도 많다.

연애시절에는 눈빛만 보아도 뜻이 통하고 연인이 옆에 있어도 그립다고 과장할 정도로 적극적이고 헌신적이다가 결혼생활이 장기간 지속되면 곁에 오는 것조차 싫어하는 경우도 있고, 일심동체는커녕 이심이체로 여겨지는 때가 많다. "너 없이는 못 살겠다"는 생각에서 "너 때문에 못 살겠다"는 생각으로 바뀌는 것이다. 한때 유행했던 노래처럼 "험한 세상에 다리가 되어" 든든한 버팀목으로 헌신하다가 "험한 세상에 비수가 되어" 가슴에 상처를 남기기도 한다. 갈등은 서로 접촉이 잦은 가까운 관계에서 많이 발생한다. 사랑의 황홀경으로 눈을 멀게 하는 호르몬인 페닐에틸라민

(phenylethylamine)이 겨우 2-3년 간만 분비되거나(조선일보, 2006. 4. 1) 이성에게 호감을 느낄 때 분비되는 도파민(dopamine)이 부족하기 때문이라고 하지만, 성취한 다음에 생기는 마음의 변화와 남녀간 생각이나 대화방식의 현저한 차이도 그 이유가 될 것이다. 그러나 울퉁불퉁한 길을 함께 걷는 것이 부부이자 결혼생활이다.

나약하고 이중적인 생활을 하고

역사적인 위인들도 빛나는 공적에 가려진 평범한 개인적인 모습을 보면 비판의 소지가 많다. 석가는 해탈을 위해 가족을 등졌고, 작가 톨스토이는 사창가를 빈번히 출입하며 이성교제를 사회악으로 여겼으며, 헤밍웨이는 습관적으로 거짓말을 했고, 미국 역사에서 가장 위대한 인물로 손꼽히는 링컨은 바람둥이였으며, 무저항주의자 간디는 부인을 매우 구박한 것으로 알려져 있다. 그리고 계몽주의 사상가로서 "에밀"이라는 유명한 아동교육 저서를 남긴 루쏘는 문란한 사생활과 자신의 다섯 자녀를 낳자마자 모두 고아원에 보냄으로써 부모 역할을 포기한 사람이었다. 정신분석이론의 창시자인 프로이트는 처제와 부적절한 관계를 가졌고 거처를 떠나지 말라는 나치 정권의 경고를 무시하고 비엔나에서 런던으로 탈출하는 바람에 4명의 여동생들이 가스실에서 처형당했다. 라듐을 발견하여 여성으로는 최초로 노벨상을 받은 마리 퀴리는 남편과 사별한 후 그의 친구와 한동안 불륜관계를 지속한 적도 있다. 조선시대에 불세출의 문인 송강 정철은 국문학사상 최고의 봉우리로 인정받지만 평생을 권력의 언저리를 맴돌며 당쟁의 시대를 연 인물로도 평가받고 있다. 그러므로 시선을 달리하면 위인들도 존경이나 칭송보다는 무책임과 위선적인 태도에 대해 비난받을 수 있다. 그들이 위대한 업적을 남기기 위해서는 주변 사람들의 헌신과 희생도 지대하였지만 그것은 잘 부각되지 않는다.

모범적 인간도 순간적인 타락과 부정이 가능하고 사리사욕에 현혹될 수 있으며, 성직자도 얼마든지 인간적인 실수를 한다. 인간은 불완전하기 때문이다. 우리는 일상생활에서 이 사실을 잊고 지낸다. 소문이나 선전에 현혹되지 말고 사실을 직시할 수 있어야 한다. 가능하면 "절대로, 완전히"와 같은 극단적 표현을 하지 않도록 조심해야 한다. 흥분해서 또는 습관적으로 이와 같은 단정적인 표현을 하는 경우가 많지만 자신의 말에는 책임을 져야 한다. 흥분하면 아무 말이나 할 수 있다고 생각하는 것은 너무 무책임한 행동이다.

대부분의 사람들은 물질적인 것보다 정신적인 가치를 더 중시한다고 말한다. 그러나 실생활에서 물질적인 가치가 차지하는 비중이 커지다 보니 그 영향에 사로잡혀 헤어나지 못하는 경우가 있다. 매스컴에서 보여주는 드라마나 뉴스에는 청장년층의 풍요로운 생활을 부각시키는 경우가 흔하다. 풍족한 생활을 누리기 위해서는 경제적 여유가 필수적임으로 부에 대한 집착이 증대되어 계속적인 축적과 과욕으로 또 다른 고민과 경쟁이 싹트게 된다. 궂은 날이 있으면 개일 때가 있고, 밤이 오면 낮이 오듯이, 성격이나 문화에도 장점과 단점은 불가분일 때가 허다하다. 세심한 배려는 소심하거나 작은 일에 연연할 때가 많고, 호탕한 성격은 상대방의 마음을 잘 헤아리지 못할 때가 많다. 똑똑하면 이악하게 볼 수 있고, 성실하면 꽉 막히고 고지식하게 여겨지며, 원칙을 강조하면 융통성이 부족하다는 평을 듣는다. 또 순진하면 바보 같다고 하고, 명랑하면 경박하다거나 신중하면 굼뜨다는 얘기도 듣는다. 치밀하고 정확히 하려다 보면 답답하게 여겨지는 경우가 잦고, 신속을 강조하는 풍토에서는 실수나 허점도 보이기 쉽다. 생활에 기복이 있듯 어두운 면과 밝은 면은 언제나 공존하게 마련이다. 동일한 특성도 관점에 따라 달리 보이는 것이다. 기왕이면 밝은 면을 보도록 노력하는 것이 서로에게 좋을 것은 분명하다.

우리는 학생들이나 자녀를 대하면서 잘못이나 단점만 지적하는 경우가 많다. 그러나 모두가 알고 있듯이, 누구에게나 단점이 있으면 장점도 있게 마련이며, 장단점은 상호 보완되는 것이다. 예를 들면, 느려서 답답해도 실수는 적게 하고, 화를 잘 내더라도 마음에 담아두지 않고 금방 잊고, 지저분하고 책임감이 없어도 창의적인 아이디어는 번뜩이고, 공부를 잘 해도 이기적이고, 외모는 뛰어나도 생각은 부족하고, 체격은 왜소해도 선량한 경우 등이다. 언제나 상대방의 장점보다 단점을 지적하는 것은 자신의 우월함을 은연중 내비치고 싶거나 상대방이 완전하기를 무심코 기대하기 때문인지도 모른다.

속담을 보더라도 모순된 경우가 적지 않다. 서두르면 손해보는 수가 있는가 하면 시간은 우리를 기다려주지 않는다. 옷이 날개도 되지만 겉을 보고 속을 판단해서도 안 된다. 배우는데는 늦는 법이 없다지만 늙은 개에게는 새로운 기술을 가르칠 수 없다. 이처럼 우리의 생활 속에는 상반되는 면도 공존하고 있는 것이다.

단순하게 생각하면서

너무 극단적이거나 이분법적인 사고는 그 당시에는 분명한 것처럼 보이지만 지나고 나면 생각이 달라져 후회될 때가 많다. 우리가 흑백사고를 하게 되는 까닭은 단순하고 분명한 것을 선호하기 때문이다. 그러나 우리 주변에는 그처럼 간단히 생각할 수 없는 불분명한 경우가 너무나 많다. 특별한 이유도 없이, 그저 이 사회가 싫어서 "묻지 마 살인"과 같은 흉악 범죄를 자행했다고 실토하는 범인에 대해서 피해자는 "눈에는 눈, 이에는 이"라는 탈리온(talion)의 법칙을 적용하여 똑같은 보복을 하고 싶을 것이지만 그렇게 한다고 달라질 것이 있는가? 물론 이미 벌어진 일이야 어쩔 수 없고 피해를 원상 회복할 수 없는 경우가 많으므로 결국 선수를 친 사람이 득을 보고 피해자는 손실을 안고 살아야 하는 수가 많은 것도 사실이다. 어찌 보면 불공평한 것 같지만 가해자 중에는 비록 불가피한 경우이었을지라도 평생 자신의 행동을 후회하며 죄책감 속에서 사는 이도 있다. 야수처럼 보이는 범죄자도 그의 성장사를 돌이켜 보면 이해할 수 있는 면도 발견된다. 피해를 입은 경우에도 본인은 세상에 태어나 남에게 피해를 주지 않고 떠난다고 생각하면 억울한 감이 적지 않겠는가? 우리 주변에는 사기와 거짓말로 의심과 불신감을 조장하여 스트레스를 가중시키고 인간관계를 해치는 사람들도 적지 않으며, 그와 같은 행동을 하는 이유조차 알지 못할 때가 있다. 우리는 사람들의 행동을 잘 이해할 수 없는 경우가 있다는 것을 인정해야 한다. 우리 지신도 때로는 어떤 행동을 왜 하게 되었는지 의아해 할 때가 있지 않은가? 겉으로는 화려한 삶을 살아가는 사람도 그 이면에는 어두운 면을 찾아볼 수 있다. 앞에서 말한 위인들의 경우가 이에 해당된다.

고의로 남을 해치거나 피해를 주고서도 양심의 가책이라곤 전혀 느끼지 않고 자신이 잘못해도 마치 잘한 듯 오히려 큰소리치는 사람들이 세상에 있는 것을 저주하며 그들의 존재 이유를 궁금해하는 때가 있으나 그런 사람들을 통해서 그와 같은 행동의 부당함을 절실히 느낄 수 있고 그와 반대인 경우가 더 돋보이지 않겠는가? 즉, 부도덕한 행동의 사례를 구체적으로 알 수 있는 계기가 될 수 있다. 우리도 간혹 그와 비슷한 행동을 하고서 나중에 후회하는 경우가 있다. 또 다행인 것은 그런 사람들은 그다지 많지 않다는 사실이다. 주위에는 착하고 바르게 생활하는 사람들이 훨씬 많으며, 우리가 그런 사람들을 대할 기회가 적을 뿐이다. 그와 같은 사람들 중에는 자신의 행동을 당연시하여 드러내는 것을 싫어하는 경우가 많다. 때로는 아무 생각없이 사는 것처럼 보이는 사람도 자기만의 독특한 활동을 하거나 남몰래 선행을 해왔음을 나중에 알게 되는 경우도 있다. 여름철에 피서지에서 쓰레기를 마구 버리거나 사업자금을 빌려서 부도를 내는 사람들도 언제나 그와 같은 행동을 계속하지는 않을 것이며, 우리가 모르는 다른 선행도 할 수 있다. 단점만 있는 사람은 없을 것이기 때문이다. 그러므로 행위는 미워하되 사람은 미워하지 말라고 한다.

과격한 주장을 하면서 자신의 행동이 그와 다른 경우는 또 있다. 가부장적 사고방식을 격렬히 비난하며 양성평등을 주장하는 여성이 부지불식간에 "남자가 마음이 좁아서야"., "남자가 말이 많아서야"., "남자가 왜 그래?", "여자의 마음을 몰라."라고 하며 성 고정관념에 따른 사고방식을 표현하기도 한다. 아직도 아들을 선호하는 어머니들이 적지 않고, 가정을 이루면 가족 부양은 남자 책임임을 당연시한다. 그리고 자녀에 대한 맹목적이고 지나친 사랑을 비판하며, 간소한 결혼과 절제된 생활을 강조하던 사람도 정작 자신의 자녀에게는 다른 사람들과 똑같이 행동한다. 남에 대한 비판이나 조언과 자신의 행동이 다른 것이다. 인생을 논하는 철학자나 지식인의 생활이 평범한 일반인과 얼마나 다른가? 교육자들의 자녀는 다른 사람들과 얼마나 다른가? 합리적인 생각도 객관적이고 냉철한 태도를 유지하기 어려운 상황에서는 실현되지 않는다.

자신이 먼저 이해받기를 원하지만

우리는 많은 사람들과 어울리면서도 피상적으로 대하며 의례적으로 행동하고 자신의 속마음을 드러내지 않는 경우가 많다. 무관심하거나 자신을 돋보이기 위해서거나 피해를 입지 않으려고 또는 경쟁의식 때문일 것이다. 이와 같은 이유에도 불구하고 간혹 몹시 허전해서 누군가에게 하소연하고 위로받고 싶을 때 상대를 찾기가 쉽지 않다. 대화 상대가 있더라도 상대방은 우리의 얘기를 듣기보다는 자신이 얘기를 더 많이 하려 들고, 우리의 얘기를 중도에서 가로막는 경우가 많으며, 기대와 다른 반응을 보이기 때문에 흔히 실망을 한다.

우리는 대부분 얘기하길 좋아하고 남의 얘기를 들으려 하지 않는다. 남에게 이끌려 가고 수동적이 되기 때문이다. 남의 얘기를 말없이 들어주며 수긍하거나 위로해주려면 공감적인 자세와 많은 인내가 필요하다. 우리는 거의 언제나 주기보다는 받으려하고, 자신이 먼저 하기보다는 남이 먼저 해주기를 바란다. 이러한 기대에 어긋나면 사람들이 모두 이기적이고 남을 생각하지 않는다고 비판한다. 자신이 먼저 하면 자존심이 손상되거나 손해보거나 상대방에게 어떤 기대를 갖게 만들 것으로 생각한다. 그러나 그와 같은 사람들 중에는 자신도 포함된다는 것을 생각하지 못한다. 그러므로 위로받고 싶으면 먼저 위로하며 관심을 보여야 한다.

인간의 불완전함을 인정해야

마음이 잘 맞아 허물없이 지내는 사이에도 갈등은 불가피하다. 사람을 가까이 대하다 보면 얼굴의 반점이나 주름살까지 자세히 보이기 마련이고 그 때문에 실망하게 된다. 자신의 기대에 꼭 맞는 사람이 어디 있겠는가? 갈등을 피하려면 너무 가까이 하지 않고 일정한 거리를 유지하면 될 것이다. 그러나 그 경우에는 관계가 사무적이고 그다지 재미도 없을 것이다. 격식을 차리면서 항상 예의를 갖추다 보면 친근감을 갖지 못하는 수가 많다. 자신과 똑같은 사람이 있을 수 없다는 것을 잘 알면서도 우리는 은연중에 그것을 기대하고 있다. 기내를 버리고 있는 그대로 보기가 어렵고 싫을 때도 있다. 그 동안의 환상에서 깨어나 맛보게 되는 실망감이 크기 때문이다. 더구나 사랑하는 사람들에게 아무런 기대 없이 대하기란 거의 불가능하다. 그러나 바로 이 기대 때문에 갈등이 유발된다. 기대란 나의 소망을 먼저 충족하는 것이지 상대방을 우선하는 것은 아니지 않는가?

나이가 들고 시간이 지나면 많은 경우에 자신의 생각이나 판단이 편협하고, 경솔하게 행동하며, 순간적인 감정에 휘말려 자제력이 부족하였음을 느끼게 된다. 이와 같은 느낌이 뒤늦게 드는 것은 결과를 보고 나서야 알게 되는 점도 있지만 연륜과 경험이 있어야 인생에 대한 지혜와 사려깊은 안목을 갖게 되기 때문인 것 같다. 그 때쯤에는 자신의 인생을 돌아보며 정리하는 과정에서 욕심이나 집착을 버리고 상황을 냉정하게 볼 수 있기 때문이기도 하다. 수많은 애환을 겪고 인생의 황혼기에 접어든 평범한 사람들의 말 속에는 세계적인 석학들의 난해한 명언과 상통하는 삶의 진리가 담겨 있는 경우가 많다. 이는 수십 년 간의 생활경험에서 느끼는 인간의 공통점을 의미한다. 오랫동안 전해 내려오는 속언들이 바로 이를 반영하고 있다.

이해관계가 대립되는 경우에는 서로 조금씩 양보하거나 다수를 위해 소수가 희생해야 하는 수도 있다. 더구나 희생에 대한 인정조차 받지 못할 때는 많은 사람들은 여간해서는 양보나 희생을 하지 않으려고 한다. 자신의 행동이 아무런 의미가 없다고 생각하기 때문일 것이다. 지금까지 숱한 전장에서 숨진 많은 군인들 중에 장군이나 지휘자는 사람들의 기억 속에 남는 경우가 있지만 무수한 사병들은 이름조차 모른 체 사라지고 만다. 이와 같이 자신의 희생이 무의미하게 여겨지는 경우가 많지만 우리는 결국 이와 같은 희생을 토대로 생존을 계속하고 있는 것이다. 개인에게는 큰 희생이겠지만 다수나 전체를 위해서는 보잘 것 없을 거라는 생각은 잘못이다. 왜냐하면 개인의 작은 희생이 쌓여 전체에게 큰 힘이 되기 때문이다. 그리고 나는 죽더라도 내가 소중히 여기는 사람들이 살아 있다면 그들 속에 나도 남아 있는 셈이 된다.

인생의 목표를 구체적으로 설정하고 언제나 계획에 따라 실행할 수 있다면 실수나 시간 낭비 없이 인생을 영위할 수 있겠지만 그렇게 될 수는 없고, 오히려 예측이 어려운 불분명한 인생이 노력할 의미와 보람이 있을 것이다. 인생에는 양면성이 있고 때로는 다면성마저 느껴지는 경우도 적지 않다. 지나친 비판이나 비방, 가혹한 응징, 분에 넘치는 환대나 관심, 편파적인 태도와 같은 극단적인 행동은 나중에 분명히 후회하게 된다. 인생을 돌이켜 보며 회한과 절망감에 젖는 경우가 적어야 하지 않겠는가? 우리 모두는 어쩔 수 없는 약점과 결함을 지니고 있으므로 가끔 주변 사람들에게 크고 작은 실수나 피해를 끼치고 그 사실조차 모르는 경우마저 있을 수 있다. 그러므로 우리가 불평하고 비난하는 결점 많은 다른 사람들의 모습에서 우리 자신을 비춰보는 겸손함과 혜안이 필요하다.

참/고/문/헌

강진령 · 유형근(2000). 집단 괴롭힘. 서울: 학지사.

곽덕영 · 김미화(1994). 부모교육론. 서울: 형성출판사.

구본용(1997). 청소년 집단 따돌림의 원인과 지도방안. 박성수 외 4인(편), 따돌리는 아이들, 따돌림 당하는 아이들 (pp. 7-36). 서울: 한국청소년상담원.

구본용(1999). 청소년의 또래관계. 한국청소년상담원(편), 청소년의 또래관계 (pp. 5-16). 제 21회 청소년문제 토론광장 자료. 서울: 편자.

구본용 외(1993). 청소년의 삶, 고민과 대화. 서울: 한국청소년상담원.

권두승 · 조아미(1998). 청소년 세계의 이해. 서울: 문음사.

권이종(1996). 청소년학개론. 서울: 교육과학사.

권이종 · 권병진(1999). 청소년 유해환경이론. 서울: 교육과학사.

권이종 · 김용구(2007). 청소년 이해론. 서울: 교육과학사.

권이종 외 5인(1998). 청소년 교육론. 서울: 양서원.

김계현 외(1998). 청소년 이해론. 서울: 한국청소년상담원.

김명희(1994). 자녀와 함께하는 부모교육. 서울: 양서원.

김명희(1998). 현대사회와 부모교육. 서울: 학문사.

김문섭(1999). 청소년 문제. 한국청소년학회(편), 청소년학 총론 (pp. 305-331). 서울: 양서원.

김문조 · 권이종 · 김선업(1994). 한국 10대 청소년의 의식구조. 서울: 삼성복지재단.

김문조 외(1995). 한국 청소년의 의식세계. 서울: 아산사회복지사업재단.

김석진(2000). 초등학교 집단 따돌림 가해 실태와 관련요인 연구. 한국청소년연구, 11(1), 111-142.

김선남(1994). 청소년 비행 관련 변인 간의 인과적 분석. 전남대학교 박사학위논문.

김성일(1994). 부모의 수용이 아동 및 청소년의 사회 · 정서적 발달에 미치는 영향.

한국심리학회지: 일반, 13, 90-128.
김성일(1998). 부모의 수용과 청소년의 공감 발달. 청소년학연구, 5(1), 21-51.
김성일(2003). 대학생이 지각한 부모의 수용과 공감발달. 교육학연구, 41(3), 167-190.
김세희 외(1992). 자녀와 더불어 성장하는 부모. 서울: 양서원.
김숙자(1989). 부모참여 · 교육론. 서울: 교육과학사.
김애순(2005). 청년기 갈등과 자기이해. 서울: 시그마프레스.
김영모 · 원석조 · 최현숙(1985). 한국 청소년 연구. 한국복지정책연구소.
김영희(1999). 청소년 자녀의 부모에 대한 신체적 폭력 실태와 관련요인. 한국청소년연구, 10(2), 101-118.
김용태 · 임은미 · 김인규(1996). 현대 사회환경과 청소년의 좌절 설문조사. 한국청소년상담원(편), 현대 사회환경과 청소년의 좌절 (pp. 41-58). 제12회 특수상담사례연구 발표회 자료.
김의철 · 박영신(1999). 한국 청소년의 심리 · 행동 특성의 형성. 교육심리연구, 13(1), 99-142.
김인경(1993). 청소년기 자아중심성과 가족유형 및 가족 의사소통과의 관계. 한국심리학회지: 발달, 6(2), 96-119.
김인자 역 (1989). 부모역할 배워지는 것인가. 서울: 한국심리상담연구소.
김인자(1997). 사람의 마음을 여는 열쇠 8가지. 서울: 사람과 사람.
김준호 · 김선애(1997). 아동학대의 실테 및 영향. 한국청소년연구, 8(1), 5-28.
김준호 · 김선애(2000). 학교주변 폭력에 대한 연구. 한국청소년연구. 11(1), 89-110.
김준호 · 김순형(1995). 가정환경과 청소년 비행. 서울: 한국형사정책연구원.
김지자 외 (1992). 미래를 향한 가정교육. 서울: 양서원.
김진숙 · 송수민 · 이명우(1999). 가족상담기법 III. 서울: 한국청소년상담원.
김충기(1998). 자녀지도와 부모교육. 서울: 성원사.
김택호 · 김인규(1999). 청소년의 또래관계 실태분석. 한국청소년상담원(편), 청소년의 또래관계 (pp. 19-65). 제 21회 청소년 문제 토론광장 자료. 서울: 편자.
김향초(1998). 가출 청소년의 이해. 서울: 학지사.
김형태(1993). 부모 · 가정의 역할. 한국청소년개발원(편), 청소년문제론 (pp. 329-354). 서울: 양서원.

김혜숙(1998). 관계와 문제. 한국청소년상담원(편), **청소년문제론** (pp. 223-253). 서울: 편자.

김혜원(2000). 청소년기의 발달적 특징과 의미. 발달지원학회(편), **청소년 문제에 관한 상담과 임상적 접근 workshop 자료** (pp. 1-10).

김혜원 · 이해경(2000). 집단 괴롭힘의 가해와 피해 행동에 영향을 미치는 사회적 · 심리적 변인들. **한국심리학회지: 사회 및 성격**, 14(1), 45-64.

김희진 · 김경호(1999). **건강가정과 신세대**. 서울: 한국청소년개발원.

남상인 외(1994). **총론적 부모교육 평가 보고서**. 서울: 한국청소년상담원.

남상인 외 4인(1995). **부모교육 학술세미나 종합보고서**. 서울: 한국청소년상담원.

도종수 · 정문성(1993). 청소년 생활실태 및 의식조사 연구. **한국청소년연구**, 4(4), 64-79.

동아일보(2005. 10. 17). 우리 시대 만연한 마마 보이와 마마 걸. 사회면.

문미옥 · 이혜상(1995). **바른 부모교육 프로그램**. 서울: 양서원.

문용린 외(1996). **신세대의 이해**. 서울: 삼성복지재단.

문화관광부(1998). **청소년백서**. 서울: 저자.

민수홍(1998). **가정폭력이 자녀비행에 미치는 영향**. 서울: 한국형사정책연구원.

박경숙(2000). 요즈음의 달라진 아이들. 김호권 · 이성진 · 이상주(편), **학교가 무너지면 미래는 없다** (pp. 113-128). 서울: 교육과학사.

박경숙 · 손희권 · 송혜정(1998). **학생의 왕따 현상에 관한 연구**. 서울: 한국교육개발원.

박분희(1999). 청소년기 자녀가 지각한 아버지의 기대. **인간발달연구**, 6(1), 1-16.

박성희(1994). 가정에서의 진로교육 실천방안. 한국청소년상담원(편), **부모교육 학술세미나 종합보고서** (pp. 199-210). 서울: 편자.

박아청(2000). **사춘기의 이해**. 서울: 교육과학사.

박영신 · 김의철(2000). 폭력가해 · 폭력피해 · 폭력 무경험 집단의 인간관계와 심리 행동 특성의 차이. **한국심리학회 연차학술대회 논문집** (pp. 88-89).

박윤창 · 이미경 · 윤진(1995). 자극 추구 동기가 청소년 비행에 미치는 영향. **한국심리학회지: 사회문제**, 2(1), 53-64.

박준희(1984). **학교폭력**. 서울: 정민사.

박진생(2000). 임상장면에서 본 청소년 문제. 발달지원학회(편), 청소년 문제에 관한 상담과 임상적 접근 workshop 자료 (pp. 45-67).

백경임 · 서동인(1993). 성별과 학년에 따른 청소년의 친구관계. 한국청소년연구, 4(4), 45-63.

사회정신건강연구소(2000). 청소년기를 밝고 건강하게. 서울: 교육과학사.

서동인(1992). 청소년의 친구관계. 한국청소년연구, 3(3), 5-17.

성영혜 · 윤석희 · 이경화(1994). 부모교육. 서울: 문음사.

송길연 외(2005). 발달심리학. 서울: 시그마프레스.

심우엽(2000). 교육심리학. 서울: 교육과학사.

안귀덕 외(1992). 한국 청소년 문화II. 성남: 한국정신문화연구원.

연문희(1996). 성숙한 부모 유능한 교사. 서울: 양서원.

연문희(2004). 한 쌍의 대화. 서울: 학지사.

오영희(1986). 부모교육. 서울: 형설출판사.

오치선 외(1999). 청소년지도학. 서울: 학지사.

옥정 · 오윤희 · 정현옥(2000). 청소년이 지각한 부모양육행동 및 애착유형과 문제행동의 관련성. 한국심리학회 연차학술대회 논문집 (pp. 258-259). 서울: 편자.

유안진 · 김연진(1992). 부모교육. 서울: 정민사.

유효순 · 홍준표 · 이선희(1980). 어린이지도를 위한 대화의 기법. 서울: 한국행동과학연구소.

윤운성(1999). 부모의 기대가 자녀의 자기효능감에 미치는 영향에 관한 연구. 교육심리연구, 13(4), 247-258.

윤운성 · 가경신(1996). 우리 아이들 어떻게 키우지요? 서울: 양서원.

윤진 · 김인경(1994). 청소년기의 자아 중심성. 발달심리학회(편), 한국청소년의 심리적 특성 (pp. 101-123). 발달심리학회 학술 심포지움 자료. 서울: 편자.

이규미(2000). 사례를 통해 본 청소년 상담의 문제와 대안적 기법. 발달지원학회(편), 청소년 문제에 관한 상담과 임상적 접근 workshop 자료 (pp. 11-35).

이기돈(1991). 자녀들에게 필요한 부모. 서울: 배영사.

이미리 · 이주경(1999). 청소년 초기 폭력행동 유형에 따른 관련 맥락요인. 한국청소년연구, 10(2), 119-141.

이상현(1997). 소년비행학. 서울: 박영사.

이시형 외(1997). 부모·자녀관계와 청소년기 심리사회학적 적응. 서울: 사회정신건강연구소.

이시형(1997). 학교 정신건강을 위한 부모교육 프로그램 개발. 서울: 사회정신건강연구소.

이연경·권정혜(2000). 약물남용 청소년의 심리적 특성. 한국심리학회 연차학술대회 눈문집 (pp. 254-255).

이연섭(2000). 자라는 아이들에게 관심을. 김호권·이성진·이상주(편), 학교가 무너지면 미래는 없다 (pp. 211-228). 서울: 교육과학사.

이연섭·강문희(1998). 부모교육. 서울: 정민사.

이연숙 외(1996). 한국 청소년의 여가형태 및 여가 공간적 특성. 청소년학연구, 3(1), 21-45.

이영숙·고성혜(1994). 청소년기 가족문제. 서울: 한국청소년개발원.

이옥·김향은·손화희(1995). 청소년 자녀에게 이렇게 하세요. 서울: 학지사.

이윤로(1997). 청소년 약물남용의 원인과 치료. 서울: 문음사.

이은해·고윤주(1999). 대학생의 친구에 대한 만족감과 친구의 기능 및 친구 관계망의 구조적 변인간의 관계. 교육학연구, 37(3), 201-219.

이재연·김경희(1989). 부모교육. 서울: 양서원.

이재창(1997). 청소년 성폭력의 원인과 대책. 정원식 외 7인(편), 청소년의 폭력 및 성폭력 (pp. 21-52). 서울: 한국청소년상담원.

이재창 외 4인(1981). 청소년 문제 종합진단 연구. 서울: 한국교육개발원.

이춘재·곽금주(2000). 학교에서의 집단 따돌림. 서울: 집문당.

이춘재 외(1988). 청년심리학. 서울: 중앙적성출판사.

이춘재 외(2004). 발달정신병리학. 서울: 박학사.

이춘화 외 3인(1999). 집단 따돌림 예방 및 지도대책 연구. 서울: 한국청소년개발원.

이해경·김혜원(2000). 폭력노출이 집단 괴롭힘 가해와 피해행동에 미치는 영향. 한국심리학회지: 발달, 13(1), 95-113.

임영식(1998). 학교폭력에 영향을 미치는 요인에 관한 연구. 청소년학연구, 5(3), 1-26.

임영식 · 한상철(2000). 청소년 심리의 이해. 서울: 학문사.

장대운(1992). 청소년 부모교육론. 서울: 중앙적성출판사.

장휘숙(2005). 발달정신병리학의 이해 (2판). 서울: 창지사.

장휘숙(2004). 청년심리학 (3판). 서울: 박영사.

전경숙(1997). 오늘의 부모역할. 서울: 학지사.

전희정 · 지영숙(1999). 청소년의 부모폭력에 관한 연구. 대한가정학회지, 37(6), 123-137.

정문자(1990). 부모교육의 원리와 방법. 서울: 교육과학사.

정영윤(1992). 심리학 분야에서의 청소년 연구 동향과 과제. 한국청소년개발원 (편), 청소년 연구동향과 과제 (pp. 37-55). 서울: 편자.

정옥분(2005). 청년심리학. 서울: 학지사.

정용교(1999). 집단 따돌림의 다양한 유형과 교육적 극복방안. 한국청소년연구, 10(2), 143-169.

정원식 · 김재은 · 박성수(1996). 이 시대의 자녀교육. 서울: 교육과학사.

조선일보(2006. 4. 1). 열애의 지속기간은 2년. 사회면.

조선일보(2006. 7. 28). 행복에 대한 오해와 진실. 문화면.

조은숙(2000). 현대인의 정신건강. 서울: 법문사.

조현진 · 박성수(1991). 가정교육과 청소년 비행의 관계. 한국심리학회지: 발달, 4(1), 55-72.

최선화(1996). 청소년과 약물남용. 서울: 홍익제.

최윤진 외(1993). 청소년 가정지도의 실태와 지도방안에 관한 연구. 서울: 한국청소년개발원.

최윤진 외 4인(1993). 가정지도 편람 II. 서울: 한국청소년개발원.

최충옥(1993). 가정과 청소년 문제. 한국청소년개발원(편), 청소년 문제론 (pp. 17-29), 서울: 양서원.

최태산 · 이은희 · 서미정(2000). 청소년의 우울과 자아존중감 · 학교 스트레스 및 부모 · 자녀 의사소통의 관계. 한국심리학회 연차학술대회 논문집 (pp. 178-179).

최태산 · 홍경자(1997). 청소년 문제행동에 관한 심리적 변인분석. 교육심리연구, 11(2), 291-322.

편영자 · 이형득(1986). 후회없는 어버이의 길. 서울: 형설출판사.

한국갤럽조사연구소(1983). 한국인의 가정생활과 의식. 서울: 저자.

한국부모교육학회(1997). 부모교육학. 서울: 교육과학사.

한국청소년개발원(1994). 한국의 청소년 지표. 서울: 저자.

한국청소년개발원(2006). 청소년문제론. 서울: 교육과학사.

한국청소년상담원(1993). 바람직한 자녀지도를 위한 부모교육. 서울: 저자.

한국청소년상담원(1998). 청소년의 놀이문화. 청소년상담소식, 24, 8.

한국청소년정책연구원(2007). 청소년학개론. 서울: 교육과학사.

한상철(1998). 청소년기의 위험행동. 청소년학연구, 5(3), 45-62.

한상철 · 조아미 · 박성희(1997), 청소년 심리학. 서울: 양서원.

한승희 외(1991). 어른들은 청소년을 어떻게 생각하는가? 한국청소년연구, 2(2), 58-84.

한승희 · 노혁 · 김지영(1993). 부모가 알아야 할 청소년기. 서울: 한국청소년개발원.

한준상(1996). 청소년 문제. 서울: 연세대 출판부.

홍경자(1996). 10대의 적극적 부모역할 훈련. 광주: 한국심리교육센터 출판부.

홍성열(2000). 범죄심리학. 서울: 학지사.

홍성윤 · 김유미(1995). SOS 부모들을 위한 지침서. 서울: 교육과학사.

홍성필(1999). 21세기 자녀진로와 부모의 역할. 한국청소년상담원(편), 제7회 부모교육 학술세미나 자료 (pp. 5-18). 서울: 편자.

황상민(1997). 부모와 청소년 자녀간의 세대차에 대한 사회인지적 분석. 한국심리학회지: 발달, 10(2), 152-166.

황상민 · 김현정(1996). 사회적 표상의 개념으로 분석한 청소년 자녀와 부모의 인식차이. 한국심리학회지: 발달, 9(1), 229-250.

Adams, K. S., Sheldon-Keller, A. E., & West, M. (1996). Attachment organization and history of suicidal behavior in clinical adolescents. *Journal of Consulting and Clinical Psychology*, 64(2), 264-272.

Barnes, H. L., & Olson, D. H. (1985). Parent-adolescent communication and circumplex model. *Child Development*, 56, 438-447.

Bettlelheim, B. (1987). *A good enough parent*. New York: Vintage Books.

Bigner, J. J. (2006). *Parent child relations* (7th ed). Upper Saddle River, NJ: Prentice-Hall.

Bugental, D. B., & Grusec, J. E. (2006). Socialization processes. In W. Damon, R. M. Lerner, & N. Eisenberg (Eds.), *Handbook of child psychology (6th ed., Vol. 3): Social, emotional, and personality development* (pp. 366-428). New York: Wiley.

Coleman, J. (1996). *Equality of educational opportunity.* Washington, DC: US Government Printing Offices

Collins, W. A., & Laursen, B. (2004). Parent-adolescent relationships and influences. In R. M. Lerner & L. Steinberg (Eds.), *Handbook of adolescent psychology* (2nd ed., pp. 331-361). Hoboken, NJ: Wiley.

Conger, J. J., & Petersen, A. C. (1984). *Adolescent and youth* (3rd ed). New York: Harper & Row.

Dinkmeyer, D., & McKay, G. D. (1998). *Parenting teenagers.* Circle Pines, MN: American Guidance Service.

Eisenberg, N., & Fabes, R. A. (1998). Prosocial development. In W. Damon & N. Eisenberg (Eds.), *Handbook of child psychology* (5th ed., Vol. 3, pp. 701-778) New York: Wiley.

Elkind, D. (1998). *All grown up and no place to go* (2nd ed.). New York: Perseus.

Forehand, R. (1977). Child noncompliance to parental requests. In M. Hersen, R. M. Eisler, & P. M. Miller (Eds.), *Progress in behavior modification* (Vol. 5, pp. 111-148). New York: Academic Press.

Ginott, H. G. (1969). *Between parent and teenager.* New York: Macmillan.

Glueck, S., & Glueck, E. T. (1950). *Unraveling juvenile delinquency.* New York: Commonwealth Fund.

Gordon, T. (1970). *Parent effectiveness training.* New York: David McKay.

Gordon, T. (1974). *Teacher effectiveness training.* New York: Peter H. Wyden.,

Gordon, T. (1989). *Teaching children self-discipline.* New York: Random House.

Grassick, P. (1983). *Making the grade.* Toronto: Macmillan

Greeberg, K. R. (1974). *A tiger by the tail: Parenting in a troubled society.* Chicago: Nelson Hall.

Greydames, D. R. (1991). *Caring for your adolescent.* New York: Bantam Books.

Grusec, J. E., & Goodnow, J. J. (1994). Impact of parental discipline methods on the child's internalization of values. *Development Psychology, 30*(1), 4-19.

Hamner, T. J., & Turner, P. H. (2001). *Parenting in contemporary society* (4th ed.). Boston: Allyn & Bacon.

Hartup, W. (1983). Peer relations. In E. M. Hetherington (Ed.), *Handbook of child psychology* (4th ed., Vol. 4, pp. 167-230). New York: Wiley.

Hetherington, E. M., & Parke , R. D. (2006). *Child psychology* (6th ed.). New York: McGraw-Hill.

Hoffman, M. L. (1994). Discipline and internalization. *Developmental Psychology, 30*(1), 26-28.

Maccoby, E. E. (1992). The role of parents in the socialization of children. *Developmental Psychology, 28*(6), 1006-1017.

Maccoby, E. E., & Martin, J. A. (1983). Socialization in the context of the family. In P. H. Mussen (Ed.), *Handbook of child psychology* (4th ed., Vol. 4, pp. 1-101). New York: Wiley.

Martin, B. (1975). Parent-child relations. In F. D. Horowitz, E. M. Hetherington, S. Scarr-Salapatek, & G. M. Siegel (Eds.), *Review of child development research* (Vol. 4, pp. 463-540). Chicago: University of Chicago Press.

Mead, G. H. (1934). *Mind, self, and society.* Chicago: University of Chicago Press.

Miller, A. (1981). *Prisoners of childhood.* New York: Basic Books.

Moore, B. S., & Eisenberg, N. (1984). The development of altruism. In G. J. Whitehurst (Ed.), *Annals of child development* (Vol. 1, pp. 107-174). Greenwich, CT: JAI Press.

Olweus, D. (1994). Annotation: Bullying at school. *Journal of Child Psychology and Psychiatry, 35*, 1171-1190.

Parish, T. S. (1987). Family and environment. In V. B. Van Hasselt, & M. Hersen (Eds.), *Handbook of adolescent psychology* (pp. 168-183). New York: Pergamon.

Parke, R. D., & Buriel, R. (1998). Socialization in the family. In W. Damon & N. Eisenberg (Eds.), *Handbook of child psychology* (5th ed., Vol. 3, pp. 463-552). New York: Wiley.

Patterson, G. R. (1986). Performance models for antisocial boys. *American Psychologist. 41*, 432-444.

Rathunde, K., & Csikszentmihalyi, M. (1991). Adolescent happiness and family interaction. In K. Pillemer & K. McCartney (Eds.), *Parent-child relations throughout life* (pp. 143-162). Hillsdale, NJ: Lawrence Erlbaum.

Rice, E. P. (2002). *The adolescent* (10th ed.). Boston: Allyn & Bacon.

Rogers, C. R. (1961). *On becoming a person*. Boston: Houghton Mifflin.

Rogers, C. R. (1983). *Freedom to learn in the 80's*. Columbus, OH: Merrill.

Rohner, R. P. (1986). *The warmth dimension*. Beverly Hills, CA: Sage.

Rohner. R. P. (2006). *Handbook for the study of parental acceptance and rejection* (4th ed.). New Haven, CT: The University of Connecticut.

Rothbaum, F. (1986). Patterns of maternal acceptance. *Genetic, Social & General Psychology Monographs, 112*(4), 435-458.

Saarni, C., Mumme, D. L., & Campos, J. J. (1998). Emotional development. In W. Damon & N. Eisenberg (Eds.), *Handbook of child psychology* (5th ed., Vol. 3, pp. 237-309). New York: Wiley.

Santrock, J. W. (2007). *Adolescence* (11th ed.). Madison, WI: Brown & Benchmark.

Schaefer, E. S. (1965). Children's reports of parental behavior. *Child Development, 36*, 413-424.

Shaffer, D. R. (2007). *Developmental psychology* (7th ed.). Belmont, CA: Wadsworth.

Shaffer, D. R. (2005). *Social and personality development* (5th ed.). Belmont, CA:

Wadsworth.

Snyder, J., & Patterson, G. R. (1987). Family interaction and delinquent behavior. In H. C. Quay (Ed.), *Handbook of juvenile delinquency* (pp. 216-243). New York: Wiley.

Spock, B. (1988). *Dr. Spoke on parenting.* New York: Simon & Schuster.

Spock, B. (1990). It's all up to us. *Newsweek* (Special edition), Winter, 106-107.

Staub, E. (1996). Cultural-societal roots of violence. *American Psychologist, 51*(2), 117-132.

Steinberg, L., & Levine, A. (1990). *You and your adolescent: A parent's guide for ages 10 to 20.* New York: Harper & Row.

Stice, E., & Barrera, M. (1995). A longitudinal examination of the reciprocal relations between perceived parenting and adolescents' substance use and externalizing behaviors. *Developmental Psychology, 31*(2), 322-334.

Thomas, D. L., Gecas, V., Weigert, A., & Rooney, E. (1974). *Family socialization and the adolescent.* Lexington, MA: Lexington Books.

Thomas, D. L., Weigert, A., & Winston, N. (1984). Adolescent identification with father and mother: A multi-national study. *Acta Paedologica, 1*(1), 47-68.

Tournier, P. (1983). *The adventure of living.* New York: Highland Books.

Waxman, H. C. (1983). Effect of teachers' empathy on students' motivation. *Psychological Reports*, 53, 489-490.

찾아보기

편저자 소개

■ 김성일

고려대학교 및 동대학원 졸업
캐나다 알버타대학교 대학원 졸업(철학박사)
중앙교육연구소 및 한국교육개발원 책임연구원
한국교육심리학회 이사
미국 커넷티컷대학교 객원교수
현재 강릉대학교 유아교육과 교수

저(역)서 : 이만하면 좋은 부모(공역, 2006, 창지사)
현대 교육심리학의 쟁점과 전망(공저, 2000, 교육과학사)
교육과 인생의 의미(역서, 1995, 문음사)
다 컸지만 갈곳 없는 청소년(역서, 1994, 교육과학사)
현대교육사조(공역, 1979, 배영사)

편저자와의 협의하에 인지 생략

청소년기 자녀교육

2007년 8월 20일 인쇄
2007년 8월 25일 발행

편저자 **김 성 일**
발행자 **박 준 식**

발행처 도서출판 원미사
서울 성북구 장위 2동 65-192호 (우남빌딩 202호)
전화 : 02) 919-9630, 942-1276
등록 : 1994년 1월 18일(제6-192호)
E-mail : wonmisa@unitel.co.kr

※ 잘못된 책은 교환해 드립니다.

정가 16,000원

ISBN / 978-89-5544-118-5